À plus!

2

Méthode intensive

Cornelsen

À plus! 2 Méthode intensive
Lehrwerk für den Französischunterricht (3. Fremdsprache) an Gymnasien

Im Auftrag des Verlages erarbeitet von
Hans Bächle, Otto-Michael Blume, Gertraud Gregor, Catherine Jorißen, Sylvie Schenk, Dr. Christine Wlasak-Feik

und der Redaktion Moderne Fremdsprachen
Dr. Yvonne Petter (Projektleitung), Lucie Drevon, Corinna Martin-Werner, Yvan Schulz, Jana Silckerodt
Sabrina Battaglini (Assistenz)

Beratende Mitwirkung: Rainer Bildheim (Kirchhundem), Dr. Martin Braun (Nürnberg), Hermann Demharter (Heidelberg), Herta Fidelak (Oberhausen), Marliese Frings-Mock (Köln), Eberhard Haar (Stegaurach), Michèle Héloury (Berlin), Burcu Kiliç (Berlin), Martina Mäsch-Donike (Düren), Axel Polleti (Passau), Anke Rogge (Bonn), Karl Stoppel (Biberach), Stefanie Wölz (Sinsheim)

Layoutkonzept: Regelindis Westphal
Layout und technische Umsetzung: Satzinform, Berlin
Umschlaggestaltung: Klein & Halm Grafikdesign, Berlin
Illustrationen: Laurent Lalo
Umschlagfoto: mauritius images: © Scott

Begleitmaterialien zu ***À plus!* 2** Méthode intensive
ISBN 978-3-06-020345-1 Vokabeltaschenbuch
ISBN 978-3-06-020338-3 Carnet d'activités mit Audio-CD
ISBN 978-3-06-020342-0 Grammatikheft
ISBN 978-3-06-020346-8 Audio-CD
ISBN 978-3-06-020343-7 Handreichungen für den Unterricht
ISBN 978-3-06-020344-4 Folien für den Unterricht

www.cornelsen.de

1. Auflage, 1. Druck 2008

Alle Drucke dieser Auflage sind inhaltlich unverändert und können im Unterricht nebeneinander verwendet werden.

Druck: CS-Druck CornelsenStürtz, Berlin

ISBN 978-3-06-020337-6

Inhalt gedruckt auf säurefreiem Papier aus nachhaltiger Forstwirtschaft.

Inhaltsverzeichnis

Die grün gedruckten Überschriften bezeichnen fakultative Elemente.

BILAN 2

UNITÉ 6 *Tous les chemins mènent à Paris*

Erläuterung der Symbole und Verweise

- 1 14 Hörtext auf der CD (z. B. CD 1, Track 14)
- Partnerarbeit
- Gruppenarbeit oder Diskussion
- Kettenübung
- Schriftliche Übung
- Differenzierung: anspruchsvolle Aufgabe
- Die Lösungen zu den Aufgaben befinden sich im Grammatikheft.
- C 6/8 Hier passt Carnet d'activités, S. 6/8.
- chinois* Diese Vokabel gehört zum fakultativen Wortschatz.
- DELF Diese Übung eignet sich besonders zur Vorbereitung auf die DELF-Prüfung.
- → Portfolio Dossier Besonders gelungene Texte kannst du in deiner Portfoliomappe ablegen.
- Sprachmittlungsübung

Bonjour tout le monde!

WISSENSSPIEL

1 Le jeu de la tour Eiffel

a *Jouez. Voici les règles du jeu.*

1. Ihr spielt zu dritt. A und B steigen den Eiffelturm hinauf und benötigen zum Vorrücken eine kleine Münze. C kontrolliert die Antworten. (→ Solutions, p. 152)
2. Lost aus, wer beginnt. Jede/r muss seine Fragen beantworten.
3. Wer beginnt, darf weitermachen, solange seine Antworten richtig sind. Sonst wird gewechselt.
4. Gewonnen hat, wer zuerst auf die Spitze des Eiffelturms gelangt, d. h. alle 15 Fragen beantwortet hat.

Questions pour A

1 Complète: aller [?] bus, [?] train, [?] pied, [?] voiture, [?] vélo

2 Nomme deux quartiers de Paris.

3 Un pantalon, une jupe, un pull et une veste sont des [?].

4 Mets au passé composé: Elle va au café et prend un coca. Ensuite, elle monte sur la tour Eiffel.

5 Quel temps fait-il?  

6 Nomme trois pays où on parle français.

7 Complète: Nous avons beaucoup [?] rêves, mais pas assez [?] argent pour les réaliser.

8 Les contraires de: grand – bon – long – heureux

9 Qu'est-ce qu'on fait le 1er avril?

10 Qu'est-ce qu'ils font?   

11 Du möchtest zum Eiffelturm und fragst nach dem Weg.

12 Conjugue au présent: avoir – faire – aller.

13 Explique en français: le poisson – le CDI – la serveuse

14 Où est-ce que ces personnes ont mal? 

15 Qu'est-ce qu'on peut visiter à Paris (quatre endroits[1])?

1 **l'endroit** *m.* der Ort

Questions pour B

1 Ce, cet, cette ou ces? [?] anorak, [?] lunettes, [?] chemise, [?] adresse, [?] pantalon

2 Nomme trois villes en France.

3 Les maths, S.V.T., la géo sont des [?].

4 Quel est le participe passé de ces verbes: mettre – attendre – lire – être?

5 Quelle heure est-il? 

6 Les «Restaurants du cœur», qu'est-ce que c'est?

7 En français: 99, 2008, 329

8 Les contraires de: avant – derrière – sous – à droite

9 Nomme trois régions en France.

10 Pour préparer un gâteau il faut: 

11 Was sagst du, wenn du jemandem zum Geburtstag gratulierst?

12 Conjugue au présent: être – dire – prendre

13 Explique en français: le TGV – la vache – le délégué de classe

14 Quelles sont ces couleurs? 

15 Qui sont Yannick Noah et Solenne Figuès?

b *Votre groupe prépare 15 questions (avec leurs solutions). Donnez vos questions à deux autres groupes qui vous donnent leurs questions. Jouez encore une fois avec les nouvelles questions.*

A
B
15
14
13
12
11
10
9
8
7
6
5
4
3
2
1

ÉCOUTER ET PARLER

2 C'est qui?

a 🎧1 2 *Écoutez une première fois et retrouvez Hélène, Fabrice, Paul et Malika sur la photo.* (→ Méthodes, p. 135/1)

b *Écoutez encore une fois et notez un maximum d'informations sur Hélène et Paul.* (→ Méthodes, p. 135/3)

c *À vous. Faites le portrait d'un de ces jeunes. Vos camarades essaient de le retrouver sur la photo.*

VOCABULAIRE

3 Le jeu des lettres

Avec les lettres d'un mot, on peut former d'autres mots.

Exemple: c o r r e s p o n d a n t e → r é p o n d r e d a n s p o n t c e s

a *Jouez à deux. Trouvez un maximum de mots dans ces mots.* (→ Liste alphabétique, p. 210)

ordinateur · exposition · copain · appartements · photographier · formidable · toujours

b *Faites des phrases avec les nouveaux mots.*

Exemples:
Le pont du Gard est près de Nîmes.
Je ne peux pas répondre à cette question.

4 Un test: Est-ce que tu es ouvert/e?

Faites le test et lisez les résultats.

Tu peux aller en France avec les parents de ton ami/e.
- ◆ Tu dis: Oui, super!
- ■ Tu dis: Pourquoi pas? C'est pour combien de temps?
- ▼ Tu dis: Oui, mais dans deux ou trois ans.

Tu fais une fête. Tes amis arrivent avec des copains.
- ▼ Tu les regardes et tu dis: Mais je n'ai pas invité vos copains.
- ■ Tu dis: Bonjour! Vous habitez où?
- ◆ Tu dis: Bonjour tout le monde! Entrez!

Tu es en vacances avec tes parents. Vous visitez une ville.
- ◆ Tu visites les expositions, la cathédrale, les parcs: tout t'intéresse.
- ▼ Au centre, il y a un grand magasin comme dans ta ville. Tu entres et tu regardes.
- ■ Tu entres vite dans un salon de thé.

Tes amis et toi, vous écoutez des CD.
- ▼ Tu veux écouter tes CD.
- ■ Les CD de tes copains t'intéressent aussi.
- ◆ Tu veux tout de suite écouter les CD de tes copains.

Tu es dans un collège en France.
- ▼ Tu penses: Oh là là, c'est l'horreur ici!
- ◆ Tu penses: Hm ... Ici, c'est différent. Mais ça peut être intéressant.
- ■ Tu regardes les élèves, les professeurs ... et souvent ta montre.

A
Tu as beaucoup de ◆:
Tu es très ouvert/e, tu aimes apprendre, mais attention: pense aussi à toi et pas toujours aux autres.

B
Tu as beaucoup de ■:
Tu es curieux/curieuse et ouvert/e et tu aimes faire la connaissance de gens. Mais attention: tout le monde n'est pas comme toi.

C
Tu as beaucoup de ▼:
Tu préfères rester dans ton monde. Mais avoir des copains, c'est bien aussi. Parle, invite des copains. D'abord, c'est un peu dur mais après, c'est facile.

5 Leurs vacances

Regardez ces personnes. À votre avis, où est-ce qu'elles ont passé l'été? Qu'est-ce qu'elles ont fait? Imaginez et écrivez un petit texte sur chaque personne.

UNITÉ 1 À Marseille

Approches

Ils présentent leur ville

Alice et Jia Li, quatorze ans, Sarah et Moussa, quinze ans, Hugo, quatorze ans et demi habitent à Marseille. Voici leurs endroits préférés.

Quand mon corres ou des amis de Paris sont chez moi, je monte avec eux à la Basilique Notre-Dame de la Garde. De là-haut, on voit tout. C'est formidable!

Et je leur montre le Vieux-Port, les bateaux de pêche.

Moussa

Nous, on amène nos invités sur l'île d'If. C'est l'île de Monte Cristo! Là-bas, tout parle de lui!

Et on va nager dans les calanques près de Marseille.

Hugo

Alice

Comprendre

1 *Justifiez à l'aide du texte*
- *que Marseille est près de la mer,*
- *que Marseille est une ville très ancienne*[1]*,*
- *que la Basilique est sur une colline,*
- *que Marseille est la ville du cinéma, de l'art et du sport.*

1 **ancien/ne** alt

les calanques

Sarah

la Canebière

Jia Li

le jardin des Vestiges

M. et Mme Marin

Écouter

DELF **2** 🎧 1|4 *Raphaël et Célia ont visité Marseille. Qu'est-ce qu'ils ont visité? Qu'est-ce qu'ils ont fait? Faites un tableau dans votre cahier.* (→ Méthodes, p. 135/2)

endroits	activités
1. Vieux-Port	—

S'entraîner

C 5/1
C 5/2 **3** *Complétez les dialogues. Utilisez* avec, contre, derrière, pour, sans *et un pronom disjoint.* (→ Repères, p. 24/3)

Exemple: Qu'est-ce qu'on va faire sans lui?

1 **l'office du tourisme** *m.* das Fremdenverkehrsamt

Activité

4 *Présentez vos endroits préférés dans votre ville/région. Vous pouvez utiliser:*

une avenue une rue un bâtiment
une place un endroit un quartier ___

formidable animé populaire calme
pittoresque intéressant beau ___

Recherche – au choix

5 **a** *Vous aimez le sport? Alors, trouvez des informations sur le Vélodrome de Marseille et présentez le stade à vos camarades.*

Georges Braque, L'Estaque

b *Vous préférez l'art? Alors, informez-vous sur Braque ou Matisse. Présentez les résultats à vos camarades.*

www.edunet.ch/activite/peintres/galerie/index.html

5 Ils jouent de tous les instruments

Mercredi, 2 septembre. Ils sont dans la petite chambre d'Alice: Alice et Jia Li sont sur le lit, Hugo et Moussa par terre, Sarah sur la seule chaise et ils discutent déjà depuis deux heures. Jia Li, Hugo, Alice et Moussa sont en classe de troisième au collège Jean Moulin. Ils se connaissent depuis l'école primaire. Sarah est une copine de Jia Li et d'Alice à l'école de musique. Elle est déjà en seconde au lycée Victor Hugo.

«Alors, Moussa, demande Sarah, tu te décides?»

Les cinq copains ont hésité longtemps mais maintenant la chose est claire: ils veulent former un nouveau groupe de musique. Ils jouent de tous les instruments, enfin presque: Alice joue de la guitare et de la basse, Sarah chante bien, Jia Li joue de l'accordéon et elle écrit des chansons, Hugo joue du saxophone depuis deux ans et Moussa apprend la batterie à l'école de musique. Mais il n'est pas encore très chaud pour le projet.

«Heu ... je joue au foot le mercredi et le dimanche. Le samedi matin, je distribue des prospectus. Le mardi soir, j'ai mon cours de batterie. Alors répéter une ou deux fois par semaine avec vous, c'est beaucoup. Sans parler de l'école. Je travaille tout le temps, tous les jours de la semaine.

– Les jours sont longs, Moussa, surtout les dimanches, dit Alice.

– Parle pour toi! Moi, j'ai souvent un match le dimanche! Sans parler de toute la famille qui vient nous voir le dimanche!

– Quand on veut, on peut, dit Sarah. Tu dis oui ou non. Moi aussi, je fais du sport: je joue au volley le mercredi.

– Sans toi ..., commence Alice.

– On ne connaît pas d'autre batteur, ajoute Hugo.

– Mettez une annonce, dit Moussa. Moi, je joue mal. Et quel nom est-ce que vous voulez donner à votre groupe? Je connais deux cents groupes à Marseille ... Il y en a des bons et des nuls.

– «Les Nuls», ce n'est pas mal comme nom, dit Hugo.

– C'est nul, dit Jia Li.

– «Les Mouettes», propose Alice.

– Ça fait école primaire, dit Sarah. Moi, je suis pour «Les Têtes Vertes».

– Qu'est-ce que ça veut dire, «Les Têtes Vertes»? N'importe quoi! dit Hugo.»

Ils cherchent encore une demi-heure. Ils échangent beaucoup d'idées («Les Cornichons en Colère», «Les Documentalistes», «Les Mauvaises Herbes», «L'Infection des Caves») mais tous ces noms sont ringards ou ils vous coupent l'appétit.

Hugo joue avec ses clés. Alice se ronge les ongles et regarde Moussa avec ses grands yeux verts. Moussa regarde ses pieds.

«Alice, comment est-ce que tu vas jouer de la guitare sans ongles? dit Hugo.

– Et où est-ce que vous voulez répéter? demande Moussa.

– «Les Têtes Vertes», dit Jia Li, ce n'est pas une mauvaise idée. Vert, c'est la couleur de l'espoir.

– Hum ... dit Hugo, on dit aussi vert de jalousie.

– C'est la couleur de la nature», dit Alice.

Comprendre

C 6/1 **1** **a** *Relisez le texte p. 15 (l. 1 à 22) et notez: Qui sont les personnages? Où est-ce qu'ils sont? Pourquoi est-ce qu'ils sont ensemble? Quel est le problème de Moussa? Quel est le problème des autres? Maintenant utilisez vos réponses pour résumer le texte en trois ou quatre phrases.*

Ein Resümee schreiben
(→ Méthodes, p. 143/4)

b *Relevez les noms de groupe proposés. Notez les arguments pour ou contre ces noms.*

c *Et vous, quel nom est-ce que vous préférez? Pourquoi?*

Écouter

2 1|6 *De qui est-ce qu'on parle?* (→ Méthodes, p. 135/1)

Découvrir

C 7/5 **3** *Comparez ces phrases. Quand est-ce qu'on utilise* jouer à *et quand est-ce qu'on utilise* jouer de?
Moussa joue **au** foot le samedi. Sarah joue **au** volley le mercredi.
Moussa joue **de la** batterie. Hugo joue **du** saxophone.

S'entraîner

C 7/5 **4** **a** *Posez des questions à vos camarades. Utilisez* jouer à *ou* jouer de.

– Est-ce que tu joues du piano?
– Non, mais je ___ .

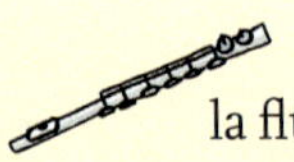 la flûte — le handball —  le piano — le tennis

le foot —  la trompette — le saxophone —  le violon — le volley

la guitare — la batterie —  les échecs — le basket — l'accordéon

b *Qui fait quoi dans votre classe? Faites un sondage et racontez.*

Dans ma classe, huit élèves jouent d'un instrument: trois jouent de la flûte, trois jouent du piano, ___ . Cinq garçons de ma classe jouent au foot, ___ .

C 8/9 **5** **a** 1|7 *Écoutez et notez les expressions avec* tout. *Corrigez vos notes.* (→ Repères, p. 24/2)

b *Traduisez ces expressions.*

C 8/9 **6** ►◄ *Formulez ces questions pour votre voisin/e. Utilisez une forme de* tout. (→ Repères, p. 24/2)

Du möchtest wissen,
- was er/sie gestern den ganzen Tag gemacht hat.
- ob er/sie alle Hausaufgaben gemacht hat.
- ob er/sie jeden Abend fernsieht.
- ob er/sie alle seine/ihre Freunde zum Geburtstag einladen wird.
- ob du alle seine/ihre CDs ausleihen kannst.

Réviser

C 7/3 **7** *Relisez le texte, p. 15 et imaginez la suite de l'histoire. Utilisez le futur composé.*

trouver un nom — *trouver* qn — *chanter* — *jouer* — *trouver* un endroit — *devenir* célèbre — *mettre* une annonce — ___

DELF **8** *Révisez le passé composé. Qu'est-ce que ces personnes ont fait il y a deux heures? Imaginez.*

Vocabulaire

C 6/2 C 8/10 **9** *Complétez cet associogramme avec des mots que vous connaissez déjà. Puis cherchez les mots qui vous manquent mais qui vous intéressent dans le dictionnaire.*

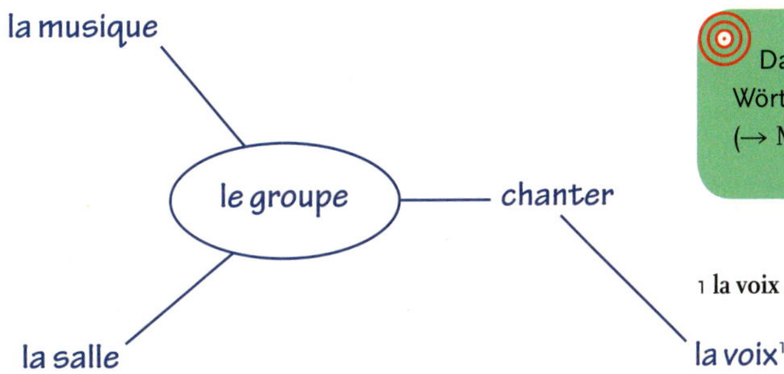

Das zweisprachige Wörterbuch benutzen (→ Méthodes, p. 146/2)

1 **la voix** die Stimme

Activité

10 *Quel est votre groupe de musique préféré (noms des membres[1], qui fait quoi? qui joue de quel instrument? quels CD est-ce que vous avez?)? Préparez une affiche avec des photos, des petits textes etc. Cherchez une chanson que vous adorez et présentez votre groupe et sa musique à vos camarades. Utilisez le vocabulaire de l'exercice 9.*

1 **le membre** das Mitglied

8 Les parents ne veulent pas devenir sourds

Chez Alice Desjardin

Madame Desjardin, la mère d'Alice, vit seule avec sa fille. Elle est employée à l'hôtel de ville de Marseille. Après son travail, elle est allée à un cours de yoga. Quand elle rentre, les amis d'Alice sont partis. Alice a rangé sa chambre, mis le couvert, et préparé une salade.

«Bonsoir, maman. Tu viens de ton cours de yoga?

– Oui, j'en viens. Tu as pensé au pain?

– Mais oui maman, j'y ai pensé. Tu veux boire quelque chose?»

Alice est presque toujours gentille, mais là, c'est trop, pense sa mère.

«Non merci, je n'ai pas soif, et toi, tu as passé une bonne journée?

– On a discuté un peu avec les copains. On veut former un groupe de musique.

– Mais c'est très bien, ça. Et vous voulez répéter où? Et quand?

– On ne sait pas encore ... Chez nous peut-être, dans la salle de séjour ... Tu n'y es pas toujours et ...

– Dans ce petit appartement? Alice, je suis désolée mais c'est impossible. Je ne veux pas devenir sourde! Sans parler des voisins ...»

Chez Hugo Marin

Bruno et Christiane Marin vivent dans le centre de Marseille. Ils ont un grand appartement, mais ils ont aussi trois fils, Hugo et ses deux frères. La mère de monsieur Marin habite chez eux. Christiane Marin est dentiste et son mari est commercial. En ce moment, il est en voyage. Madame Marin travaille tard, et ce soir, elle est très énervée. Elle a eu des clients difficiles ... et ses enfants ne font rien pour l'aider: ils n'ont rien préparé pour le dîner. Constantin et Nicolas jouent aux cartes avec leur grand-mère, Hugo, qui change l'eau de ses poissons, est dans la salle de bains. Il en sort pour demander à sa mère si son groupe peut répéter le samedi après-midi dans la salle de séjour. La réaction de Christiane Marin est claire:

«Pas chez nous, dit madame Marin, ta grand-mère est fatiguée et ça va faire trop de bruit.

– Je ne suis pas fatiguée, dit mamie, j'aime beaucoup la musique.

– Mamie, vous pensez que vous allez aimer leur musique? Ils ne jouent pas du Mozart, vous savez. Hugo, le week-end est le seul moment où ton père et moi, on est ici ensemble.

– Mais, maman ...

– Non, Hugo, on ne discute plus.»

In Frankreich werden die Schwiegereltern häufig gesiezt.

Chez Sarah Rozier

Les parents de Sarah ont une maison. M. Rozier est sculpteur. Il sort de son atelier pour dîner avec sa famille. Sarah l'attend dans la salle de séjour ...

«Non et non, j'ai besoin de mon atelier.

– Mais tu n'en as pas besoin le week-end?

– Si, j'y travaille aussi le dimanche.

– C'est toujours la même chose avec toi! Quand je veux faire quelque chose, tu es contre!
– Ne généralise pas, s'il te plaît. Tu veux aller à l'école de musique, tu y vas, tu veux chanter dans un groupe, tu le fais, mais répéter ici, ce n'est pas possible. Cherchez un autre endroit, un garage, par exemple ...
– Et où est-ce qu'on va trouver un garage? Et qu'est-ce qu'on va faire quand il fait froid? Tu veux ma mort ou quoi?»

Comprendre

DELF C 10/1

1 *Quelle phrase va avec quelle scène? Attention: il y a plus de[1] phrases que de scènes.* (→ Méthodes, p. 137/7)

1. Le groupe ne peut pas répéter ici parce que les parents se voient peu en semaine. Ils préfèrent alors passer le week-end en famille.
2. Alice et ses copains ne peuvent pas répéter ici parce que la grand-mère déteste la musique.
3. Le groupe ne peut pas répéter ici parce que l'appartement est trop petit et parce que les voisins ne vont pas être d'accord.
4. On ne peut pas répéter ici parce que le père travaille à la maison, même le dimanche.
5. La famille a une maison mais le groupe ne peut pas répéter là-bas parce que les parents ont besoin des pièces.

1 **plus de ... que de ...** mehr ... als ...

Découvrir

C 11/5
C 12/6

2 **a** Findet die Entsprechung der fett gedruckten Satzteile im Text. (→ Texte, p. 18)

1. – Tu viens de ton cours de yoga?
   – Oui, je viens **de mon cours de yoga**.
2. – J'ai besoin de mon atelier.
   – Mais tu n'as pas besoin **de ton atelier** le week-end?
3. Tu veux aller à l'école de musique, tu vas **à l'école de musique**.
4. Chez nous peut-être, dans la salle de séjour ... Tu n'es pas toujours **dans la salle de séjour**.
5. – Tu as pensé au pain?
   – Mais oui, maman, j'ai pensé **au pain**.

b Wofür stehen „y" und „en"? (→ Repères, p. 25/4)

c *Reformulez ces phrases.*

1. – Tu vas souvent au cinéma?
   – Je vais **au cinéma** une fois par mois.
2. – Tu es déjà allé au marché?
   – Oui, je reviens **du marché**.
3. Mercredi après-midi, Alice et ses copains ont parlé de leur projet. Ils ont parlé **de leur projet** pendant des heures.
4. M. Rozier est dans son atelier. Il travaille **dans son atelier** tous les jours.

S'entraîner

C 11/5
C 12/6

3 **a** 1 9 *Écoutez. De quoi est-ce que les copains parlent?*

b *À vous. Faites des devinettes. Utilisez* y *ou* en. *Vos camarades devinent.*

On y va tous les soirs.

Au lit.

C 11/5 C 12/6 **4** *Complétez par* y *ou* en. (→ Repères, p. 25/4)

1. Les calanques. En été, j'[?] vais presque tous les jours.
2. L'île d'If. J'[?] amène tous mes invités.
3. Le marché du Vieux-Port. J'adore [?] faire les courses.
4. Le Port. J'[?] vais pour regarder les bateaux qui [?] entrent et qui [?] sortent.
5. La Basilique Notre-Dame. Quand on [?] est, on a une vue formidable et quand on [?] descend, on passe devant des cafés sympa.
6. Le quartier de l'Estaque. Je connais un ou deux restaurants là-bas. On [?] mange très bien.
7. La Canebière: les gens, les voitures, le bruit. J'aime surtout le bruit sur la Canebière. J'[?] ai besoin pour oublier mes problèmes.
8. Le Vélodrome. Je voudrais [?] jouer, un jour[1]. J'[?] rêve depuis longtemps.

1 **un jour** *hier:* eines Tages

C 12/7 **5** ►◄ *Posez des questions à vos camarades. Ils répondent et utilisent* ne ... rien *ou* ne ... pas (de) *ou* ne ... plus (de). (→ Repères, p. 25/7)

Exemple:
– Qu'est-ce que tu as fait ce week-end?
– Je n'ai rien fait.

1. Qu'est-ce que tu as fait ce week-end?
2. Qu'est-ce que tu vas faire ce soir?
3. Est-ce que tu connais Marseille?
4. Est-ce que tu vas encore faire du sport, ce soir?
5. Qu'est-ce que tu as dit?
6. Tu as trouvé quelque chose pour l'anniversaire de ta mère?
7. Tu as un CD de Diam's?
8. Tu as lu «Le comte[1] de Monte Cristo»?
9. Est-ce que tu travailles encore le soir?

1 **le comte** der Graf

Méthodes et stratégies

6 ✣ *Les copains cherchent un endroit pour répéter. Choisissez une de ces situations et préparez une discussion.*

1. Le père de Jia Li a un garage. Le garage est dans la cour du bâtiment où la famille habite. Il est petit, il n'a pas de fenêtre et il y fait froid en hiver[1]. Jia Li aimerait l'utiliser pour répéter. Elle parle avec son père.
2. M. Marin est rentré. La famille (le père, la mère, la grand-mère, les trois enfants) est à table et Hugo parle de son problème/projet à son père.

a *Distribuez les rôles.*

b *Notez «vos» arguments.* (→ Texte, p. 18; Méthodes, p. 135)

c *Qu'est-ce que les autres vont répondre à vos arguments? Quels sont vos contre-arguments?*

d *Essayez de trouver un compromis.*

e *Faites la discussion.*

1 **en hiver** im Winter

> Eine Diskussion vorbereiten und führen (→ Méthodes, p. 138)

10 Un problème et sa solution

Moussa est allé voir son oncle. Hamadou est un jeune homme de 23 ans. C'est un oncle sympa et intelligent qui fait des études de mathématiques. Il aime bien son neveu et lui donne toujours de bons conseils. Moussa lui explique son problème.

«Mon cher Moussa, il faut d'abord cerner le problème. Quel genre de musique est-ce que vous voulez faire?

– Un peu de tout, on ne veut pas se fixer ...

– Vous ne voulez pas vous fixer ... Hmh, ça peut être original. Parlons de ton problème: tu n'as pas assez de temps, c'est ça? C'est bien le seul problème?

– Ben oui, c'est déjà beaucoup, non?

– Je te demande ça parce qu'un problème en cache parfois un autre.

– Je ne comprends pas.

– Tu n'as peut-être pas très envie de jouer dans ce groupe. Mais Jia Li et les autres sont de bons copains, et tu ne veux pas leur dire non.

– Mais pas du tout! Je te demande une solution et tu compliques les choses!

– Je veux être sûr de ton problème. Tu dis que tu n'as pas le temps. L'année scolaire commence. Ton emploi du temps a beaucoup changé?

– Il n'a pas changé, c'est ça le problème. L'année dernière, je distribuais des prospectus, je jouais au foot, j'allais à l'école de musique, je faisais des devoirs jusqu'à dix heures du soir ... Et cette année, je distribue des prospectus, je joue au foot, je vais à l'école de musique, je fais des devoirs jusqu'à dix heures du soir.

– Hm ... Et tes notes?

– L'année dernière, j'étais moyen: bon en maths et en musique comme toi, mais j'avais des problèmes en français et en langues. Tu m'aidais en anglais, tu sais bien. Mais cette année, on a le brevet à la fin de l'année, ça va être dur.

– Et le foot, c'est important? Vous étiez une bonne équipe, n'est-ce pas? Tu aimais y aller?

– Ben oui, et on est toujours une bonne équipe et j'aime ça!

– Et cette histoire de prospectus ... Tes parents n'étaient pas trop d'accord, non?

– Ma mère n'était pas bien pour et elle est toujours un peu contre.

– Tu ne peux pas renoncer à cet argent?

– Pff ... J'ai peu d'argent de poche. Je veux pouvoir m'acheter un truc de temps en temps, aller à un concert ...

– À ton avis, qu'est-ce que tu peux supprimer pour le groupe? Ton travail scolaire?

– Difficile!

– Le foot?

– Ben non!

– L'école de musique?

– Non!! Je ne peux pas arrêter la batterie à l'école pour jouer comme un nul dans un groupe!»

Comprendre

C 14/1 **1** **a** *Répondez.*

1 **la raison** der Grund

1. Moussa n'a pas le temps pour jouer dans le groupe. Notez toutes ses activités.
2. Pour quelles raisons[1] est-ce que Moussa ne veut pas renoncer à ses différentes activités?

b *Qu'est-ce qu'Hamadou veut dire par* «Un problème peut en cacher un autre.» *(l. 16/17)?*

c *À votre avis, est-ce que Moussa va faire partie du groupe? Justifiez votre réponse à l'aide du texte.*

S'entraîner

C 15/3 C 15/4 **2** *Moussa raconte. Utilisez l'imparfait.* (→ Repères, p. 25/6)

Il y a un mois, on *(être)* encore en vacances. Moi, je *(prendre)* le métro presque tous les matins pour aller au stade. L'après-midi, j' *(aller)* à la plage. Le soir, je *(retrouver)* parfois mon oncle Hamadou et on *(aller)* au cinéma ensemble.
Alice *(être)* chez son père à Grenoble. D'abord, elle ne *(vouloir)* pas y aller parce que son père *(avoir)* une nouvelle copine. Je pense qu'elle n' *(être)* pas trop heureuse là-bas parce qu'elle *(écrire)* des mails à ses copains tous les jours.
Hugo et ses frères *(être)* comme toujours en Bretagne chez leurs cousins. Tous les jours, ils *(sortir)* en bateaux ou ils *(faire)* des tours à vélo.
Il y a un mois, la rentrée *(être)* loin. Nous ne *(penser)* pas encore à l'école et au brevet.

C 15/3 C 15/4 **3** *L'année dernière et cette année: qu'est-ce qui a changé? Qu'est-ce qui n'a pas changé? Racontez et utilisez l'imparfait et le présent.*

Exemple:
L'année dernière, j'habitais encore à Berlin. Aujourd'hui, j'habite à Augsburg.

	j' *(avoir)* des problèmes en/avec ___	
	je n' *(avoir)* pas de problèmes	
	j' *(être)* (bon/mauvais/souvent) ___	
	je n' *(aimer)* pas ___	
	j' *(aimer)* encore ___	
L'année dernière,	je *(lire)* (encore) ___	mais cette année / aujourd'hui, je ___ .
	j' *(adorer)* la musique de ___	
	je *(faire)* (souvent/parfois) ___	
	je *(jouer)* ___	
	je *(vouloir)* ___	
	je ne *(savoir)* pas ___	
	je ne *(pouvoir)* pas ___	

Vocabulaire

C 14/2 **4** **a** *Qu'est-ce qui va ensemble? Trouvez toutes les combinaisons possibles.*

aller voir discuter
avoir besoin aller parler mettre
avoir envie renoncer

d'un conseil un copain d'un problème
chez un copain d'une glace avec un copain
à un projet une annonce

Exemples: discuter avec un copain – discuter d'un problème

b *Écrivez cinq phrases. Utilisez une des expressions de* **a** *par phrase.*

Discuter

5 *Qu'est-ce qui est important pour vous? À quelles choses est-ce que vous ne voulez pas renoncer et pourquoi? Discutez.* (→ Méthodes, p. 138)

la famille les copains
l'ordinateur le portable[1] la télé
les livres l'argent de poche
les DVD une chambre pour moi
le sport le lecteur mp3[2] ___

Moi, je ne veux pas renoncer à mon lecteur mp3. La musique, c'est très important pour moi.

1 **le portable** das Handy 2 **le lecteur mp3** der MP3-Player

C 15/7 **6** **a** Berichtet auf Deutsch: Wie viel Taschengeld bekommen diese Jugendlichen? Wofür geben sie das Geld aus? Sind sie damit zufrieden? (→ Méthodes, p. 144/1)

b *Avec qui est-ce que vous êtes d'accord? Avec qui est-ce que vous n'êtes pas d'accord? Justifiez vos réponses.*

c *Combien d'argent de poche faut-il avoir d'après vous? Qu'est-ce qu'on devrait[1] payer avec son argent de poche? Discutez.*

1 **on devrait** man sollte

J'en voudrais juste un peu

« Tous les parents donnent de l'argent de poche à leurs enfants, non? Eh bien, pas chez moi. Pourtant, j'aide à la maison. Je n'en veux pas beaucoup. Juste un peu. »
Anonyme, 13 ans et demi

Je gère tout mon budget

« J'ai 50 euros par mois, c'est déjà bien. Mais je dois payer mes activités, mes affaires scolaires, mes vêtements. C'est dur. »
Claire, 14 ans

Ça me paie mes vêtements

« Mes parents me donnent 50 euros par semaine. Cela peut sembler énorme, mais je dois acheter mes vêtements avec. Et avec 50 euros, c'est juste. »
Élaine, 14 ans

Repères

Qu'est-ce qu'on dit?

1 über Freizeitaktivitäten sprechen
Il/Elle joue de la guitare / du piano.
Il/Elle joue au foot / aux cartes.
Je fais de l'escalade.
J'ai envie d'apprendre le piano.

sagen, wie lange man etwas tut
Je travaille tout le temps / toute la journée / tout le week-end.

sagen, wie häufig man etwas tut
Je travaille tous les jours / tous les week-ends.

diskutieren
Je suis sûr(e) que ___ .
À mon avis, ___ .
Il faut cerner le problème.
Un problème peut en cacher un autre.

Ne généralise pas. / Il ne faut pas généraliser.
Je ne veux plus discuter. / On ne discute plus.

Tu compliques les choses.
Parle pour toi!

C'est vraix/faux.
C'est impossible.
Tu as raison.
Je suis pour/contre.
Je ne suis pas très chaud/e (pour ce projet).
Ce n'est pas mal comme (nom/idée).
Ça fait (école primaire / drôle / original).
Ce n'est pas un argument.
Sans parler de ___ .

Orte beschreiben
C'est un endroit pittoresque / une rue animée / ___ .
Là, tout parle de ___ .

Welche weiteren Ausdrücke und Adjektive kennst du, mit denen du einen Ort beschreiben kannst? *Fais une liste dans ton cahier.*

Grammaire

2 Der Begleiter „tout" Le déterminant «tout»

tout le temps	toute ma classe
tous les touristes	toutes ses copines

a Übersetze die Beispiele. Wie übersetzt du die Singularformen „tout" und „toute"? Und die Pluralformen „tous" und „toutes"?

⚠ toute la classe – die ganze Klasse

b Übersetze.
1. alle ihre Freundinnen
2. mein ganzes Geld
3. alle Schüler
4. alle meine Lehrer
5. die ganze Nacht
6. alle Instrumente

3 Das unverbundene Personalpronomen Le pronom personnel disjoint

On se retrouve chez **moi**.
Je ne peux pas venir chez **toi**.
Les copains vont sortir sans **lui**.
C'est Sarah? Oui, c'est **elle**.

Tu viens avec **nous**?
Oui, je viens avec **vous**.
Tu rentres avec **eux**.
On parle beaucoup d' **elles**.

Übersetze: 1. mit mir 2. ohne dich 3. bei ihm 4. Das ist sie. 5. von uns 6. neben ihnen 7. für sie (Plural)

4 Die Pronomen „y“ und „en“ Les pronoms «y» et «en»

Est-ce que Hugo est encore chez Alice?	Non, il n'y est plus.	être chez
Qu'est-ce que vous voulez faire dans mon atelier?	Nous voulons y répéter.	répéter dans
Tu peux renoncer à ton argent de poche?	Non, je ne peux pas y renoncer.	renoncer à
Quand est-ce que tu vas à l'école?	J'y vais tous les jours.	aller à
Quand est-ce que les enfants rentrent de l'école?	Ils en rentrent vers 16 h.	rentrer de
Est-ce que Sarah est déjà sortie de l'école?	Non, elle n'en sort pas avant 5 h.	sortir de
J'ai besoin d'amis.	Tout le monde en a besoin.	avoir besoin de
Tu as parlé de ce problème?	Oui, j'en ai parlé hier.	parler de

a „En“ ersetzt Ergänzungen mit [?]. „Y“ ersetzt [?].

b Beschreibe die Stellung von „y“ und „en“ im Satz.

5 Die Verben Les verbes

connaître → p. 155, **vivre** → p. 157, **ronger** wie **changer** → p. 154

6 Das „imparfait“ L'imparfait

1. Bildung

		faire		manger		⚠ être
	je	faisais	je	mangeais	j'	étais
	tu	faisais	tu	mangeais	tu	étais
	il /elle	faisait	il/elle	mangeait	il/elle	était
nous faisons / nous mangeons	nous	faisions	nous	mangions	nous	étions
	vous	faisiez	vous	mangiez	vous	étiez
	ils/elles	faisaient	ils/elles	mangeaient	ils/elles	étaient

Das „imparfait“ wird aus dem Stamm der [?] gebildet.

2. Gebrauch

L'année dernière, j'habitais à Lyon. **Tous les jours**, j'allais au collège Clément Marot. J'étais dans un club de foot. J'y allais deux fois par semaine …
Cette année, j'habite à Paris. Je vais au collège Pompidou, je ne joue plus au foot …

Was drückst du mit dem „imparfait“ aus? Denke an das Imperfekt im Lateinischen.

7 Die Verneinung mit „ne … rien“ La négation avec «ne … rien»

Les enfants	**ne** font	**rien** pour l'aider.
Ils	**n'**ont	**rien** préparé pour le dîner.
Mme Marin	**ne** va	**rien** dire.
Lucas	**ne** peut	**rien** faire.

Beschreibe die Stellung der Verneinungswörter „ne … rien“.

Pratiques facultatif

Écouter

DELF **1** **a** 11 *Un journaliste a interviewé des gens qui habitent à Marseille.*
Écoutez une première fois: qu'est-ce que ces personnes aiment dans leur ville?
Écoutez une deuxième fois: qu'est-ce qu'elles n'aiment pas?

> Selektives Hörverstehen
> (→ Méthodes, p. 135/2)

b *Écoutez une troisième fois. Quels sont les mots allemands pour* pollution, transport en commun, pauvreté? *Comment avez-vous trouvé?*

Vocabulaire

C 6/2 **2** **a** 12 *Écoutez. Quels instruments est-ce que vous entendez?*

b 13 *Quel sport font ces personnes?*

3 **a** *Trouvez trois à quatre rubriques différentes pour classer ces mots.*

la rue la place le quartier la cathédrale l'école la tour
le centre le collège la librairie le marché le jardin
le bus la maison la pharmacie le pont la gare l'avenue

> Wörter in Sachgruppen ordnen
> (→ Méthodes, p. 133/4)

b *Complétez ces rubriques par d'autres mots que vous connaissez.*

c *Racontez une journée en ville et utilisez un maximum de mots de* **a** *et* **b** .

S'entraîner

C 7/7 **4** *Complétez par une forme de* savoir, connaître *ou* pouvoir.

C 7a **5** ►◄ *Est-ce que vous connaissez Marseille, Paris, la France? Posez des questions à vos camarades.*

Utilisez:

	connais	un/une ___ qui quelqu'un qui	
Est-ce que tu	sais peux me dire	où quand comment pourquoi ce qui ce que	___ ?

Exemple: Est-ce que tu connais un chanteur français?

6 ►◄ *Est-ce que vous connaissez les personnages du livre?*
Posez des questions, vos camarades répondent.

– Regarde la photo numéro 5: est-ce que c'est ___ ?
– Regarde les photos numéros 3 et 6: est-ce que ce sont ___ ?

– Oui, – Non,	c'est ce n'est pas	lui. elle.
	ce ne sont pas ce ne sont pas	eux. elles.

C 11/5
C 12/6

7 *Complétez par* en *ou* y. (→ Repères, p. 25/4)

– Tu es née à Marseille?
– Non, je n'[?] suis pas née. J'[?] suis venue à douze ans avec mes parents. Je suis née en Auvergne.
– Tu retournes encore parfois en Auvergne?
– Mes grands-parents sont restés là-bas, alors j'[?] passe une partie de mes grandes vacances.
– Et pourquoi est-ce que vous êtes allés à Marseille?
– On [?] est venus parce que mon père [?] a trouvé du travail. Il est commercial.
– Qu'est-ce que tu penses de ta vie à Marseille?
– J'aime bien la ville. J'ai beaucoup de copains ici, et les copains, pour moi, c'est important. Je ne peux pas [?] renoncer. Mais je ne peux pas oublier mes premières années en Auvergne non plus.
– L'Auvergne reste donc importante pour toi?
– Oui, j'[?] ai besoin sans vouloir [?] habiter pour toujours.
– Pour mes parents c'est différent: ils veulent retourner en Auvergne. Ma mère rêve d'une petite maison là-bas. Elle [?] rêve depuis longtemps.

La France en direct

DELF **8**

a Worum geht es in diesen Anzeigen? Waren die Anzeigen bisher erfolgreich? Woran kann man das erkennen?

b *D'après vous, que veut dire le mot «compo» dans les deux annonces?*
Expliquez: «Le futur chanteur doit être disponible, sérieux, motivé et travailleur».
Est-ce qu'il y a, dans la deuxième annonce, des idées pareilles?

c ✎ *À vous. Vous cherchez quelqu'un pour faire de la musique / du théâtre / ___ . Écrivez votre annonce.*

Groupe de rock cherche chanteur!!!!!!!!!!!!!!

Postée par: Mike de PARIS le 19/04/2008 à 18:15:23
Rubrique: Groupes / collaboration > Paris (75) >
Réponse(s): Aucune réponse

Salut à tous!

Nous sommes un groupe de rock composé de 4 musiciens (batteur, 2 guitaristes et un bassiste), et nous sommes à la recherche d'un chanteur.

Le chanteur doit être original, décontracté, cool quoi, avec un minimum de style.

Nos influences: The Strokes, Led Zeppelin, Jimi Hendrix, Artic Monkeys, Kings of Leon, The Clash, The Sex Pistols, The Kooks ...

Le groupe a déjà quelques compos et voudrait y placer une voix, tout cela dans le but de faire de la scène. Le futur chanteur doit être disponible, sérieux, motivé et travailleur. Les répétitions ont lieu en studio sur Paris généralement le week-end (durée: 3 heures).

Merci! À bientôt!

cherche chanteuse

Postée par: dante333 de Mérignac le 16/04/2008 à 10:43:10
Rubrique: Groupes / collaboration > Gironde (33) >
Réponse(s): Aucune réponse

Les Kick'n toast (2 guitaristes, 1 batterie).
Le groupe, formé depuis 1 an, cherche un/e chanteur/-euse.
Influences musicales: punk, rock.
On répète à Mérignac. On joue nos propres compos.
Projet de concert dans l'année.
Il faut avoir son matériel. Non motivés s'abstenir.
30 euros/mois pour la salle.
Pour nous contacter: 06 78 93 29 06 (Clément) ou 06 33 98 28 25 (Alexandre)
P.S.: On ne cherche pas forcément quelqu'un qui a le style punk mais juste l'envie de se faire plaisir avec nous.

14 Occitanista

Oh cousin je te le demande
Qu'est-ce que c'est d'être marseillais?
2600 ans de culture
Et peu importe tes papiers.
Ò mon cosin te va demandi
E la cultura qu'es aquò?
Lo balon, la litteratura e lei cançons e lo lòtò.
Oh cousin je te le demande
Mais qu'est-ce qu'une bonne chanson?
Celle qui fait danser ta mère et ta petite et ton fiston.

Oh cousin je te le demande
Qu'est-ce que c'est d'être marseillais?
Comprendre que les différences
Sont le ciment de la cité.
Ò mon cosin te va demandi
La diferencia qu'es aquò?
D'istòrias dins totei lei lengas,
Mila receptas per tenir còp.
Oh cousin je te le demande
Et ta recette qu'est-ce que c'est?
Avoir la fierté de sa ville
Parler avec le monde entier.

Massilia Sound System

1. *Lisez le texte de cette chanson: quel est son message?*
2. *À votre avis, quel genre de musique c'est? Écoutez la chanson et parlez de vos impressions.*
3. *Trouvez des informations sur le groupe.*

10 **le fiston** le fils 20 **la recette** das Rezept 21 **la fierté** der Stolz

UNITÉ 2 *Où est passé Antonin?*

Préparer la lecture

1 *Regardez les dessins et formulez des hypothèses sur l'histoire.* (→ Méthodes, p. 136/1)

Lecture

15 Chapitre I
Aubagne, mercredi, 20 h

La famille Jourdan est à table: les parents, monsieur et madame Jourdan, Juliette, leur fille et Jacob, leur fils. Seul Antonin, le frère jumeau de Jacob, n'est pas là. Il vit dans un internat et ne rentre pas souvent à la maison. L'ambiance est bonne. On fête le permis de conduire de Juliette. La jeune fille parle de son examen: elle aime bien raconter et elle exagère souvent ses histoires. Antonin est comme elle. Drôle, vivant et sportif! Jacob, lui, n'est pas très sportif, il ne réagit pas assez vite, il réfléchit trop. Les jumeaux sont différents. Ils ne réagissent pas de la même manière. Deux faux jumeaux, mais deux vrais amis. Jacob est triste. Il pense à son frère qui lui manque.

Son frère et lui étaient toujours ensemble. À douze ans, Antonin était déjà un vrai petit champion de foot, la star du quartier et du club. Quand il allait au foot, Jacob l'accompagnait. Il applaudissait comme un fou quand son frère marquait un but. Les deux frères aimaient les mêmes films, ils écoutaient les mêmes musiques, ils faisaient toujours leurs devoirs ensemble, partageaient la même chambre, et se parlaient beaucoup. Tous les deux étaient bons élèves. Antonin était fort en maths et Jacob réussissait très bien en langues.

Et puis un jour, Antonin est parti pour son internat sport-études à Montpellier. Là, il est entré en classe de troisième. Maintenant, la moitié de la journée, il fait du sport, surtout du foot. Jacob est resté seul …

Jacob se demande pourquoi Antonin n'appelle pas pour féliciter Juliette. Elle lui a envoyé un SMS pour lui dire la bonne nouvelle. Ce n'est pas normal, Antonin répond toujours très vite aux SMS.
Il est 20 h 30 quand le téléphone sonne. Enfin! Juliette répond: «Eh ben, mieux vaut tard que jamais!» Puis tout de suite elle rougit, s'excuse: «Oh pardon! Oui … mes parents sont là … Maman, c'est monsieur Reynaud.»
Monsieur Reynaud est le directeur de l'internat d'Antonin.

16 Chapitre II

Marseille, mercredi, 20 h

Antonin arrive à la gare Saint-Charles. Dans son sac de sport, il a quelques vêtements. Pour le moment, tout a bien marché. Ce n'est pas gagné: est-ce que monsieur Reynaud a déjà appelé ses parents et la police? Bien sûr. La question qui se pose maintenant, c'est: où passer la nuit? Il veut essayer de travailler sur un bateau, dire qu'il a dix-huit ans. Il est grand et fort pour un garçon de quinze ans. Mais d'abord, il doit essayer de trouver quelqu'un qui fait de faux papiers. Ce n'est pas facile. Pour cela, il lui faut du temps.

Il arrive devant un petit hôtel. Il prend une chambre. «Pour une nuit? On paie tout de suite», dit la femme.

Sur le lit, Antonin ferme les yeux. Et tout revient.

À Aubagne, Antonin était heureux: on l'admirait, on l'applaudissait. Il était bon partout, à l'école comme au stade. Souvent, pendant les matchs, Antonin était la vraie star: il dribblait les joueurs de l'équipe adverse, il marquait les buts … Tout le monde le voyait déjà dans l'équipe de France. Un jour, pendant un match, un entraîneur l'a repéré. Après le match, l'entraîneur est venu vers Antonin. Il lui a parlé, il lui a posé beaucoup de questions. Et tout à coup, la vie d'Antonin a changé: Antonin a fait un stage et l'entraîneur a parlé à ses parents, qui étaient très fiers de lui.

Après, tout est allé très vite. Il a passé des tests et il a réussi.

Quand il est arrivé à l'internat avec d'autres nouveaux élèves, le directeur leur a montré des photos: «Voilà tous les professionnels qui sont passés ici. Il y en a vingt-six. Sur cent élèves, cela fait vingt-cinq pour cent de réussite. Cela veut dire que soixante-quinze pour cent d'entre vous ne vont pas gagner leur vie dans le foot. Alors, Messieurs, réfléchissez bien et travaillez beaucoup, réussissez ou partez vite.» Quand le directeur a dit cela, tout le monde était un peu choqué, mais tout le monde se voyait dans les vingt-cinq pour cent. L'échec, c'était pour les autres.

Oui, Antonin jouait bien mais tous les garçons jouaient bien ou très bien. Le stress était énorme. Il avait toujours peur de ne pas réussir. Il pensait à sa famille, à son frère et à sa sœur. Sa famille lui manquait. À l'internat, on ne parlait pas de ses problèmes. Un soir où il pleurait dans son lit parce qu'il avait mal joué, un surveillant lui a dit: «Cette vie, ce n'est pas pour toi, Antonin. Tous les rêves ne se réalisent pas.» Antonin avait assez mal réagi.

Et maintenant? Maintenant, il pleure sur son lit d'hôtel.

Son portable sonne. C'est le numéro de son frère. Antonin ne répond pas. Non, il ne peut pas rentrer à Aubagne. Jamais. Non … Il a trop honte.

17 Chapitre III
Aubagne, jeudi, 1 h du matin

À une heure du matin, tout le monde est allé au lit. Ils étaient épuisés.

Ils avaient fait tout leur possible. À 21 h 30, Jacob avait appelé trois fois son frère et il avait laissé trois messages. Premier message: «On se fait du souci, s'il te plaît, rappelle.» Deuxième message: «Antonin, s'il te plaît, rappelle, ici c'est la cata: maman pleure, Juliette se ronge les ongles, papa tourne comme un ours en cage. Sois sympa, téléphone.» Troisième message: «Antonin, qu'est-ce qu'il y a? Je ne suis plus ton frère ou quoi? Toi et moi, on se disait tout. Tu es où?»
À 22 h, monsieur Jourdan avait appelé l'entraîneur du club d'Aubagne. Monsieur Dessange était un vrai copain de son fils, Antonin allait toujours le voir quand il venait à Aubagne. Mais monsieur Dessange ne savait rien non plus.
Madame Jourdan, elle, avait rappelé l'internat. Elle voulait parler aux camarades de son fils, mais elle n'avait pas appris grand-chose: Antonin était arrivé en retard à l'entraînement plusieurs fois, il avait eu une mauvaise note en maths et il avait mal joué dans ses derniers matchs. Il avait aussi eu des disputes avec un ou deux garçons de sa classe. Il n'avait pas beaucoup d'amis, de vrais amis, à l'internat.
À 23 h, monsieur et madame Jourdan étaient allés au commissariat pour faire une déclaration. Pendant ce temps, Jacob et Juliette étaient restés seuls et avaient attendu à côté du téléphone. Mais Antonin n'avait pas appelé.

Jacob et Juliette ne peuvent pas dormir, ils laissent un dernier message à leur frère. Le message de Jacob, un SMS: «Je te déteste. Tu n'avais pas le droit de nous faire ça.» Et le message de Juliette: «On t'aime, reviens, papa et maman, ils se fichent de tes résultats au foot. Ils te veulent comme tu es, espèce de crétin.»

18 Chapitre IV
Marseille, jeudi, 8 h 30

Le lendemain, Antonin écoute le message de Juliette sur son portable: « On t'aime, reviens, papa et maman, ils se fichent de tes résultats au foot. Ils te veulent comme tu es, espèce de crétin.»
Il écoute ce dernier message dix fois pendant qu'il prend son petit-déjeuner.

Puis, il va au port. Il demande à un homme: «Je cherche du boulot, vous ne savez pas s'il y a quelque chose sur votre bateau?» L'homme le regarde sans répondre. Il continue son chemin et se retourne plusieurs fois.
Antonin regarde les bateaux énormes, la mer noire ... et tout à coup, il a l'impression que tous ses plans tombent à l'eau, que personne ne va plus lui répondre.
Il cherche son portable dans ses poches et ne le trouve plus.

Est-ce qu'il l'a oublié à l'hôtel? Non, il l'avait au bistrot où il a bu un chocolat. Il l'avait posé sur la table devant lui. Où est-ce qu'il a pu le perdre?

Il veut encore écouter les messages de Jacob et de sa sœur. Il veut entendre encore une fois ces mots: «Ils te veulent comme tu es, espèce de crétin.» Il veut ... Il veut ... Il ne sait plus ce qu'il veut ... Et tout à coup, il se retrouve dans une cabine téléphonique et fait le numéro de ses parents. Il entend la voix de Juliette, une voix qui tremble: «Allô, allô?» et derrière, la voix de Jacob: «C'est lui? C'est lui?» Ils ne sont pas allés au lycée! Il hésite, réussit à parler: «Allô, Juliette? C'est moi, je voulais te féliciter pour ton permis, c'est super, je ...» Et Juliette: «Ben justement, la voiture de maman m'attend et j'ai très envie de venir te chercher. Tu es où? On arrive!»

Comprendre

Après le premier chapitre

C 18/1 **2** **a** *Décrivez la situation actuelle des jumeaux. Utilisez le présent.*

b *Décrivez la situation avant le départ d'Antonin. Utilisez l'imparfait.*

c *Un problème s'annonce[1]: retrouvez les phrases du texte qui annoncent que quelque chose va se passer[2].*

1 **s'annoncer** *hier:* sich ankündigen
2 **se passer** sich ereignen

Après le deuxième chapitre

C 18/2 **3** **a** *Quelles parties du texte vont avec ces titres?* (→ Méthodes, p. 136/6)

1 Les projets d'Antonin — 2 Au lycée sport-études — 3 Une nuit à Marseille — 4 La vie à Aubagne

b *Décrivez la situation d'Antonin à Montpellier et à Aubagne. Utilisez l'imparfait.*

À Aubagne, Antonin était heureux parce que ___ .
À Montpellier, Antonin était malheureux parce que ___ .

c *Que pensez-vous de la fugue[1] d'Antonin? Justifiez votre réponse.*

1 **la fugue** *hier:* die Flucht

Après le troisième chapitre

C 19/3 **4** **a** *La soirée des Jourdan: qu'est-ce qu'ils ont fait? Racontez. Utilisez le passé composé et les verbes suivants.* (→ Méthodes, p. 137/7)

Entre 20 h 30 et 23 h, À 23 h, À 1 h du matin,	M. Jourdan Mme Jourdan Juliette Jacob	___ .

aller *appeler* *attendre* *rester*
laisser des messages *envoyer* des SMS

b «Je te déteste. Tu n'avais pas le droit de nous faire ça.» (→ Texte, p. 32, l. 135) *À votre avis, pourquoi est-ce que Jacob écrit cela?*

Après le quatrième chapitre

C 19/4 **5** **a** *Remettez les phrases dans l'ordre chronologique.*

[a] Il parle à un homme qui ne lui répond pas.
[b] Il appelle sa famille.
[c] Antonin cherche son portable.
[d] Antonin va dans une cabine.
[e] Plus tard, Antonin veut réécouter le message de sa sœur.
[f] Antonin va au port.
[g] Il prend son petit-déjeuner et écoute le message de Juliette.

b *Racontez ce qu'Antonin a fait jeudi matin. Utilisez le passé composé et:*

d'abord puis ensuite après tout à coup

c *Antonin est seul. Il ne va pas bien. Trouvez dans le texte des passages qui illustrent cela.*

Découvrir: l'imparfait et le passé composé

6 **a** *Relisez les phrases:* À Aubagne, ... repéré. (→ Texte, p. 31, l. 61–67) *Quelles phrases vont avec quel dessin?*

b Ordnet die Sätze den Oberbegriffen „Beschreibung einer bestehenden Situation" und „Einsetzen einer neuen Handlung" zu.

c Versucht eine Regel zum Gebrauch vom „imparfait" und „passé composé" zu formulieren.

S'entraîner

C 20/7 C 20/9 **7** *Voilà la chambre des jumeaux avant et après le départ d'Antonin. Comment est-ce qu'elle était avant? Qu'est-ce que Jacob a changé? Utilisez l'imparfait ou le passé composé.* (→ Repères, p. 38/3)

Il y avait / Il n'y avait pas ___. C'était ___.
Le/La/Les ___ était/étaient ___.

Jacob a ___.
***ajouter changer* (___ de place[1]) *enlever*[2] *mettre ranger supprimer* ___**

1 **changer de place** etw. verstellen 2 **enlever** wegnehmen

C 20/7
C 20/9
C 21/10
C 21/11

8 *Racontez la soirée des Jourdan. Utilisez l'imparfait ou le passé composé.* (→ Repères, p. 38/3)

1. *être* à table / *fêter*
2. *parler* / *rigoler* / *être* triste / *manquer*
3. *sonner*
4. *aller* au téléphone / *rougir* / *être* le directeur

C 20/7
C 20/9
C 21/11

9 **a** *Demandez à vos camarades ce qu'ils aimaient ou faisaient d'habitude quand ils étaient petits.* (→ Repères, p. 39/4)

b *Demandez à vos camarades ce qu'ils ont fait/vu/eu, où ils sont allés pour la première fois à 12/13/14 ans.*

jouer à / à la / aux ___ *jouer* du / de la / des ___ *aller* à/en/au ___ *acheter* ___
aimer faire du / de la / des ___ *apprendre* ___ *faire* la connaissance de ___
passer les vacances à/en/au ___ *partir* pour ___ *visiter* ___ ___

10 *Qu'est-ce qui va ensemble?* (→ Repères, p. 39/4)

1. Les Jourdan étaient à table f
2. Antonin est arrivé à Marseille, il a mangé quelque chose, g
3. Pendant qu'Antonin jouait au foot b
4. Tout à coup, Antonin a vu un homme e
5. Antonin a hésité à appeler ses parents d
6. Tous les jours, Jacob et Antonin allaient ensemble au collège a
7. Pendant qu'Antonin était sur son lit d'hôtel c

a et faisaient leurs devoirs ensemble.
b son frère le regardait et applaudissait.
c son frère a envoyé plusieurs SMS.
d parce qu'il avait honte.
e qui venait vers lui.
f quand le téléphone a sonné.
g puis il a cherché une chambre.

Découvrir: le plus-que-parfait

11 **a** «Antonin pleurait dans son lit parce qu'il avait mal joué ...» Welche der beiden Handlungen liegt zeitlich vor der anderen?

b *Trouvez dans le texte p. 32, l. 104–132 d'autres phrases au plus-que-parfait: comment est-ce qu'on forme le plus-que-parfait?*

2

S’entraîner

C 22/15 **12** *Finissez les phrases. Utilisez le plus-que-parfait. Pensez à l’accord du participe passé.* (→ Repères, p. 39/5)
C 22/16

1. Les parents d’Antonin étaient très fiers parce qu’ (un entraîneur / *repérer* leur fils).
2. Quand Antonin est rentré du stade, il a vu que (ses parents / lui *préparer* une surprise).
3. Quand son copain Jules a appelé pour le féliciter, (Antonin / déjà *partir* pour Montpellier).
4. Un jour, Antonin voulait aller au ciné avec des garçons de sa classe, mais (ils / déjà *partir* sans lui).
5. Alors, il a eu une dispute avec eux parce qu’ (ils / ne rien / lui *dire*).
6. Un jour, un surveillant a grondé Antonin parce qu’ (il *sortir* sans autorisation).
7. Il était triste parce qu’ (il / *avoir* une mauvaise note en maths).

Vocabulaire et expression

13 *Formez un maximum de phrases qui commencent par ces expressions.* (→ Repères, p. 39/6)

J’hésite à ___ J’ai besoin de ___ J’ai envie de ___ Je voudrais apprendre à ___
J’ai peur de ___ J’ai essayé de ___ J’ai réussi à ___ J’ai commencé à ___
Il faut avoir le courage de ___ Je n’ai pas le droit de ___

C 23/17 **14** *Qu’est-ce qu’on dit? Utilisez un verbe + de/à + infinitif.* (→ Repères, p. 39/6)
C 24/21

Du sagst deinem Freund / deiner Freundin, dass ___ .

1. ... er/sie dir nicht zu helfen braucht.
2. ... du Lust hast, in die Stadt zu gehen.
3. ... du versuchst, eine Geschichte auf Französisch zu lesen.
4. ... du Angst hast, eine schlechte Note zu bekommen.
5. ... es dir gelungen ist, einen Job für die Ferien zu finden.
6. ... du gerne lernen würdest, Fußball zu spielen.
7. ... er/sie dies nicht den anderen erzählen darf.
8. ... du angefangen hast, Arabisch zu lernen.

15 **a** *Relevez, dans le texte p. 30–31, les mots et expressions qui ont un rapport avec le foot.* (→ Méthodes, p. 133/4)

b 🎧 1 19 *Regardez le dessin et écoutez. Que veulent dire les mots suivants?* (→ Méthodes, p. 131/1)

le penalty · l’attaquant *m.* · la mi-temps · l’arbitre *m.* · le défenseur · le carton rouge · le gardien de but

DELF **c** 🎧 1 20 *Écoutez.* Welche Mannschaften spielen? Wie ist der Spielstand zu Beginn der Hörsequenz? Und am Ende?

Recherche

16 **a** *Informez-vous sur l'équipe de France de football.*

1. *Quel est le surnom*[1] *de l'équipe de France de football?*
2. *Quel est, jusqu'à présent, le joueur qui a marqué le plus de*[2] *buts?*
3. *En quelle année est-ce que l'équipe de France est devenue championne du monde / d'Europe?*
4. *Où est-ce que vous avez trouvé ces informations?*

b *Trouvez d'autres questions sur l'équipe de France et posez-les à vos camarades.*

1 **le surnom** der Spitzname
2 **le plus de** *hier:* die meisten

Activité

17 *Un internat sport-études en Allemagne. (www.athletica-duesseldorf.org)*
Présentez cette école à un élève qui ne comprend pas l'allemand. (Qui peut entrer dans cet internat? Quels sports est-ce qu'on peut y faire? etc.) (→ Méthodes, p. 145/2)

Méthodes et stratégies

18 *Sur la quatrième page de couverture d'un livre, on peut trouver:*
– *un texte qui donne envie de lire l'histoire,*
– *un extrait de l'histoire avec un commentaire ou un dessin.*

→ Portfolio
Dossier

a *Faites une quatrième page de couverture pour* Où est passé Antonin? (→ exemple, p. 42)

b *Présentez votre livre préféré pour donner à vos camarades envie de le lire. Vous pouvez*
– *faire une quatrième page de couverture,*
– *faire une affiche de lecture* (→ Méthodes, p. 143/5),
– *présenter le livre à l'oral. (Quels sont les thèmes, le(s) héros de l'histoire? Où se passe l'histoire? Quand?)*

Ein Buch vorstellen
(→ Méthodes, p. 140)

Repères

Qu'est-ce qu'on dit?

1 **einen Text gliedern**

Quand il habitait à Aubagne, Antonin était heureux.
Et puis un jour, un entraîneur l'a repéré.
Tout à coup, sa vie a changé.
Là, à Montpellier, il faisait beaucoup de sport.
Maintenant, il est malheureux.
Le soir, après les cours, il pleure dans son lit.
Aujourd'hui, mercredi, il est allé à Marseille.
Le directeur de l'internat a **tout de suite** téléphoné aux parents d'Antonin.
Pendant la soirée, ses parents ont téléphoné plusieurs fois à ses copains.
Enfin, le lendemain, Antonin a téléphoné à ses parents pendant qu'il prenait le petit-déjeuner.

über die Zeit sprechen

Il lui faut du temps pour se préparer.
Mieux vaut tard que jamais.
C'est maintenant ou jamais.

über Begabungen sprechen

Il/Elle est fort(e) / doué(e) (en maths).
Il/Elle réussit (en langues).

über Gefühle sprechen

Il/Elle se ronge les ongles.
Il/Elle tourne comme un ours en cage.
Il/Elle a toujours peur (de ne pas réussir).
Il/Elle se fait du souci (pour sa mère).
Il/Elle a honte / est triste.
Il/Elle est choqué(e): son frère est très malade.
Il/Elle se fiche de (ses notes).
Il/Elle a envie d'(aller à Montpellier).
Il/Elle me manque.
Il est fier / Elle est fière (de son frère).

Übersetze.
Er hat Lust, ein Eis zu essen.
Ihre Eltern sind in Urlaub: Sie fehlen ihr.
Er braucht Zeit, um sich zu entscheiden.
Seine Schwester ist besorgt um ihn.

Grammaire

2 **Die Verben** Les verbes

Les verbes en „-ir": **réagir**, **applaudir**, **choisir**, **réfléchir**, **réussir**, **rougir** → p. 154

3 **„Imparfait" und „passé composé" im Text** L'imparfait et le passé composé dans le texte

Hintergrund	Vordergrund
Beschreibung eines **Zustands**, einer **Situation**	**Handlung, Ereignis, Aktion**
Frage: Was war schon?	Frage: Was ist geschehen?
À Aubagne, Antonin **était** heureux: on l'**admirait**. Il **était** bon partout. →	Un jour, un entraîneur l'**a repéré**. Il **est venu** vers Antonin. Il lui **a parlé**, et il **a posé** beaucoup de questions.
↙ Antonin **était** très fier. →	Et tout à coup, sa vie **a changé**. Il **a fait** un stage et l'entraîneur **a parlé** à ses parents
↙ qui **étaient** fiers aussi. →	Après, tout **est allé** très vite. Il **a passé** des tests et il **a réussi**.

4 „Imparfait“ und „passé composé“ im Satz L'imparfait et le passé composé dans la phrase

1. Parallel verlaufende Handlungen ohne zeitliche Begrenzung

Quand Antonin **allait** au foot, Jacob l'**accompagnait**.

2. Beschreibung von Gewohnheiten

Les deux frères **aimaient** les mêmes films, ils **écoutaient** les mêmes musiques.

3. Eine Handlung folgt auf eine andere – schon abgeschlossene – Handlung.

Après, tout **est allé** très vite. Il **a passé** un test. Il **a réussi**. Il **est parti** à Montpellier.

4. Während eine Handlung verläuft, setzt eine andere Handlung ein.

Un soir où il **pleurait** sur son lit, un surveillant lui **a dit** ...

5 Das „plus-que-parfait“ Le plus-que-parfait

1. Bildung

j'	avais parlé	j'	étais allé/allée
tu	avais parlé	tu	étais allé/allée
il/elle	avait parlé	il/elle	était allé/allée
nous	avions parlé	nous	étions allés/allées
vous	aviez parlé	vous	étiez allé/allée/allés/allées
ils/elles	avaient parlé	ils/elles	étaient allés/allées

Übersetze.

1. Er hatte schlecht gespielt.
2. Sie hatte zu viel gegessen.
3. Sie war zu Hause geblieben.
4. Jakob hatte drei Mal angerufen.
5. Alles war sehr schnell gegangen.

2. Gebrauch

Avant,	À 23 heures, mercredi	À une heure du matin, jeudi
X	X	X
le père avait appelé l'entraîneur du club d'Aubagne.	M. et Mme Jourdan sont allés au commissariat.	les Jourdan vont au lit.
Vorvergangenheit	Vergangenheit	Gegenwart

6 Die Infinitivergänzung Le complément avec l'infinitif

Antonin **a réussi** à trouver une chambre d'hôtel.
Maintenant, **il essaye** de trouver un travail sur un bateau.
Juliette **a le droit** de conduire maintenant.
Elle **a envie** de prendre la voiture de sa mère.

Finde andere Verben mit Infinitivergänzung und bilde mit jedem Verb einen Satz. (→ Liste chronologique des mots, p. 166)

Pratiques facultatif

Écouter

DELF **1** 1|21 *Écoutez le texte. Qu'est-ce que vous apprenez sur Nourdine et Raphaël? Prenez des notes.*

> Notizen machen (→ Méthodes, p. 135)

S'entraîner

C 20/7 C 20/9 C 21/10 **2** *Marina a passé quelques jours à Marseille, chez des amis de ses parents. Elle a écrit une lettre à ses parents. Mettez les verbes entre parenthèses au passé composé ou à l'imparfait.* (→ Repères, p. 38/3)

Cher Papa, chère Maman, Marseille, le 12 août

Quand je *(arriver)* à la gare Saint-Charles, Joëlle m'*(attendre)*. Elle *(être)* seule parce que Richard *(être)* à Aix-en-Provence pour son travail. Il *(rentrer)* très tard ce soir-là, Joëlle et moi, nous *(passer)* la soirée seules. Nous (beaucoup *discuter*). C'*(être)* sympa. Hier, dimanche, Joëlle et Richard m'*(montrer)* le Vieux-Port. L'après-midi, nous *(monter)* à la Basilique Notre-Dame de la Garde. C'*(être)* formidable! Il *(faire)* très beau et on *(voir)* bien la ville et la mer. Le soir, nous *(aller)* sur la Canebière et nous *(dîner)* tout près de cette avenue. Demain, nous allons visiter le jardin des Vestiges, c'est là où il y a les vestiges de la ville antique. J'espère que vous allez bien. Vous avez le bonjour[1] de Joëlle et Richard.

Bises, Marina

1 **avoir le bonjour de qn** schöne Grüße von jdm

C 21/12 C 21/11 **3** *Formez des groupes. Imaginez l'histoire. Utilisez l'imparfait, le passé composé et les expressions de la liste.* (→ Repères, p. 38/1 et p. 38/3) Erstellt danach ein Lernplakat, auf dem ihr die Signalwörter den Zeiten zuordnet.

> Ein Lernplakat erstellen (→ Méthodes, p. 143/5)

un jour / le week-end dernier au moment où tout à coup
tous les dimanches / les jours / ___ comme toujours ensuite puis enfin hier

Tous les jours, Pauline, Jonas et Magalie allaient à la plage.
Un jour ___.
Tout à coup ___.

Vocabulaire et expression

4 **a** *Vous pouvez utiliser les adjectifs suivants pour faire le portrait de quelqu'un. Complétez ce tableau par d'autres adjectifs que vous connaissez.* (→ Texte, p. 30–32, → Liste alphabétique, p. 210)

Vous pouvez parler

– de l'aspect[1] d'une personne:	(quelqu'un est) fort/sportif/jeune/joli/___ (quelqu'un a l'air) triste/content/vexé/pâle/fatigué/énervé/___
– de ses qualités/défauts[2]:	(quelqu'un est) gentil/méchant/curieux/serviable/___

DELF

b *Regardez ces photos. Choisissez une personne et écrivez un petit texte sur cette personne. Vous pouvez la décrire, imaginer dans quelle situation elle est, ce qu'elle pense, etc.* (→ Méthodes, p. 142/3)

1 **l'aspect** *m. hier:* das Aussehen
2 **le défaut** die schlechte Eigenschaft

La France en direct

5 **a** *Lisez le texte. Qu'est-ce que les mots surlignés veulent dire?*

Wörter erschließen (→ Méthodes, p. 131/1)

b *Présentez Élodie Thomis à un copain / une copine qui ne parle pas français.*

La Française Élodie Thomis est attaquante dans l'équipe de France de football féminin des moins de 20 ans. Comme beaucoup de footballeuses, elle a commencé le football par hasard. En France, la culture du football féminin n'existe pas. «Avant, je faisais de l'athlétisme dans un club. Un jour, j'ai vu sur une affiche qu'ils cherchaient des joueuses de football. Comme je jouais déjà dans le quartier, j'ai tenté ma chance. J'ai passé des tests et ils ont aimé mon style. Je cours très vite, ce qui est très important pour une attaquante.»
Élodie sait ce qu'elle veut et où elle va. Son but? Jouer pour le prochain championnat du monde de football féminin. Elle sait que c'est possible. «Tout peut arriver. On peut participer à la Coupe du Monde l'année prochaine. Alors oui, je vais continuer à travailler parce que nous avons toutes nos chances.»

D'après: www.francefootball.com

Les quatrièmes de couverture

22 *Voici les textes de six quatrièmes pages de couverture. Lisez-les et retrouvez, pour chaque livre, la première page de couverture. Quel livre est-ce que vous avez envie de lire? Justifiez votre choix.*

a

b

Dominic est un mauvais élève. Il boit et il fume avec son copain Manu. Et ses parents, qui ont eux aussi beaucoup de problèmes, ne lui disent rien. Un jour, Dominic rencontre Mérédith, une jolie fille, une vraie fille modèle. Leur relation commence mal, d'ailleurs ils se détestent, enfin, ils le croient ... Puis Manu meurt dans un accident de voiture. Dominic et Mérédith vont apprendre à mieux se connaître. Dominic tombe amoureux mais il ne veut pas l'accepter.

2 **fumer** rauchen 7 **la fille modèle** das brave Mädchen 12 **tomber amoureux/-euse** sich verlieben

1

Marine et Mathieu, deux passionnés de films, se rencontrent régulièrement au cinéma Lux. Ils tombent amoureux l'un de l'autre. Pas très original? Sauf qu'ils ont un secret qu'ils cherchent à cacher ...

1 **passionné/e** leidenschaftlich

2

Samira, 13 ans, habite à côté de Paris. Chez elle, tout le monde ne pense qu'au mariage de sa sœur avec un professeur d'arabe traditionaliste. Samira, qui porte des jeans, ne comprend pas le choix de sa sœur. Elle se demande comment vivre sa vie entre modernité, religion et tradition.

3

d

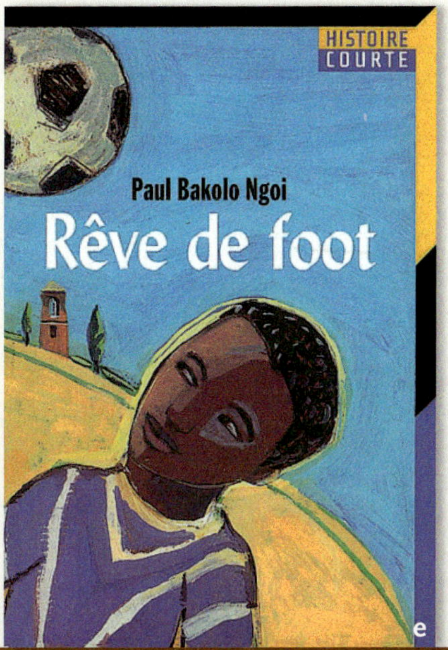

e

f

Peu à peu, la dictature de la beauté s'est imposée dans notre société. En 2031, les gens sont classés en catégories qui vont du 1 (très, très moche) au 5 (très, très beau). Karol, 22 ans, a bien réussi ses études, mais elle n'est que catégorie 3 ...

2 **s'imposer** sich durchsetzen 2 **la société** die Gesellschaft 7 **ne ... que** nur

4

Julien passe souvent les week-ends avec son père dans la grande forêt du Québec. Un jour, il y part tout seul. Pas de chance! Il rencontre des bandits qui le prennent en otage. Avec eux, il va ensuite vivre de nombreuses aventures dans la forêt. Puis, un jour, un des hommes va l'aider à prendre la fuite.

2 **la forêt** der Wald 5 **l'otage** *m./f.* die Geisel 9 **prendre la fuite** die Flucht ergreifen

5

À Kinshasa, le jeune Biblia vit dans la rue, il a faim. Son rêve, c'est le foot. Un jour, il vole quelques bananes. On le met en prison. Pendant un match de foot entre les jeunes de la prison et les jeunes du quartier, Riccardo, un journaliste italien, repère Biblia. Il l'aide à sortir de prison et retourne avec lui en Italie. Pour Biblia, c'est formidable, bien sûr, mais il découvre aussi une vie qui n'est pas toujours facile: il a un peu le mal du pays et ... il y a aussi l'école que Biblia accepte mal.

3 **voler** stehlen 11 **découvrir** entdecken 13 **le mal du pays** das Heimweh

6

UNITÉ 3 *Les fêtes de fin d'année*

Approches

23 C'est bientôt Noël!

In Frankreich werden die Geschenke vom père Noël, dem Weihnachtsmann, in der Nacht vom 24. auf den 25. Dezember gebracht. Er legt sie vor den Kamin oder unter den Weihnachtsbaum. Sie werden am Morgen des 25. geöffnet. Am Abend des 24. Dezember gibt es ein großes Essen (le réveillon), zu dem sich die Familie, aber auch Freunde zusammenfinden.

Comprendre

1 **a** *Qu'est-ce qu'ils souhaitent pour Noël? Qu'est-ce qu'ils font à Noël? Faites un tableau.* (→ Texte, p. 44–45; → Méthodes, p. 137/8)

	souhaite …	fait …
personne 7	fêter avec ses enfants	on ne sait pas
personne …		

b *Présentez les informations du tableau. Exemple:* Il y a une personne qui va à la messe.

Il y a des gens/jeunes (pour) qui ___ .
Il y a une/deux/___ personne/s qui ___ .

Découvrir

2 **a** *Traduisez et comparez à l'allemand.*

Le pays de mes parents, c'est **la** Chine. / **le** Maroc. / l'Algérie.

b *Comment s'appellent ces pays en allemand? Comparez l'emploi*[1] *de l'article dans les deux langues.*

la Belgique* l'Espagne* la Pologne* la Grande-Bretagne* l'Italie* la Suède* la Suisse* la Russie* le Portugal* les Pays-Bas*

1 **l'emploi** *m.* der Gebrauch

c *Formez deux équipes et posez des questions (1 point pour une question correcte, 1 point pour une réponse juste).*

Quelle est la capitale du ___ / de la ___ / de l'___ / des ___ ?

Quelle est la capitale de la Chine?

Activité

3 **a** *Noël, qu'est-ce que c'est pour vous? Discutez.*

Pour moi, Noël, c'est / ce sont ___ .
Quand je pense à Noël, je pense à ___ /
je rêve de ___ .
À Noël, j'aime surtout /
je n'aime pas beaucoup ___ .
___

b «Noël est aussi la fête du commerce et du stress.» *Donnez des exemples.*

Préparer la lecture / Découvrir

1 24

Ma famille vient du Mali. Au Mali, j'ai encore des grands-parents, des oncles, des tantes et des cousins.

Mon père est de Strasbourg, ma mère de Marseille. Mes grands-parents viennent de Pologne. J'ai de la famille un peu partout: une tante aux États-Unis, un oncle qui habite au Canada.

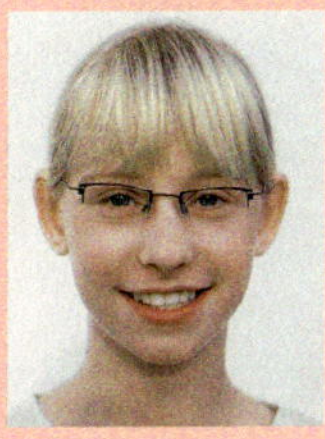

Mon père vient de Grenoble et ma mère, elle, est de Marseille.

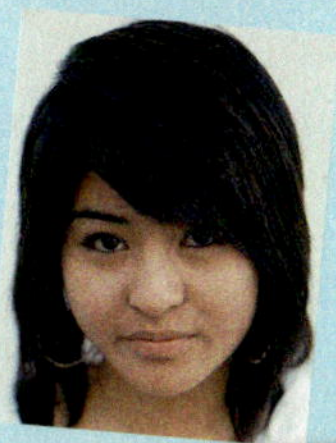

Ma famille vient de Chine. Mes parents sont arrivés en France il y a seize ans. Moi, je suis née ici et je ne connais pas la Chine mais j'espère bien y faire un voyage un jour.

On est arrivés à Marseille il y a cinq ans seulement. Avant, on habitait à Paris. Mon père est de Chicoutimi, je connais un peu le Canada et j'aime y passer mes vacances.

C 29/4
C 30/5
C 39/7

1 **a** *Regardez le texte et complétez. Puis traduisez.*

Mes parents viennent ? (de) Chine. Ma famille vient ? (du) Mali.

b *Quel est le genre*[1] *de* Chine (la) *et* Mali (le)? (→ Liste alphabétique, p. 210) *Quand est-ce qu'on utilise* du, *quand est-ce qu'on utilise* de?

1 **le genre** das Genus

c Sucht im Text, S. 47 die französischen Entsprechungen für „aus" + Ländernamen und „in" + Ländernamen. Ergänzt die Tabelle.

venir	habiter/arriver
de Chine	au Mali
du Mali	aux Etats-Unis
de Pologne	au Canada
	en France

Quand est-ce qu'on utilise en, au *et* aux?

d *Complétez.* M. Marin vient ? (du) Canada. Elle vient ? (des) États-Unis.

Les Têtes Vertes réfléchissent

Pour le problème des Têtes Vertes il n'y a pas de solution définitive mais des solutions provisoires. Aujourd'hui, le groupe a répété provisoirement chez Sarah, dans la salle de séjour, parce que ses parents ne sont pas là ce week-end. Moussa a joué avec eux et leur a dit: «C'est exceptionnel parce qu'on n'a pas de match aujourd'hui.» Toutes les semaines, il répète «exceptionnellement» avec ses copains. L'exception, c'est clair, est devenue la règle.

Après, ils ont regardé ensemble le film de Christian Carion «Joyeux Noël». C'est l'histoire de soldats qui font une trêve pendant la nuit de Noël 1914. C'est la guerre, mais comme chez eux, en Grande-Bretagne, en Allemagne ou en France, ils allument des sapins de Noël, chantent, se parlent, et échangent des cadeaux. Une histoire incroyable mais vraie. Quand Sarah arrête le DVD, tout le monde se tait. Alice espère que les autres n'ont pas vu ses larmes.

«Vous avez aimé? demande Sarah.

– Moyennement, dit Hugo, il s'appelle «Joyeux Noël», ton film, mais il n'est pas joyeux du tout ...

– C'est affreusement triste mais c'est incroyablement beau, dit Jia Li. C'est la guerre, oui, mais le film est quand même positif, je trouve.

– En général, je ne regarde pas ce genre de films, dit Moussa, mais cette histoire m'a plu.

– Moi, je le vois pour la troisième fois, dit Sarah, et il me plaît toujours. C'est un film qu'on n'oublie pas. Je ne peux pas dire que c'est ma musique préférée mais quand ils chantent, c'est incroyable, c'est formidable ... Les chanteurs, la musique ... et l'histoire est vraiment magnifique. Les acteurs me plaisent beaucoup, ils jouent super bien.

– C'est vrai, dit Hugo. Les acteurs sont très bons.

– Toute l'histoire est très belle, dit Alice, j'ai déjà vu plein de films nuls sur Noël. Là, au moins, tu comprends le vrai sens de Noël.

– Et c'est quoi, le vrai sens de Noël?» demande Hugo.

Alice réfléchit un peu parce qu'elle a peur d'être ridicule, puis elle prend son courage à deux mains:

«La paix, un message de paix. La paix en Afrique, aux États-Unis, dans tous les pays, dans toutes les familles. En tout cas, ce n'est sûrement pas la course aux cadeaux et la dinde aux marrons.

– Tu as raison, dit Sarah, mais on aime bien aussi les cadeaux et la dinde aux marrons. Enfin, c'est vrai qu'en ce moment, dans les magasins, c'est la galère. Trop, c'est trop.

– Au Mali, tout le monde ne fête pas Noël, dit Moussa, on a d'autres fêtes. Mais je connais quand même beaucoup de gens qui viennent du Maroc ou d'Algérie ou de Chine et qui fêtent Noël parce que c'est gai, parce que c'est une fête de famille. Finalement, ce n'est pas une question de religion. On peut voir ça autrement.

– Autrement comment? demande Hugo.

– Comme la fête de la lumière et, comme dans le film, la fête de l'amour, de la paix, dit Jia Li. Pour moi, c'est ça, Noël.

– Les filles, vous êtes un peu sentimentales aujourd'hui, dit Hugo, on ne pourrait pas changer de sujet?

– Sentimentales? Pas du tout, on réfléchit, on pense! dit Sarah.

– Je pense à autre chose, dit Moussa. Où est-ce qu'on répète mercredi prochain?

– Pourquoi? Est-ce que tu veux «exceptionnellement» répéter avec nous?» demande Sarah.

Tout le monde rigole.

«N'oubliez pas qu'on joue le 31 décembre pour les copains de mon oncle», dit Moussa.

Comprendre

C 29/1 C 29/2 **2** *Qu'est-ce que vous apprenez sur le film «Joyeux Noël»?* (→ Texte, p. 48)

DELF C 29/1 C 29/2 **3** *De qui est-ce qu'on parle?* (→ Texte, p. 48)

1. Il/Elle n'aime pas trop le film mais trouve que les acteurs jouent très bien.
2. Pour lui/elle, le film montre le vrai sens de Noël.
3. Il/Elle trouve que c'est une très belle histoire et que les acteurs jouent bien.
4. En général, il/elle n'aime pas ce genre de musique mais dans ce film il/elle l'aime beaucoup.
5. Il/Elle trouve le film pas drôle du tout mais l'aime quand même beaucoup.
6. Il/Elle pense qu'en général, les films sur Noël ne sont pas très intéressants.
7. En général, il/elle préfère d'autres films mais ce film lui a aussi plu.

Découvrir

4 **a** *Traduisez.* Um welche Wortart handelt es sich jeweils?

1. C'est un film **exceptionnel**. C'est une fille **exceptionnelle**.
2. Le groupe répète **exceptionnellement** chez Sarah.

b *Décrivez la formation de l'adverbe.*

c *Trouvez dans le texte, p. 48 d'autres exemples d'adverbes en* -ment. *Il y a une exception dans le texte. C'est* [?].

S'entraîner

C 30/6 C 31/7 **5** **a** *Formez les adverbes.* (→ Repères, p. 60/6)

sûr clair curieux vrai définitif bon facile malheureux joyeux normal long

b *Complétez par des adverbes de* **a**.

C 30/6 C 31/7 **6** *Adjectif ou adverbe?* (→ Repères, p. 60/7)

1. Pour Hélène, les maths, ce n'est pas [?].
   Jia Li est douée pour les langues: elle les comprend [?]. — *facile*
2. Le film «Quand j'étais chanteur» va passer [?] dans ce cinéma.
   Samedi [?], on répète exceptionnellement chez Alice. — *prochain*
3. J'ai bien aimé l'histoire du film. Mais il est quand même un peu trop [?].
   Moussa a [?] regardé Alice dans les yeux. — *long*
4. Pendant la récréation, Noémie a réagi [?]. C'est vraiment une fille très [?]. — *courageux*
5. Hugo, j'attends une réponse [?].
   Maxime est très malheureux parce que sa copine est partie [?] au Canada. — *définitif*
6. Nous avons retrouvé notre chien. Toute la famille est [?] [?].
   [?], ma mère est comme une [?] amie pour moi. — *vrai/heureux*

C 29/4 **7** **a** *D'où est-ce qu'ils viennent? Où est-ce qu'ils vont? Utilisez les noms de pays.* (→ Repères, p. 59/3)

Exemple: Elle vient de France et elle va ___ .

b *Présentez-vous.* (→ p. 151)

Exemple:

Je viens de Turquie.
Ma famille habite à Istanbul.
Je parle turc et allemand.

la Turquie* la Pologne la Croatie* la Serbie* l'Italie *f.** le Maroc le Portugal* la Grèce* le Danemark* l'Espagne *f.** la Russie* la Chine le Japon* ___

turc* polonais* croate* serbe* italien* arabe portugais* grec* danois* espagnol* russe* chinois* japonais* ___

Vocabulaire

8 *Relevez dans le texte, p. 48 le vocabulaire du cinéma et structurez-le.* (→ Méthodes, p. 133/4)

Écouter

DELF **9** **a** 1 26 *Quel film est-ce que le jeune homme va voir ce soir?* (→ Méthodes, p. 135/1)

b *Trouvez des informations sur les deux autres films de* **a** *et racontez l'histoire en allemand.*

www.allocine.fr

Activités

DELF **10** *Parlez d'un film que vous avez vu. Utilisez les mots et expressions de l'exercice 8. Vous pouvez parler de l'histoire du film, des acteurs, de la musique. Dites aussi pourquoi vous avez aimé / n'avez pas aimé ce film.*

Über einen Film sprechen
(→ Méthodes, p. 137/1)

c'est l'histoire de ___ qui ___ — ___ me plaît/plaisent (beaucoup) — j'aime bien ___ — jouer (bien) — magnifique/drôle/triste/ennuyeux — ce genre de ___ — musique préférée — ça m'a (quand même) plu — c'est un film positif/sentimental/___

11 **a** *«Cinéfête», qu'est-ce que c'est? Expliquez à un copain / une copine français/e.*

Wenn du den Sinn eines deutschen Textes wiedergeben willst, brauchst du nicht wörtlich zu übersetzen.
(→ Méthodes, p. 145/2)

ciné fête ist ein französisches Filmfestival für Kinder und Jugendliche, das jedes Jahr in Deutschland stattfindet. In fast 100 deutschen Städten können Schüler mit ihren Lehrern 6–9 französische Filme im Original sehen und so das französische Kino kennenlernen. In jeder Stadt werden eine Woche lang die Filme des Festivals gezeigt: Es sind Filme aus Frankreich und anderen französischsprachigen Ländern. Im letzten Jahr standen u. a. auf dem Programm: *Le papillon, L'enfant qui voulait être un ours, M. Ibrahim et les fleurs du Coran.*

b *Cherchez sur Internet le programme du dernier festival «Cinéfête».*

www.kultur-frankreich.de/cinefete

27 Le journal d'Alice

Vendredi 23 décembre

Je suis arrivée à Grenoble, chez mon père et Marie, pour la première semaine des vacances. J'étais contente d'être là, un peu moins contente, quand papa a lu mon bulletin du premier trimestre. Quand il a vu mon 5 en orthographe, il a failli tomber dans les pommes: c'est pire que l'année dernière où j'avais 7. Il dit que c'est à cause des forums de discussion et des blogs sur Internet. Marie dit qu'elle était aussi mauvaise que moi en orthographe, et il n'y avait pas encore Internet. En tout cas, je vais faire un effort.

Cette année, ces vacances de Noël à Grenoble chez papa et sa petite famille ne sont pas sans problèmes. Je trouve que mon demi-frère Léon est encore plus difficile que l'année dernière.

Dimanche 25 décembre

On a passé un beau réveillon. Le repas de Noël était super, Marie fait très bien la cuisine. J'ai fait la bûche de Noël avec elle. L'ambiance était meilleure que l'année dernière mais ce n'est pas toujours facile avec Léon. Il est trop gâté. Et mon père est bien moins sévère avec lui qu'avec moi. Je ne parle pas de tous les cadeaux qu'on lui fait, il ne joue jamais avec un seul jouet mais avec trois trucs à la fois, il a déjà cassé la moitié de ses jouets. Moi, j'ai eu un nouveau portable. Marie m'a offert de jolies boucles d'oreilles et ses parents m'ont offert un pull de ski. Je voudrais faire du ski avec Moussa et les autres. Ici, je ne connais personne, je n'ai pas d'amis et rien n'est vraiment chouette sans amis.

Lundi 26 décembre

Finalement, j'ai fait du ski à Villard-de-Lans avec papa, Marie et leur monstre. J'aime bien cette station parce qu'elle est plus petite et plus humaine que Val d'Isère, par exemple. Mais avec mon père on n'est pas d'accord sur les canons à neige, qui fonctionnent tout le temps parce qu'il n'y a pas assez de neige cet hiver. Ils n'ont jamais autant fonctionné. Dans les stations, personne ne conteste ça, bien sûr. Mais moi, je suis contre. Et mon père, qui adore le ski, a essayé de me prouver par A+B que ça ne fait rien, que c'est moins mauvais pour la nature que je pense.

Mardi 27 décembre

Une bonne nouvelle: papa a arrêté de fumer. C'est très bien et je lui ai fait des compliments. De temps en temps, il faut bien féliciter ses parents ... Ce matin, on a fait du patin à glace. Il y avait du soleil et tous les quatre sur la piste, c'était super.

Mercredi 28 décembre

Ce matin, papa et Marie ont repris leur travail, alors moi, j'ai fait un tour en ville ... j'ai fait un peu les magasins. Grenoble est une ville moins grande mais à mon avis presque aussi intéressante que Marseille. Je rentre demain à Marseille. Je suis contente de revoir les copains. Ici, je n'ai vu personne: seulement papa, Marie, ses parents et Léon. J'espère qu'il fait plus chaud à Marseille qu'ici. Il ne neige toujours pas mais on gèle! Je me couche, il est minuit déjà.

Comprendre

DELF C 33/1

1 **a** *Quel/s dessin/s correspond/ent à quelle date du journal d'Alice?* (→ Texte, p. 52)

b *Racontez, à l'aide des dessins, ce qu'Alice fait à Grenoble. Utilisez le présent.* (→ Méthodes, p. 137/7)

Vocabulaire

2 *Relevez dans le texte, p. 52 toutes les expressions pour parler a) du temps, b) de l'hiver, c) de l'école et faites des fiches de vocabulaire.* (→ Méthodes, p. 133/4) *Puis complétez par des mots que vous connaissez déjà.* (→ Liste alphabétique, p. 210)

Découvrir

3 **a** *Traduisez. Puis décrivez la formation du comparatif.*

1. Paul est plus grand que Max.
2. Léo est aussi grand que Paul.
3. Max est moins grand que Léo.

b 1 28 *Regardez le dessin et écoutez. Trouvez de qui on parle.*

c *Cherchez dans le texte, p. 52 tous les comparatifs et faites un tableau dans votre cahier.*

d Zu welchen Adjektiven gehören diese beiden Komparative?

1. Un 5 en orthographe, c'est **pire que** l'année dernière.
2. L'ambiance était **meilleure que** l'année dernière.

S'entraîner

C 34/5 **4** *Comparez deux films/livres/matières/sports/animaux/personnes/___ . Pensez à l'accord des adjectifs.* (→ Repères, p. 59/4)

Exemple:
Un chien est plus sympa qu'un chat.

intéressant ennuyeux important malheureux dur facile joli beau cher difficile ouvert grand petit drôle heureux gentil chouette moche gai sympa sentimental doué en ___ cool intelligent sévère dangereux ___

C 33/3
C 34/4 **5** *Alice parle de ses vacances à Grenoble. Complétez. Utilisez* ne … rien, ne … plus, ne … jamais, ne … personne. (→ Repères, p. 60/8)

1. Chez mon père, je me couche toujours après 23 heures. Normalement, je ne me ___ .
2. À Marseille, je connais beaucoup de jeunes. À Grenoble, je ___ .
3. À Grenoble, il neige souvent. À Marseille, il ___ .
4. Léon casse tous ses jouets. Le petit frère de Jia Li ___ .
5. Marie fait souvent la cuisine. Mon père, lui, ___ .
6. La semaine dernière, mon père fumait encore. Maintenant, il ___ .
7. Pour le réveillon, j'ai beaucoup mangé. Léon, lui, ___ .
8. Le 27 décembre, on a vu la sœur de Marie. Le 28 décembre, je ___ .

C 33/3
C 34/4 **6** *Justin est très triste. Expliquez pourquoi. Utilisez* rien ne *et* personne ne. (→ Repères, p. 60/9)

Exemple:
Il est triste parce que personne ne lui écrit.

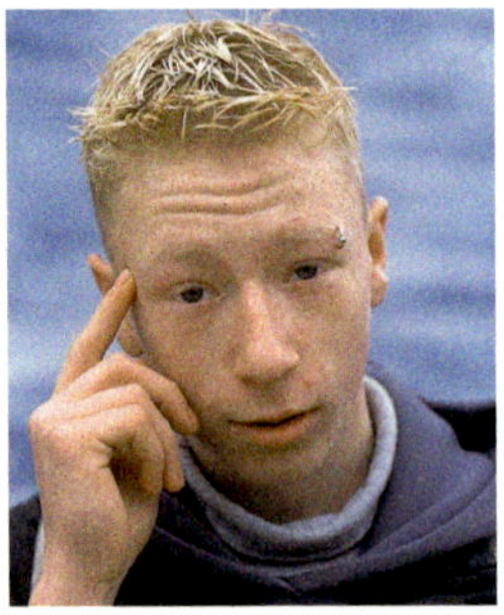

l'*inviter* à une fête lui *téléphoner*
lui *écrire* lui *envoyer* des SMS
être facile dans sa vie l'*aider*
lui *plaire* à la télé
s'*intéresser* à lui *marcher* à l'école
fonctionner bien le *connaître* vraiment
faire un effort pour lui parler

Écouter

DELF **7** 1|29 *Regardez ces personnages et écoutez. Qui peut faire du ski ou se balader dans la neige?* (→ Méthodes, p. 135/2)

Méthodes et stratégies

8 **a** *Quelles informations sont correctes? Quelles informations ne sont pas correctes? Faites des recherches.*

Wo kannst du Informationen zu Frankreich finden? (→ Méthodes, p. 140/5)

1. Les Romains ont fondé Marseille.
2. La bouillabaisse est une spécialité de Grenoble.
3. «OM», c'est le nom de l'équipe de foot de Marseille.
4. Marseille est jumelée avec[1] Hambourg.
5. En 1976, les Jeux olympiques d'hiver ont eu lieu à Grenoble.
6. Grenoble est sur[2] l'Isère.
7. En TGV, on peut faire Paris–Marseille en trois heures.
8. Les habitants[3] de Marseille s'appellent les «Marseillais».
9. Le château d'If à Marseille est célèbre à cause du roman «Le comte de Monte Cristo». L'auteur de ce roman s'appelle Victor Hugo.

b *Comment est-ce que vous avez trouvé les réponses?*

j'ai regardé sur Internet / sur le site Internet ___ / sur la carte ___
j'ai regardé dans un dictionnaire français-allemand / le dictionnaire de civilisation / un atlas[4]
je n'ai rien trouvé sur ___ / dans ___

1 **être jumelé/e avec** verschwistert sein mit (Stadt) 2 **être sur** (+ Fluss) liegt an 3 **l'habitant** *m.* der Einwohner 4 **l'atlas** *m.* [latlas]

Activité

DELF **9** *Vous êtes en vacances d'hiver. Écrivez une carte postale à votre correspondant/e français/e. Racontez ce que vous avez fait. Parlez aussi du temps.* (→ Méthodes, p. 141/1 et 143/6; → Repères, p. 59/1)

→ Portfolio
Dossier

1 30 Le plus beau soir de ma vie

Les Têtes Vertes finissent l'année par leur premier concert: le 31 décembre, tout le monde se retrouve chez Hamadou, l'oncle de Moussa. Dans l'ensemble, le public est jeune, entre 15 et 25 ans, c'est-à-dire, les copains des Têtes Vertes et les amis d'Hamadou. Les plus jeunes sont Alice et Jia Li. Mais Hamadou a aussi invité quelques personnes qui habitent dans son immeuble. La plus âgée est Josiane Delaire, 87 ans.
Guitare ou basse, accordéon, batterie et saxo accompagnent des chansons de groupes célèbres. Sarah chante, et parfois, le public chante le refrain avec elle. Hamadou a préparé un bon buffet avec du couscous et d'autres plats délicieux. Tout le monde danse et s'amuse. L'ambiance est super.

In Frankreich gibt es zu Silvester (la Saint-Sylvestre) ein üppiges Festessen. Man feiert häufig mit Freunden oder geht aus. Ein Feuerwerk zum Jahreswechsel ist nicht üblich.

Comprendre

DELF C 37/1 **1** *Trouvez dans le texte, p. 56–57 une phrase qui dit que/qu'...* (→ Méthodes, p. 137/7)

1. ... le concert des Têtes Vertes a lieu chez Hamadou.
2. ... à la fête d'Hamadou, il y a surtout des jeunes.
3. ... Hamadou a aussi invité des personnes âgées.
4. ... le public chante aussi.
5. ... Josiane adore le buffet qu'Hamadou a préparé.
6. ... avant minuit, tout le monde sort de l'immeuble.
7. ... Josiane ne danse pas.
8. ... Sarah est très contente de leur concert.
9. ... Jia Li a pris des bonnes résolutions pour la nouvelle année.
10. ... Alice ne rentre pas seule.

C 37/1 **2** *Pourquoi est-ce qu'Alice pense que c'est la plus belle soirée de sa vie?*

Découvrir

3 **a** *Décrivez la formation du superlatif.*

1. C'est le couscous **le plus délicieux**.
2. C'est la copine **la moins âgée** d'Hamadou.

b *Trouvez dans le texte, p. 56–57 le superlatif de* bon. *Comparez cette forme au comparatif de* bon.

c *Formez un superlatif avec le/la plus* **+** *ou le/la moins* **–** .

Exemple: C'est le film le plus drôle de l'année.

1. film / **+** drôle / de l'année
2. matière / **–** ennuyeux
3. lettre / **+** long / de ma vie
4. CD / **–** cher / de ce groupe

S'entraîner

C 37/3 C 38/4 **4** **a** *Complétez les slogans publicitaires[1]. Utilisez le superlatif. Pensez à l'accord de l'adjectif.* (→ Repères, p. 60/5)

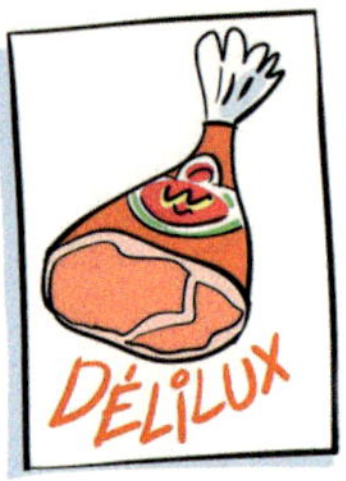

le jambon – délicieux

les jupes – cool

les vacances – intéressant

la voiture – petit

le film – bon – de l'année

les chaussures – sportif

b *À vous. Imaginez des slogans publicitaires[1] comme en* **a**.

1 **le slogan publicitaire** der Werbeslogan

C 37/3 C 38/4 **5** ►◄ *A pose une question. B répond. A utilise le superlatif. Puis A et B changent de rôle. Pensez à l'accord de l'adjectif.* (→ Repères, p. 60/5)

Exemples:
À ton avis, quelle est la plus belle fête de l'année?
Quel est le film le plus drôle pour toi?

la fête le film le livre le CD
la chanson le chanteur / la chanteuse
l'acteur / l'actrice la ville la voiture
le sport (d'hiver) la matière
l'instrument le pays le plat le cadeau
le chocolat l'animal ___

grand petit cher court facile
difficile joli important
moche nul délicieux beau bon
drôle ennuyeux ringard
compliqué gai long ___

Écouter et répéter

6 **a** *Lisez les phrases. Est-ce que vous prononcez* [ply], [plys] *ou* [plyz]? *Faites un tableau.*

	[ply]	[plys]	[plyz]
1.			
2.			

1. Il est plus petit que moi.
2. C'est le chien le plus intelligent.
3. À plus!
4. Il essaie de le prouver par A + B.
5. Hector est le plus inquiet de mes chats.
6. Les bottes noires sont plus chères.
7. Ce film m'a vraiment plu.
8. 3 plus 4 font 7.
9. Ça ne fonctionne plus.

b 1 31 *Écoutez les phrases de* **a** *et comparez avec votre tableau.*

c *Écoutez et répétez.*

Activité

DELF **7** *Alice continue son journal (→ p. 52). Imaginez ce qu'elle écrit le 1er janvier. Parlez du concert, de la fête du 31 décembre, de …* (→ Méthodes, p. 142/2 et 143/6)

Repères

Qu'est-ce qu'on dit?

1 **sagen, woher man kommt**
Je viens de Chine / d'Allemagne.
Je suis du Mali / des États-Unis.

sagen, wo man ist / wohin man sich begibt
Je suis au Canada/Maroc.
Je vais en France/Pologne.
Il arrive aux États-Unis.

über einen Film sprechen
C'est l'histoire de ___ .
C'est un film qu'on n'oublie pas.
Les acteurs me plaisent beaucoup / jouent super bien / sont très bons.
Je n'aime pas ce genre de films.

Wünsche/Hoffnungen ausdrücken
(Pour Noël), je souhaite (la paix).
J'espère que/qu'(il fait plus chaud).
Je voudrais (être plus sage).

etwas vorschlagen
On (ne) pourrait (pas) (changer de sujet)?

etwas bewerten
C'est (incroyablement) beau.
C'est (vraiment) formidable/incroyable/___ .
C'est le/la meilleur/e ___ (de ma vie).
Ça/Il/Elle me plaît beaucoup.
C'est pire que (l'année dernière).
Ils se débrouillent.
C'est la galère.

etwas zu bedenken geben
Ce n'est pas une question de (courage).
On peut voir ça autrement.
Tu exagères.

1|32 *Écoute les questions et réponds.*

Grammaire

2 **Die Verben** Les verbes

plaire, **se taire** → p. 156, **espérer** wie **préférer** → p. 154, **finir** wie **réagir** → p. 154, **tenir** wie **venir** → p. 157, **geler** wie **acheter** → p. 154

3 **Präpositionen und Artikel vor Ländernamen** Prépositions et articles devant les noms de pays

	la France / l'Algérie	le Maroc	les États-Unis
être/aller	**en** France / **en** Algérie	**au** Maroc	**aux** États-Unis
être/venir	**de** France / **d'**Algérie	**du** Maroc	**des** États-Unis

4 **Der Komparativ des Adjektivs** Le comparatif de l'adjectif

+	Ici, il fait	**plus** froid	**qu'**à Marseille.
=	Elle est	**aussi** mauvaise	**que** moi en orthographe.
–	Il est	**moins** sévère	**que** ma mère.

moins bon/bonne que — schlechter als
aussi bon/bonne que — genauso gut wie
⚠ **meilleur/meilleure que** — besser als

plus mauvais/mauvaise que — schlechter als
⚠ **pire que** — schlimmer als

5 Der Superlativ des Adjektivs Le superlatif de l'adjectif

le plus grand	la plus grande
le moins grand	la moins grande
les plus grands	les plus grandes
les moins grands	les moins grandes

⚠ **le meilleur / la meilleure**
der/die/das beste

J'ai la mère **la plus inquiète** du monde.

⚠ C'est **le plus beau** soir de l'année.
oder:
C'est le soir **le plus beau** de l'année.

Setze das Adjektiv im Superlativ **hinter** das Nomen. Das ist immer richtig!

6 Die Bildung des Adverbs auf „-ment" La formation de l'adverbe en «-ment»

incroyable → incroyab**lement**
normal/norma**le** → norma**lement**
définitif/défini**tive** → défini**tivement**
malheureux/malheur**euse** → malheur**eusement**

⚠ vrai/vraie → vraiment
gentil/gentille → gentiment
bon/bonne → bien
mauvais/e → mal

7 Der Gebrauch des Adverbs L'emploi de l'adverbe

Malheureusement, elle est malade.
Il apprend **facilement** les langues.
L'histoire est **incroyablement** belle.
Les acteurs jouent **vraiment** bien.

Adverbien können sich beziehen auf: [?].

Unterscheide: Sarah est **gentille**. Adjektiv
Elle parle **gentiment** à ses parents. Adverb

8 Die Verneinung mit „ne ... personne", „ne ... rien" und „ne ... jamais"

La négation avec «ne ... personne», «ne ... rien» et «ne ... jamais»

Il	**ne** joue	**jamais**	seul.	
Ils	**ne** disent	**rien.**		
Elle	**ne** connaît	**personne**	ici.	
Il	**n'** a	**jamais**	joué seul.	
Ils	**n'** ont	**rien**	dit.	
Ils	**ne** vont	**rien**	dire.	
Elle	**n'** a		vu	**personne.**
Elle	**ne** veut		voir	**personne.**

Betrachte die Stellung der Verneinungswörter: Was unterscheidet „ne ... personne" von „ne ... rien" und „ne ... jamais"?

9 Die Verneinung mit „rien ne ..." und „personne ne ..." La négation avec «rien ne ...» et «personne ne ...»

Personne ne veut vivre sans copains.
Rien n'est vraiment chouette sans amis.

Übersetze die Beispielsätze. Welche Funktion haben „personne ne ..." und „rien ne ..." im Satz?

Vocabulaire et expression

1 **a** *Trouvez les contraires.* (→ Méthodes, p. 134)

b *Préparez un exercice comme* **a** *pour vos camarades.*

triste finir moche se taire la paix la règle provisoire se coucher magnifique facile exceptionnel perdre monter la vie dernier

2 **a** *Complétez les textes suivants. Utilisez un seul verbe par texte.*

1. Pour aller chez Hugo, Sarah prend le métro. Elle [?] à la station «Gare Saint-Charles». Quand Sarah arrive chez Hugo, il est dans la salle de bains: il [?] l'eau de ses poissons. Les deux copains discutent d'abord des poissons puis ils [?] de sujet pour parler de leur concert: Hugo veut [?] le programme et finir par une chanson de Carla Bruni.
2. Aujourd'hui, des copines de mamie viennent pour le dîner. Hugo et ses frères font la cuisine avec leur grand-mère. Nicolas [?] le couvert. Constantin [?] le pain sur la table. Pour faire plaisir à mamie, les trois frères ne [?] pas de jean ce soir.
3. Jia Li et Sarah [?] les vacances d'hiver chez les grands-parents de Sarah à Strasbourg. Ce soir, les filles vont au ciné. Le film [?] à 20 heures. Il s'appelle «Tu me [?] le sel!?». Avant, Jia Li et Sarah [?] chez une cousine de Sarah.
4. Moussa ne [?] pas si ses copains vont venir demain pour la répétition. Ce week-end, il a beaucoup répété et il [?] déjà jouer toutes leurs nouvelles chansons.

> Ein Wort kann, je nach Kontext, unterschiedliche Bedeutungen haben. Dies ist bei der Benutzung des zweisprachigen Wörterbuchs zu berücksichtigen. (→ Méthodes, p. 145/1)

b *Traduisez les phrases de* **a** *en allemand.*

S'entraîner

C 37/3
C 37/4
3 ►◄ *Le dessinateur a fait sept erreurs. Comparez les deux dessins et trouvez les erreurs. Utilisez* plus/moins/aussi + adjectif + que. (→ Repères, p. 59/4)

Exemple: Sur le dessin A, le chien est plus petit que sur le dessin B.

petit court grand bleu long gris cher ___

C 37/3 **4** *Dans votre famille, qui est*
C 38/4

le/la plus âgé/e? · le/la plus jeune? · le/la moins sévère? · le/la plus/moins drôle? · le/la plus calme? · le/la plus joyeux/-euse? · le/la plus/moins sportif/-ive? · le/la plus inquiet/-iète? · le/la plus curieux/-euse? · le/la moins compliqué/e? · le/la plus serviable? · le/la plus sage?

Exemple:
Dans notre famille, le plus calme, c'est notre poisson rouge.

5 *Posez les questions à vos camarades.*

– Qu'est-ce que tu ne fais jamais?
– Qu'est-ce que tu n'as jamais fait?
– Où est-ce que tu n'es jamais allé/e?
– Qu'est-ce que tu ne voudrais jamais faire?

Réviser

C 39/8 **6** *Racontez. Mettez les verbes entre parenthèses au passé composé ou à l'imparfait.*

Quand Josiane Delaire *(être)* petite elle *(habiter)* dans un petit village près de Marseille.
Elle *(avoir)* quatre frères et sœurs. Josiane ne *(quitter)* jamais son village et *(aider)* ses parents dans leur magasin. Elle *(être)* contente de sa vie. Un dimanche, Josiane *(aller)* avec ses parents et ses frères à la fête du village. Là, elle *(rencontrer)* un jeune homme, Jean-Jacques.
Il *(venir)* du village de Josiane mais il *(travailler)* à Marseille. Un an plus tard, Josiane *(devenir)* sa femme. Elle *(aller)* à Marseille pour vivre avec Jean-Jacques. À 22 ans, Josiane *(avoir)* son premier enfant, une petite fille: Marie-Rose.

La France en direct

7 *Qu'est-ce que les jeunes proposent à Anaïs? Quelles idées est-ce que tu préfères? Qu'est-ce que tu as déjà offert à tes parents?*

Je cherche un cadeau pour mes parents.

J'ai un budget de 15 euros, je fais quoi?
Anaïs, 14 ans

Pour 15 euros, tu peux quand même trouver des trucs sympa. Moi, le dernier cadeau que j'ai offert à mes parents, ce sont des verres originaux: ça ne coûte pas trop cher, ça change, et en plus, c'est utile. Si tu n'as pas d'idées, fais un tour au marché aux puces.
Victor, 15 ans

Ce qui compte, ce n'est pas le prix du cadeau, mais l'intention. Si tu leur offres deux cartes postales que tu as bien choisies, ça leur fait autant plaisir qu'un gros cadeau. Sinon, moi, j'aime bien offrir des livres: ça marche toujours!
Sonia, 14 ans

Ce n'est pas facile de t'aider puisque je ne connais pas le goût de tes parents. Si tu as envie de leur bricoler[1] un petit objet, c'est ce qui coûte le moins cher et ça fait toujours plaisir.
Nathan, 14 ans

Moi aussi, j'ai du mal à trouver des cadeaux chouettes avec mon budget. À Noël, avec ma sœur, on a eu l'idée de faire des sketches, et à la fin, tout le monde pleurait de rire. Alors, souvent, les cadeaux qui ne coûtent rien sont les cadeaux les plus géniaux.
Ariane, 13 ans

1 **bricoler qc** etw. basteln

D'après: Le Monde des ados n° 144, mai 2006

Activités

8 ►◄ *Choisissez une situation: A cherche un cadeau pour*
– *l'anniversaire de sa grand-mère.*
– *l'anniversaire d'un/e copain/copine.*
– *le permis de conduire de sa sœur / son frère.*

A discute de son problème avec B. Préparez le dialogue et jouez-le en classe. (→ Méthodes, p. 139/3)

on pourrait ___ je voudrais ___
offrir qc à qn *faire* un cadeau à qn
C'est trop cher. C'est une affaire.
Ça ne va pas lui plaire. C'est l'horreur!
C'est une idée super. Ce n'est pas mal.
Tu as raison. Pas question!

A
– Du hast 12 Euro zur Verfügung.
– Du sagst, für wen / welchen Anlass du ein Geschenk suchst.
– Du überlegst, was du schenken könntest.
– Du bist nicht überzeugt von Bs Vorschlag.
– Du reagierst auf den zweiten Vorschlag von B. Ihr sprecht dabei auch über Preise und darüber, wo man das Geschenk besorgen könnte.
– Du entscheidest dich.

B
– Du äußerst dich zu der Geldsumme, die A zur Verfügung steht.
– Du findest die Idee von A nicht gut. Du begründest, warum.
– Du machst einen anderen Vorschlag.
– Du machst einen weiteren Vorschlag. Ihr sprecht dabei auch über Preise und darüber, wo man das Geschenk besorgen könnte.

DELF **9** ►◄ *A complète une phrase et la discute avec B. Puis A et B changent de rôle.*

Pour moi, avoir des ami(e)s ___ .

Moi aussi, je pense que ___ .

Quand je pense à Noël, je ___
Pour moi, l'école ___
Les balades[1] en famille ___
J'écoute de la musique parce que ___
J'aime / Je n'aime pas faire du sport parce que ___
À mon avis, les canons à neige ___
Quand je pense aux vacances, je ___
Faire les magasins, pour moi ___ parce que ___

1 **la balade** der Spaziergang

Le jeu de la tour Eiffel

10 *Préparez 15 questions pour le jeu de la tour Eiffel, p. 8–9.* (→ Unité 1, p. 12–29; Unité 2, p. 30–43; Unité 3, p. 44–65)

La Briqueterie (Tito)

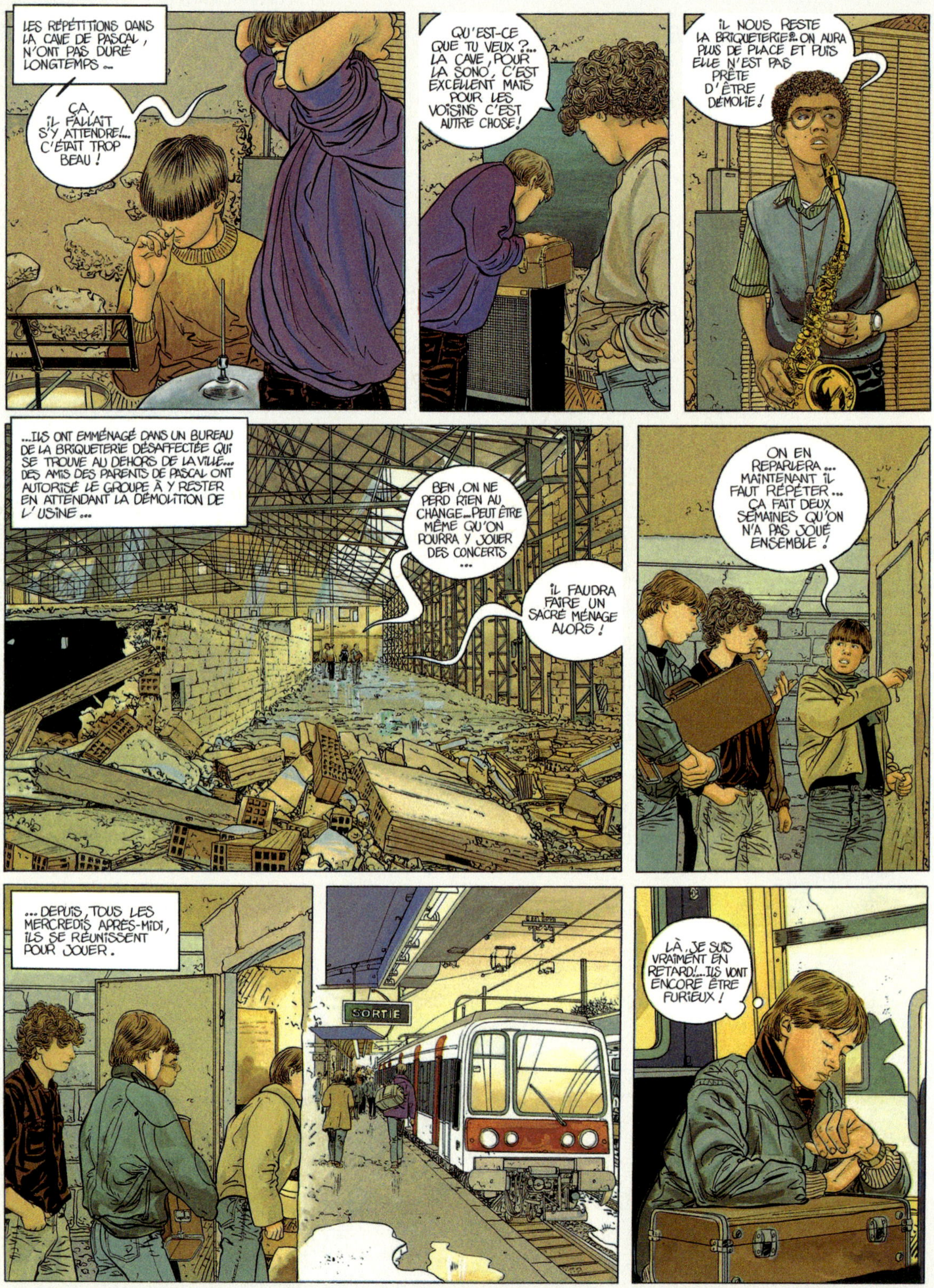

a *Lisez la bédé. Puis faites le portrait du groupe. Parlez des quatre jeunes, de leurs instruments, de l'histoire du groupe etc.*

b *Expliquez dans quel/s endroit/s ils répètent.*

c *Parlez de ce garçon. Où est-ce qu'il va? Quel est son problème?*

d *Imaginez la suite de l'histoire.*

e *«La Briqueterie» fait partie d'une série de bédés qui s'appelle «Tendre Banlieue». Allez sur http://bd.casterman.com → Tendre banlieue et regardez les pages de couverture des autres bédés de cette série. Quelle bédé vous intéresse? Dites pourquoi.*

la sono *hier:* die Akustik **la briqueterie** die Ziegelei **on aura** *Futur von* avoir **elle n'est pas prête d'être démolie** mit dem Abriss ist es noch nicht so weit **désaffecté/e** stillgelegt, ehemalig **au dehors de** außerhalb von **on pourra** *Futur von* pouvoir **il faudra** *Futur von* il faut **un sacré ménage** ein Großputz **on reparlera** *Futur von* reparler **le R.E.R.** *S-Bahn in Paris und Umgebung*

BILAN 1

Hier kannst du überprüfen, was du in den Unités 1–3 gelernt hast.

Compréhension orale

1 33 *Pour le club radio de son collège, Sonia demande à ses copains et ses copines quel pays ils aiment bien et pourquoi. Écoute les interviews et trouve les phrases correctes.*

1. La mère de Catherine est française.
2. Catherine va souvent au Canada.
3. Étienne dit qu'il est déjà allé au Texas.
4. Étienne rêve d'aller à Hollywood.
5. Fred s'informe sur la Russie.
6. Fred sait parler le russe.
7. Pour Anne-Laure, Londres est un peu comme Paris.
8. Anne-Laure aime le climat en Grande-Bretagne.
9. Le père de Karim habite à Marrakech.
10. Un jour, Karim veut vivre au Maroc.

2 34 *Tu veux regarder le film «Joyeux Noël» au cinéma Rex. Tu ne sais pas à quelle heure il commence. Tu veux aussi savoir combien coûte l'entrée[1]. Tu appelles le cinéma. Écoute le message électronique.*

Sur quelle touche[2] du téléphone est-ce qu'il faut taper[3]
– pour savoir quand le film commence,
– pour connaître le prix d'entrée?

1 **l'entrée** der Eintritt, die Eintrittskarte 2 **la touche** die Taste 3 **taper** drücken

Compréhension écrite

3 *Le cadeau préféré de beaucoup de jeunes, c'est un téléphone portable. Le journal «Mon Quotidien» a demandé à des élèves d'un collège de Paris si un jeune a vraiment besoin d'un portable. Voici leurs réponses.*

Vivre sans portable?

ALIZÉE, 12 ANS | À mon âge, ce n'est pas utile car on ne sort pas encore avec des copains. On n'a pas besoin de prévenir les parents si on est en retard. Certains ont un portable juste pour faire joli, pour crâner.

MARGAUX, 13 ANS | Ma sœur de 15 ans a eu son portable il y a un an. Depuis, je ne peux plus parler avec elle, je ne la vois presque plus parce qu'elle est tout le temps «collée» à son téléphone. Il sonne tout le temps et c'est vraiment énervant pour tout le monde. Moi, je n'en veux pas.

VINCENT, 15 ANS | Le portable, c'est génial! Je n'ai pas toujours envie que mes parents écoutent mes conversations. Alors, avec mon portable, je téléphone à ma petite amie tranquillement de ma chambre.

FELIPE, 14 ANS | C'est bien d'avoir un téléphone portable. On peut écrire des messages à des amis et faire des jeux. Ce qui est bête, c'est qu'à l'école, le portable est très mal vu. Une fois, mon portable a sonné en cours de physique. Résultat: on me l'a confisqué pour une semaine.

SUZANNE, 14 ANS | C'est très utile pour moi d'avoir un téléphone portable parce que mes parents sont séparés. J'habite une semaine sur deux chez mon père. Alors je peux facilement appeler ma mère. Et quand je suis chez ma mère, mon père peut me téléphoner quand il veut.

GABRIEL, 14 ANS | Le portable, pour moi, c'est synonyme de liberté. Malheureusement, cette liberté, c'est comme une drogue. Quand le téléphone ne sonne pas l'après-midi après les cours, je commence à tourner en rond, je deviens vraiment fou.

Quelle personne pourrait dire:

1. Le portable peut être dangereux.
2. Pour moi, le portable n'est pas encore important.
3. Avec le portable, les parents ne peuvent pas savoir à qui on parle.
4. Le portable est mauvais pour la vie de famille.

Production orale

4 **a** ►◄ *A présente sa photo à B. Puis B présente sa photo à A. Parlez de*
- *l'enfant, sa situation,*
- *son pays,*
- *sa vie de famille, sa vie à l'école,*
- *ses loisirs*[1].

1 **les loisirs** die Freizeit

photo de A

photo de B

b ►◄ *Est-ce que les enfants sur les deux photos sont heureux? Discute avec ton/ta voisin/e.*

Production écrite

5 *Écris une carte postale à ton/ta correspondant/e en France où tu racontes comment tu as passé la soirée de la Saint-Sylvestre.*

Tipps, wie du deine Fehler selbst korrigieren kannst, findest du auf S. 143–144. (→ Méthodes)

UNITÉ 4 Voyage au Québec

Approches

2 Qu'est-ce que vous savez sur le Québec?

C 43/1 **1** *Faites ce quiz.* (→ Dictionnaire de civilisation, p. 158, → Kanadakarte, hintere Umschlaginnenseite)

1 Qui a découvert le Canada?
- a Jacques Cartier en 1534
- b Christophe Colomb en 1492

2 Quelles phrases sont justes?
- a Le Québec est aussi grand que la France.
- b Le Québec est trois fois plus grand que la France.
- c Le Saint-Laurent est le fleuve le plus long du Québec.
- d Le Saskatchewan est le fleuve le plus long du Québec.

3 Qu'est-ce qui se trouve sur le drapeau du Canada?
- a Une feuille d'érable
- b Des lys

4 Quelle est la capitale du Québec?
- a Québec
- b Montréal

5 Quelle est la devise du Québec?
- a Post tenebras lux.[1]
- b Je me souviens.

6 Quel est le pourcentage de francophones au Québec?
- a 54 %
- b 83 %

7 En français québécois, que veut dire «Il mange ses shorts.»?
- a Il a de gros problèmes.
- b Il a très faim.

une forêt d'érables en automne

le Québec: le pays   Québec: la ville

une sculpture de neige

1 **post tenebras lux** nach der Dunkelheit das Licht

des lacs

le carnaval d'hiver

l'explorateur Christophe Colomb

à Québec

l'explorateur Jacques Cartier

Montréal

le plus grand fleuve du Québec

2 *Écrivez un mail aux adresses suivantes pour demander des prospectus sur le Québec. Vous aurez besoin de ces prospectus plus tard, p. 82.* (→ Méthodes, p. 141/1)

www.bonjourquebec.com
(→ Brochures → Commandez nos brochures)

qc.munich@mri.gouv.qc.ca

Les projets d'avenir de la famille Marin

Bruno Marin rentre d'un séjour au Québec. Il a l'air très content, et un soir, à table:

«Votre mère et moi, nous voulons vous annoncer une bonne nouvelle.

– Tu attends un enfant, maman? demande Constantin.

– Non! répond Christiane Marin.

– Mais nous avons d'autres projets, dit Bruno Marin. J'ai signé un nouveau contrat. Je serai directeur commercial et j'aurai mon bureau à Montréal. Je ne voyagerai plus tout le temps.»

Hugo ne peut pas croire ce qu'il entend ... Est-ce que son père a perdu la tête? Pourquoi va-t-il s'installer au Canada et les laisser seuls à Marseille? Croit-il peut-être que tout le monde est d'accord? C'est incroyable!

«Tu vas partir sans nous? demande Hugo.

– Bien sûr que non! On part ensemble. Enfin, moi, je pars la semaine prochaine et vous à la fin de l'année scolaire, répond Monsieur Marin.

– Tu rigoles ou quoi? dit Hugo. On va déménager? Et notre école? Nos copains? Mon groupe?

– Et moi? dit mamie. Pensez-vous à moi? Y a-t-il quelqu'un qui pense à moi dans cette maison? J'ai quitté le Québec pour Marseille, j'y ai enfin des amis, j'aime le beau temps, la chaleur, et maintenant ... Je ne supporterai plus le climat du Québec, on s'habitue à la chaleur.

– Je crois que vous exagérez un peu, mamie, dit Christiane Marin. Nous aurons un bel appartement et vous n'y aurez sûrement pas froid. Et puis, c'est votre pays, non? Vous retrouverez votre famille, vous avez encore des cousins à Chicoutimi et sûrement des amis.

– Oui, mais Chicoutimi est loin de Montréal!

– Maman, dit Nicolas, on ne connaît personne à Montréal. Et à l'école, ils vont se moquer de notre accent.

– Et vous, Christiane, continue mamie, vous allez fermer votre cabinet dentaire?

– Je prendrai d'abord un remplaçant pour un an, dit Christiane Marin. Pendant ce temps, je réfléchirai ... on réfléchira. Le Québec, c'est une occasion formidable de voir et de faire autre chose.

– Moi, je reste, dit Hugo. Je trouverai une solution. J'habiterai chez Moussa ou Sarah ...

– Hugo, dit Monsieur Marin, tu connais le Québec, tu sais comme ce pays est magnifique et comme les gens sont chaleureux. Toi qui aimes les sports d'hiver ... Le Canada, c'est le pays du ski et du hockey sur glace. Et puis, on te trouvera une école de musique: on peut jouer du saxophone partout.

– Est-ce que vous croyez qu'il y a encore des Indiens au Canada? demande Nicolas.

– Bien sûr! Et tout au nord vivent aussi les Inuits. Vous adorerez ce pays. Vous aurez vite des copains ...»

Ils partiront sans moi, pense Hugo. Je me débrouillerai très bien sans eux.

«La mer Méditerranée va me manquer, dit mamie, mais revoir le pays, c'est bien aussi.»

Hugo se sent très seul. Son père le regarde.

«Hugo, on ne perd pas les vrais amis. Et avec Internet, ce n'est pas un problème, tu leur écriras et tu les inviteras. Ils auront sûrement envie de visiter le Québec avec toi. Et j'ai encore une surprise ... Pour les vacances de février vous venez à Montréal et ensemble, on explorera le Québec!

Comprendre

C 44/1 **1** **a** *Quel est le conflit? Répondez en une phrase.* (→ Texte, p. 70)

b *Aller au Canada, qu'est-ce que ça représente*[1] *pour les différentes personnes? Faites un schéma.*

Textinhalte visuell darstellen (→ Méthodes, p. 137/8)

c *Que pensez-vous de la réaction d'Hugo? Discutez.*

1 **représenter qc** *hier:* etw. bedeuten

Découvrir

2 **a** *Relevez dans le texte, p. 70 les formes du futur simple et retrouvez l'infinitif.*

Exemple:
Je ne **voyagerai** plus tout le temps. → voyager

b *Classez les formes dans un tableau.*

c *Complétez votre tableau avec les formes qui manquent. Comment forme-t-on le futur simple des verbes en* -er/-ir *et en* -(d)re*?*

	verbes en -er	verbes en -ir	verbes en -(d)re	être	avoir
je	voyager<u>ai</u>			ser<u>ai</u>	
tu					

d *Mettez les verbes entre parenthèses au futur simple.*

nous *(découvrir)* tu *(être)* on *(apprendre)* je *(manger)*
ils *(sortir)* vous *(jouer)* nous *(se sentir)* elle *(avoir)*

S'entraîner

C 44/3 **3** ►◄ *Sarah, Moussa, Alice et Jia Li posent des questions à Hugo sur son voyage à Montréal. Formulez leurs questions et imaginez les réponses d'Hugo. Utilisez le futur simple.* (→ Repères, p. 83/4)

écrire des cartes postales
acheter des CD de groupes québécois
laisser ton saxophone à Marseille
geler à Montréal en février
avoir l'occasion de faire du ski
jouer au hockey sur glace
ta grand-mère vous *accompagner*
supporter le climat *habiter* où
se sentir seul *être* content à Montréal
comprendre le français québécois
penser à nous ___

C 44/3 **4** **a** 2|4 *Que dit l'horoscope pour les Béliers, les Taureaux, les Gémeaux et les Cancers? Écoutez et prenez des notes. Puis racontez au futur simple.* (→ Repères, p. 83/4)

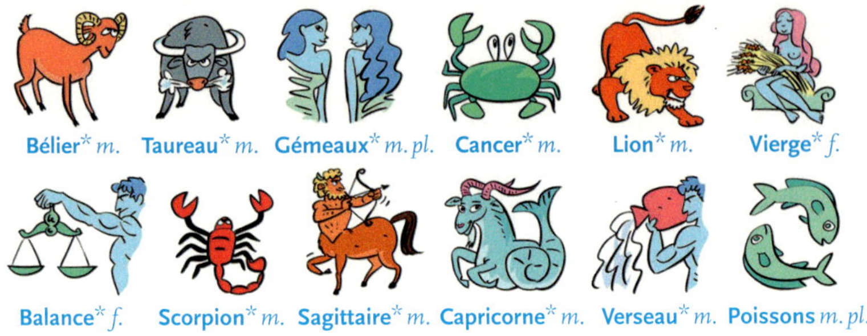

1. Les Béliers seront ___ .

b *Imaginez l'horoscope de votre voisin/e pour la semaine prochaine. Utilisez le futur simple.* (→ Repères, p. 83/4)

Amour

rencontrer quelqu'un *perdre* la tête
s'intéresser à quelqu'un
craquer pour quelqu'un *admirer* quelqu'un
être amoureux de quelqu'un
La vie ne fait pas de cadeaux. ___

École

avoir une bonne/mauvaise note en français/anglais/maths/___
être bon/moyen/mauvais/nul
avoir des problèmes avec un prof
arriver en retard *se motiver*
être dans les nuages
Mieux vaut tard que jamais.
Ça peut arriver. ___

Santé

se sentir bien *être* malade
avoir mal à la tête / au dos / ___
manger trop/peu *être* fatigué *se reposer*
tomber dans les pommes le stress ___

5 ►◄ *Voici des titres d'articles du journal «Okapi». Reformulez les questions avec* est-ce que *et posez-les à vos camarades.*

Es-tu livre ou ciné[1]?

Pourquoi veut-on devenir célèbre?

Es-tu vraiment tolérant(e)?

Sais-tu être à l'heure?

Que lisez-vous?

Pourrait-on vivre toujours en vacances?

1 **être livre ou ciné** eine Leseratte oder ein Kinofan sein

C 45/5 **6** *Madame Marin prépare le déménagement de la famille au Québec. Elle écrit à une copine de Montréal pour lui poser des questions. Écrivez les questions qu'elle va poser. Utilisez l'inversion.* (→ Repères, p. 84/8)

Elle veut savoir ...
1. ... si c'est difficile de trouver un appartement à Montréal.
2. ... dans quel quartier on trouve une bonne école.
3. ... quand il faut inscrire[1] les enfants à l'école.
4. ... comment on peut trouver une école de musique.
5. ... s'il existe un bon cabinet dentaire au centre-ville.
6. ... quel âge il faut avoir pour entrer dans un club de hockey sur glace.
7. ... où on peut aller le samedi soir à Montréal.

1 **inscrire qn à qc** jdn bei etw. anmelden

7 *Complétez par les formes de* croire.

Constantin: Maman et papa, vous [?] qu'on sera heureux à Montréal?
Bruno Marin: Votre mère et moi, nous [?] vraiment que vous serez très heureux à Montréal.
Christiane Marin: Il ne faut pas [?] qu'au Québec, on est loin de tout. On peut y faire beaucoup de choses, et Montréal est une ville très animée et sympa. Par exemple, pour faire du sport c'est génial!
Hugo: Mes copains des «Têtes Vertes» [?] qu'au Québec on peut faire du ski et jouer au hockey sur glace partout.
Nicolas: Oui, mon copain Loïc [?] qu'il y a une équipe de hockey sur glace à Montréal qui est très connue.
Hugo: C'est vrai, je [?] qu'elle s'appelle «Les Canadiens». Ils sont super!

Écouter

DELF **8** **a** 2 5 *Écoutez. Qui aime bien déménager et qui n'aime pas déménager?* (→ Méthodes, p. 135/2)

aime déménager	n'aime pas déménager

b *Écoutez encore une fois. Pourquoi est-ce que ces personnes aiment ou n'aiment pas déménager? Notez leurs arguments.* (→ Méthodes, p. 135/3)

Activité

C 45/6 **9** **a** *Les Marin vont s'installer à Montréal à la fin de l'année scolaire. Hugo téléphone à Sarah et lui raconte la nouvelle. Sarah demande comment sa famille a réagi. Faites le dialogue.*

Mamie trouve que ___. Ma mère dit que ___. Nicolas pense que ___. ___

b *À votre avis, que fera Hugo? Écrivez la suite de l'histoire.* (→ Méthodes, p. 143/6)

→ Portfolio
Dossier

Jeu de rôle

10 *Imaginez que vous vous trouvez dans la même situation qu'Hugo: votre père ou votre mère vous présente le projet de déménager dans un autre pays. Comment réagissez-vous? Jouez la scène.* (→ Méthodes, p. 139/3)

Préparer la lecture / Découvrir

1 *Lisez ce que Madame Cristal dit à Hugo. Puis trouvez l'infinitif des verbes au futur simple.*

Tu **verras**, Hugo: au Canada, tu **pourras** jouer dans un autre groupe et vous **ferez** des concerts super. Tes copains de Marseille **viendront** te voir à Montréal et puis vous **irez** faire du camping ensemble.

2|6 À Montréal

15 février. La famille Marin est à Montréal et fait connaissance avec cette ville de 2,7 millions d'habitants. La ville se trouve au bord du fleuve Saint-Laurent et de la rivière des Outaouais. «Pour connaître une ville, il faut d'abord avoir une vue d'ensemble», dit Bruno Marin. Il monte avec ses fils au Mont-Royal. C'est une montagne en pleine ville avec un grand parc. De là, on peut admirer la forêt des gratte-ciel et le Saint-Laurent. Quand le temps est très clair, on voit même les Monts Adirondacks aux États-Unis. Une vue magnifique!
«Passe-moi le guide», dit Hugo. Il lit qu'en été, il y a un festival de tam-tam sur le Mont-Royal. «Il paraît que c'est génial», dit Monsieur Marin. Mais en ce moment, le parc du Mont-Royal est couvert de neige. Quelques personnes se baladent en raquettes, d'autres à ski. Des enfants font de la luge, et Constantin et Nicolas les regardent avec envie.

«Croyez-moi, l'hiver prochain, dit Bruno Marin, vous pourrez faire de la luge ici.
– Si on est là, dit Hugo. Si on est là, on fera peut-être de la luge.»
Ensuite, ils redescendent en ville et ils retrouvent mamie et Christiane Marin au restaurant. Elles ont visité des appartements, car la famille va déménager au mois de juillet.

À 14 heures, Monsieur Marin retourne à son bureau. Les autres se baladent dans le Vieux-Montréal, situé derrière le port. Ils traversent la place Jacques-Cartier, continuent tout droit et tournent à gauche, dans la rue Saint-Amable. Ils regardent les petites rues animées, les églises.

Mamie a froid, alors ils vont dans la ville souterraine. On peut y marcher pendant des heures et trouver tous les magasins possibles. Mamie a chaud sous ses trois pulls.

«Il fait bien chaud ici, dit mamie. Quand nous vivrons ici, je viendrai souvent.

– Si nous vivons ici, corrige Hugo.

– Nous vivrons ici, Hugo, dit Christiane Marin, c'est décidé.

– Tu verras. Ça va te plaire, ajoute mamie. Malgré mon âge, je me trouve beaucoup plus flexible que toi.»

Hugo ne répond pas. Il a le nez dans le guide: «Maman, j'aimerais bien aller à Québec pour voir les sculptures de glace et le Parc Aquarium.

– D'accord, dit Christiane Marin, demain nous prendrons la voiture et nous irons à Québec, ils ont les plus belles sculptures de glace et de neige et c'est la dernière journée du carnaval.

– J'aimerais mieux voir des caribous, dit Constantin.

– Cet été, on ira dans la forêt et on en verra sûrement, répond Christiane Marin. Mais maintenant, on va manger des chiens chauds.»

Ce mot québécois fait rigoler tout le monde. Les garçons trouvent que le français des québécois est très «fun». Et là, tout le monde est d'accord.

Das in Québec gesprochene Französisch unterscheidet sich in Wortschatz und Aussprache vom Standardfranzösischen.

Sprachen in Kanada:
59 % Englisch, 23 % Französisch, 18 % andere Sprachen
Sprachen in Québec:
8 % Englisch, 83 % Französisch, 9 % andere Sprachen

Comprendre

C 46/1 **2** **a** *Qu'est-ce qu'on peut faire à Montréal? Et où?* (→ Texte, p. 74–75) *Structurez vos réponses à l'aide d'un associogramme.* (→ Méthodes, p. 137/8)

DELF **b** *Trouvez les phrases qui ne correspondent pas au texte et corrigez-les.*

1. Toute la famille Marin monte au Mont-Royal.
2. Toute la famille va au restaurant.
3. Au Mont-Royal, Constantin et Nicolas font de la luge.
4. La ville souterraine de Montréal est très grande.
5. Le 16 février, les Marin veulent aller dans la forêt pour voir des caribous.
6. À Québec, il y a des gens qui font des sculptures de glace et de neige.
7. Mamie ne croit pas que la famille déménagera à Montréal.
8. Au Québec, on mange des chiens.

Découvrir

3 **a** *Lisez les phrases suivantes.*

Mamie: **Quand** nous vivrons ici, je viendrai souvent.
Hugo: **Si** on déménage à Montréal, on pourra faire de la luge.

Welche der beiden Personen geht fest davon aus, dass die Familie nach Montreal umziehen wird? Für wen ist es nur eine Möglichkeit?

b Beschreibt den Gebrauch der Tempora im Satzgefüge mit „si".

Vergleiche mit dem Englischen:
quand ≙ when
si ≙ if

S'entraîner

C 46/4 C 47/5 **4** *Madame Cristal connaît votre avenir. Que dit-elle? Utilisez le futur simple.* (→ Repères, p. 83/4)

1. Vous / *voyager* / souvent.
2. Ton frère / *aller* / au Canada.
3. Tu / *avoir* / beaucoup de copains.
4. Ta sœur / *apprendre* / le chinois.
5. Tu / *réussir* / tous tes examens.
6. Tu / *faire* / beaucoup de sport.
7. Votre vie / ne pas *être* / ennuyeuse.
8. Et nous / *se revoir* / dans dix ans.

5 ►► *Faites une chaîne et utilisez des phrases avec* si. (→ Repères, p. 84/6)

Exemple:
Si je vais en France pendant les vacances, je comprendrai mieux le français. → Si je comprends mieux le français, j'aurai des bonnes notes. → Si j'ai des bonnes notes, ___ .

offrir beaucoup de cadeaux
avoir des bonnes notes
inviter ses copains pour *son* anniversaire
passer une belle soirée
faire les courses   *être* content/heureux
aller en France   *pouvoir* sortir souvent
aller au cinéma / au foot / au restaurant / ___
préparer une salade / un clafoutis / ___
comprendre mieux le français   ___

C 48/7
C 47/6

6 ►◄ *Transformez les indications d'exercices. Utilisez l'impératif et un pronom.*
(→ Repères, p. 84/7)

Exemple:
1. Lisez le texte et corrigez-le.

1. Lisez le texte et corrigez le texte.
2. Écrivez un dialogue et jouez le dialogue.
3. Écoutez votre voisin/e et corrigez votre voisin/e.
4. Notez des arguments et comparez les arguments.
5. Lisez le texte et donnez un titre au texte.
6. Écoutez ce que disent ces personnes et donnez des conseils à ces personnes.

C 48/7
C 47/6

7 ◐ *Qu'est-ce qu'ils disent? Utilisez l'impératif et un pronom.* (→ Repères, p. 84/7)

1. *attendre*

2. *aider*

3. *s'amuser* bien

4. *écrire*

5. *répondre*

6. *se lever*

Écouter

8 **a** *Relevez dans le texte, p. 74–75 toutes les expressions pour décrire le chemin*[1].
(→ Méthodes, p. 133/4)

DELF

b 2|7 *Écoutez et regardez le plan de Montréal. Les Marin sont sur la place d'Armes. Où est-ce qu'ils vont?*
(→ Méthodes, p. 135/3)

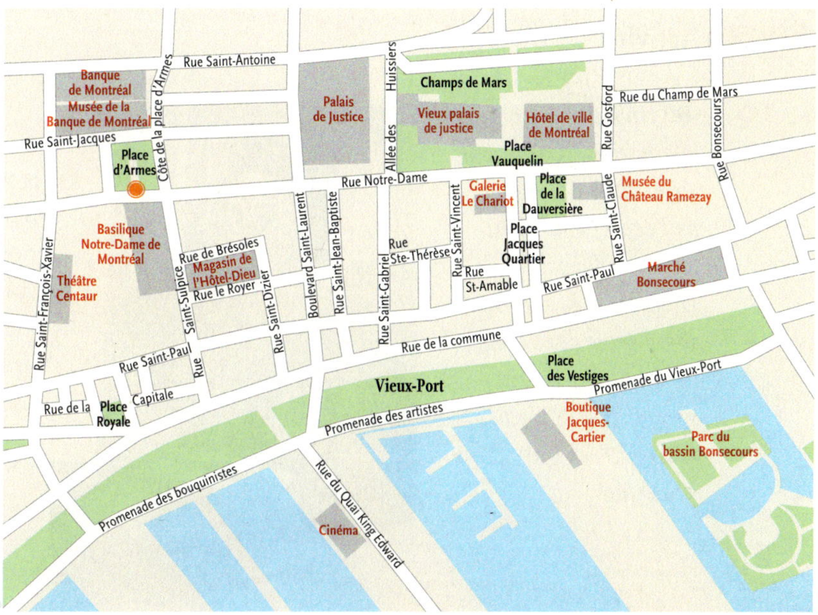

1 **décrire le chemin** den Weg beschreiben

c ►◄ *À vous. Vous partez de la place d'Armes. Vos camarades devinent où vous allez.*

Vocabulaire et expression

9 **a** *La famille Marin trouve que le français québécois est très «fun». Retrouvez les expressions françaises qui correspondent aux expressions québécoises. Expliquez vos stratégies.* (→ Méthodes, p. 131/1)

Au Québec

la chambre de bain* le char* cute*
cleaner* magasiner* le chien chaud*
le lunch* triper* la boîte à mail*
prendre une marche* tomber en amour*

En France

mignon* faire les courses le repas
la boîte aux lettres* voyager la voiture
la salle de bains tomber amoureux*
se balader nettoyer le hot-dog

b 2/8 *Écoutez et prenez des notes. Puis racontez ce que la personne a fait.* (→ Méthodes, p. 135/3)

heure	activité
8 h	petit-déjeuner

Si vous avez envie de connaître encore plus d'expressions québécoises, allez sur le site www.lexilogos.com (→ dictionnaires → québécois)

Activité

10 *Un journal a posé la question «Comment voyez-vous l'avenir de l'école?». Lisez la réponse d'Alexis. D'après vous, comment sera l'école dans vingt ans? Utilisez le futur simple.* (→ Repères, p. 83/4; → Méthodes, p. 143/6)

«**Je pense que dans vingt ans,** on n'aura plus besoin d'aller à l'école. On aura nos cours par mail. Et un jour, nous n'aurons peut-être plus de livres ou de cahiers. Mais je crois que je tomberai malade si je dois passer mes journées devant l'ordinateur.» *Alexis*

→ Portfolio
Dossier

Préparer la lecture

Les villes de Montréal et de Québec sont situées au bord du fleuve Saint-Laurent.

La Gaspésie est située au nord-est de Québec-ville.

Le Québec se trouve près des États-Unis, dans l'est du Canada.

Montréal se trouve dans le sud du Québec, au sud-ouest de Québec-ville.

1 *Regardez la carte et décrivez la géographie du Québec: où se trouvent Charlevoix, Chicoutimi, le Lac Saint-Jean, le Nunavik?*

être situé   *se trouver*   au sud/nord de   à l'est/ouest de
dans le nord / le sud / l'est / l'ouest   près de   au bord de

2 9 Le blog de Liak

Adresse http://leblogdeliak.superblog.ca

Liens Démarrage de Internet Guide des chaînes Infos sur Internet Explorer Le meilleur du Web Personnalisation des liens

Bonjour! Sur la photo, c'est moi. Je m'appelle Liak et je suis une fille du peuple des Inuits. Dans notre langue «Inuit» veut dire: «l'homme, la personne». Je vis à Kuujjuaq, qui est le plus important des quatorze villages du Nunavik. Le nom de «Kuujjuaq» veut dire «la grande rivière». Plus qu'un village, Kuujjuaq est une ville située sur la rive ouest de la rivière Koksoak. On y trouve des hôtels, des magasins, un cinéma, des écoles.

Si vous regardez une carte du Québec, vous découvrirez ma région: c'est la région arctique du Québec. C'est un pays de toundra, de forêts, de rivières, de lacs et de montagnes. Il y fait très froid et il y gèle même en été. Sur la banquise vit l'ours blanc et dans la toundra, le caribou. Entre les villages, il n'y a pas de routes. Mais nous avons des motos-neige, des traîneaux et des avions.

Notre langue, c'est l'inuktitut, mais nous commençons à apprendre le français en quatrième année scolaire. En général, les Inuits parlent moins souvent français qu'anglais mais dans le Nunavik, il y a aussi beaucoup d'Inuits qui apprennent et parlent le français. C'est mon cas. Savez-vous que vous utilisez aussi des mots de notre langue, par exemple un anorak, un kayak, un igloo?

Ma mère a un magasin. Elle vend des manteaux en fourrure de phoque et des souvenirs. Elle sait faire beaucoup de choses et j'ai appris avec elle à faire des paniers en herbe. Maintenant je les fais plus vite qu'elle (mais pas mieux) et je fais des sculptures en pierre, surtout des animaux. Nous vendons ces choses aux touristes. Mon père va à la chasse et à la pêche, comme mes grands-parents et beaucoup de personnes chez nous.

J'ai deux frères. Mon grand frère a dix-huit ans et il travaille dans le tourisme. Il fait le guide pour des touristes qui veulent aller marcher dans la toundra et sur la banquise. Ils veulent voir les ours blancs ou les caribous. Une fois par an, au printemps, mon frère participe à une course de motoneige. Il essaie d'aller le plus vite possible, bien sûr. Il aime aussi la pêche et il a gagné le concours de pêche de la région au printemps.
Une autre tradition est la pluie de bonbons, à Noël. Le 25 décembre, un avion lâche une pluie de bonbons et d'autres cadeaux sur le village. Tout le monde essaie d'en attraper le plus possible.

Mon petit frère et moi, nous allons encore à l'école. Plus tard, je veux faire des études à Québec ou à Montréal mais ensuite, je veux revenir ici, au pays de mes ancêtres. J'aime la nature, j'aime la toundra et la neige. Je voudrais faire de la recherche dans le domaine de la biologie ou du climat, car pour nous, les changements du climat sont très importants. Il fait moins froid et les banquises fondent, c'est un grand problème.

J'espère qu'un jour, vous viendrez dans mon pays et que nous ferons connaissance. Ne m'oubliez pas. Au revoir!

Comprendre

C 50/1 **2** **a** *Donnez un titre à chaque paragraphe*[1] *du texte.* (→ Méthodes, p. 136/6)

b *Faites le portrait de Liak.* (→ Méthodes, p. 142/3)

1 **le paragraphe** *hier:* der Absatz

Écouter

DELF **3** **a** 2 10 *Écoutez le reportage sur le Nunavik. Quels sont les thèmes évoqués?* (→ Méthodes, p. 135/1)

b *Écoutez encore une fois. Notez des informations sur chacun des thèmes évoqués.*

le climat | la langue | les traditions | la nature | l'histoire | les maisons | les animaux | les repas typiques

C 51/5 C 51/6 **4** *Liak a passé une semaine à Montréal avec sa classe et compare[1] sa vie à Kuujjuaq à la vie à Montréal. Que dit-elle? Utilisez le comparatif de l'adverbe.* (→ Repères, p. 83/2)

1. À Montréal, les restaurants ferment / + tard / chez nous.
2. En ville, on trouve / – facilement / des amis.
3. En moto-neige, on va / = vite / en voiture.
4. À Montréal, les gens vivent / – calmement / à Kuujjuaq.
5. À Kuujjuaq, je dors / + bien / à Montréal.
6. À Montréal, on ne mange pas / = bien / chez nous.
7. Dans une grande ville, on peut sortir / + beaucoup / dans une petite ville.

1 **comparer qc à qc** etw. mit etw. vergleichen

C 51/5 C 51/6 **5** *Le grand frère de Liak fait le guide pour les touristes. Parlez de son travail. Formulez ses phrases. Utilisez le superlatif de l'adverbe.* (→ Repères, p. 83/3)

1. «Est-ce qu'on va voir des ours blancs?» C'est la question qu'on me pose (souvent).
2. Je pense que les ours blancs vous intéressent (beaucoup).
3. On va aller à l'endroit où on peut (bien) voir les ours blancs.
4. Nous essayons de déranger les animaux (peu) possible.
5. Quand on marche sur la banquise, il faut aller (vite) possible.
6. On va prendre le bus (tard) possible pour avoir assez de temps.

C 50/3 C 51/4 **6** ►◄ *Amélie doit faire beaucoup de choses. Mais elle n'en a pas envie. Travaillez à deux. Chacun/e choisit son rôle (ange[1] ou diable[2]) et fait des phrases.* (→ Repères, p. 84/7)

1. Je dois préparer mon examen.
2. Pour demain, je dois lire les pages 55–65.
3. Je dois téléphoner à mon oncle.
4. Je dois faire les courses pour ce soir.
5. Je dois ranger ma chambre.
6. Je dois écrire à mamie et papi.
7. Je dois nettoyer mes chaussures.
8. Je dois acheter le cadeau pour Corinne.
9. Je dois mettre le couvert.

1 **l'ange** *m.* der Engel 2 **le diable** der Teufel

Activités – au choix

7 *Le blog de Liak vous a donné envie de faire sa connaissance. Écrivez-lui un mail. Présentez-vous et posez-lui des questions.* (→ Méthodes, p. 141/1, p. 143/6)

8 *Écrivez, vous aussi, la page d'un blog où vous parlez du pays et de la région que vous habitez, de votre famille, de votre vie, etc.* (→ Méthodes, p. 142/2, p. 143/6)

→ Portfolio Dossier

Le Québec en direct

9 **a** *Regardez le texte. De quel genre de texte s'agit-il[1]? Retrouvez les passages du texte plutôt publicitaires[2] et plutôt informatifs.*

Texte über ihre Gestaltung erschließen (→ Méthodes, p. 144/1)

b *Donnez les informations importantes du prospectus (Quoi? Quand? Où? Pour combien de temps?) en allemand.* (→ Méthodes, p. 144/1)

c *Trouvez dans un dictionnaire la traduction des mots suivants:* le conducteur de traîneau, le visage hivernal *et* l'arrière-pays. (→ Méthodes, p. 145/1)

1 **s'agir de qc** sich um etw. handeln
2 **publicitaire** *adj.* Werbe-

Méthodes et stratégies

10 *Présentez un aspect du Québec. Vous pouvez par exemple parler des habitants[1], des langues, de certaines régions, de la géographie du Québec, etc.* (→ p. 69/2)

Präsentieren (→ Méthodes, p. 139/4)

1 **l'habitant** *m.* der Einwohner

Repères

Qu'est-ce qu'on dit?

1 **über das Wetter sprechen**
Le temps est clair.
Il fait chaud/froid.
Il pleut/neige/gèle (même en été).

einen Weg beschreiben
Ils/Elles traversent ___ .
Ils/Elles continuent tout droit.
Ils/Elles tournent à gauche / à droite.

die Lage eines Ortes angeben
Montréal est / se trouve ...
... dans le sud du Québec.
... au sud-ouest de Québec-ville.
La ville de Montréal se trouve / est située ...
... au bord du Saint-Laurent.
... sur la rive ouest du fleuve.

Quel temps fait-il aujourd'hui?

Grammaire

2 Der Komparativ des Adverbs Le comparatif de l'adverbe

+	Je sais les faire	**plus vite que** ma mère.
=	Elle parle	**aussi bien** français **qu'**anglais.
–	Les Inuits parlent	**moins souvent** français **qu'**anglais.

⚠ bien → **mieux** que
peu → **moins** que
beaucoup → **plus** que

Vergleiche mit der Steigerung des Adjektivs.

3 Der Superlativ des Adverbs Le superlatif de l'adverbe

Son frère essaie d'aller **le plus vite** possible.
Son copain va **le moins vite** possible.
Son grand frère va à la pêche **le plus souvent** possible.
Liak y va **le moins souvent** possible.

⚠ bien → le **mieux**
peu → le **moins**
beaucoup → le **plus**

4 Das „futur simple" Le futur simple

			parler	**réussir**	⚠ **apprendr~~e~~**
	-ai	j'/je	parler**ai**	réussir**ai**	apprendr**ai**
	-as	tu	parler**as**	réussir**as**	apprendr**as**
Infinitiv +	**-a**	il/elle/on	parler**a**	réussir**a**	apprendr**a**
	-ons	nous	parler**ons**	réussir**ons**	apprendr**ons**
	-ez	vous	parler**ez**	réussir**ez**	apprendr**ez**
	-ont	ils/elles	parler**ont**	réussir**ont**	apprendr**ont**

⚠

être → je serai	voir → je verrai	vouloir → je voudrai	falloir → il faudra
avoir → j'aurai	envoyer → j'enverrai	pouvoir → je pourrai	pleuvoir → il pleuvra
savoir → je saurai	faire → je ferai	devoir → je devrai	
aller → j'irai	venir → je viendrai		

5 Die Verben Les verbes

découvrir wie **offrir** → p. 156; **croire** → p. 155; **paraître** wie **connaître** → p. 155; **se souvenir** wie **venir** → p. 157; **se sentir** wie **partir** → p. 156; **fondre, vendre** wie **entendre** → p. 154

6 Der Bedingungssatz La proposition conditionnelle

Si Monsieur Marin travaille à Montréal, sa famille partira avec lui.
S'ils vivent à Montréal, ils feront du ski au Mont-Royal.
Si elle part avec eux, elle ira souvent dans la ville souterraine.

⚠ s'il/s'ils
si elle /si elles

a Beschreibe den Gebrauch der Zeiten in diesen Bedingungssätzen.

b Übersetze.

1. Wenn ich traurig bin, trinke ich eine heiße Schokolade.
2. Wenn es nicht schneit, werden wir noch nach Quebec fahren.

⚠

si = wenn, falls — Bedingung
quand = (immer) wenn — zeitlich

7 Der Imperativ mit Pronomen L'impératif avec les pronoms

Ne **lui** écris pas.	Écris-**lui**.
Ne **l'**écoutez pas.	Écoutez-**le**/**la**.
N'**y** va pas.	⚠ Vas-**y**.

Beschreibe die Stellung der Pronomen beim bejahten und beim verneinten Imperativ.

⚠

Ne **me** regarde pas.	Regarde-**moi**.
Ne **te** lève pas.	Lève-**toi**.

8 Die Inversionsfrage L'interrogation par inversion

Croit-il que tout le monde est d'accord?
Pensez-vous à moi?
Pourquoi **déménagez-vous** à Montréal?

⚠

Va-t-elle aussi s'installer au Canada?
Y a-t-il quelqu'un qui pense à moi?
Que **fera-t-elle**?
Comment **va-t-il** au bureau?

a Beschreibe die Reihenfolge der Satzglieder in der Inversionsfrage.

b Übersetze.

1. Kommt sie?
2. Denkt er an uns?
3. Kannst du später kommen?
4. Weiß sie, dass wir umziehen?
5. Wird er in Marseille bleiben?
6. Wird er seine Freunde einladen?
7. Kennen Sie Montreal?

S'entraîner

C 44/3
C 46/4
C 47/5
1 *Avec quelques amis, vous allez partir au Québec pour deux semaines. Présentez votre programme de rêve à vos camarades. Utilisez le futur simple.* (→ Repères, p. 83/4)

Exemple: Lundi, on ira à Montréal. Le matin, ___ .

lundi/mardi/___	*apprendre* le français québécois *aller* à Montréal / à Québec
après/ensuite	*aller* à un match de hockey sur glace
le week-end	*faire* la connaissance de ___ *visiter* un village inuit
le matin	*marcher* dans la toundra / sur la banquise
à midi	*participer* à un tour en traîneau à chiens
l'après-midi	*prendre* l'avion pour aller dans le Nunavik
le soir	*manger* des chiens chauds
le lendemain	*pouvoir* voir des caribous et des ours blancs
la nuit ___	*voir* le Nunavik sous la neige *dormir* dans un igloo ___

C 44/3
C 46/4
C 47/5
2 **a** *Complétez les phrases. Utilisez le futur simple.* (→ Repères, p. 83/4, p. 84/6)

1. Si mes parents sont d'accord, je ___ .
2. Si je vais à Montréal, je ___ .
3. Si on va dans la ville souterraine de Montréal, ___ .
4. Si on visite un village inuit, ___ .
5. Si le guide est d'accord, on ___ .
6. S'il y a de la neige, ___ .

b *Continuez.* (→ Repères, p. 84/6)

1. On pourra déménager à Montréal si ___ .
2. Je lirai beaucoup de livres sur le Québec si ___ .
3. On se baladera en raquettes si ___ .
4. Nous irons dans la forêt pour voir des caribous si ___ .
5. J'achèterai un panier en herbe si ___ .
6. On pourra voir les sculptures de glace si ___ .

3 *M. Marin explique à sa femme comment elle peut arriver au restaurant où ils vont se retrouver. Aidez-le! Utilisez* quand *ou* si. (→ Repères, p. 84/6)

1. Er erklärt ihr, dass sie den Bus oder die U-Bahn nehmen kann.
2. Wenn sie die U-Bahn nimmt, muss sie an der Station Place d'Armes aussteigen.
3. Wenn sie aus der U-Bahn kommt, muss sie rechts in die Rue Saint-Urbain einbiegen. Sie muss bis zur Basilika gehen.
4. Wenn sie vor der Basilika ist, muss sie geradeaus weitergehen und dann links in die Rue Saint-Paul Est einbiegen.
5. Das Restaurant befindet sich in der Rue Saint-Paul Est, 311.
6. Wenn sie das Restaurant nicht findet, soll sie ihn auf dem Handy anrufen[1].

1 **jdn auf dem Handy anrufen** appeler qn sur son portable

4

4 C 51/5 C 51/6 *Quentin, votre correspondant de Montréal, passe une semaine chez vous. Votre mère lui pose beaucoup de questions en allemand. Faites l'interprète. Utilisez le comparatif et le superlatif.* (→ Repères, p. 83/2, 3; → Méthodes, p. 145/3)

Vocabulaire

5 **a** *Retrouvez les mots.* (→ Méthodes, p. 133/3)

1. C'est un grand cours d'eau qui va dans la mer.
2. C'est le synonyme de «rire».
3. C'est quelque chose qui porte les couleurs et les symboles d'un pays.
4. C'est la troisième des quatre saisons.
5. C'est un immeuble qui a beaucoup d'étages.
6. C'est une personne qui a découvert un pays.
7. C'est la science des animaux et des plantes.
8. C'est un autre mot pour «changer d'appartement / de maison».

b *Expliquez les mots suivants.* (→ Méthodes, p. 133/3)

se souvenir   le guide   les francophones   la moto-neige   le village
les Québécois   la ville souterraine   le traîneau   les Inuits   le restaurant   vendre

Écouter

DELF **6** 🎧 2|11 *Écoutez et trouvez l'ordre des photos.*

Réviser

7 *Complétez les phrases avec l'adjectif ou l'adverbe. Pensez à l'accord de l'adjectif.* (→ Repères, p. 60/7)

bon dangereux
gentil heureux vrai

1. Attention, les ours blancs sont [?].
2. Constantin est [?] parce qu'il pourra faire de la luge.
3. Est-ce que tu comprends [?] le français québécois?
4. La mère de Liak est très [?].
5. Ces chiens chauds sont [?] très [?]!
6. Le changement du climat, c'est une [?] catastrophe.
7. En hiver, il fait très froid à Montréal mais [?] il y a quand même du soleil.

8 *Mettez les verbes entre parenthèses au passé composé ou à l'imparfait.* (→ Repères, p. 38/3, 4)

Hier, les Marin *(faire)* un tour en ville. Ils (ne pas / *être*) encore loin de l'appartement quand tout à coup, mamie *(dire)*: «Il fait trop froid ici. Je gèle!» Ils *(continuer)* à marcher puis Nicolas *(dire)*: «Mes chaussures sont pleines de neige. Je gèle!» Alors, ils *(décider)* d'aller dans la ville souterraine. Là, il y *(avoir)* beaucoup de monde et il *(faire)* bien chaud. Mais tout à coup, Hugo *(dire)*: «J'ai chaud! Je ne peux plus marcher.» Alors, Madame Marin *(acheter)* des glaces et là, tout le monde *(être)* très content.

9 ►◄ *Révisez les verbes pronominaux. A dit un chiffre entre 11 et 66. B conjugue le verbe et fait une phrase. Puis A et B changent de rôle.*

1 je	1 se lever (à ___)
2 tu	2 s'amuser
3 il/elle/on	3 s'excuser
4 nous	4 se balader ___
5 vous	5 se souvenir de ___
6 ils/elles	6 se moquer de ___

Activité

10 *A choisit une photo de l'unité 4. Les autres posent des questions pour deviner de quelle photo il s'agit.*

12 Mon pays

Mon pays, ce n'est pas un pays, c'est l'hiver
Mon jardin, ce n'est pas un jardin, c'est la plaine
Mon chemin, ce n'est pas un chemin, c'est la neige
Mon pays, ce n'est pas un pays, c'est l'hiver

Dans la blanche cérémonie
Où la neige au vent se marie
Dans ce pays de poudrerie
Mon père a fait bâtir maison
Et je m'en vais être fidèle
À sa manière, à son modèle
La chambre d'amis sera telle
Qu'on viendra des autres saisons
Pour se bâtir à côté d'elle

Mon pays, ce n'est pas un pays, c'est l'hiver
Mon refrain, ce n'est pas un refrain, c'est rafale
Ma maison, ce n'est pas ma maison, c'est froidure
Mon pays, ce n'est pas un pays, c'est l'hiver

De mon grand pays solitaire
Je crie avant que de me taire
À tous les hommes de la terre
Ma maison c'est votre maison
Entre mes quatre murs de glace
Je mets mon temps et mon espace
À préparer le feu, la place
Pour les humains de l'horizon
Et les humains sont de ma race

Mon pays, ce n'est pas un pays, c'est l'hiver
Mon jardin, ce n'est pas un jardin, c'est la plaine
Mon chemin, ce n'est pas un chemin, c'est la neige
Mon pays, ce n'est pas un pays, c'est l'hiver

Mon pays, ce n'est pas un pays, c'est l'envers
D'un pays qui n'était ni pays ni patrie
Ma chanson, ce n'est pas une chanson, c'est ma vie
C'est pour toi que je veux posséder mes hivers

Gilles Vigneault

a *Lisez le poème. Puis relevez dans le texte tous les mots que l'auteur utilise pour décrire son pays, le Québec.*

b *D'après vous, est-ce que l'auteur aime ou n'aime pas son pays?*

c *À vous. Écrivez une autre strophe selon le modèle* «Mon pays, ce n'est pas un pays ...» *pour un pays que vous aimez beaucoup.*

2 **la plaine** die Ebene, das Flachland 3 **le chemin** der Weg 6 **le vent** der Wind 6 **se marier** heiraten 7 **la poudrerie** *frçançais québécois* die Schneeverwehung 8 **faire bâtir qc** etw. bauen lassen 9 **être fidèle à qn/qc** jdm/etw. treu sein 10 **la manière** die Art, die Weise 11 **tel/telle** derartig 12 **la saison** die Jahreszeit 15 **la rafale** die Böe, der Windstoß 16 **la froidure** die Kälte 18 **solitaire** einsam 19 **avant que** bevor 20 **l'homme** *m. hier:* der Mensch 22 **le mur** die Mauer 23 **l'espace** *m.* der Raum 26 **les humains** die Menschen 32 **ne ... ni ... ni** weder ... noch 32 **la patrie** die Heimat 34 **posséder qc** etw. besitzen

2 13 Ma première folie

Lisez le texte. Puis imaginez la suite de l'histoire.

Comme l'année dernière, Yo et son copain Ré partent en camp d'été. Mais cette année, Yo a peur de passer une semaine ennuyeuse …

– Ré! j't'ai gardé une place.

– Super, Yo!

Prendre l'autobus scolaire l'été, je ne trouve pas ça drôle. Heureusement, on ne va pas à l'école … En passant, Ré, c'est Rémi. Et moi, Yo … pour Yohann. Quand on parle, tous les deux, on ne veut pas perdre de temps. On ne parle jamais pour rien. Mais là, c'est différent, je suis de mauvaise humeur.

– Ça va être plate au camp c't'année.

– Comment ça?

– J'peux même pas apporter ma planche. L'année passée, ils m'avaient dit qu'ils construiraient une rampe halfpipe. Mais non, rien. Mes parents ont téléphoné. Pas de skate au camp! Ça va être plate, j't dis.

– J'sais pas, Yo. L'année dernière, c'était pas mal.

– On va encore faire les mêmes jeux niaiseux.

– Les monitrices vont organiser une chasse au trésor …

– J'ai pas envie de chercher des petits papiers dans la forêt.

– Pourquoi pas, Yo?

– C'est plein de maringouins. On va s'faire piquer comme des pelotes d'épingles.

– Il va y avoir des feux d'camp …

– Et des chansons quétaines, j'sais.

– On va nager aussi …

– Oui, Ré … dans l'eau frette.

Rémi ne sait plus quoi dire.

– Me semble que c'était l'fun, le camp.

– J'te l'dis, Ré, que ça va être plate. Va falloir faire quelque chose.

– Quoi?

– J'sais pas … n'importe quoi … une folie.

J'ai trop parlé. Ré ne dit plus un mot. Je pense que j'ai «cassé son fun» avec mes idées noires. Je dois arrêter ça.

L'autobus est plein. Ça placote et ça crie … Des filles! Heureusement, j'ai apporté mon lecteur CD … Je suis vraiment de mauvaise humeur. Même le rap m'énerve.

Ré et moi, on est les deux derniers à sortir de l'autobus. Monsieur Grondin, le directeur du camp, nous attend déjà. Il a encore sa petite moustache.

Derrière lui, six monitrices sont alignées, les mains dans le dos. Elles sont plus jeunes que l'année dernière, il me semble. Ça va être plus facile de faire les fous.

Le discours du directeur est comme sa moustache: il n'a pas changé. Il est content de nous retrouver, et bla-bla-bla …

À la fin, il nous demande de sortir notre feuille d'inscription. Dans le coin, on peut lire une lettre. Moi, j'ai un D. Les six monitrices sortent une lettre que chacune cachait dans son dos. Je dois me diriger vers une petite blonde assez grosse. Ré, lui, s'en va avec une grande maigre aux jambes comme des échasses. Parce que sa lettre, c'est B.

Ça va sûrement être plate cette année.

– Bonjour, commence ma petite grosse monitrice blonde. Cette semaine, c'est moi qui vous accompagne …

– Comment tu t'appelles? demande-je.

– Pour le camp, les monitrices, on s'est donné un surnom. Moi, c'est Tweety.

– Tweety? … Comme Tweety Bird, le canari dans les dessins animés?

– Euh … oui.

Big Bird aurait mieux convenu, je trouve.

Mais ça, je ne le dis pas. D'ailleurs, personne n'ouvre la bouche. Ou plutôt tout le monde se regarde, la bouche un peu ouverte.

Tweety continue:

– Cette semaine, on va tout faire ensemble. Y a plein de nouvelles activités. Suivez-moi.

Elle nous guide vers notre hutte. Comme des petits canards qui suivent leur mère, on marche derrière, à la queue leu leu, avec nos sacs à dos super lourds … Au moins, ce ne sont pas des livres d'école.

Dans la hutte, il y a quatre lits à deux étages et un lit simple pour Tweety-Big-Bird. On est huit garçons. Je jette mon sac à dos sur un lit du haut.

Je ne veux rien savoir du camp, cette année.

D'après: Johanne Mercier, Reynald Cantin, Hélène Vachon, Ma première folie (Yo).

la folie *hier:* die Verrücktheit 10 **être de mauvaise humeur** schlechte Laune haben 12 **plate** *frç. québéc.* ennuyeux 14 **la planche** *hier:* das Skateboard 15 **ils construiraient** sie würden bauen 19 **niaiseux** *frç. québéc.* dämlich 20 **la chasse au trésor** die Schatzsuche 25 **le maringouin** *frç. québéc.* die Mücke 25 **se faire piquer** sich stechen lassen 26 **la pelote d'épingles** das Nadelkissen 27 **le feu de camp** das Lagerfeuer 28 **quétain** *frç. québéc.* ringard 30 **frette** *frç. québéc.* froid 40 **placoter** *frç. québéc.* plappern 47 **la moustache** der Schnurrbart 48 **aligné** aufgereiht 50 **faire le fou** sich wie ein Verrückter benehmen 51 **le discours** die Rede 54 **la feuille d'inscription** das Anmeldeformular 55 **la lettre** *hier:* der Buchstabe 56 **chacun/e** jede/r 57 **se diriger vers qc** auf jdn zugehen 59 **maigre** mager 59 **l'échasse** *f.* die Stelze 65 **le surnom** der Spitzname 68 **le dessin animé** der Zeichentrickfilm 70 **aurait mieux convenu** hätte besser gepasst 76 **suivre qn** jdm folgen 77 **guider qn** jdn führen 78 **le canard** die Ente 78 **à la queue leu leu** im Gänsemarsch

UNITÉ 5 En Provence

Approches

2|14 Images de la Provence

Frankreich ist in 24 „régions" unterteilt. Die Provence ist Teil der „région" Provence-Alpes-Côte d'Azur.

1 À Nîmes, à Vaison-la-Romaine, à Arles, le passé romain est partout.

2 La Camargue est le pays des taureaux noirs, des chevaux blancs, et des flamants roses. On peut y faire de belles balades à cheval ou à vélo.

3 «L'abrivado»: les taureaux courent dans la rue pour aller à l'arène. Parfois, les spectateurs essaient de les disperser … Ça peut être très dangereux.

4 La Provence est le pays des festivals: le théâtre à Avignon, la bédé et la musique classique à Aix-en-Provence, la guitare à Lauris.

5 C'est le pays du vin et des fruits: les melons de Cavaillon et les olives de Nyons …

6

ttention aux feux de forêt dans cette région très èche. Quand il y a du mistral, le feu brûle une colline n quelques minutes.

n peut faire du kayak sur la Sorgue, ne belle rivière.

8

Partout on trouve des champs de lavande … Grasse est la ville des parfums.

9

Mais il y a aussi des raffineries de pétrole qui marquent le paysage.

10

Un projet international. La construction du réacteur de fusion nucléaire à Cadarache a commencé en 2008. On attend les premiers essais en 2016.

Comprendre

1 **a** *Trouvez les phrases des p. 90–91 qui expriment ...*

1. ... qu'il y a beaucoup de vestiges romains en Provence.
2. ... qu'en Provence, on peut voir des courses de taureaux.
3. ... qu'il ne pleut pas souvent en Provence.
4. ... qu'en Provence, il n'y a pas seulement des arènes romaines mais aussi des industries modernes.

b *Qu'est-ce-ce qu'on peut faire en Provence? Faites une liste de toutes les activités possibles.*

Écouter

DELF **2** 2 15 *Où est-ce que ces personnes sont allées en Provence? Qu'est-ce qu'elles ont fait? Prenez des notes.* (→ Méthodes, p. 135/1)

Vocabulaire

C 55/2 **3** **a** *Notez tous les noms d'animaux que vous connaissez déjà en français.* (→ Liste alphabétique, p. 210)

b *Puis, classez ces mots (p. ex. des animaux qu'on trouve dans le Nord, qui vivent dans l'eau, etc.).*

Wörter nach Sachgruppen ordnen
(→ Méthodes, p. 133/4)

c *Ensuite préparez des devinettes pour vos camarades.* (→ Méthodes, p. 133/3)

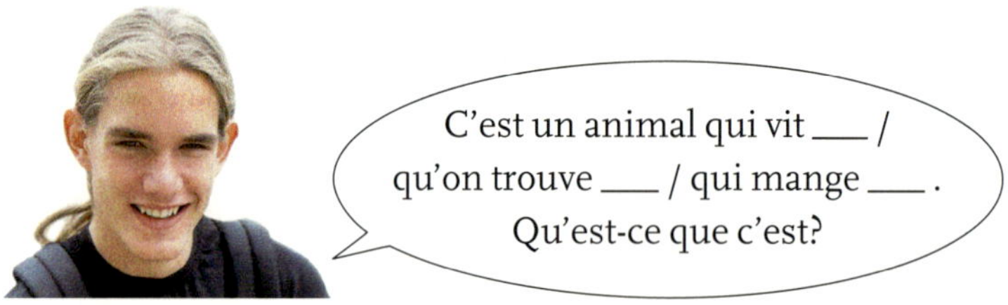

Recherche

4 **a** *Retrouvez les endroits des p. 90–91 sur une carte de France.*

b *Choisissez un endroit en Provence et présentez-le.*

Adresse utile: www.provenceweb.fr

Activité

DELF **5** **a** 2 16 *Fermez les yeux et écoutez. Puis, regardez les photos des p. 90–91.* Auf welches Foto bezieht sich die Erzählung der Person? (→ Méthodes, p. 135/1)

b *À vous. Choisissez une des photos des p. 90–91. Imaginez que vous êtes dans l'endroit représenté sur la photo. Qu'est-ce que vous voyez/entendez/sentez[1]? Qu'est-ce que vous faites? Prenez des notes, puis racontez. Votre voisin/e devine où vous êtes.*

1 **sentir qc** *hier:* etw. riechen

SÉQUENCE 1

Préparer la lecture

C 56/2 **1** *Complétez.*

1. La balle passe au-dessus du [?].
2. Le [?] 4 attrape la balle.
3. Le [?] 6 sert.

4. Le joueur 4 lance la [?].
5. Le joueur 5 touche le [?].

17 Elle s'est levée du pied gauche!

Marseille et Hambourg sont des villes jumelées et des échanges sportifs ont souvent lieu entre ces deux villes.
Aujourd'hui, Sarah et le club de volley du lycée Victor Hugo vont participer à un tournoi franco-allemand de volley. Le match a lieu à Aix-en-Provence. Lea, une jeune Allemande, dort chez Sarah. Les deux filles ne se sont pas disputées, mais l'ambiance entre elles n'est pas très bonne. Hier soir, elles se sont couchées trop tard parce qu'elles ont fait la fête chez des copains. Les autres se sont bien amusés, mais pas Sarah, qui a remarqué que son nouveau copain, Valentin, parlait tout le temps à Lea. Aujourd'hui, Sarah s'est levée du pied gauche. Lea s'est douchée pendant une heure. On l'attendait pour le petit-déjeuner, mais quand «Mademoiselle Lea» est arrivée, elle ne s'est même pas excusée. Ensuite, les deux filles ont dû prendre leur petit-déjeuner très vite et courir pour arriver au car à temps. Les parents Rozier adorent Lea, qui admire beaucoup les sculptures de monsieur et la cuisine de madame. Hier, elle a dit au père de Sarah qu'il était un homme génial. Monsieur Rozier a remarqué que sa fille ne lui avait jamais dit des choses aussi gentilles. Il trouve que Lea est vraiment une fille «adorable». «Elle est adorable, cette petite Allemande», a-t-il dit à Sarah, hier soir.
Et voilà les jeunes à Aix-en-Provence, où ils participent au tournoi de volley: six Français contre six Allemands. Les équipes sont mixtes. Jusque-là, tout s'est bien passé. Les Allemands ont été super bons mais les Français aussi. On arrive à la fin du match. Qui va gagner? Sarah rate son service. Deux minutes après, elle lance la balle ... «Sortie», dit l'arbitre. Sarah, elle, est sûre que la balle a touché la ligne, et quand la balle touche la ligne, il n'y a pas sortie. Mais on ne peut pas discuter avec cet arbitre, qui est vraiment nul aujourd'hui et qui a sûrement besoin de lunettes.
Le match est bientôt fini. Tout le monde fait son maximum. Les Allemands ont quelques points de plus, mais rien n'est encore perdu pour l'équipe de Sarah. Elle se retrouve au filet et elle va attraper la balle quand elle voit un garçon, un Allemand, Jens,

qui, lui aussi, est monté au filet. Tout à coup, elle sent une forte douleur dans le pied. Incroyable mais vrai: ce Jens a passé sa jambe sous le filet et lui a marché sur le pied. Il l'a fait exprès, c'est clair! Il n'y a qu'à voir ses grands pieds: il fait sûrement du 46. Sarah, elle, fait du 36. Sarah ne réussit pas à attraper la balle, qui touche le sol. L'équipe de Jens et de Lea a gagné, avec seulement trois points de plus. Ils sont heureux comme tout, ils rigolent, s'embrassent. L'équipe française a perdu. Valentin se moque de Sarah: «Super, Sarah! Tu n'es pas trop fatiguée, j'espère!» Sarah sait bien qu'elle a joué comme un pied, mais elle est en colère. Elle lui montre Jens et dit que c'est la faute de ce «crétin», là-bas, qui lui a marché sur la basket. Tout est à cause de lui. «Ce sont des brutes, ces Allemands! Et ils trichent toujours!» L'arbitre a entendu: «Là, tu exagères, Sarah! Tu ne généralises pas, s'il te plaît, et tu te calmes! Je pensais que tu étais plus intelligente que ça.» Quand on dit à Sarah «calme-toi», ça l'énerve encore plus. Alors elle donne à l'arbitre l'adresse d'un opticien.

Comprendre

C 56/4 **2** **a** *Mettez ces dessins dans l'ordre chronologique, puis donnez-leur des titres.* (→ Texte, p. 93–94)

b *Racontez l'histoire à l'aide des dessins. Utilisez le présent.* (→ Méthodes, p. 137/7)

c *Expliquez le titre* «Elle s'est levée du pied gauche!».

Découvrir

3 *Comparez l'emploi des temps dans le discours direct et dans le discours indirect.* Beachtet das Verb der Redeeinleitung!

Vergleiche mit dem Englischen!

S'entraîner

C 56/4 C 57/5 **4** *Valentin téléphone à ses parents. Sa mère raconte. Retrouvez les paroles de Valentin.* (→ Repères, p. 104/4)

Exemple: Je vais bien ___ .

Alors, qu'est-ce qu'il a dit?

Il a dit qu'il allait bien et qu'il faisait très chaud. Il a raconté qu'ils étaient arrivés à Aix avec beaucoup de retard. Le car avait dû s'arrêter parce qu'une fille était tombée dans les pommes. Il a aussi raconté que les Allemands avaient gagné le match hier, et que Sarah s'était disputée avec l'arbitre parce qu'il n'avait pas vu qu'un Allemand lui avait marché sur le pied. Il a dit qu'ils avaient passé la journée d'aujourd'hui à Nîmes et qu'ils avaient visité les arènes.

C 56/4 C 57/5 **5** *Qu'est-ce que Sarah a raconté à Alice? Utilisez le discours indirect et les verbes* dire, raconter, ajouter *à un temps du passé.* (→ Repères, p. 104/4)

Exemple: Sarah lui a dit qu'elle ___ .

«(1) D'abord, j'ai raté mon service. (2) Deux minutes plus tard, j'ai lancé la balle. (3) J'étais sûre que la balle avait touché la ligne, mais l'arbitre a dit qu'elle était sortie. (4) J'ai essayé de discuter avec lui. Mais il n'a pas voulu m'écouter. (5) Cinq minutes plus tard, j'étais au filet et j'ai voulu attraper la balle. (6) Tout à coup, j'ai senti une grande douleur dans le pied. (7) Un Allemand avait passé la jambe sous le filet et m'avait marché sur le pied! (8) Il ne s'est même pas excusé. Et l'arbitre n'a rien vu. (9) Les Allemands ont gagné parce qu'ils ont triché. (10) Ils étaient heureux comme tout et Valentin s'est moqué de moi.»

C 57/6 C 57/7 **6** *Retrouvez qui a écrit quoi. Justifiez votre réponse.*

Céline et Yasmina · Coralie · David et Anna · Léo

1 *Hier soir, je me suis disputé avec Marie.*

2 L'ambiance était super et nous nous sommes couchées assez tard.

3 Je me suis levée à sept heures.

4 *Notre équipe a gagné! Nous nous sommes embrassés et nous avons fêté toute la nuit.*

C 57/6 C 57/7 **7** *Qu'est-ce que vous avez fait hier? Racontez votre journée (ou la journée de vos parents / de votre frère/sœur/copain / ___) et utilisez un maximum de verbes pronominaux au passé composé. Pensez à l'accord du participe passé.* (→ Repères, p. 105/5)

se lever *se doucher* *s'amuser*
se disputer *s'embrasser* *se moquer*
se calmer *se coucher* *se balader*
se retrouver *se reposer*

le matin / l'après-midi / le soir/ ___
à ___ heures
d'abord/ensuite/puis/finalement
___

Vocabulaire et expression

8 *Que veulent dire ces noms? Vous ne les connaissez pas mais vous connaissez des mots de la même famille qui peuvent vous aider. Retrouvez ces mots et notez-les.*

la participation – la remarque – l'attente *f.* – l'arrivée *f.* – l'excuse *f.* – l'admiration *f.* – la gentillesse – le gagnant – le perdant – la réussite

Die Kenntnis von Wortbildungsmustern kann dir beim Verstehen neuer Wörter helfen. (→ Méthodes, p. 131/2)

9 **a** *Expliquez les adjectifs soulignés. Que signifient les préfixes* in- *et* im-*?*

1. Il ne s'est pas excusé? Mais, c'est <u>incroyable</u>.
2. Il n'est plus là? C'est <u>impossible</u>, je l'ai vu il y a cinq minutes.

b *Voici des adjectifs que vous ne connaissez pas mais que vous pouvez comprendre. Trouvez les adjectifs et les noms qui peuvent aller ensemble.*

un monde, une idée, une discussion, une personne, un quartier, une question, une note	impopulaire, injuste, inintéressant/e, inactif/-ive, inflexible, inhumain/e

in/im + Konsonant = [ɛ̃]: [ɛ̃pɔpylɛʀ]
in + Vokal = [in]: [inɛ̃teʀɛsɑ̃]

Écouter

DELF **10** 2 18 *Vrai ou faux? Écoutez le texte et corrigez les phrases qui sont fausses.* (→ Méthodes, p. 135/3)

1. Les Saintes-Maries-de-la-Mer sont des églises.
2. Les Saintes-Maries-de-la-Mer se trouvent au bord de la Camargue.
3. Le village a plus de 3000 habitants.
4. En été, il y a beaucoup de touristes aux Saintes-Maries-de-la-Mer.
5. Il y a plein de festivals toute l'année.
6. Il y a de longues plages près du village.

Jeu de rôle

11 ►◄ *Choisissez une de ces situations. Préparez le dialogue, puis jouez la scène.* (→ Méthodes, p. 139/3)

1. Sarah se dispute avec Valentin parce qu'il s'est moqué d'elle après le match, parce qu'il a parlé tout le temps à Lea, parce qu'elle est en colère, parce que …
2. Sarah se dispute avec Jens parce qu'il lui a marché sur le pied, parce que l'équipe allemande a gagné, parce qu'il a triché, parce que …
3. Sarah se dispute avec l'arbitre, parce qu'il n'a pas vu que la balle avait touché la ligne, parce qu'il n'a pas vu que Jens avait triché, parce que …

Préparer la lecture / Prononciation

1 *Voici quelques mots du texte. Vous ne les connaissez pas, mais vous connaissez les règles de la prononciation française. Lisez ces mots à haute voix. Vérifiez la prononciation dans la liste alphabétique des mots, p. 210.*

la descente   la saucisse   la soucoupe
se renverser   la situation   la branche
blond   profond   la veille   mouillé

2 19 La descente de la Sorgue

Après le match, les jeunes ont fait un pique-nique. Le pique-nique était très bon: les melons étaient bien mûrs, les salades que les familles avaient faites étaient toutes délicieuses, les pan bagnats aussi, mais il y avait des Allemands qui ne les aimaient pas et qui n'ont mangé que des biscuits et des chips. Sarah avait très envie de généraliser et de dire que les Allemands ne mangent que des pommes de terre et des saucisses, mais heureusement elle a réussi à se taire.

Lea a montré qu'elle était une fille ouverte: elle a mangé de tous les plats que la mère de Sarah avait préparés et beaucoup d'olives noires. Mais Sarah, elle, avait des idées noires: Valentin et Lea parlaient de tout et de rien en trois langues (français, allemand, anglais) ... Tout à coup, Jens s'est approché de Sarah.

«Hm ..., a-t-il dit avec un petit sourire, tu as raison, je l'ai fait exprès.»

Sarah l'a regardé avec des yeux grands comme des soucoupes. A-t-elle bien entendu?

Maintenant, les jeunes veulent faire une descente de la Sorgue en kayak. Le car les a amenés à Fontaine-de-Vaucluse et là, ils doivent descendre la rivière en kayak jusqu'à l'Isle-sur-la-Sorgue, où ils retrouveront leur car pour Marseille.

La Sorgue est une belle rivière assez calme en général. Mais il a beaucoup plu la veille et, aujourd'hui, il y a beaucoup de courant.

Sarah monte dans le premier kayak et Jens s'installe derrière elle. Sarah veut protester, mais c'est trop tard: quelqu'un les a déjà poussés dans le courant. Les deux jeunes maîtrisent mal la situation, l'eau fait beaucoup de bruit et ils doivent crier pour s'entendre: «Attention à la branche!», «Attention à droite, attention à gauche!» Ce qui devait arriver arrive: le kayak se renverse et ils se retrouvent tous les deux dans l'eau. Ce n'est pas profond mais le courant est si fort qu'il les entraîne. Sarah et Jens se laissent entraîner un peu et nagent vers la rive.

Là, ils se tiennent enfin à une branche d'arbre. Ils soufflent un peu, sortent de l'eau et se reposent un moment sur la rive.

«Je ne l'ai pas fait exprès, dit Jens. Tu le sais bien.

– Ben heureusement! C'est le courant!

– Non, ton pied, pendant le match, je ne l'ai pas fait exprès, c'est vraiment vrai. Excuse-moi. Bon, on arrête la guerre?

Sarah pense tout à coup au film «Joyeux Noël».

– Oui, dit-elle, parfois je me monte un peu la tête. Qu'est-ce qu'on fait? On continue à pied? À ton avis, combien de kilomètres est-ce qu'on a déjà faits?

– Je ne sais pas. On n'est pas très loin, je pense. On n'a tenu le coup qu'un quart d'heure … Tu es fatiguée? Si tu veux, tu peux rester ici et moi, je retourne à Fontaine et je reviens avec un autre kayak. Enfin, j'espère!

– Non, on y retourne ensemble.»

Il est sympa, cet Allemand, et super beau, comme ça: grand, blond, cool et tout mouillé. D'ailleurs, ces Allemands, ils sont tous … Non, il ne faut pas généraliser.

Comprendre

C 59/1 **2** **a** *Qu'est-ce que les jeunes ont fait après le match? Retrouvez leur programme.* (→ Méthodes, p. 136/4)

b *Racontez la descente de la Sorgue de Sarah et de Jens. Utilisez le présent et les verbes suivants:*

monter s'installer protester pousser maîtriser se renverser se retrouver entraîner nager se tenir sortir se reposer retourner

c *À votre avis, pourquoi est-ce que Jens dit d'abord qu'il a fait exprès et plus tard, le contraire?*

Découvrir

3 **a** *Comparez la place du complément d'objet direct et la forme du participe passé dans ces deux phrases.*

1. Le car a amené **les jeunes** à Fontaine-de-Vaucluse.
2. Le car **les** a amenés à Fontaine-de-Vaucluse.

b *Regardez les phrases 1–4. Quel est le complément d'objet direct dans chacune de ces phrases? Trouvez dans le texte, p. 97 les phrases qui veulent dire la même chose. Comparez la place du complément d'objet direct et les participes dans les deux types de phrases.*

1. Quelqu'un a poussé Sarah et Jens.
2. Ta mère a préparé quels plats?
3. On a fait combien de kilomètres?
4. Les familles avaient fait des salades qui étaient toutes délicieuses.

c *Formulez une règle sur l'accord du participe passé avec* avoir.

S'entraîner

4 **a** 2 20 *Écoutez. De quoi est-ce qu'ils parlent?*

b *Écoutez encore une fois et notez le participe passé utilisé dans chaque phrase.*

1. les CD – les vêtements – les baskets
2. les bédés – les rollers – le sac
3. le chocolat – les photos – la casquette
4. la casquette – les bédés – les CD
5. la lettre – le message – les cartes postales
6. le poème – les lettres – la chanson
7. le gâteau – les crêpes – la mousse au chocolat
8. les photos – le programme – les devoirs

C 60/4 C 60/5 **5** *Complétez ces réponses et utilisez un pronom objet. Pensez à l'accord du participe passé.* (→ Repères, p. 105/6)

1. – Où est-ce que tu as rencontré Sarah pour la première fois?
   – Je [?] à Aix-en-Provence.
2. – Où est-ce que vous avez mis le kayak de Jens et Sarah?
   – On [?] sur la rive.
3. – Où est-ce que tu as acheté ces pan bagnats?
   – Je [?] à Marseille.
4. –Est-ce que tu as déjà fait ton exposé?
   – Oui, je [?] déjà [?] hier, et toi?
5. – Est-ce que tu as vu mes boucles d'oreilles?
   – Je crois que je [?] dans la salle de bains.

C 60/4 C 60/5 **6** *Finissez les phrases. Pensez à l'accord du participe passé.* (→ Repères, p. 105/6)

Exemple: 1. Alice écoute les CD qu'elle a achetés hier.

1. Alice écoute les CD (acheter hier).
2. Moussa pense au match (voir avec Hamadou dimanche dernier).
3. Hugo rend les livres sur le Canada (emprunter à la bibliothèque).
4. Sarah pense aux jeunes Allemands (rencontrer à Marseille).
5. Lea regarde les photos (faire pendant l'échange).
6. L'arbitre pense à la discussion (avoir avec Sarah).

C 61/8 **7** *Complétez par* tous/toutes. (→ Repères, p. 104/2)

1. Sarah pense que les Allemands trichent [?].
2. Les joueurs sont déjà fatigués, mais [?] font leur maximum.
3. Les filles n'ont pas beaucoup mangé, mais [?] ont aimé les plats de Mme Rozier.
4. Mais, où sont les olives? Lea les a [?] mangées.
5. «Mais Lea, les olives ne sont pas seulement pour toi. Elles sont pour [?]», dit Sarah.

C 59/3 **8** *Répondez aux questions et utilisez* ne ... que. *Puis traduisez les phrases.* (→ Repères, p. 104/3)

1. la Camargue

2. mes meilleurs copains

3. quinze ans

4. cinq euros

5. vendredi matin

6. quatre jours

5

Vocabulaire et expression

C 61/9 **9** **a** *Retrouvez dans le texte toutes les expressions avec le verbe* faire *puis complétez avec d'autres expressions que vous connaissez déjà.* (→ Liste alphabétique, p. 210)

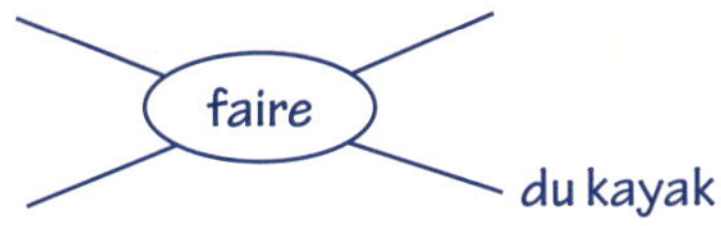

b *Traduisez les expressions que vous avez notées.*

c *Écrivez une petite histoire (drôle – si vous voulez) et utilisez un maximum d'expressions de* **a**. (→ Méthodes, p. 143/6)

Exemple: Il fait très chaud. La veille, tout le monde a fait la fête et …

→ Portfolio Dossier

Écouter

DELF **10** 2|21 *Écoutez et dites si c'est vrai ou faux.*

1. Depuis plus de trente ans, les villes de Pré-Saint-Gervais et de Giengen organisent des échanges sportifs et culturels.
2. Ce week-end, il y a un match de basket entre l'équipe française et l'équipe allemande.
3. Hier, les Françaises ont gagné.
4. Aujourd'hui, il y a une équipe mixte qui joue.
5. Au début, les Allemands jouent mieux que les Français, mais plus tard, un Français marque des points.

Méthodes et stratégies

11 *Lea a rapporté des dépliants de Hambourg. M. Rozier a trouvé un nom français dans un des dépliants, mais il ne comprend pas l'allemand. Il demande à Lea de lui raconter ce qu'ils écrivent sur ce Français.*

a *Traduisez les mots surlignés en français.*

Das zweisprachige Wörterbuch benutzen (→ Méthodes, p. 146/2)

b *Mettez-vous à la place de Lea et racontez en français ce que vous avez appris sur Alexis de Chateauneuf.* (→ Méthodes, p. 145/2)

c *À l'aide de votre dictionnaire, trouvez la traduction des mots suivants, puis utilisez ces mots pour parler d'un endroit dans votre ville/village.*

Wolkenkratzer – Bau – Baujahr – Neubaugebiet – dauern

Hamburg hat nicht nur eine französische Partnerstadt, sondern auch einen berühmten französischen Baumeister aus dem 19. Jahrhundert. Der französische Architekt Alexis de Chateauneuf wurde 1799 in Hamburg geboren und ist dort 1853 gestorben. Er war der Sohn französischer Emigranten. Nach einer Zimmermannslehre und einer Studienreise durch Süddeutschland hat er Architektur in Paris und Karlsruhe studiert und in Hamburg die berühmten Alsterarkaden gebaut, wo es viele interessante Geschäfte gibt und an Sonntagen Straßenmusikanten Musik machen. Er hat auch die alte Post errichtet, ebenfalls ein berühmtes Hamburger Gebäude, in dem heute auch Geschäfte zu finden sind. Außerdem hat er den Bahnhof in Bergedorf, den Berliner Bahnhof, die Sankt-Petri-Kirche und Wohnhäuser gebaut. Er hat viele Pläne für andere Gebäude vorgelegt, die aber nicht realisiert worden sind.

22 La dernière soirée

Le programme de la dernière soirée avec l'équipe de volley de Hambourg était varié. Il y avait un tournoi de pétanque avec des équipes franco-allemandes et un dîner avec une soupe au pistou. Puis, les Français ont joué un sketch et Sarah a chanté une chanson avec Valentin qui jouait de la guitare. C'était moins bien qu'avec les Têtes Vertes, mais ce n'était pas mal quand même. Jens les a applaudis avec enthousiasme.

La soirée se termine doucement, on parle, on écoute de la musique, certains dansent.
Jens hésite, puis il dit:
«Tu sais, Sarah, j'aimerais bien revenir.
– Quand est-ce que tu pourrais revenir? demande Sarah.
– En juillet, je pourrais rester deux ou trois semaines. Ça me permettrait de faire des progrès en français.
– Ton français est très bon. Mais ce serait chouette. Pourquoi pas trois semaines? On aurait le temps de faire plein de choses: voir la côte, monter dans les Alpes du Sud ...»
Valentin arrive et s'installe à côté d'eux.
«Lea aimerait bien revenir en juillet, dit-il. On pourrait organiser des vacances ensemble, non?»
Sarah et Jens rient:
«Pourquoi est-ce que vous riez comme ça? demande Valentin, un peu troublé.
– Parce que Jens a eu la même idée. On faisait déjà le programme.
– On leur montrerait un peu la Côte d'Azur à l'est de Marseille, dit Valentin. Ils ne la connaissent pas encore. On ferait des balades dans l'Estérel. On irait à Nice et à Cannes.
– Peut-être aussi à Monaco, propose Sarah.
– Ou à Saint-Tropez, dit Jens. On peut aussi rester ici ... et ne pas rentrer du tout ...
– Vas-y, tu peux toujours rêver, dit Valentin.
– Nous pourrions dormir chez vous? demande Lea qui arrive.
– Bien sûr. Je pense que mes parents seraient d'accord, dit Sarah. Notre maison est assez grande. De toute façon, vous ne les dérangeriez pas beaucoup, on serait toujours dehors. On pourrait aussi partir quelques jours et faire du camping dans le Mercantour.»
Tout le monde commence à rêver. Sarah sent que ce mois de juillet sans Jens et même sans Lea ne serait pas un bon mois de juillet. Avec eux, elle verrait son propre pays avec d'autres yeux. Elle a compris cela pendant une journée en Camargue: elle croyait tout connaître mais avec les yeux de ses amis allemands elle a tout vu autrement.
«Et vous pourriez venir début août en Allemagne, propose Jens.
– On pourrait aussi se marier tout de suite, rigole Sarah. À ta place, j'attendrais de voir si on se supporte encore fin juillet.»
Ce genre d'humour, c'est Sarah. C'est pour freiner les idées folles qui lui passent par la tête.

Comprendre

C 63/1 **1** **a** *Trouvez dans le texte, p. 101 les phrases qui montrent que …*

1. … la dernière soirée, les jeunes font beaucoup de choses très différentes.
2. … Jens a beaucoup aimé la chanson de Sarah.
3. … Jens a envie de revenir à Marseille.
4. … les quatre jeunes sont devenus amis.
5. … l'échange a apporté quelque chose à Sarah.

b *Quels sont les projets des quatre jeunes pour l'été?*

Découvrir

2 **a** *Traduisez ces phrases.*

1. Quand est-ce que tu pourrais revenir?
2. On leur montrerait la Côte d'Azur.
3. Nous pourrions passer les vacances ensemble.

b *Comment forme-t-on le conditionnel présent?*

Welche Zeitform leitet sich vom gleichen Stamm ab?

c *Formez le conditionnel présent.*

je *(parler)* tu *(attendre)* elle *(réagir)*
nous *(aller)* vous *(faire)* ils *(être)*

S'entraîner

C 63/2
C 63/3
C 63/4 **3** *Choisissez trois situations et donnez des conseils à ces personnes. Utilisez* À ta/votre place *et le conditionnel présent.* (→ Repères, p. 105/7, 8)

1. Je voudrais sortir le soir. Mais je dois toujours rentrer à 21 h.
2. Je craque pour Carine, mais je n'ose pas lui parler.
3. J'apprends l'allemand à l'école. Mais c'est trop dur.
4. On ne sait pas quoi faire le week-end. Vous n'auriez pas une idée?
5. Ma copine ne me parle plus depuis une semaine.
6. On m'a volé mon portable.
7. Je voudrais partir en vacances avec un copain, mais mes parents ne sont pas d'accord.

C 63/2
C 63/3
C 63/4 **4** *Choisissez quatre situations et imaginez comment la vie serait sans ___ . Utilisez le conditionnel présent.* (→ Repères, p. 105/7, 8)

sans famille sans portable sans ordinateur
sans copains sans télé sans profs sans notes
sans chocolat sans vacances sans musique
sans SMS sans animaux sans voitures sans ___

Exemple:
Sans portable mes copains ne m'appeleraient plus. Je me sentirais seule. Mais je dépenserais aussi moins d'argent. Je pourrais ___ .

C 63/2
C 63/3
C 63/4

5 ►◄ *Vous voulez organiser une soirée française dans votre école. Faites des propositions. Utilisez le conditionnel présent.* (→ Repères, p. 105/7, 8)

pouvoir	*devoir*	*faire*
chanter	*montrer*	*dessiner*
préparer	*distribuer*	*inviter*
écouter	*manger*	*présenter*
décorer	*organiser*	*aller* ___

des chansons	un sketch
la cuisine	des affiches
un gâteau	des livres
au volley	la musique
un quiz	des dépliants ___

Écouter

C 63/4 **6** **a** 🎧 2 23 *Conditionnel ou futur simple? Notez le numéro des phrases au conditionnel dans votre cahier.*

b 🎧 2 24 *Écoutez encore une fois les phrases au conditionnel. Est-ce qu'il s'agit d'un souhait* (Wunsch), *d'une demande* (Bitte), *d'une proposition* (Vorschlag/Rat) *ou d'une supposition* (Vermutung)? *Il y a parfois plusieurs possibilités. Faites un tableau.*

7 🎧 2 25 *Pendant leur séjour à Hambourg, Valentin, Sarah et Lea parlent à une voisine de Lea. La voisine pose beaucoup de questions. Écoutez, prenez le rôle de Lea et faites l'interprète.* (→ Méthodes, p. 143/3)

Vocabulaire et expression

8 *Qu'est-ce qui va ensemble? Utilisez le verbe avec la préposition correcte et formez les phrases. Il y a parfois plusieurs possibilités.* (→ Méthodes, p. 134)

1. Valentin a joué	de	parler à Sarah.
2. Ils ont écouté	à	le camping.
3. Jens a réussi		Sarah qu'il voulait revenir.
4. Jens a dit		la guitare.
5. Un séjour en France lui permet		voir si ça marche.
6. En été, ils veulent faire		la musique.
7. Les jeunes commencent		faire des progrès en français.
8. Ils ont le temps		faire plein de choses.
9. Elle attend		rêver.

Jeu de rôle

9 *Valentin et Sarah veulent passer les vacances d'été avec Jens et Lea. Mais leurs parents ne sont pas d'accord. Prenez les rôles de Sarah/Valentin et de leurs parents. Préparez le dialogue puis jouez la scène.*

Sarah/Valentin
- erzählt von den Plänen, die sie bei dem Abschiedsfest gemacht haben;
- erzählt von Jens/Lea;
- sagt, dass sie zuerst in Marseille bleiben wollen und dann ein paar Tage zelten wollen;
- reagiert auf die Einwände der Eltern;
- macht einen Kompromissvorschlag.

Die Eltern
- wollen wissen, wer dieser Jens / diese Lea ist und wo sie schlafen wollen;
- fragen, ob sie daran gedacht haben, dass die Côte d'Azur sehr teuer ist;
- finden außerdem, dass die Kinder zu jung sind, um zu zelten;
- gehen auf den Kompromissvorschlag ein.

Repères

Qu'est-ce qu'on dit?

1 **über Stimmungen sprechen**
Ils/Elles sont heureux/-euses comme tout.
Il/Elle est un peu troublé/e.
Il/Elle s'est levé/e du pied gauche.
Il/Elle a des idées noires.
Il/Elle est en colère.
Il/Elle se monte la tête.
Il/Elle a des idées folles qui lui passent par la tête.

jemanden zurechtweisen
Tu exagères!
Ne généralise pas.
Tu te calmes!
Ne triches pas.

über ein Spiel reden
Il/Elle participe à un tournoi de ___ .
L'équipe gagne/perd un match.
L'équipe allemande a quelques points de plus.
Les joueurs font leur maximum.
Il/Elle attrape la balle / monte au filet / lance la balle.
La balle passe au-dessus du filet.
Rien n'est encore perdu.
Il/Elle sert.
Il/Elle rate son service.
La balle a touché la ligne / le sol.
Il/Elle joue comme un pied.

Vorschläge/Pläne machen
Tu pourrais (rester trois semaines).
Vous pourriez (venir en août).
On ferait (des balades).
On irait (à Cannes).
À ta place, ___ .

Grammaire

2 Die Indefinitpronomen „tous/toutes" Les pronoms indéfinis «tous/toutes»

Valentin a invité dix copains. Ils sont tous venus.
Sarah a invité dix copines. Elles sont toutes venues.

3 Die Einschränkung „ne ... que" La restriction «ne ... que»

Ils **ne** mangent **que** des pommes de terre.
Les enfants **n'**ont mangé **que** des biscuits.
Ils **ne** vont partir **que** samedi.
Elle **ne** veut partir en vacances **qu'**en août.

a Wie übersetzt du „ne ... que"?

b Beschreibe die Stellung von „ne ... que" im Satz.

4 Die indirekte Rede in der Vergangenheit Le discours indirect au passé

Monsieur Rozier dit:
«Jeudi, les filles **étaient** encore fatiguées parce qu'elles **avaient fait** la fête.
Lea **est** adorable.
Sarah ne m'**a** jamais **dit** des choses aussi gentilles.»

Monsieur Rozier a dit que ...
... les filles étaient encore fatiguées parce qu'elles avaient fait la fête.
... que Lea **était** adorable.
... que Sarah ne lui **avait** jamais **dit** des choses aussi gentilles.

Vergleiche die Zeitenfolge in der direkten Rede und der indirekten Rede in der Vergangenheit.

5 Die reflexiven Verben im passé composé Les verbes pronominaux au passé composé

Valentin s'est endormi tard.
Ma sœur s'est levée vers six heures.
Les garçons se sont amusés.
Les filles se sont disputées.

a Reflexive Verben haben im „passé composé" das Hilfsverb „être". Nenne andere Verben, die mit „être" konjugiert werden.

b Beschreibe die Angleichung des Partizips.

6 Die Angleichung des Partizips Perfekt nach „avoir" L'accord du participe passé après «avoir»

Tu connais ce garçon? Oui, je l'ai rencontré hier.
Tu connais ces CD? Oui, je les ai écoutés hier.

Voilà la photo de Jens que j'ai prise à Marseille.
Tu connais les chansons que les Têtes Vertes ont chantées?

Quels plats est-ce que ta mère a préparés?

Combien d'olives est-ce qu'elle a mangées?

a Welche Form kann ein direktes Objekt vor dem Verb haben? Worin kann es sich „verstecken"?

b Erstelle ein Lernplakat zum „accord du participe passé" nach „être" und „avoir".

Ein Lernplakat erstellen
(→ Méthodes, p. 143/5)

7 Die Bildung des conditionnel présent La formation du conditionnel présent

Infinitiv + **-ais**, **-ais**, **-ait**, **-ions**, **-iez**, **-aient**

parler → je parlerais
finir → je finirais
prendre → je prendrais

Unterscheide:

conditionnel présent	futur
j'aurais	j'aurai
j'irais	j'irai
je ferais	je ferai

a Welches Tempus wird mit dem gleichen Verbstamm gebildet? Welches Tempus hat die gleichen Verbendungen wie das conditionnel?

b *Conjuguez au conditionnel présent:* aller, devoir, savoir, vouloir.

8 Der Gebrauch des conditionnel présent L'emploi du conditionnel présent

1. On **pourrait** organiser une fête.
2. Je **voudrais** revenir.
3. Je pense que mes parents **seraient** d'accord.
4. À ta place, j'**attendrais** fin juillet!
5. **Pourriez**-vous répéter, s'il vous plaît?

Was kannst du mit Hilfe des „conditionnel" ausdrücken?

9 Die Verben Les verbes

lancer wie **avancer** → p. 154; **déranger** wie **changer** → p. 154; **permettre** wie **mettre** → p. 156

Pratiques facultatif

Réviser

1 *Traduisez et utilisez les pronoms avec l'impératif.* (→ Repères, p. 84/7)

1. Hilf mir.
2. Bitte sag ihm nichts.
3. Schau mich an!
4. Hört mir zu!
5. Steh' um 6 Uhr auf!
6. Ruf mich um 5 Uhr an.
7. Geh hin und sprich mit ihr.
8. Stell' mir diese Frage nicht.
9. Antworte nicht darauf.

2 *Révisez les temps du passé: imparfait ou passé composé?*

Il y a deux mois, les Marin *(retourner)* au Canada. Ils *(passer)* quelques jours à Tadoussac et ils *(aller)* dans la forêt pour voir des caribous. Ils *(se balader)* un peu et *(faire)* un pique-nique. Après le pique-nique, madame Marin et Constantin *(partir)* sans les autres dans la forêt. Monsieur Marin et Hugo (ne pas / en *avoir*) envie et *(rester)* près de la voiture .
Ils (ne pas / *être*) encore très loin de l'endroit où ils *(faire)* leur pique-nique quand tout à coup, ils (entendre) un bruit. Ils *(s'arrêter)* et, derrière les arbres, ils *(découvrir)* une mère caribou avec son petit. La mère caribou *(manger)* sous un arbre. Constantin *(être)* très content et il *(vouloir)* prendre une photo. À ce moment, son portable *(sonner)* et les deux animaux *(partir)*.

S'entraîner

C 56/4
C 56/3
C 57/5

3 **a** *Expliquez au guide ce que ces touristes allemands disent. Utilisez le discours indirect au présent.* (→ Méthodes, p. 145/3)

Ils disent que ___
Ils demandent si / comment / où / ce que / ___ .
Ils veulent/voudraient savoir si/comment/où / ___

b *Le guide raconte à ses amis ce que les touristes ont dit ou demandé. Utilisez le discours indirect au passé.*

C 60/4 C 60/5 **4** **a** *Révisez les accords et les pronoms. Remplacez «Florian» par «Laure et Amélie» et le mot «copain» par «copine». Puis réécrivez le texte.*

Exemple:
Pour la première fois de **leur** vie, Laure et Amélie …

Pour la première fois de sa vie, Florian est allé en France. Un copain lui avait beaucoup parlé de Marseille et il lui avait même donné l'adresse d'un autre copain là-bas. Alors, Florian a décidé d'y aller.
Il est arrivé à Marseille en train. D'abord, il est allé à l'hôtel et, comme il était fatigué, il s'est reposé un peu. Après, il a appelé le copain de son copain et ils se sont rencontrés au Vieux-Port. Le copain de son copain – Dominique – était sympa et l'a amené dans un petit restaurant près du port.
Après le repas, Dominique devait retourner à son bureau et Florian est monté sur la colline de la Garde, à 154 m. De là-haut, on a une vue formidable sur Marseille. Ensuite, il est redescendu et il s'est promené dans les petites rues de l'Estaque. Le soir, il a retrouvé Dominique dans le centre.
Florian a essayé différents plats typiques et plus tard, Dominique l'a accompagné à son hôtel. Florian était très content de sa première journée à Marseille.

b *Relisez votre texte et vérifiez tous les accords.* (→ Méthodes, p. 143/6)

Écouter

5 2 26 *Vous allez entendre un dialogue entre Pierre et Paul. Expliquez la situation. Pourquoi est-ce que Pierre et Paul ne se comprennent pas?* (→ Méthodes, p. 135/3)

agresser qn jdn angreifen

5

Vocabulaire et expression

6 **a** 2 27 *Vous allez entendre des expressions. Notez-les et traduisez-les en allemand.*

Exemple:
la mère de Sarah – la mer du Nord

b *À vous. Trouvez des mots qui se prononcent de la même façon que les mots soulignés, mais qui s'écrivent différemment.*

il a <u>pris</u> – un <u>an</u> – <u>sept</u> – vous <u>faites</u> – <u>c'est</u> – je <u>vois</u> – un pull <u>vert</u> – <u>cent</u>

7 **a** *Est-ce que ces noms sont masculins ou féminins?* (→ Liste alphabétique, p. 210; → Méthodes, p. 131/2)

construction impression autorisation déclaration réaction résolution
avion argument entraînement changement compliment million
garage cage message stage paysage pourcentage village plage

b *Trouvez des règles. La plupart[1] des mots en:*

1. -ment *sont* ? .
2. -ion *sont* ? .
3. -age *sont* ? . *Exceptions:* ? .

c *Cherchez encore d'autres noms masculins et féminins qui se terminent en* -ion, -ment *ou* -age. (→ Liste alphabétique, p. 210)

1 **la plupart de** die meisten

Projet

8 Écrivez une pièce radiophonique[1] à partir des textes de l'unité.

1. Lisez les textes encore une fois.
2. Partagez les rôles.
3. Écrivez les dialogues.
4. Pensez aux bruits de fond (la balle, l'eau, la musique, les autres qui parlent/rient/crient, ...)
5. Jouez les scènes et enregistrez-les.

Proposition de titres pour les scènes:

1. La première soirée (La fête)
2. Chez les Rozier (Le petit-déjeuner)
3. Dans le car
4. Le match
5. Après le match: discussions
6. Après le match: dans le vestiaire[2] des filles
7. Le pique-nique
8. La descente de la Sorgue
9. La dernière soirée: le programme
10. La dernière soirée: les projets des quatre jeunes

→ Portfolio
Dossier

1 **la pièce radiophonique** das Hörspiel 2 **le vestiaire** der Umkleideraum

La France en direct / Recherche

9 **a** Choisissez une de ces activités et recherchez-la sur le site (www.provenceweb.com).

b Écrivez un mail à l'adresse indiquée pour demander plus d'informations. (→ Méthodes, p. 141/1)

2|28 La passion de la mer: explorateurs et grands sportifs

a *Quatre personnages se présentent. Quel texte va avec quelle photo?*

b *À vous. Travaillez à deux et écrivez le portrait d'un personnage français contemporain et d'un personnage historique. Vos camarades trouvent de qui il s'agit.*

Louis Antoine de Bougainville

Pascal Bidegorry, Skipper

Samuel Champlain, explorateur

Raphaëla le Gouvello, championne de planche à voile

1 Je suis né le 15 janvier 1968 au Pays basque. Je vis maintenant à la Rochelle et j'ai un enfant. Ma première passion a été le ski et j'ai commencé assez tard la voile. J'ai fait deux fois le tour de France à la voile. Je suis monté ensuite sur un multicoque. En 2005, j'ai été champion du monde. J'aime travailler en équipage et nous avons participé à la course du Rhum en 2006.

2 Je suis née en Bretagne et j'ai toujours eu l'amour de la mer. J'ai fait l'école de vétérinaire et je me suis spécialisée en aquaculture. Mais la planche à voile est ma passion et j'ai réalisé en 2000 un rêve d'enfance. À quarante ans, j'ai traversé seule et en planche à voile l'Atlantique, de Saly (Sénégal) au Diamant (Martinique). J'ai mis 58 jours. Aucune femme avant moi n'a accompli cet exploit. Ensuite, en 2002, j'ai traversé la Méditerranée, de Marseille à Sidi Bou Saïd en dix jours, puis, en 2003, l'océan Pacifique. Depuis, j'ai fait le tour de la Bretagne et j'ai traversé l'océan Indien.

3 Je suis né à Brouage, près de La Rochelle, en 1567. Pour moi, ma région et la France étaient trop petites. Je voulais aller loin, très loin. Je suis devenu «géographe royal» du roi Henri IV. En 1603, j'ai quitté le port de Honfleur pour traverser l'Atlantique et je suis arrivé à Tadoussac au Québec. Là, j'ai rencontré les Indiens et j'ai étudié leur vie et leurs coutumes. En tout, j'ai fait 21 voyages entre la France et ce que nous appelions alors la «Nouvelle-France». J'ai fondé l'Acadie et la ville de Québec en 1608; et en 1611, j'ai fondé une colonie qui est devenue plus tard Montréal. Tout cela ne s'est pas fait facilement. Nous avons dû lutter contre le froid, les Indiens, les Anglais ...

4 Mon père était notaire. J'aimais bien les mathématiques mais je suis devenu avocat puis je suis entré dans l'armée et je me suis battu au Canada. J'ai eu une vie tumultueuse. Mais la période la plus riche a été mon voyage autour du monde de 1766 à 69. Je suis parti de Brest avec un biologiste, un dessinateur et un astronome. Au Brésil, nous avons découvert la plante qui porte mon nom: la bougainvillée. Pendant nos voyages, nous avons découvert entre autres les îles Samoa, et grâce à nous, la géographie de l'Océanie a fait de grands progrès et mes lecteurs ont pu apprendre beaucoup de choses sur la vie et les coutumes dans d'autres pays.

la planche à voile Windsurfen 4 **à la voile** mit dem Segelboot 5 **le multicoque** das Doppelrumpfboot 9 **le/la vétérinaire** un médecin pour animaux 10 **l'aquaculture** *f. hier:* les animaux qui vivent dans l'eau 14 **aucun/e** kein/e einziger/-e 14 **accomplir un exploit** eine Tat vollbringen 25 **étudier qc** etw. studieren 25 **les coutumes** *f.* die Bräuche 33 **l'avocat** *m.* der Rechtsanwalt 34 **se battre** *hier:* kämpfen 35 **tumultueux/-euse** stürmisch 39 **la plante** die Pflanze 41 **grâce à** dank

Compréhension orale

1 *Vous passez vos vacances en Provence avec vos parents. Demain, vous voulez sortir en bateau sur la mer. Écoutes la météo et dites si c'est possible.* (2 29)

Compréhension écrite

2 *Lisez d'abord les textes suivants: quelle phrase correspond à quelle personne?* Achtung: Eine Aussage findet keine Zuordnung.

1. «Mes parents n'aiment pas me laisser partir sans eux en vacances.»
2. «Mes parents préfèrent partir sans enfants en vacances.»
3. «Mes parents acceptent de me laisser partir avec d'autres.»
4. «Je dois passer mes vacances sans mes parents.»

Partir seul en vacances?

L'année dernière, je suis parti pour la première fois sans mes parents. J'ai fait du camping avec mon cousin qui a trois ans de plus que moi. On était sur la Côte d'Azur et dans le Languedoc. Mais ce n'était pas facile d'avoir l'autorisation de mes parents. Je devais tout leur expliquer: où, comment, quand, pourquoi? Ils ne voulaient pas me laisser partir, ils trouvaient que j'étais trop jeune et que c'était trop dangereux. Mais à mon âge, on n'est plus un enfant. Partir sans parents, je trouve ça normal. Cette année, je voudrais partir seul. Je suis sûr qu'ils feront des histoires.

Stéphane, 17 ans

Moi, je suis toujours partie avec mes parents. Mais depuis qu'ils ont acheté un petit hôtel-restaurant, ils ne peuvent plus partir pendant les vacances. Alors ils m'ont proposé de partir seule avec mes deux frères et j'étais d'accord. Nous avons une petite maison sur la côte en Normandie. Chaque année, en août, on y retrouve mon oncle et mes cousins que je ne vois qu'une fois par an. Ils ont à peu près le même âge que moi et nous aimons les mêmes distractions. Il y a toujours une ambiance formidable.

Valérie, 16 ans

Partir seule? Depuis l'âge de quatorze ans, je pars en groupe, avec des jeunes de mon âge. Nous sommes allés plusieurs fois dans le midi faire du camping. D'abord, il y avait des discussions infinies avec mon père, qui me parlait des risques pour une ado. Il m'a parlé d'une fille qui avait disparu et qu'on avait cherchée partout. Finalement, la police l'a trouvée morte dans une forêt. Nous avons discuté ce problème mille fois. Maintenant ils sont d'accord, ils ont accepté que c'est ma vie et ils ne disent plus rien.

Christine, 16 ans

Production orale

3 *Expliquez à votre partenaire comment vous voyez le monde en 2050. A prend le rôle d'un optimiste, B prend le rôle d'un pessimiste. Les photos vous aideront.*

Production écrite

4 Du hast die Anzeige des AJF in einer Zeitschrift gefunden. Da deine Klasse in der ersten Juliwoche eine Klassenfahrt nach Paris machen möchte, sucht ihr hierfür eine günstige Unterkunft. Du benötigst deshalb Informationen und schreibst einen Brief (mit Absender, Empfänger, Datum, Anrede- und Schlussformel) nach den folgenden Vorgaben an die angegebene Adresse:

1. Stelle dich und dein Anliegen (Klassenfahrt, Zeitraum) kurz vor.
2. Nenne Anzahl und Geschlecht der Schüler deiner Klasse.
3. Erkundige dich nach Übernachtungsmöglichkeiten. (Gibt es noch freie Plätze? Wo? Was kostet ein Mehrbettzimmer?)
4. Frage auch nach, wo man günstig essen kann.
5. Bitte um Zusendung eines Stadtplans und von Informationsmaterial zu aktuellen Ausstellungen.

AJF
Accueil des jeunes en France

Bureau d'Accueil
12, rue des Barres
75 004 PARIS

Service de l'Accueil des Jeunes en France:
- Réservation de chambres pour groupes de jeunes
- Repas à prix réduits dans plusieurs restaurants et snacks
- Voyages touristiques dans Paris

Tipps, wie du deine Fehler selbst korrigieren kannst, findest du auf S. 143–144. (→ Méthodes)

Tous les chemins mènent à Paris

Approches

Paris et la France

les châteaux de la Loire

des vignes en Alsace

le centre-ville de Lyon

le Viaduc de Millau, dans l'Aveyron

des menhirs bretons

le Palais de l'Élysée, à Paris: le siège du Président de la République

1. LES RÉGIONS ET LEUR PIB[1]/HABITANT

1 **le Produit intérieur brut (PIB)** das Bruttoinlandsprodukt (BIP)
Das Bruttoinlandsprodukt ist ein Maß für die wirtschaftliche Leistung eines Landes oder einer Region.

2. LA FRANCE ET SES RÉGIONS (→ La France administrative, p. 165)

La région la plus peuplée est l'Île-de-France[1], la région la moins peuplée est le Limousin.

Population
Total 2006: 61 167 000 (habitants)

- Île-de-France 11 491 000
- Limousin 725 000
- reste de la France 48 951 000

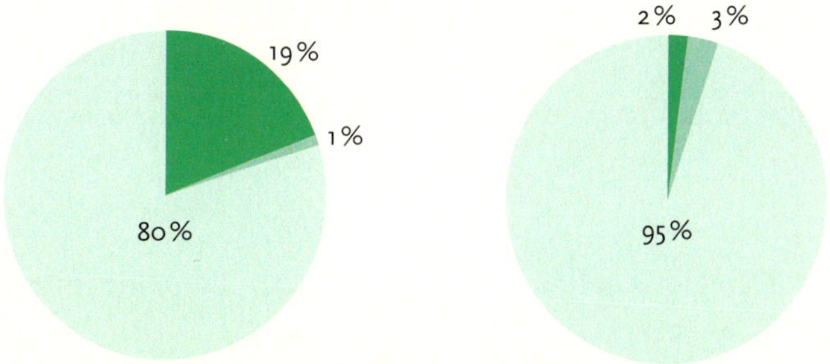

Superficie
Total: 543 965 (km²)[2]

- Île-de-France 12 012
- Limousin 16 942
- reste de la France 515 011

1 **l'Île-de-France** Paris fait partie de la région Île-de-France. 2 **km²** kilomètre carré

3. LES 10 PLUS GRANDES VILLES ET LEUR POPULATION

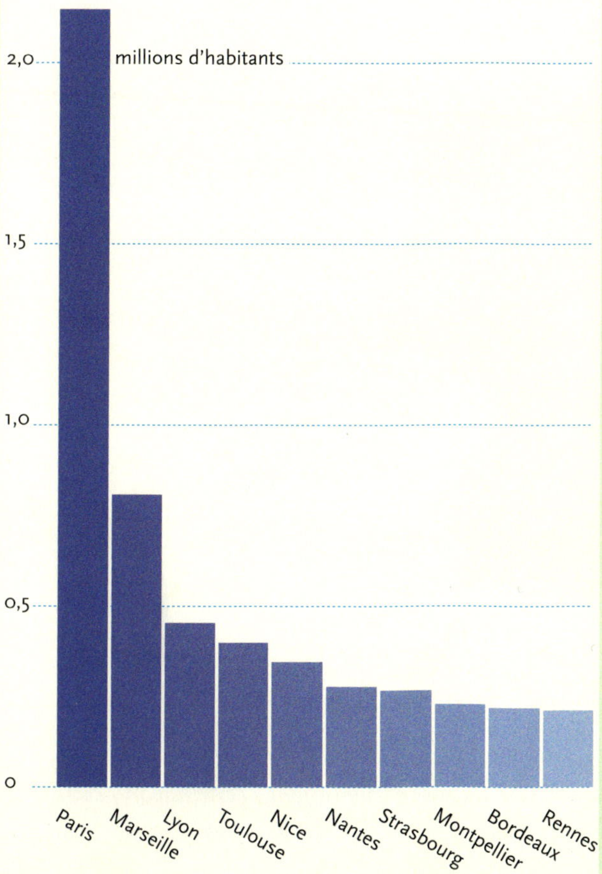

4. LE TGV

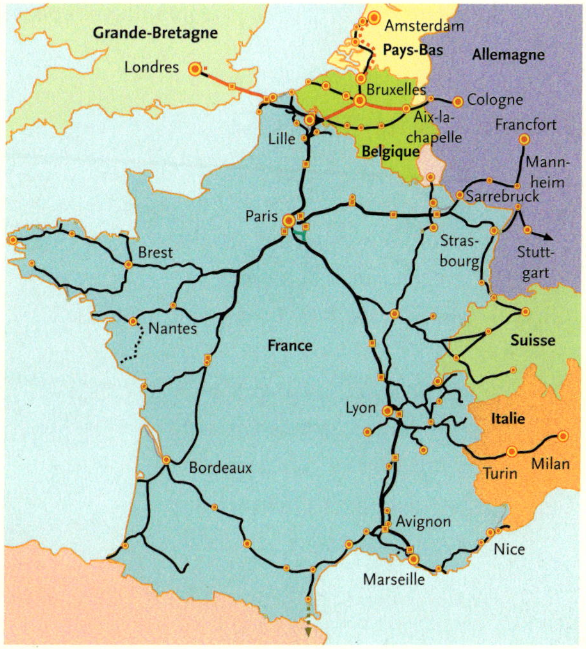

www.insee.fr
www.wikipedia.fr

Comprendre

C 68/1 **1** **a** *Regardez les diagrammes* La France et ses régions, *p. 113. Quelles informations y trouvez-vous?*

b *Complétez les phrases suivantes:*

1. Dans le Limousin, [?] % de la population française vit sur [?] % de la superficie du pays.
2. L'Île-de-France ne fait que [?] % de la superficie du pays, mais [?] % de la population française y vit.

C 68/1 **2** *Regardez le diagramme* Les 10 plus grandes villes et leur population, *p. 113. Comparez Paris aux autres villes.*

C 68/1 **3** *Regardez la carte* Les régions et leur PIB/habitant, *p. 112. Comparez l'Île-de-France aux autres régions.*

C 68/1 **4** *Regardez la carte du TGV, p. 113. Où doit-on changer quand on veut aller ...*

1. *... de Brest à Lyon?*
2. *... de Lille à Avignon?*
3. *... de Lyon à Nantes?*

C 68/1 **5** *D'après tous les graphiques que vous avez vus, p. 112–113, que pouvez-vous dire sur le rôle de la capitale de la France, Paris, et de la région Île-de-France?*

Activité/Recherche

6 **a** *Comparez la population totale de la France et de l'Allemagne. Faites la même chose avec la superficie des deux pays.*

b *Regardez cette carte et comparez le rôle de Paris en France avec le rôle de Berlin en Allemagne. Qu'est-ce que vous pouvez dire?*

Population allemande
Total 2006: 82 314 000

Superficie de l'Allemagne
Total: 357 093 km²

Les Länder et leur PIB/habitant
- > 40 000 euros
- 35 000 – 40 000
- 30 000 – 35 000
- 25 000 – 30 000
- 20 000 – 25 000
- < 20 000

www.vgrdl.de

7 *Regardez encore une fois les diagrammes et faites des devinettes pour vos camarades.*

8 *Choisissez une photo, p. 112. Qu'est-ce qu'elle montre? Où se trouve ce monument / cette région / cette ville? Faites des recherches puis présentez vos résultats à vos camarades.* (→ Méthodes, p. 140/5)

2 30 Dans le TGV

Comprendre

C 69/1 **1** **a** *Résumez la bédé (qui? où? pourquoi?).*

b *Paris, Belleville et la banlieue: notez les mots-clés dans un associogramme.* (→ Méthodes, p. 136/5, p. 137/8)

c «C'est l'avantage de la centralisation.» *(dessin numéro 4, p. 115) Justifiez cette phrase à l'aide des informations que vous avez eues dans les Approches.*

Découvrir

2 **a** *Retrouvez les pronoms complément d'objet direct et les pronoms complément d'objet indirect.*

b *Décrivez leur place et trouvez la règle.*

On **vous les** donne volontiers.
Je **te le** prête.
Je **vous la** passe.
Tu ne **me l'**as pas donné!
Je **le lui** ai déjà promis.
Tu pourrais **la leur** donner!

S'entraîner

C 70/4 C 70/5 C 71/6 **3** **a** *Hamadou et Moussa préparent leur voyage. La mère de Moussa et Jia Li les aident. Complétez les dialogues. Utilisez les pronoms* me, te, vous, nous, le, la, les. (→ Repères, p. 126/4)

– J'ai des photos de l'appartement d'Aïcha.
– Tu [?] [?] montres?

– Est-ce que vous voulez le plan de Paris?
– Oui, tu [?] [?] prêtes?

– Tu as pris ton pull bleu?
– Non, tu [?] [?] passes?

– Quand part ton train?
– Mais je [?] [?] ai déjà dit quinze fois! À 9 heures 11.

– Qu'est-ce que c'est?
– C'est un livre pour Aïcha: je [?] [?] offre.

Cette grande valise, tu [?] [?] prêtes, s'il te plaît?

b *Maintenant, décrivez les situations de* **a**. *Utilisez* lui, leur, le, la, les *et* en.

Exemple: 1. Hamadou est chez Moussa. Il a des photos de l'appartement d'Aïcha: il les lui montre.

C 70/4
C 70/5
C 71/6

4 ►◄ *Posez des questions à vos camarades qui répondent. Utilisez la négation dans les phrases de* 2.

1

montrer ses photos / son lecteur mp3 / son nouveau sac / ___
donner son numéro de portable / son livre / son adresse / ___
raconter le film / une histoire / les vacances / ___

2

donner du chocolat / des cerises / du pain / ___
acheter une glace / un vélo / un pull / ___
offrir un bonbon / une bédé / des chaussures / ___

► *Exemple 1:*
– Tu me montres tes photos?
– D'accord, je te les montre.
– Et à Marie?
– Je les lui montre aussi.

► *Exemple 2:*
– Tu m'achètes une glace?
– Oui, je t'en achète une.
– Et à Marie?
– Non, je ne lui en achète pas.

La France en direct / Écouter

5 *Relevez le vocabulaire du train dans le texte et structurez-le. Complétez-le par d'autres mots qui concernent les moyens de transport*[1]. (→ Méthodes, p. 133/4)

1 **le moyen de transport** das Verkehrsmittel

6 ►◄ *Regardez le plan du TGV, p. 113 et les horaires*[1] *et posez des questions à vos camarades. Vos camarades répondent. Ensuite, changez de rôle.*

Exemple:
– À quelle heure est-ce que le dernier TGV part de Lyon pour Paris?
– Il part à ___ heures.

Combien de temps faut-il pour aller de ___ à ___?
Y a-t-il un TGV de ___ à ___?
Comment est-ce qu'on peut aller de ___ à ___?

1 **l'horaire** *m.* der Fahrplan

Grenoble > Paris Île-de-France

numéros des trains		TGV 5154	TGV 6642 ⚠	ter 17650	TGV 5352 ⚠	TGV 6900 ⚠	TGV 6691 6604	TGV 6644 ⚠
Grenoble	Dép.	05.00		10.34	12.27	14.14		
Lyon-St-Exupéry TGV	Arr.							
Lyon-Part-Dieu	Arr.	06.14		12.06	13.53		16.40	20.20
Lyon-Part-Dieu	Dép.	06.20	07.56					
Mâcon-Loché-TGV	Arr.							
Paris-Gare-de-Lyon	Arr.		10.04	14.10		17.15	18.29	22.10
Marne-la-Vallée-Chessy	Arr.	08.17					18.45	22.26
Aéropt-C-de-Gaulle-TGV	Arr.	08.34						
Jours de circulation		1	2	3	4	5	1	6

■ ⚠ A certaines périodes, ce train verra ses horaires modifiés pour raison de travaux. Merci de vous renseigner.

Jours de circulation
1 tous les jours sauf les dim. 2 jusqu'au 27 août : les lun ; à partir du 28 août : tous les jours sauf les sam, dim et fêtes. 3 tous les jours sauf le 7 oct. 4 les lun. 5 à partir du 27 août : tous les jours sauf les sam, dim et fêtes. 6 à partir du 27 août : les lun, mar, mer et jeu sauf les 31 oct et 1er nov.

Information, réservation, achat
■ SUR INTERNET www.voyages-sncf.com www.tgv.com
■ PAR TÉLÉPHONE **3635** (0,34 € TTC/mn) trafic, horaires, billets, services.
■ DANS LES GARES, LES BOUTIQUES SNCF OU DANS LES AGENCES DE VOYAGES AGRÉÉES SNCF.

SNCF Paris

DELF **7** 🎧2 31 *Écoutez ce dialogue. Où veut aller la personne? Quand? Quel billet est-ce qu'elle achète?* (→ Méthodes, p. 135/2)

DELF **8** **a** 🎧2 32 *Écoutez. Quel dessin correspond à quelle phrase?* (→ Méthodes, p. 135/3)

b *Choisissez une des situations et inventez une petite histoire ou un dialogue.*

DELF **9** 🎧2 33 *Écoutez les annonces. Quelles informations sont importantes pour vous, si vous voulez prendre le train pour*

– Paris?
– Mulhouse?
– Lyon?

> Selektives Hörverstehen
> (→ Méthodes, p. 135/2)

Vocabulaire

10 **a** *Choisissez le verbe qui convient et complétez les phrases.*

b *Travaillez à deux et formez une phrase avec chacun de ces verbes.*

A (porter / apporter / supporter / rapporter)
1. Adrien, s'il te plaît, ferme ta porte, je ne [?] plus cette musique que tu écoutes tout le temps!
2. Voilà, les enfants, je vous ai [?] des cadeaux de mon voyage!
3. Lucien, aide ta grand-mère et [?] sa valise! Tu sais, elle est très lourde.
4. Cécile, tu peux m'[?] le journal, s'il te plaît? Il est dans la cuisine.

B (mener / amener / emmener / ramener)
1. Le week-end prochain, on ira à Nantes. On t'[?], si tu veux.
2. Laisse tomber, toutes ces discussions ne [?] à rien.
3. Regardez, aujourd'hui, j'ai [?] Pelou, mon petit chien.
4. Julie est passée: elle m'a [?] mon livre de maths.

C (mettre / permettre / promettre)
1. C'est vrai, tu as droit à une glace, je te l'ai [?] hier.
2. Les enfants, dans cinq minutes, il faudra [?] le couvert.
3. En France, il n'est pas [?] de fumer au restaurant.

Activité

11 *Vous préparez un voyage dans une ville de France avec votre classe.*

1. Choisissez l'endroit où vous voulez aller.
2. De quelles informations avez-vous besoin pour préparer ce voyage? Faites une liste.
3. Recherchez le trajet sur le site de la SNCF (www.sncf.com).
4. Décrivez le trajet.

34 La banlieue: une interview

La banlieue, c'est quoi?

Journaliste: Vous habitez à Montreuil, dans le département 93, la Seine-Saint-Denis. On parle beaucoup des problèmes des banlieues, mais c'est quoi, «la banlieue»?

Nadia: Vous voyez ces HLM, là-bas? Vous vous demandez peut-être dans quelle tour j'habite. Non, vous ne vous le demandez pas parce qu'elles sont toutes pareilles et que vous n'en avez rien à foutre. Eh bien, c'est ça, la banlieue: des immeubles tous pareils, trop loin de la vraie ville, de la vraie culture, et les gens qui les construisent ne comprennent pas les gens qui y habitent. Et d'ailleurs, tout le monde s'en fout.

Journaliste: Mais on parle beaucoup des banlieues et de leurs habitants …

Nadia: Ah bon, et desquels? Pour les médias, la banlieue, c'est soit la racaille soit les victimes. Mais on n'est ni l'un ni l'autre.

Journaliste: Il faut dire que Montreuil n'a pas une très bonne réputation.

Nadia: Parce que vous ne voyez que les images négatives des médias. Moi, j'habite dans le même HLM depuis toujours et je suis quand même tout à fait normale. Mes parents sont d'origine camerounaise, et alors? Je vais quand même dans un bon lycée et je vais passer mon bac l'année prochaine. Je rentre chez moi vers dix-huit heures, je fais mes devoirs, je vais sur Internet, j'écoute du rap et Skyrock, je suis comme tous les jeunes de mon âge. Ma mère fait de la bonne cuisine, on mange ensemble tous les jours et on s'entend bien.

Journaliste: Si tous les jeunes de Montreuil vous ressemblent, alors on ne comprend pas qui brûle les voitures.

Nadia: C'est vrai, les garçons d'ici ne sont pas toujours des anges. Et il y a toujours des casseurs professionnels qui viennent de je ne sais où. Mais ici, beaucoup de jeunes vivent normalement, même si c'est vrai que certaines choses vont plus mal depuis quelques années.

Journaliste: Certaines choses? Lesquelles?

Nadia: Il y a trop de parents au chômage, trop de jeunes au chômage et qui ne trouvent pas de boulot parce qu'ils ne s'appellent pas «Jérôme» mais «Mohammed» et parce qu'ils habitent à Montreuil. Personne ne veut travailler avec des jeunes de Montreuil: les patrons flippent quand ils lisent notre adresse. Quand vous quittez l'école à seize ans et que vous ne trouvez pas d'emploi, il vous reste quoi? Qui s'intéresse à vous?

Journaliste: Mais les politiciens s'intéressent de plus en plus aux jeunes!

Nadia: Auxquels? Les politiciens s'intéressent aux jeunes des banlieues quand il y a des élections. Mais après?

Journaliste: Qu'est-ce que vous diriez aux jeunes de votre âge qui habitent à Saint-Denis ou dans d'autres banlieues «dures»?

Nadia: Je leur dirais qu'il ne faut pas se voir comme des victimes, que ce n'est pas intéressant d'être une victime, qu'il ne faut pas devenir des racailles, parce que la prison, ce n'est pas très intéressant non plus. Il faut se donner un but très tôt et se demander comment on peut y arriver et après, tout faire pour ça.

Journaliste: Quel est votre but?

Nadia: Avoir le bac avec une mention «bien» ou «très bien» et entrer dans une grande école, l'ENA si possible, pour ensuite, faire de la politique. Je veux que les choses changent et j'ai plein d'idées pour ça.

Comprendre

C 73/1 **1** *Faites le portrait de Nadia.* (→ Méthodes, p. 142/3)

C 73/1 **2** *Dans le texte, p. 119, Nadia donne une définition de la banlieue. Retrouvez-la. Qu'est-ce que la banlieue représente encore pour Nadia? Et pour les autres? Faites un tableau.*

C 73/1 **3** *D'après Nadia, quelles sont les causes des problèmes des banlieues?*

Vocabulaire et expression

C 73/2 **4** **a** *Complétez cet associogramme à l'aide du texte, p. 119. Puis rajoutez d'autres mots que vous connaissez.* (→ Méthodes, p. 133/4)

C 73/3 **b** *Prenez trois stylos de couleurs différentes et marquez les mots de l'associogramme qui s'utilisent avec*

– un sens positif.
– un sens négatif.
– un sens neutre[1].

1 **neutre** neutral

c *La définition que donne Nadia de la banlieue est-elle positive, négative ou neutre? À vous, formulez une définition soit positive, soit négative, soit neutre de la banlieue. Utilisez les mots de* **a** .

S'entraîner

C 74/4 **5** *Complétez par une forme de* lequel. (→ Repères, p. 125/3)
C 74/5

C 74/4
C 74/5

6 *Complétez les phrases du test avec le pronom interrogatif qui convient. Puis faites le test.* (→ Repères, p. 125/3)

DÉCOUVRE QUI TU ES

1 **Dans [?] de ces endroits aimerais-tu habiter?**
- A une ville
- B une banlieue
- C un village

2 **[?] de ces genres de musique écoutes-tu?**
- A le rock
- B le rap
- C l'opéra

3 **[?] de ces personnes aimerais-tu rencontrer?**
- A Robert Guédiguian
- B Diam's
- C Élodie Thomis

4 **[?] de ces vêtements portes-tu souvent?**
- A un jean
- B une casquette
- C une chemise à carreaux

5 **[?] de ces personnes est-ce que tu téléphones souvent?**
- A à ton meilleur copain
- B à ton grand frère
- C à ton grand-père.

6 **[?] de ces domaines t'intéresses-tu le plus?**
- A aux médias
- B au commerce
- C au sport professionnel

7 **[?] de ces objets as-tu toujours besoin?**
- A de ton ordinateur, pour Internet
- B de ton lecteur mp3
- C de ton vélo / tes rollers

RÉSULTATS

Tu as un maximum de A: tu es curieux/-euse et tu adores la vie en ville.
Tu as un maximum de B: tu es cool et ton quartier, c'est le plus important.
Tu as un maximum de C: tu es calme et tu adores la nature et le sport.

Activité

7 *Vos correspondants français aimeraient en savoir plus sur votre quartier / votre région. Faites une interview de vos voisins pour le journal de leur école.*

→ Portfolio
Dossier

La France en direct

8 *Lisez les cartes d'identité et faites-en une de votre quartier / d'un/e ami/e selon le modèle.*

Prénom: Daniel
Nom: Pennac (Pennacchioni)
Adresse: Belleville
Né/e: en 1944, au Maroc
Signes particuliers[1]*:* porte des lunettes, vit à Belleville, écrit des livres pour les enfants et pour les adultes dans lesquels il parle beaucoup de son quartier

Prénom: Belleville
Nom: Quartier de Paris
Adresse: 19e et 20e arrondissements
Né/e: au XVe siècle[2]
Signes particuliers: quartier multiethnique, grandes communautés[3] chinoise, arabe et africaine, beaucoup d'artistes, grand marché, parc

1 **le signe particulier** das besondere Merkmal 2 **le siècle** das Jahrhundert 3 **la communauté** die Gemeinschaft

Préparer la lecture

DELF **1** **a** 2 34 *Écoutez. Qui parle? Quel est le conflit?* (→ Méthodes, p. 135/1)

b *Écoutez encore une fois et relevez les expressions qu'utilise la mère pour dire:*
- *qu'elle veut parler des notes de son fils.*
- *que Keita doit expliquer pourquoi ses notes sont si mauvaises.*
- *que Keita doit faire des efforts.*
- *que Keita doit travailler plus.* (→ Méthodes, p. 135/2)

2 36 À Belleville

Lundi soir, 20 heures, chez Ousmane et Aïcha, les cousins d'Hamadou. Tout le monde est à table et pendant qu'on mange un bon plat de viande avec des légumes, on pose des questions à Hamadou sur son concours. Il est assez content, mais une des épreuves était très difficile et il n'a pas eu le temps de répondre à toutes les questions. Ils étaient quatre cents candidats, venus de toute la France, et l'école ne prendra que soixante élèves.
Moussa, lui, a profité de la journée pour visiter Paris, l'île de la Cité et la tour Eiffel ... Il a pris le métro et ne s'est trompé d'arrêt qu'une fois. Keita, le fils d'Ousmane et d'Aïcha, a préféré passer la journée avec ses copains et il rentre bien après le repas. Aïcha est furieuse: «D'où est-ce que tu sors? Je t'avais dit qu'on mangeait à 8 heures. Et 10 heures, c'est pas 8 heures. Il faut que tu sois à l'heure quand on se met à table, sinon ...» Elle se tourne vers Hamadou: «Les vacances ont à peine commencé et il traîne dans la rue jusqu'à des heures impossibles! Je veux qu'il ait un emploi du temps, qu'il soit occupé du matin au soir, sinon ...
– «Des heures impossibles!» Maman, proteste Keita, c'est seulement 10 heures et j'ai quatorze ans! J'ai pas braqué une banque, j'ai pas piqué le sac d'une vieille, j'ai seulement un peu tchatché avec des vieux potes. Il faut que vous ayez un peu confiance en moi ...»
Moussa ne dit rien, bien sûr, mais il se demande ce qu'il peut faire pour Keita.

«Il faudrait que tu lui trouves un petit boulot, dit Aïcha à son mari, il faut absolument qu'il fasse quelque chose pendant les vacances, qu'il puisse gagner un petit peu d'argent, sinon ça finira mal. Je ne veux pas qu'il aille traîner sur la place des Fêtes avec je ne sais qui, qu'il se mette à fumer et fasse des bêtises. Il doit déjà redoubler sa quatrième ...»
Ousmane ne veut pas faire de scène à cause d'Hamadou et de Moussa. Lui aussi aimerait bien que son fils trouve un petit boulot, mais ce n'est pas possible, Keita est trop jeune pour ça.
«J'étais avec des copains du collège, et c'est pas des racailles, maman, explique Keita. T'exagères, tu sais ... Il fait beau, c'est presque l'été, faut bien qu'on vive un peu dehors, non?»
Il ajoute pour Hamadou et Moussa:
«Maman me voit tout de suite rentrer entre deux keufs, à peine j'ai dix minutes de retard!»
Et ensuite il ajoute entre ses dents que «les meufs, des fois, c'est trop!», et Moussa se demande s'il parle de sa mère.
«Oui, c'est vrai, on peut se faire du souci, dit Hamadou. Je sais qu'à l'âge de Keita il y a plein de tentations, mais votre quartier a l'air calme, non?»
Il devrait passer un concours de diplomatie, et pas de statistique, pense Moussa.

«Oui, dit Ousmane, très content de changer de sujet. Belleville, c'est presque comme un village. Les gens se connaissent, on a encore beaucoup de petits magasins – boulangerie, épicerie, boucherie, charcuterie, librairie – et les gens s'engagent beaucoup pour leur quartier. C'est pas comme les banlieues, où les jeunes brûlent des voitures.
– C'est vrai qu'on est bien ici, dit Moussa, mais c'est un peu la galère quand il fait chaud. La mer, c'est mieux que la Seine pour les vacances. Tu aimes la mer, Keita?»

6

Comprendre

C 76/1 **2** **a** *Quels sont les problèmes entre Keita et ses parents?*

b «Il devrait passer un concours de diplomatie, et pas de statistique.» *(ligne 65–66)* *Expliquez cette phrase de Moussa.*

C 76/1 **3** *Relisez la discussion. Comment réagissent Keita, sa mère, son père et Hamadou? Vous pouvez utiliser:*

flexible furieux/-euse inquiet/-iète cool calme sévère triste troublé/e serviable sympa ouvert/e difficile énervé/e gentil/le humain/e intelligent/e ___

exagérer protester généraliser gronder provoquer insister se disputer comprendre détester se taire aider être d'accord avec *énerver se faire* du souci ___

Exemple:
La mère / Aïcha est furieuse parce que son fils rentre trop tard. Elle le gronde.

Vocabulaire et expression

C 76/2 **4** **a** *Dans le texte, p. 122–123 Keita utilise plusieurs expressions «jeunes». Retrouvez-les.*

b *Lisez ce que dit Keita. Retrouvez les différences entre la langue des jeunes et le français standard.*

c *Traduisez, en français standard, les mots que la grand-mère ne comprend pas.*

C 77/6 **5** **a** *Lisez les lignes 35–42 du texte, p. 123. Notez les phrases qui contiennent les expressions* il faut que, il faudrait que, je veux que *et* je ne veux pas que.

b *Keita explique à ses copains pourquoi il doit les quitter. Reformulez ses phrases. Utilisez* je dois + *infinitif.*

1. Il faut que je prépare mon exposé.
2. Il faut que j'aille à mon cours de basket.
3. Il faut que je fasse les courses et que je mette le couvert.
4. Une copine aimerait que je l'aide à écrire un rap.
5. Mon père veut que j'organise le pique-nique de ce week-end.
6. Il faut que je sorte avec le chien.

c *Que dirait Keita en allemand? Traduisez les phrases de* **b**.

Écouter

DELF **6** 2 37 *Écoutez Moussa qui raconte son voyage à Paris. Ensuite, lisez les phrases et dites si elles sont vraies ou fausses. Corrigez les phrases fausses.* (→ Méthodes, p. 135/2)

1. Moussa adore prendre l'avion.
2. Moussa a bien écouté ce que disaient Hamadou et les gens dans le train.
3. Mardi, Hamadou a passé son concours à l'École nationale de statistique.
4. Pour Moussa, il y a beaucoup de choses à visiter à Paris.
5. Pendant son séjour, Moussa a découvert la banlieue.
6. Le soir, l'ambiance n'était pas très bonne entre Aïcha et son fils.
7. Moussa veut commencer des études avec Keita.

Activité

7 «Tu aimes la mer, Keita?» *(texte, p. 123, ligne 78) À quoi pense Moussa? Imaginez la suite de l'histoire.* (→ Méthodes, p. 143/6)

Repères

Qu'est-ce qu'on dit ?

1 über Schule und Ausbildung reden
Il/Elle a passé son brevet / son bac.
Il/Elle a quitté l'école à seize ans.
Il/Elle a le bac avec une mention (bien).
Il/Elle a fait quatre ans d'études (de mathémathiques).
Il/Elle fait des progrès.
Il/Elle veut continuer ses études (dans une grande école).
Il/Elle doit passer un concours.
Il/Elle est entré/e dans une grande école.

über eine Stadt sprechen
C'est la région la plus / la moins (peuplée).
C'est un quartier (très animé).
Le quartier a l'air (calme).
Les gens s'engagent pour (leur quartier).
Il/Elle habite (en banlieue).
C'est trop loin de (la vraie ville).
Les banlieues sont devenues (de vrais ghettos).
Ce genre de cité mène (tout droit à la révolte).

Wünsche äußern und Forderungen formulieren
Je veux qu'(il ait un emploi).
Il/Elle voudrait que (son fils travaille).
Il faut absolument qu'(il fasse quelque chose).
Il/Elle aimerait que (son fils trouve un boulot).
Je ne veux pas qu'(il se mette à fumer).

eine Zugreise unternehmen
Est-ce que tu as ton billet?
Composte-le.
On est assis dans le mauvais sens.
Vous voulez nos places?
On arrive, c'est la gare (de Lyon).
Il s'est trompé d'arrêt.

2 38 *Écoute et répond aux questions.*

Grammaire

2 Die Verben Les verbes

construire → p. 155

3 Das Fragepronomen „lequel" Le pronom interrogatif «lequel»

Tu connais le livre? — Lequel? (connaître **qc**)
Vous voyez la tour? — Laquelle? (voir **qc**)
Les politiciens s'intéressent aux jeunes. — Auxquels? (s'intéresser **à qc**)
On parle beaucoup des banlieues. — Desquelles? (parler **de qc**)

	mit „à"	mit „de"
lequel	auquel	duquel
lesquels	auxquels	desquels
laquelle	à laquelle	de laquelle
lesquelles	auxquelles	desquelles

⚠ Ein Fragebegleiter steht immer mit einem Nomen: **Quelles filles?**
Ein Fragepronomen steht immer alleine: **Lesquelles?**

4 Die Stellung zweier Pronomen im Satz La place de deux pronoms dans la phrase

On	vous	donne	nos places.	→	On	vous	les	donne.
Je	te	prête	le livre.	→	Je	te	le	prête.
Il	donne	son billet	à Moussa.	→	Il	le	lui	donne.
Elle	passe	les bonbons	aux garçons.	→	Elle	les	leur	passe.

Übersetze.
1. Das Heft? Ich leihe es dir.
2. Die Fotos? Sie zeigt sie uns.
3. Die Zeitung? Ich gebe sie Ihnen.
4. Die Plätze? Sie bietet sie ihnen an.

Merke

me / te / nous / vous	le / la / les	+ Verb	le / la / les	lui / leur	+ Verb

Tu pourrais **leur** offrir **des bonbons.** → Tu pourrais **leur en** offrir.

⚠ „En" steht immer nach allen anderen Pronomen.

5 Standardsprache und Umgangssprache Le français standard et le français familier

Standardsprache	Umgangssprache
Elle **n'**est **pas** méchante.	Elle est **pas** méchante.
Je **n'**ai encore **rien** fait.	J'ai encore **rien** fait.
Tu exagères.	**T'**exagères.
Il faut bien que tu travailles plus.	**Faut** bien que tu travailles plus.
Demain, **il y a** une fête chez Sarah.	Demain, **y a** une fête chez Sarah.
Cela marche bien.	**Ça** marche bien.
Nous pourrions y aller.	**On pourrait** y aller.
Qu'est-ce que c'est?	C'est quoi?
Quand est-ce qu'il arrive?	Il arrive quand?
Comment est-ce que tu as fait?	T'as fait comment?
Où est-ce que tu es allé?	T'es allé où?
Combien est-ce que ça coûte?	Ça coûte combien?
À plus tard!	À plus!
C'est **la catastrophe**!	C'est **la cata**!
Il a joué **très mal**.	Il a joué **comme un pied**.
sympathique	sympa
la bande dessinée	la bédé
le baccalauréat	le bac
le/la professionnel/le	le/la pro
l'ami/e	le/la pote
le travail	le boulot
la manifestation	la manif
le petit garçon / la petite fille	le gamin / la gamine
la femme, la fille	la meuf
discuter, parler	tchatcher

Pratiques facultatif

Réviser

1 ►◄ *Révisez le passé composé et l'imparfait. Écrivez cinq phrases selon le modèle. Ensuite, coupez-les en deux. Votre voisin/e cherche les parties qui vont ensemble. Puis changez de rôle.*

Il **faisait** très beau | mais tout à coup, il **a commencé** à pleuvoir.

Je me **trouvais** dans la salle de séjour et je **regardais** la télé | quand le téléphone **a sonné**.

Chantal **était** très triste | et elle **a** tout **raconté** à Lydie.

2 *Imaginez que vous avez gagné au loto. Qu'est-ce que vous feriez avec un million d'euros? Utilisez le conditionnel.* (→ Repères, p. 105/7)

acheter   aller à ___   voyager   donner   inviter   déménager   prêter   se sentir
s'installer   vendre   continuer à ___   garder   oser   payer   proposer   ___

S'entraîner

C 70/4
C 70/5
3 **a** *Quels sont les pronoms complément d'objet direct? Quels sont les pronoms complément d'objet indirect? Quels pronoms peuvent avoir les deux fonctions? Faites un tableau.* (→ Repères, p. 126/4)

le   te   les   nous   lui
vous   leur   la   en   me

b *Complétez les dialogues.* (→ Repères, p. 126/4)

c *Complétez les phrases et utilisez* lui, leur, le, la, les *et* en.

Exemple: David aime la casquette de Keita. Keita veut **la lui** prêter.

1. David aime la casquette de Keita. Keita veut [?] [?] prêter.
2. Les copains de Keita vont à Paris-Plages. Keita leur demande pourquoi ils ne [?] [?] ont pas dit avant.
3. Des amies de Keita lui demandent s'il a pris des photos de la classe de neige. Keita répond qu'il peut [?] [?] montrer, si elles veulent.
4. Keita demande à Amélie et à Fabien si leurs parents leur donnent de l'argent de poche. Les deux répondent que oui, ils [?] [?] donnent.

4

Corrigez ce texte mal écrit. Réécrivez-le et utilisez des déterminants et pronoms partout où c'est possible.

Hamadou va voir des amis qui habitent à la Défense. Pour aller à la Défense, Hamadou prend le métro à Belleville. Hamadou attend le métro pendant un quart d'heure, car le dimanche, il n'y a pas beaucoup de métros. Hamadou a plein de cadeaux pour ses amis. Hamadou a rapporté à ses amis des souvenirs de Marseille, un peu de lavande et des olives. Hamadou espère que ça fera plaisir à ses amis.
Quand Hamadou arrive, c'est la fête. Les amis d'Hamadou prennent Hamadou dans les bras des amis d'Hamadou, embrassent Hamadou et disent à Hamadou qu'Hamadou a manqué à ses amis. Hamadou voit pour la première fois la fille de ses amis, qui a deux ans. Hamadou trouve la fille de ses amis très jolie. Hamadou a aussi rapporté quelque chose à la fille de ses amis: une petite casquette avec la phrase «J'adore l'Estaque!». Les amis d'Hamadou mettent la casquette sur la tête de la fille des amis d'Hamadou. La fille des amis d'Hamadou est très fière de son cadeau, ce qui fait rigoler tout le monde.

5

Anne a pris de bonnes résolutions.

a *Qu'est-ce qu'elle veut / ne veut plus faire? Utilisez* vouloir + *infinitif.*

Exemple:
Je ne veux plus me disputer avec mon frère.

b *Reformulez ces phrases au futur simple.*

Exemple:
Je ne me disputerai plus avec mon frère.

1. Il faut que j'arrête de me disputer avec mon frère.
2. Il faut que j'apprenne à jouer de la guitare.
3. Il faut que je fasse tous les jours un peu de sport.
4. Il faut que j'arrête de provoquer mes parents.
5. Il faut que je sois toujours à l'heure.
6. Il faut que j'aie de meilleures notes.
7. Il faut que je range plus souvent mes affaires.

c *À vous. Formulez trois résolutions pour la prochaine année scolaire.*

Réviser

6 *Révisez les verbes avec leurs prépositions.*

a *Keita écrit un message à un copain. Complétez par la préposition qui convient.*

J'ai eu un 3 en allemand et un 7 en maths. Je me suis disputé [?] mes parents. Ils disent que je ne vais pas passer [?] troisième. Et ma petite sœur s'est moquée [?] moi. Maintenant, j'ai décidé [?] travailler un peu plus pour le collège. Il faut que j'essaie [?] travailler un peu tous les soirs. J'ai arrêté [?] regarder la télévision l'après-midi. En allemand, j'ai commencé [?] apprendre les verbes irréguliers[1]. Je veux essayer [?] apprendre cinq verbes par jour. Et j'ai demandé à mon père [?] m'aider [?] faire mes devoirs en maths. Il est content [?] m'aider.

b *Finissez les phrases. Utilisez une préposition et un infinitif.*

1. Est-ce que tu peux m'aider ___ ?
2. Je voudrais apprendre ___ .
3. J'ai commencé ___ .
4. Est-ce qu'il va réussir ___ ?
5. Je n'ai pas envie ___ .
6. Où est-ce que vous avez appris ___ ?

1 **le verbe irrégulier** das unregelmäßige Verb

Écouter

DELF **7** 2|38 *Vous écoutez une interview des habitants de Sarcelles, une ville-dortoir*[1] *près de Paris, à la radio.*

a *Qu'est-ce que Sarcelles représente pour les différentes personnes? Écoutez et notez des mots-clés.* (→ Méthodes, p. 135/2)

b *Résumez les avis de ces personnes pour quelqu'un qui ne comprend pas le français.* (→ Méthodes, p. 144/1)

1 **la ville-dortoir** die Schlafstadt

Vocabulaire et expression

8 *Qu'est-ce qui va ensemble? Il y a parfois plusieurs possibilités.* (→ Méthodes, p. 134)

perdre parler faire
être avoir couper
maîtriser se lever
se mettre tenir tomber

attention l'appétit la situation du pied gauche
dans les pommes la tête de tout et de rien la cuisine
à table le coup l'impression la fête dans les nuages
mal au cœur à l'heure chaud lieu

Le jeu de la tour Eiffel

9 *Préparez 15 questions pour le jeu de la tour Eiffel, p. 8–9.* (→ Unité 4, p. 68–89; Unité 5, p. 90–109; Unité 6, p. 112–129)

Les banlieues en musique

a *Voici quatre chanteurs ou groupes de musique originaires[1] de banlieues françaises. Lisez les différents textes et écoutez les extraits de chanson. Quel est votre groupe/chanteur préféré?*

b *Présentez deux groupes de musique / chanteurs que vous aimez bien.*

2 40

Saïan Supa Crew

Ce groupe de rap et de hip hop est créé en 1997. Il rassemble des jeunes issus de différentes banlieues parisiennes. Ils parlent avec humour et sérieux à la fois des problèmes des jeunes, de violence, de religion, et de racisme.

2 41

MAP ou le ministère des affaires populaires

Créé en 2006, ce groupe de rap originaire de la banlieue lilloise[2] se préoccupe[3] en premier lieu des problèmes de société. Leurs chansons sont politiquement très engagées: elles dénoncent et critiquent le travail des hommes politiques sur fond d'accordéon et de violon.

2 42

Grand corps malade

Grand corps malade est le pseudonyme de Fabien Marsaud, né en Seine-Saint-Denis en 1977. Fabien Marsaud a commencé sa carrière comme slammeur avant de chanter ses textes. Son premier album «Midi 20» paru en 2006 a remporté un grand succès auprès du public.

2 43

IAM

Groupe de rap originaire de la banlieue marseillaise. Fondé en 1988, ce groupe, composé de six membres a atteint, grâce à son cinquième album paru en 1997, une renommée internationale. Leurs textes parlent de politique, des problèmes des jeunes avec beaucoup d'humour et un fort accent marseillais.

1 **être originaire de ...** aus ... kommen 2 **lillois/e** aus Lille *(Stadt in Nordfrankreich)* 3 **se préoccuper de** sich beschäftigen mit

Méthodes

Auf den folgenden Seiten findest du eine Zusammenstellung der Lern- und Arbeitstechniken, die du in ***À plus!* 1** und ***À plus!* 2 Méthode intensive** geübt hast. Viele sind dir schon aus der 1. und 2. Fremdsprache sowie aus dem Deutschunterricht vertraut.

Wortschatz

1 Wörter erschließen

Wenn dir ein Wort „neu“ erscheint, musst du nicht gleich im Wörterbuch nachschlagen. Mit ein paar einfachen Tricks kannst du die Bedeutung vieler französischer Wörter herausfinden.
Du kannst unbekannte Wörter erschließen ...

... mit Hilfe anderer Sprachen S. 26/1b, S. 36/15, S. 41/5a, S. 78/9

Viele französische Wörter sind verwandt mit Wörtern aus Sprachen, die du schon kennst. Oft haben sie dieselbe oder aber eine ähnliche Bedeutung.

französisch	englisch	lateinisch	deutsch
le stade	the stadium	stadium	das Stadion

Was bedeuten die folgenden Wörter? Welche Wörter aus anderen Sprachen haben dir geholfen, die Bedeutung zu finden?
le fer, le poison, la critique, magique, regretter, enterrer

Merke Trotz dieser Verwandtschaften kann es Unterschiede in Aussprache, Schreibung, im Genus und manchmal auch in der Bedeutung geben!

⚠ Achte auf sogenannte „falsche Freunde“ (faux amis).

la route (= Landstraße, Weg)	die Route (= l'itinéraire, le parcours)

Finde mit Hilfe der Liste chronologique *weitere* „faux amis“.

... über Wortfamilien S. 26/1b, S. 96/8

Manchmal kennst du ein anderes Wort derselben Familie. An typischen Endungen kannst du außerdem die Wortart des unbekannten Wortes erkennen. (→ Méthodes, p. 132) Beides hilft dir, seine Bedeutung zu erschließen.

le sculpteur → la sculpture, sculpter

... mit Hilfe des Kontextes S. 26/1b, S. 28/8, S. 36/15, S. 41/5a

Die Bedeutung vieler Wörter lässt sich aus dem Textzusammenhang erschließen. Auch Abbildungen oder die Gestaltung des Textes können dir dabei helfen. (→ Méthodes, p. 136/1)

2 Die Bildung von Wörtern erkennen und neue Wörter bilden S. 96/8 und 9, S. 107/7

Vorsilben und Endungen

Es gibt Vorsilben oder Endungen, die für Nomen, Adjektive, Adverbien und Verben typisch sind. An ihnen kannst du erkennen, zu welcher Wortart ein Wort gehört. Hier findest du einige Beispiele:

Nomen	**-eur/-euse**	l'entraîn**eur** / l'entraîn**euse**
	-teur/-trice	le moni**teur** / la moni**trice**
	-ant/-ante	le surveill**ant** / la surveill**ante**
	-ien/-ienne	le gard**ien** / la gard**ienne**
	-ion	l'impress**ion**, la solut**ion**, l'organisat**ion**
	-ée	l'ann**ée**
	-age	le mess**age**, le vill**age**
	-ment	le change**ment**, l'argu**ment**

S. 107/7

An der Endung eines Nomens kannst du häufig auch erkennen, welches Genus das Nomen hat. Dieses Wissen hilft dir, Genusfehler zu erkennen.

maskulin	feminin
-ment	-ée
-age	-ion

Adjektive	**-eux/-euse**	danger**eux/-euse**, furi**eux/-euse**
	-if/-ive	définit**if/-ive**, posit**if/-ive**
	-é/-ée	désol**é/-ée**, défavoris**é/-ée**
	-able	servi**able**, ador**able**, incroy**able**
	-ique	class**ique**, magnif**ique**
	-al/-ale	norm**al/-ale**, sentiment**al/-ale**
	-el/-elle	exceptionn**el/-elle**
	-ien/-ienne	algér**ien/-ienne**
	-ain/-aine	souterr**ain/-aine**, hum**ain/-aine**
	-eau/-el/-elle	**beau/bel/belle**, nouv**eau**/nouv**el**/nouv**elle**

⚠ Achte auf besondere Feminin- und Pluralformen:

blanc/blanche
sentimental/e, sentimentaux/sentimentales; normal/e, normaux/normales

S. 96/9

Du kannst das Gegenteil einiger Adjektive bilden, indem du das Präfix in- voranstellst:

humain/e – inhumain/e
animé/e – inanimé/e
juste – injuste

⚠ in- wird zu im- vor b und p: possible – impossible.

Adverbien	-ment	heureuse**ment**, seule**ment**, vrai**ment**, genti**ment**

⚠ Achte auf besondere Formen: bien, mieux, mal, pire.

Verben

re- (= wieder-, zurück-): trouver → **re**trouver, venir → **re**venir
⚠ Es gibt auch verkürzte Formen, z. B. récrire, rappeler.

Dieses Wissen kannst du nutzen,
– wenn du ein französisches Wort im Wörterbuch nachschlagen möchtest (→ Méthodes, p. 145–146),
– um selbst neue Wörter abzuleiten.

⚠ Zur Sicherheit solltest du im Wörterbuch nachprüfen, ob es das von dir gebildete Wort tatsächlich gibt.

Du kennst rentrer – la rentrée. *Bilde die Nomen zu* entrer *und* arriver.

Von welchem Verb sind die folgenden Adjektive abgeleitet? Übersetze anschließend die Ausdrücke.
une soirée inoubliable, un exercice faisable, un appartement habitable, une fille remarquable

Zusammengesetzte Nomen

Es gibt Nomen, die aus mehreren Wörtern zusammengesetzt sind.

le grand-père	der Großvater
le demi-frère	der Halbbruder
l'argent de poche	das Taschengeld
le sac de couchage	der Schlafsack
le patin à glace	das Eislaufen
le hockey sur glace	das Eishockey
la cabine téléphonique	die Telefonzelle

⚠ Zusammengesetzte Nomen werden im Französischen häufig nach dem Muster Nomen + Präposition + Nomen gebildet. (Diese Präposition ist häufig de.) Im Deutschen entspricht dem **ein** Wort (le vélo de course – das Rennrad).
Auch die Bildung Nomen + Adjektiv ist häufig (l'année scolaire, la ville souterraine, le cabinet dentaire).

Wie heißt auf Französisch wohl „die Reisetasche"?

3 Wörter umschreiben

S. 86/5, S. 92/3c

Wenn dir beim Sprechen oder Schreiben ein Wort nicht einfällt, kannst du versuchen, das fehlende Wort zu umschreiben oder zu erklären, was es bedeutet.

Hier findest du einige Möglichkeiten zur Umschreibung:

C'est une personne / quelqu'un qui ___.
C'est une chose / quelque chose que/qui ___.
C'est un endroit / un bâtiment / une pièce / un jour où ___.
C'est un vêtement que/qui ___.
On l'utilise pour ___.
C'est le contraire de ___.
Ce mot veut dire ___.
C'est un autre mot / un synonyme pour ___.
C'est un mot de la même famille que ___.

M

4 Wortschatz lernen

Um dir Wörter besser merken zu können, solltest du sie in Gruppen anordnen und dann lernen bzw. wiederholen. Diese Strukturierung von Wortschatz kannst du nach verschiedenen Kriterien vornehmen:

Nach Sachgruppen ordnen

S. 17/9, S. 26/3, S. 36/15a, S. 51/8, S. 53/2, S. 77/8a, S. 92/3b, S. 117/5, S. 120/4a

Du kannst Wörter, die thematisch zusammengehören, auch zusammen lernen. Lege zu einem Oberbegriff eine fiche de vocabulaire an, auf der du alle Wörter und Ausdrücke zusammenträgst, die zum Thema gehören. Du verfügst jetzt schon über einen recht umfangreichen Wortschatz. Deshalb ist es sinnvoll, eine fiche de vocabulaire nicht nur als Liste zu führen, sondern sie zu **strukturieren**, z. B. nach Unterthemen, nach Wortarten, (Gegensatz-)Paaren, Wörtern derselben Wortfamilie etc. (s. S. 134). Es kann auch nützlich sein, Kollokationen (= ganze Wendungen) zu notieren, in denen ein Wort häufig verwendet wird (s. S. 134).

le temps
il fait beau/mauvais
il fait chaud/froid
la neige / il neige
la pluie / il pleut
le soleil / il y a du soleil
le nuage
il gèle

Sammle alle Wörter und Ausdrücke, die zum jeweiligen Thema gehören.
Unité 1: la musique; Unité 2: le foot; Unité 3: l'école; Unité 4: l'hiver; Unité 5: le sport; Unité 6: la ville

Nach Wortarten ordnen

Du kannst alle Verben, Nomen oder Adjektive als Unterguppen einer fiche de vocabulaire zusammenfassen.

Wortpaare bilden ◎ S. 61/1

Bei manchen Wörtern bietet es sich an, sie paarweise zu ordnen. Diese Wortpaare können auch Gegensatzpaare sein.

> l'oncle – la tante
> triste – gai/e

▶ *Bilde Gegensatzpaare mit den folgenden Wörtern:* se lever, la vie, facile.

Zu Wortfamilien ordnen

Fasse die Wörter, die zur selben Familie gehören, zusammen. Achte dabei auch darauf, wie die Wörter gebildet werden.

> changer – le changement
> l'exception – exceptionnel/le
> courir – le coureur – la course

▶ *Finde alle Wörter, die zur Wortfamilie* entraîner *gehören.* (→ Liste alphabétique, p. 210)

In Kollokationen lernen ◎ S. 23/4, S. 103/8, S. 129/8

Damit du Wörter im Kontext richtig verwendest, ist es sinnvoll, dass du dir den ganzen Ausdruck (= Kollokation) einprägst, in dem ein Wort verwendet wird.

> la raison
> avoir raison
> pour quelle raison ___ ?

> faire la vaisselle, mettre le couvert, faire la connaissance de qn,
> perdre la tête, faire plaisir à qn

▶ *Du kennst verschiedene Möglichkeiten, Wortschatz zu strukturieren (s. oben). Finde weitere Kriterien, nach denen du Wortschatz ordnen kannst. Ordne dann eine der Sachgruppen (s. S. 133/4) nach diesen Kriterien.*

Grammatik lernen ◎ S. 40/3, S. 105/6b

Wenn du festgestellt hast, dass du einen Grammatikstoff nicht (mehr) gut genug beherrschst, kannst du folgendermaßen vorgehen:

- Lies dir den entsprechenden Abschnitt im Grammatikheft durch.
- Mache die Übungen in den Repères im Schülerbuch und vergleiche deine Lösungen mit denen im Grammatikheft. Mache außerdem die Übungen in den Bilans autocorrectifs im Carnet d'activités.
- Hast du in einer Übung im Bilan autocorrectif mehr als zwei Fehler gemacht, beachte die Hinweise im Carnet, S. 93. Mache die jeweilige Übung ggf. noch einmal.
- Bilde weitere Beispielsätze, die das entsprechende grammatische Phänomen enthalten.
- Suche in der Unité, in der das Phänomen neu eingeführt wurde, Sätze, in denen es vorkommt. Übersetze sie ins Deutsche und schreibe die deutschen Sätze auf. Hänge diese Zettel an eine Pinnwand. Zwei Tage später übersetzt du diese Sätze wieder ins Französische und vergleichst sie mit dem Text der Unité.
- Fertige zu dem entsprechenden Grammatikstoff ein Lernplakat an. Tipps zur Erstellung eines solchen Plakats findest du auf S. 143.

Hören

1 Globales Hörverstehen

S. 10/2a, S. 16/2, S. 51/9a, S. 80/3, S. 87/6, S. 92/2 und 5a, S. 122/1a

Beim Hören eines französischen Textes brauchst du nicht immer jedes Wort zu verstehen. Wichtig ist, dass du den Textinhalt im Großen und Ganzen erfasst. Dazu ein paar Tipps:

- Vor dem Hören: Lies dir die Aufgabenstellung gut durch. Ist in der Aufgabenstellung bereits eine Situation angedeutet, mache dir klar,
  - um welche Situation es sich handelt,
  - worum es in dem Gespräch gehen könnte,
  - wer spricht,
  - was die Personen in dieser Situation sagen könnten.
- Auch Hintergrundgeräusche (z. B. Verkehrslärm, Kinderlachen ...) oder der Ton, in dem jemand spricht (z. B. Wut, Freude, Überraschung), können dir wichtige Hinweise liefern.
- Um zu verstehen, worum es im Text insgesamt geht, können dir die sogenannten W-Fragen helfen (Wer? Wo? Wann? Was? Warum? Wie?).
- Notiere die wichtigen Informationen in Stichpunkten. Am besten trägst du sie in eine Tabelle ein (s. unten).
- Wenn du die Möglichkeit hast, einen Text mehrmals zu hören, dann konzentriere dich beim ersten Hören auf die Wörter oder Passagen, die du verstehst. Versuche beim nächsten Hören, auf diese „Verstehensinseln" aufzubauen und weitere Informationen zu entschlüsseln. Du wirst feststellen: Bei jedem Hören verstehst du mehr!

Notizen machen
- Notiere nur Stichwörter, schreibe keine ganzen Sätze.
- Notiere jede neue Information in eine neue Zeile. Benutze dabei Spiegelstriche.
- Kürze lange Wörter ab, lasse Artikel und Konjunktionen weg.
- Benutze Abkürzungen: p. ex. (par exemple), c-a-d (c'est-à-dire), bcp (beaucoup), –, +, =, ≠, → (für eine Folgerung). Du kannst dir auch eigene Abkürzungen ausdenken.
- Achte zunächst nicht auf die Orthographie eines Wortes. Korrigieren solltest du erst hinterher.
- Höre während des Schreibens weiter zu.

2 Selektives Hörverstehen

S. 14/2, S. 16/5, S. 26/1, S. 36/15c, S. 54/7, S. 73/8a, S. 103/6a, S. 118/7 und 9, S. 122/1b, S. 124/6a, S. 129/7a

Oft geht es darum, einem Hörtext nur ganz bestimmte Informationen zu entnehmen.
- Vor dem Hören: Lies dir die Fragestellung genau durch. Welche Informationen sollst du heraushören? Wenn die Fragestellung es nahelegt, bereite eine Tabelle vor, in die du die gesuchten Informationen später eintragen kannst.

Tabelle zu S. 26/1:

ils aiment	ils n'aiment pas

- Konzentriere dich dann beim Hören des Textes nur auf die für dich wichtigen Passagen.
- Mache dir beim Hören, wenn nötig, Notizen (s. oben).
- Trage die gesuchten Informationen in die Tabelle ein.

3 Detailgenaues Hörverstehen

S. 10/2b, S. 40/1, S. 73/8b, S. 77/8b, S. 78/9b, S. 96/10, S. 103/6b und 7, S. 107/5, S. 118/8a

In manchen Situationen ist es wichtig, viele bzw. alle Einzelheiten zu verstehen (z. B. bei einer Bahnhofsdurchsage).
- Versuche beim ersten Hören, den Text global zu verstehen.
- Nutze dieses Globalverständnis, um bei jedem weiteren Anhören weitere Informationen zu erschließen.
- Notiere dir alle wichtigen Details, die du verstanden hast.

Lesen

⚠ Berücksichtige hierzu auch die Informationen → Méthodes, p. 131: Wörter erschließen.

Um einen geschriebenen französischen Text zu verstehen, können dir folgende Strategien helfen:

1 Texte über ihre Gestaltung erschließen ◎ S. 30/1, S. 82/9a

Noch bevor du einen Text komplett liest, kannst du bereits einige Vermutungen über seinen Inhalt anstellen.
- Verrät dir das Druckbild etwas über die Textsorte (Brief, Zeitungsbericht, Werbeanzeige/-prospekt, Gedicht, Dialog bzw. Theaterstück ...)?
- Liefert die visuelle Gestaltung des Textes Hinweise auf die Textgliederung (Sinnabschnitte, Zwischenüberschriften, erzählende bzw. dialogische Passagen, stichpunktartige Informationen bzw. ausführliche Beschreibungen ...)?
- Was sagt die Überschrift aus?
- Welche Informationen geben dir Fotos oder Illustrationen (evtl. mit Bildunterschriften)?

2 Globales Leseverstehen ◎ S. 16/1, S. 28/8a, S. 71/1a, S. 80/2a, S. 94/2

Bei einer ersten Lektüre genügt es, den Text im Großen und Ganzen zu verstehen, ohne sich auf Einzelheiten zu konzentrieren. Überlege schon vor dem Lesen, was du bereits zum Thema des Textes weißt. Um nach der Lektüre zu überprüfen, ob du den Textinhalt global verstanden hast, können dir die W-Fragen helfen: Wer? Wo? Wann? Was? Warum? Wie? Oder du stellst dir eine zusammenfassende Frage, z. B. Worum geht es in dem Text? Was ist die Kernaussage / das Hauptproblem / der zentrale Konflikt?

3 Selektives Leseverstehen ◎ S. 13/1, S. 33/2 und 4, S. 76/2b, S. 80/2b, S. 92/1a, S. 102/1a

Manchmal genügt es, einem geschriebenen Text nur bestimmte Informationen zu entnehmen.
Das erreichst du durch zielgerichtetes Lesen:
- Lies dir vor der Textlektüre die Fragestellung genau durch.
- Konzentriere dich dann beim Lesen nur auf die für dich wichtigen Passagen.

4 Detailgenaues Leseverstehen ◎ S. 22/1, S. 49/3, S. 57/1, S. 98/2

Manche Texte musst du in jedem Detail verstehen (z. B. einen zu unterschreibenden Vertrag).
- Gehe dabei von den Passagen aus, die du gut verstehst („Verstehensinseln bilden").
- Kläre dann Schritt für Schritt die noch fehlenden Teile. Versuche dabei, die Bedeutung jedes Satzes genau zu erschließen. Nutze dabei die Hilfen, die dir der Kontext bietet, oder eventuelle zusätzliche Informationsquellen (z. B. Illustrationen, Zwischenüberschriften o. Ä.). Zur Überprüfung deines Leseverständnisses kannst du versuchen, den Satz mit eigenen Worten auf Französisch auszudrücken. Bei besonders komplizierten Sätzen kann es dir helfen, den Satz ins Deutsche zu übersetzen.
- Evtl. musst du ein Wörterbuch zu Rate ziehen.

5 Texte über Schlüsselbegriffe erschließen ◎ S. 116/1b

Versuche im Text Schlüsselbegriffe oder -sätze zu finden, die die wesentliche(n) Aussage(n) des Textes beinhalten. Überprüfe:
- Gibt es zentrale Begriffe, die immer wiederkehren (Schlüsselbegriffe)?
- Gibt es Sätze, die Textabschnitte zusammenfassen (oft am Anfang und am Ende eines Absatzes)?

6 Texte gliedern ◎ S. 33/3a, S. 80/2a

Manchmal ist es für das Verständnis hilfreich, wenn du dir deutlich machst, in welche inhaltlichen Abschnitte sich der Text gliedern lässt. Dazu überlegst du, welche Überschriften du den einzelnen Abschnitten geben würdest. Du verdeutlichst dir damit zugleich, welche Themen oder Einzelaspekte jeweils angesprochen werden.

7 Textinhalte paraphrasieren ◎ S. 19/1, S. 33/4a, S. 53/1, S. 57/1, S. 76/2b, S. 92/1a, S. 92/1a, S. 94/2b, S. 102/1a

Du kannst dein Textverständnis überprüfen, indem du Inhalte mit eigenen Worten wiedergibst oder den Textinhalten vorgegebene Sätze zuordnest.

8 Textinhalte visuell darstellen ◎ S. 46/1, S. 71/1b, S. 76/2a, S. 116/1b

Zum genaueren Verständnis eines Textes ist es nützlich, die einzelnen Informationen nach bestimmten Oberbegriffen oder Kategorien zu ordnen, z. B. nach Informationen zu Personen, Aktivitäten, Argumenten. Die Textinformationen kannst du als Tabelle, als Mind-Map, als Diagramm o. Ä. darstellen.

Mind-Map zum Text S. 79–80:

Liak

<u>sa personne</u>
- fille du peuple des Inuits
- vit dans la ville de Kuujjuaq
- va à l'école
- parle l'inuktitut et le français
- a deux frères

<u>sa famille</u>
- sa mère a un magasin
- son père va à la chasse et à la pêche
- son grand frère travaille dans le tourisme

<u>ses activités</u>
- fait des paniers en herbe et des sculptures en pierre

<u>son avenir</u>
- veut faire des études plus tard, p. ex. à Montréal ou à Québec
- veut faire de la recherche dans le domaine de la biologie ou du climat
- veut retourner dans son pays après les études

<u>son pays</u>
- pays de toundra, de forêts, de rivières, de lacs, de montagnes
- région arctique

Sprechen

1 Gespräche ◎ S. 51/10, S. 73/9a

Um in Gesprächssituationen gut klarzukommen, solltest du dir die Redewendungen aus den Repères (Qu'est-ce qu'on dit?) einprägen. Hilfestellung bieten auch die Dialoge aus dem Lehrbuch.

Hier findest du eine Zusammenstellung wichtiger Ausdrücke für häufige Gesprächssituationen:

nachfragen und um Erklärungen bitten
Pardon?
Je n'ai pas compris.
Je ne comprends pas la question.
Pas trop vite, s'il te plaît / s'il vous plaît.
Tu peux répéter, s'il te plaît? / Vous pouvez répéter, s'il vous plaît?
«___», qu'est-ce que ça veut dire?
Est-ce que ça veut dire «___»?
Tu peux / Vous pouvez épeler?
Tu peux m'aider?

über einen Film sprechen
C'est l'histoire de ___ .
Les acteurs me plaisent beaucoup / jouent très bien / sont très bons.
C'est un film qu'on n'oublie pas.
Je n'aime pas ce genre de films.

Zeit gewinnen
Bon ben ...
Attends/Attendez (un peu / une minute).

telefonieren
Allô!?
C'est (Anna).

M

2 Diskutieren S. 16/1b, S. 20/6, S. 23/5, S. 63/9, S. 121/7

Eine Diskussion vorbereiten

- Überlege dir genau, wie das **Thema** lautet. Ein Brainstorming oder eine Sammlung von Assoziationen oder verwandten Themen kann eine nützliche Basis für das Finden von Argumenten sein.
- Was willst du in der Diskussion erreichen? Notiere dein **Diskussionsziel**.
- Notiere dir stichpunktartig die **Argumente** für deine Position. Kannst du sie mit konkreten **Beispielen** belegen?
- Überlege dir auch die Argumente, die dein Diskussionspartner vorbringen könnte. Wie wirst du auf diese reagieren? Überlege dir die **Gegenargumente**.
- Wahrscheinlich musst du deinem Gesprächspartner entgegenkommen, um ihn zu überzeugen. Überlege dir auch ein **Kompromissangebot**.
- Suche nach passenden **Redewendungen und Ausdrücken**.

Eine Diskussion führen

- Bleibe **sachlich** und **höflich**; andere Meinungen solltest du respektieren, auch wenn du sie nicht teilst.
- **Frage nach**, wenn du ein Argument nicht verstehst.
- Lass die anderen **ausreden**.
- Sprich **klar und deutlich** und formuliere gut verständliche Sätze.

Hier findest du wichtige Redemittel, die du in einer Diskussion verwenden kannst:

seine Meinung äußern
Je pense/trouve/crois que ___ .
À mon avis, ___ .
Je suppose que ___ .
Je suis sûr/e que ___ .
Je ne suis pas très chaud/e (pour ce projet).
Il faut cerner le problème.
Un problème peut en cacher un autre.
Sans parler de ___ .

etwas vorschlagen
On (ne) pourrait (pas) (changer de sujet).
___ . Qu'est-ce que tu en penses?

zustimmen
Tu as raison.
Je suis d'accord avec toi.
Je suis pour.
C'est vrai.
Bien sûr!
Pourquoi pas?
Ce n'est pas mal comme idée.

ablehnen
Ce n'est pas vrai. / C'est faux.
On ne peut pas comparer.
C'est impossible.
Je suis contre.
Ne généralise pas. / Il ne faut pas généraliser.
Tu compliques les choses.
Ce n'est pas un argument.
Parle pour toi!
On peut voir ça autrement.
Ce n'est pas une question de (courage).
Tu exagères.
Je ne veux plus discuter. / On ne discute plus.
Pas question.

nachfragen
Qu'est-ce que tu penses de ___ ?
Qu'est-ce que ça veut dire?
Qu'est-ce que tu veux dire par cela?
Je voudrais savoir si ___ .
À quoi penses-tu quand ___ ?
Tu peux expliquer ce que tu penses de ___ ?
Est-ce que tu crois que ___ ?

3 Rollenspiele S. 63/8, S. 73/10, S. 96/11, S. 103/9

Willst du mit anderen ein Rollenspiel erarbeiten, beachte folgende Punkte.

- Überlege: Wen stellst du dar und was verlangt deine Rolle von dir?
- Mache dir einen Stichwortzettel.
- Überlege dir, was dein/e Dialogpartner antworten könnte/n. Bereite mögliche Antworten darauf vor.

Stichwortzettel zu S. 73/10:

moi	mes parents
- quitter mes amis - changer d'école - mon groupe de musique - j'aime ma ville - je ne parle pas la langue - vous ne m'avez pas demandé	- c'est décidé: nouveau travail de maman - occasion: faire autre chose - vivre ailleurs: intéressant - apprendre beaucoup de choses, p. ex. nouvelle langue - vie moins chère - nouveaux copains

4 Präsentieren S. 14/5, S. 37/18, S. 82/10

Mit einer Präsentation stellst du Inhalte vor, die deine Mitschüler/innen noch nicht kennen. Eine Präsentation sollte also informativ sein und das Interesse für das Thema wecken.

Die Präsentation vorbereiten

- Wähle ein Thema aus und überlege dir, welche Gesichtspunkte dazugehören.
- Wenn ihr in der Gruppe arbeitet, so teilt euch die Punkte auf. Besprecht alle folgenden Schritte gemeinsam.

Das Thema bearbeiten und strukturieren

- Sammle die Informationen zum Thema (→ Méthodes, p. 140) und werte sie aus: Wähle diejenigen aus, die wichtig und interessant für deine Mitschüler/innen sind. Versuche, nicht zu viele Details anzugeben. Überlege auch, welches Anschauungsmaterial du verwenden willst (z. B. Fotos, Schemata, Tabellen ...).
- Strukturiere deinen Vortrag:
  - Aus wie vielen Teilen soll er bestehen?
  - Womit soll begonnen, womit geendet werden?
  - Notiere dir stichpunktartig auf Französisch, was du zu jedem Unterpunkt sagen möchtest.
  - Bereite eine kurze Einleitung vor, die das Interesse der Zuhörer weckt.
  - Fertige eine Gliederung an, die du deinen Zuhörern als Übersicht geben kannst (z. B. als Handout mit Raum für Notizen).

Den Vortrag vorbereiten

- Bereite die Erklärungen der unbekannten Wörter, die du verwenden wirst, vor.
- Wenn ihr in der Gruppe arbeitet, so teilt eure Rollen auf: Wer erklärt die Vokabeln, wer spricht worüber, wer zeigt was?
- Bereite dich auf eventuelle Fragen deiner Zuhörer vor (s. unten).
- Übe den Text laut vorzutragen, wenn möglich mit Zuhörern. Musst du noch etwas umformulieren, zusammenfassen, genauer ausführen? Ist die Dauer deines Vortrags angemessen?

Das Referat / Die Präsentation

- Teile deinen Mitschülern/-innen die Gliederung aus. Auch die Worterklärungen sollten schriftlich vorliegen (z. B. auf dem Handout, an der Tafel, auf Folie).
- Sprich laut, langsam, deutlich und so frei wie möglich.
- Halte Blickkontakt mit deinen Zuhörern.
- Fasse die wichtigsten Informationen am Ende jedes Teilkapitels zusammen und mache dann eine kleine Pause.
- Gib deinen Zuhörern entweder nach jedem Unterpunkt oder im Anschluss an den gesamten Vortrag die Gelegenheit, Fragen zum Thema zu stellen. Auf solche eventuellen Fragen solltest du vorbereitet sein.
- Um zu überprüfen, ob deine Mitschüler/-innen deinen Vortrag gut verstanden haben, kannst du ihnen zum Abschluss einige Testfragen stellen oder ein Quiz durchführen.

Hier findest du wichtige Redemittel für deine Präsentation:

das Thema einführen
Aujourd'hui, je voudrais vous parler de ___ .
Mon thème, c'est ___ .
Est-ce que vous avez déjà entendu parler de ___?
Je voudrais vous présenter mon livre/groupe/artiste préféré.

den Vortrag strukturieren
D'abord ___ .
Ensuite ___ .
Enfin ___ .
C'est-à-dire ___ .
Par exemple ___ .
Pour finir, j'aimerais dire que ___ .

Ein Buch vorstellen S. 37/18

Zur Präsentation eines Buchs gibt es mehrere Möglichkeiten:
- Du stellst deinen Mitschülern/-innen das Buch in einem mündlichen Vortrag vor.
- Du verfasst einen Text für die hintere Umschlagseite (la quatrième de couverture).
- Du erstellst ein Lesebild (une affiche de lecture). (→ Méthodes, p. 143/5)

Dein Vortrag sollte folgende Informationen enthalten:
- Informationen über das Buch, den/die Autor/in, das Thema, die Hauptpersonen
- ein Resümee des Buchs (→ Méthodes, p. 143/4)
- deine Meinung zu dem Buch

Diese Redemittel können dir bei der Buchpräsentation helfen:

J'ai lu ___ de ___ . C'est un livre / un roman qui parle de ___ .
L'histoire a lieu / se passe à/en/au ___ .
Les personnages sont ___ .
J'aime ce livre parce que ___ .

5 Informationen sammeln und auswerten S. 14/5, S. 37/16, S. 51/9b, S. 55/8, S. 82/10, S. 114/8

Informationen sammeln

- Grenze das Thema genau ein. Welche Informationen gehören unbedingt dazu, welche gehen über das Thema hinaus und sind insofern unwichtig für deine Recherche?
- Ein Brainstorming oder das Sammeln von Assoziationen zum Thema, z. B. mit Hilfe einer Mind-Map, kann dir wertvolle Hinweise für deine Informationssuche liefern.
- Am besten benutzt du mehrere Quellen für deine Informationssuche:
  - Enthält das Lehrbuch Informationen zum Thema (z. B. in Lektionstexten oder im Anhang)?
  - Gibt es Personen oder Organisationen, die dir Auskünfte erteilen oder Informationsmaterial zur Verfügung stellen könnten?
  - Findest du weitere Informationen in Nachschlagewerken (z. B. Wörterbüchern, Enzyklopädien, Atlanten, Geschichtsbüchern ...) oder im Internet?

Nützliche Informationsquellen zu Frankreich sind z. B. Quid (quid.fr), Le Petit Larousse (Enzyklopädie), Francoscopie (jährlich erscheinendes Buch mit vielen Informationen und Daten zur aktuellen Situation in Frankreich). Auch in den französischen Kulturinstituten, Instituts français und Instituts franco-allemands, kann man vielfältige Informationen erhalten.

Recherche im Internet
- Welche Suchbegriffe führen dich zu den für dich wichtigen Informationen?
- Suche evtl. über verschiedene Suchmaschinen: www.google.fr; www.yahoo.fr
- Sind die Seiten, die du gefunden hast, als verlässliche Quellen einzustufen? (Informationen, die du z. B. in Wikipedia gefunden hast, solltest du mit Hilfe einer weiteren Quelle absichern.)

▶ Welche Suchbegriffe helfen dir, dich über Indianer in Quebec zu informieren? Prüfe diese z. B. anhand von www.google.fr; www.google.ca oder anderer Suchmaschinen.

Informationen auswerten

- Mache dir Notizen zu deinem Thema. Wenn du Kopien benutzt, ist es hilfreich, die für dich wesentlichen Informationen farbig zu markieren.
- Notiere dir immer, wo du die Informationen gefunden hast.
- Ordne deine Notizen so, dass du sie weiterverwenden kannst – z. B. als Basis für ein Referat / eine Präsentation. Unterscheide dabei Wichtiges von Unwichtigem.
- Wenn du eine graphische Darstellung auswerten sollst (z. B. Tabelle, Diagramm), so kann es dir helfen, mit deinen eigenen Worten auszudrücken, was darauf dargestellt ist.
- Liegt dir hingegen ein Text mit vielen Zahlen vor, so kannst du versuchen, diese graphisch darzustellen.
- Hast du Informationen aus verschiedenen Quellen zum selben Thema gesammelt, so ist es nützlich, diese nach Teilaspekten zu gruppieren (z. B. auf Karteikarten), zu vergleichen und zusammenzufassen.

Schreiben

Erinnere dich an die Schreibregeln, die du aus dem Deutschunterricht und dem Unterricht der anderen Fremdsprachen kennst (Textthema, Textsorte, Umfang des Textes, Tempus). Du kannst diese Regeln auf das Erstellen französischer Texte übertragen.
Beim Formulieren helfen dir die Redewendungen in den Repères (Qu'est-ce qu'on dit?). Orientiere dich auch an den Lehrbuchtexten.

1 Eine Postkarte / Einen Brief / Eine E-Mail schreiben S. 55/9, S. 69/2, S. 82/7, S. 108/9

Marseille, le 18 décembre 2008 — *Datum*

Anrede: an einen Freund / eine Freundin — Cher Jérôme / Chère Nathalie,

an einen Erwachsenen, den du kennst — Cher Monsieur / Chère Madame,

an einen Unbekannten — Monsieur / Madame,

Beispiel für einen Brief an einen Freund / eine Freundin — Comment vas-tu? C'est bientôt Noël. Je vais passer les vacances chez ma tante. Je suis super content(e) parce que j'adore être avec mes cousins. Et toi, qu'est ce que tu vas faire pendant les vacances de Noël?

Beispiel für einen Brief an das Fremdenverkehrsamt — Ma famille et moi, nous voulons passer nos vacances à Montréal / au Québec en juillet. Pourriez-vous nous envoyer des prospectus sur la ville et sa région / la région?

Du beendest den Brief an einen Freund / eine Freundin — (Grosses) Bises / Bisous

an einen Erwachsenen, den du kennst — Cordialement / Amicalement

an einen Unbekannten — Meilleures salutations

Du lässt Grüße an jemanden ausrichten — Donne le bonjour à tes parents / à Amélie.

M

Informationsmaterial über

- Québec:
  www.bonjourquebec.com (→ Brochures → Commandez nos brochures)
  qc.munich@mri.gouv.qc.ca
- Marseille:
  accueil@marseille.tourisme.com
- die Region Provence-Alpes-Côte-d'Azur:
  information@crt.-paca.fr

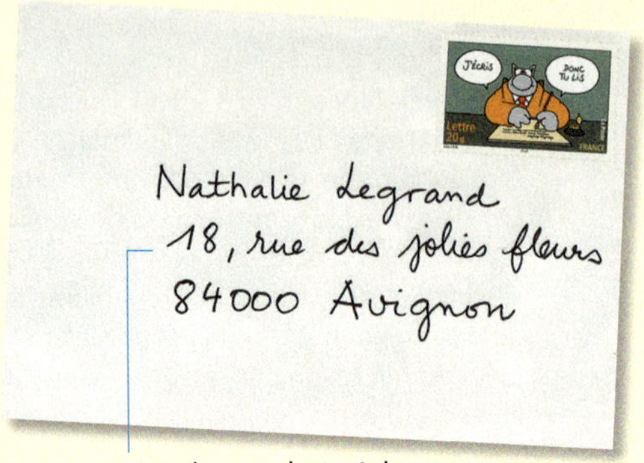

Im Französischen steht in Adressen erst die Hausnummer, dann die Straße.

2 Einen Tagebucheintrag / Einen Weblog verfassen S. 58/7, S. 82/8

Für diese Textsorten gelten zwar keine festen Regeln, dennoch sind meist einige typische Kennzeichen zu beobachten:

- Sie sind in der 1. Person verfasst.
- Sie enthalten persönliche Wertungen, Gefühle, Einschätzungen, Erlebnisse ...

Hier findest du entsprechende Redemittel:

- über Gefühle/Stimmungen sprechen (→ S. 38/1, S. 104/1)
- Wünsche/Hoffnungen ausdrücken (→ S. 59/1)
- etwas bewerten (→ S. 59/1)

3 Eine Personenbeschreibung verfassen S. 41/4, S. 80/2b, S. 120/1

Insbesondere für die Analyse literarischer Texte sind Personencharakteristiken wichtig. Auch das Lehrwerk enthält Figuren, die du charakterisieren kannst.

- Lies dir den Ausgangstext genau durch und notiere dir in gegliederter Form alle Informationen des Textes zum Aussehen, zum sozialen Umfeld (Familie, Freunde, Bildung/Beruf, Hobbys ...) sowie zum Charakter und Verhalten der Figur. Achtung: Diese Informationen sind manchmal auch indirekt im Text enthalten, z. B. in Äußerungen anderer über die Figur oder in Reaktionen, die die Figur zeigt.
- Beginne deine Personenbeschreibung mit grundlegenden Informationen über die Figur (z. B. Name, Alter, Wohnort).
- Beschreibe ihr Äußeres und ihr persönliches Umfeld.
- Gehe dann auf das Verhalten und den Charakter der Figur ein. Um deine Aussagen zu belegen, kannst du Zitate aus dem Ausgangstext anführen.
- Verfasse deinen Text im Präsens.

Hier findest du Redemittel, um eine Person zu beschreiben:

über das Äußere einer Person sprechen
(Quelqu'un est) grand/petit/jeune/vieux/joli/blond/brun/fort/sportif/___.
(Quelqu'un a l'air) sympa/content/triste/heureux/malheureux/vexé/pâle/énervé/___.

über das Wesen/Verhalten einer Person sprechen
(Quelqu'un est) gentil/méchant/serviable/curieux/calme/adorable/sage/sévère/intelligent/___.

über Begabungen sprechen
(Quelqu'un est) fort en musique / arts plastiques / ___.
(Quelqu'un est) doué en sport/foot/___.
(Quelqu'un) réussit en langues/maths/___.

über Hobbys sprechen
Il/Elle joue de la guitare / de la batterie / du saxo / de l'accordéon / ___.
Il/Elle joue au volley / au basket / au tennis / au hockey sur glace / ___.
Il/Elle fait de l'escalade / du yoga / du ski / du kayak / ___.
Il/Elle va à la pêche.

4 Ein Resümee schreiben ◎ S. 16/1a

Ein Resümee enthält in knapper und sachlicher Form die wichtigsten Informationen des Ausgangstextes. Diese findest du, indem du
- bei einem erzählenden Text die W-Fragen stellst (Wer? Was? Wann? Wo? Wie? Warum?),
- bei einem informativen Text nach dem Textthema, den Hauptinformationen bzw. -argumenten und einer möglichen Schlussfolgerung fragst.

Folgende Regeln helfen dir beim Verfassen eines Resümees:
Ein Resümee
- ist immer deutlich kürzer als der Ausgangstext.
- beginnst du mit einem einleitenden Satz zum Thema des Ausgangstextes.
- verfasst du in der 3. Person Präsens.
- schreibst du mit eigenen Worten.
- enthält nur Fakten aus dem Text, keine direkte Rede, keine Zitate und keine eigene Wertung.

5 Plakate erstellen ◎ S. 17/10, S. 37/18, S. 40/3, S. 105/6b

Ein Informations-/Lernplakat erstellen ◎ S. 17/10, S. 40/3, S. 105/6b

Bei der Gestaltung eines Informations- oder Lernplakats können dir folgende Tipps helfen:
- Wähle nur die wichtigsten Informationen aus; Details haben keinen Platz.
- Achte auf eine übersichtliche und eindrückliche Gesamtgestaltung und teile den Platz sinnvoll ein.
- Du kannst die wichtigen oder schwierigen Informationen farbig hervorheben.
- Sind Beispielsätze, Skizzen oder Bilder nützlich?
- Gibt es „Eselsbrücken“ oder andere Merkhilfen (Reime, Merksätze ...)?
- Schreibe groß und leserlich mit einem dicken Stift.

◗ *Fertige ein Lernplakat zum* futur simple *oder zum Adjektiv* beau/belle *an.*

Ein Lesebild erstellen ◎ S. 37/18

Ein Lesebild (une affiche de lecture) kann Folgendes enthalten:
- Autor, Titel und Erscheinungsjahr des Buchs
- Hauptfiguren, Ort und Zeit der Handlung sowie eine kurze Inhaltsangabe
- evtl. kurze Textausschnitte oder Zitate
- eigene Meinung (Was hat dir (nicht) gefallen?)
- Leseempfehlung mit Begründung
- evtl. passende Illustrationen, Fotos ...

6 Fehler selbst korrigieren ◎ S. 16/1a, S. 41/4b, S. 55/9, S. 58/7, S. 73/9b, S. 78/10, S. 82/7 und 8, S. 100/9c, S. 107/4b, S. 124/7

Wenn du einen französischen Text geschrieben hast, solltest du ihn Korrektur lesen. Die Chance, Fehler zu finden, ist größer, wenn du deinen Text mehrmals durchliest und bei jedem Durchlesen nur auf ein bestimmtes grammatisches Phänomen achtest. Aus den folgenden Vorschlägen kannst du dir eine persönliche „Fehlersuchliste“ zusammenstellen.

1. Sind die Begleiter und Adjektive dem Genus und dem Numerus des Nomens angepasst?	**des** livres **cette** fille **les belles** chansons **toutes les** idées
2. Hast du an die Apostrophierung bzw. die Veränderung des Begleiters, Pronomens oder Adjektivs vor Nomen mit Vokal oder stummem „h“ gedacht?	**l’**horloge **mon** adresse **cet** ordinateur **son nouvel** anorak
3. Stimmen die Verbformen mit ihren Subjekten überein?	**tu** chant**es** **ils** voi**ent**
4. Hast du an die richtige Stellung der Adjektive gedacht?	un pull **vert** une **belle** maison
5. Stimmen die Pronomen in Genus und Numerus mit den Wörtern überein, die sie ersetzen?	**les oranges** – Je **les** achète.
6. Satzbau: Hast du an die richtige Reihenfolge der Satzglieder (Subjekt – Verb – Ergänzung) und an den richtigen Platz der Pronomen gedacht?	Lila parle à son frère. Elle **lui** donne le pain. On va **en** discuter. Je **te les** montre.
7. „Passé composé“: Hast du das richtige Hilfsverb verwendet und die Regeln zur Angleichung des Partizips berücksichtigt?	il **a** mangé elle **est** venu**e** ils se **sont** levé**s**
8. Hast du nach Zeitangaben, die das „passé composé“ oder das „imparfait“ auslösen, das entsprechende Tempus verwendet?	**Comme d’habitude**, elle **lisait**. **Tout à coup**, son frère **est entré**.

Sprachmittlung

In deinem Buch gibt es Übungen mit diesem Zeichen. Dies sind sogenannte „Sprachmittlungsübungen“. Hier geht es darum, den Inhalt des Textes sinngemäß in der anderen Sprache wiederzugeben. Du sollst also **nicht** wörtlich übersetzen.

1 Wiedergeben bzw. Zusammenfassen von Textinhalten: Französisch → Deutsch

S. 23/6a, S. 41/5b, S. 51/9b, S. 82/9b, S. 129/7b

Hier sollst du den Inhalt eines schriftlichen französischen Textes auf Deutsch wiedergeben. (Dieser Text kann natürlich auch unbekannte Wörter enthalten.)

- Lies den Text durch. Mache dir mit Hilfe der W-Fragen (Wer? Wo? Wann? Was? Warum? Wie?) klar, worauf es in dem Text ankommt.
  Notiere dir eventuell die wichtigen Textinformationen stichpunktartig auf Deutsch.
- Formuliere dann auf Deutsch. Es geht dabei um eine Zusammenfassung der wichtigsten Textinhalte. Sei also nicht überrascht, wenn der deutsche Text (deutlich) kürzer ist als der französische Ausgangstext!
- Lies den französischen Text noch einmal durch, um zu überprüfen, ob dein deutscher Text alle wichtigen Informationen enthält.

2 Wiedergeben bzw. Zusammenfassen von Textinhalten: Deutsch → Französisch S. 37/17, S. 51/11, S. 100/11b

Hier geht es darum, dass du die wichtigen Inhalte eines deutschen Textes ins Französische überträgst.
- Überlege dir, welche Informationen für deinen frankophonen Adressaten von Bedeutung sind bzw. sieh dir die Aufgabenstellung genau an.
- Gib diese Informationen sinngemäß wieder. Dabei geht es oft um eine zusammenfassende Wiedergabe der wichtigsten Textinhalte. Nur in Einzelfällen kann es notwendig sein, Ausdrücke oder (Teil-)Sätze wörtlich zu übersetzen.
- Lies den deutschen Ausgangstext noch einmal durch und überprüfe, ob dein französischer Text alle wichtigen Informationen enthält und sinnvoll aufgebaut ist.

3 „Dolmetschen": Deutsch → Französisch S. 86/4, S. 103/7, S. 106/3a, S. 125/8

In diesen Sprachmittlungsübungen geht es um die Wiedergabe einzelner deutscher Äußerungen auf Französisch. Hierbei übernimmst du also die Rolle eines Dolmetschers.
- Mache dir klar, was die Person, für die du dolmetschst, sagen möchte.
- Übertrage dies sinngemäß ins Französische.

Das zweisprachige Wörterbuch benutzen

1 Französisch – Deutsch S. 61/2, S. 82/9c

Ein Wörterbucheintrag enthält verschiedene Informationen, die man „entschlüsseln" muss, um das Wörterbuch sinnvoll nutzen zu können. Dazu muss man auch einige Abkürzungen kennen. Die Bedeutung der Abkürzungen findest du im Abkürzungsverzeichnis am Anfang/Ende deines Wörterbuchs.

heure *f* [œʀ] **1.** *Zeiteinheit:* Stunde; ***une ~ supplémentaire*** eine Überstunde **2.** *Zeitangabe:* Uhrzeit, Zeit; ***l'~ d'été*** die Sommerzeit **3.** *nach einer Zahl:* Uhr; ***il est huit ~s*** es ist acht Uhr; ***une ~ et demie*** halb zwei; ***quelle ~ est-il?*** wie spät ist es?

- Genus (wenn es sich um ein Nomen handelt)
- Aussprache
- Bedeutung
- verschiedene Bedeutungen
- Tilde (Dieses Zeichen ersetzt das Wort, um das es geht.)

Weitere Hinweise für das Nachschlagen in einem französisch-deutschen Wörterbuch:
- Die Akzente und andere besondere Zeichen spielen für die Einordnung eines Wortes keine Rolle: „école" steht also vor „être", „ça" steht vor „cantine". Wörter, die mit „œ" beginnen, findest du unter „o".
- Identifiziere zunächst die Wortart des unbekannten Wortes (Nomen? Verb? Adjektiv?). Konjugierte Verbformen (z. B. ils prennent, elle a entendu), unregelmäßige Pluralformen eines Nomens (z. B. les animaux) musst du auf ihre Grundform (prendre, entendre, l'animal), feminine Adjektive (z. B. nouvelle) auf ihre maskuline Form (nouveau) zurückführen, damit du sie im Wörterbuch findest.
- Falls du Zweifel bei der Aussprache hast, achte auf die in eckigen Klammern angegebene Lautschrift.

Tipps:
- Ein Wort kann mehrere Bedeutungen haben. Deshalb ist es wichtig, dass du den Wörterbucheintrag immer ganz durchliest, um die Bedeutung zu finden, die in „deinen" Kontext passt.
- Mehrteilige Ausdrücke sind manchmal nur unter einem der Teile eingetragen. Wenn du z. B. le mal du pays nicht unter „mal" findest, dann schaue unter „pays" nach.

- *Finde mit Hilfe des Wörterbuchs heraus, welche Bedeutungen das unterstrichene Wort jeweils hat.*
  Qu'est-ce que tu manges en <u>entrée</u>?
  <u>L'entrée</u> du bâtiment est place Victor Hugo.
  Quel est le prix <u>d'entrée</u> pour le concert de Diam's?

- *Finde mit Hilfe des Wörterbuchs die Bedeutung der folgenden mehrteiligen Ausdrücke:*
  la station de service, le disque dur, la boîte vocale, faire la valise, bâtir des châteaux en Espagne.

2 Deutsch – Französisch S. 17/9, S. 100/11

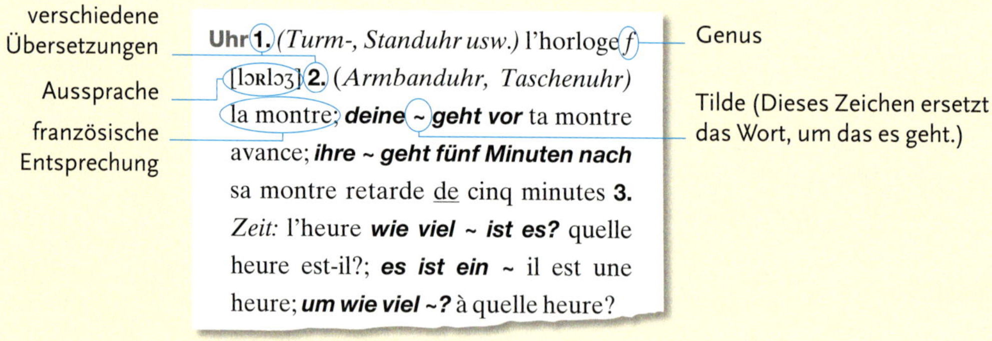
Uhr **1.** *(Turm-, Standuhr usw.)* l'horloge *f* [lɔʀlɔʒ] **2.** *(Armbanduhr, Taschenuhr)* la montre; ***deine ~ geht vor*** ta montre avance; ***ihre ~ geht fünf Minuten nach*** sa montre retarde <u>de</u> cinq minutes **3.** *Zeit:* l'heure ***wie viel ~ ist es?*** quelle heure est-il?; ***es ist ein ~*** il est une heure; ***um wie viel ~?*** à quelle heure?

Wenn du für ein deutsches Wort die französische Entsprechung nachschlägst, gelten folgende Regeln:
- Lies dir den Wörterbucheintrag vollständig durch und entscheide, welches der angegebenen französischen Wörter das passende ist. Beachte dabei Angaben wie *péj. (= péjoratif)*. Das bedeutet „abwertend".
- Ist in deinem Wörterbuch die Aussprache des französischen Wortes nicht angegeben, nimm die Lautschrift im französisch-deutschen Teil des Wörterbuchs zu Hilfe.
- Passe das ausgewählte französische Wort in den Satz, den du formulieren möchtest, ein, d. h.:
  - bei Nomen: Bilde, wenn nötig, den Plural.
  - bei Verben: Bilde aus dem Infinitiv die passende Verbform.
  - bei Adjektiven: Gleiche sie dem Nomen an.

Tipps:
- Hast du eine der angegebenen französischen Entsprechungen für dein deutsches Wort ausgewählt, kannst du überprüfen, ob es sich um die passende handelt: Schlage einfach das französische Wort im französisch-deutschen Teil deines Wörterbuchs nach. Findest du dort das deutsche Wort, von dem du ausgegangen bist, wieder?
- Findest du ein zusammengesetztes Wort (z. B. Zimmermannslehre) nicht im Wörterbuch, suche unter den beiden Bestandteilen und bilde dann ein zusammengesetztes französisches Nomen (häufig nach dem Muster Nomen + de + Nomen).

- *Welche französischen Wörter entsprechen den unterstrichenen deutschen Ausdrücken?*

  Marie hat heute ein <u>Tor</u> geschossen.
  Mach bitte das <u>Tor</u> zu!

  Schreibst du mir eine <u>Karte</u> aus Spanien?
  Der Spieler hat die rote <u>Karte</u> bekommen.
  Hier ist deine <u>Karte</u> für das Konzert.

L'alphabet **Das Alphabet**

a [a]	d [de]	g [ʒe]	j [ʒi]	m [ɛm]	p [pe]	s [ɛs]	v [ve]	y [igʀɛk]
b [be]	e [ə]	h [aʃ]	k [ka]	n [ɛn]	q [ky]	t [te]	w [dubləve]	z [zɛd]
c [se]	f [ɛf]	i [i]	l [ɛl]	o [o]	r [ɛʀ]	u [y]	x [iks]	

Les signes dans la phrase **Die Zeichen im Satz**

la minuscule · *LA MAJUSCULE* · *l'apostrophe* f. · *le trait d'union* · *le tréma* · *l'accent aigu* m. · *l'accent circonflexe* m. · *le point-virgule* · *l'accent grave* m. · *le «c» cédille*

Samedi, c'est l'anniversaire de Raphaël! Il fait une fête et il invite ses amis: deux garçons et trois filles. Mercredi après-midi, les copains achètent des cadeaux; Lila achète le CD «Bon anniversaire», Jérémie regarde une bédé – elle est super, mais trop chère. Et moi? (Je n'ai pas encore d'idée ...)

les points de suspension m. pl. · *les parenthèses* f. · *les guillemets* m. · *le tiret* · *le point d'exclamation* · *la virgule* · *les deux points* · *le point* · *le point d'interrogation*

La transcription phonétique **Die Lautschrift**

Les consonnes **Die Konsonanten**

[b] **b**anane, **b**onjour
[d] **d**anse, or**d**inateur
[f] **ph**oto, cla**f**outis
[g] **g**uitare, **g**are
[k] **c**lasse, **c**ho**c**olat
[l] **l**a, vi**ll**e
[m] **m**ardi, ai**m**er, fil**m**
[n] **n**on, a**n**imal
[ŋ] campi**ng**
[ɲ] espa**gn**ol, Allema**gn**e
[p] **p**age, ré**p**ondre
[ʀ] **r**ue, liv**r**e
[s] *scharfes „s" wie in* Ku**ss**: **ç**a, mer**c**i, **s**onner, pa**ss**er
[z] *summendes „s" wie in* ra**s**en: mai**s**on, le**s**‿enfants, si**x**‿heures, **z**éro *(tritt nur zwischen zwei Vokalen, als Bindungs-s bzw. -x oder in der Schreibung „z" auf)*
[ʃ] „sch" *wie in* Ta**sch**e: **ch**er**ch**er, **ch**at
[ʒ] *wie in* Gara**g**e: ar**g**ent, **j**ouer
[t] **t**our, me**tt**re
[v] **v**este, li**v**re, élè**v**e

Les voyelles **Die Vokale**

[a] *kurzes „a" wie in* B**a**ll: **a**mi, femme
[ɑ] *langes „a" wie in* B**ah**n: ne ... p**a**s, **â**ge
[ɛ] *offenes „e" wie in* **E**nde: m**ai**s, lun**e**ttes, c'**est**
[e] *geschlossenes „e" wie in* S**ee**: **é**cole, expos**é**
[ə] *stummes „e" wie in* Kab**e**l: l**e**, d**e**, r**e**garder
[i] **i**dée, l**i**t
[o] *geschlossenes „o" wie in* Fl**oh**: tr**o**p, p**au**vre
[ɔ] *offenes „o" wie in* d**o**ch: p**o**rte, s**o**rtir
[ø] *geschlossenes „ö" wie in* b**ö**se: j**eu**di, monsi**eu**r
[œ] *offenes „ö" wie in* **ö**ffnen: j**eu**ne, h**eu**re, s**œu**r
[u] „u" *wie in* M**u**t: **où**, bonj**ou**r, s**ou**s
[y] „ü" *wie in* m**ü**de: **u**nité, r**u**e, rés**u**ltat

Les semi-voyelles **Die Gleitlaute**

[ɥ] cuisine, minuit, aujourd'hui
[j] famille, bouteille, natation
[w] avoir, histoire, oui

Les voyelles nasales **Die Nasalvokale**

[ɑ̃] ensuite, cantine, embrasser
[ɔ̃] onze, monde, pardon, garçon
[ɛ̃] un, copain, chien, maintenant

Les jours de la semaine **Die Wochentage**

lundi [lɛ̃di]	vendredi [vɑ̃dʀədi]
mardi [maʀdi]	samedi [samdi]
mercredi [mɛʀkʀədi]	dimanche [dimɑ̃ʃ]
jeudi [ʒødi]	

Les mois de l'année **Die Monate des Jahres**

janvier [ʒɑ̃vje]	mai [mɛ]	septembre [sɛptɑ̃bʀ]
février [fevʀije]	juin [ʒɥɛ̃]	octobre [ɔktɔbʀ]
mars [maʀs]	juillet [ʒɥijɛ]	novembre [nɔvɑ̃bʀ]
avril [avʀil]	août [u(t)]	décembre [desɑ̃bʀ]

Indications pour les exercices **Übungsanweisungen**

À l'aide de ___	Mit Hilfe von ___
À votre avis, ___ .	Eurer Meinung nach, ___ .
Accordez (les adjectifs).	Gleicht (die Adjektive) an.
Attention!	Achtung!
Chacun choisit son rôle.	Jeder wählt seine Rolle aus.
Changez de rôle.	Tauscht die Rollen.
Cherchez dans (le dictionnaire / le texte) ___ .	Sucht im (Wörterbuch/Text) ___ .
Choisissez (une situation).	Wählt (eine Situation) aus.
Classez (les formes) dans un tableau.	Ordnet (die Formen) in eine Tabelle ein.
Comment est-ce qu'on forme ___ ?	Wie bildet man ___ ?
Comparez ___ avec/à ___ .	Vergleicht mit ___ .
Corrigez (les phrases / le texte).	Korrigiert (die Sätze / den Text).
D'après ___ , que pouvez-vous dire sur ___ ?	Was könnt ihr anhand ___ über ___ sagen?
D'après vous, ___ ?	Eurer Meinung nach, ___ ?
Décrivez (les dessins / la formation de l'adverbe).	Beschreibt (die Bilder / die Bildung des Adverbs).
Demandez (à vos camarades) ___ .	Fragt (eure Mitschüler) ___ .
Discute avec (ton/ta voisin/e).	Diskutiere (mit deinem/-r Nachbarn/-in).
Dites (le contraire / si c'est vrai ou faux).	Sagt (das Gegenteil / , ob es richtig oder falsch ist).
Donnez un titre à (chaque paragraphe).	Gebt (jedem Absatz) einen Titel.
Échangez (vos devinettes).	Tauscht (eure Rätsel) aus.
Expliquez à votre voisin/e.	Gebt eurem/-er Nachbarn/-in eine Erklärung.
Faites (des devinettes / le quiz / des propositions).	Macht (Rätsel / das Quiz / Vorschläge).
Faites l'interprète.	Dolmetscht.
Faites le portrait de ___ .	Gebt eine Beschreibung von ___ .
Finissez (les phrases).	Beendet (die Sätze).
Formez (des phrases / des questions / des groupes).	Bildet (Sätze/Fragen/Gruppen).
Formulez (des hypothèses / une règle).	Stellt Hypothesen auf. / Formuliert eine Regel.
Il s'agit de ___ .	Es handelt sich um ___ .
Imaginez (la suite / les dialogues).	Denkt euch (eine Fortsetzung / die Dialoge) aus.
Imaginez que vous ___ .	Stellt euch vor, ihr ___ .
Informez-vous sur (les horaires d'ouverture).	Erkundigt euch nach (den Öffnungszeiten).
Inventez une petite histoire.	Denkt euch eine kleine Geschichte aus.
Justifiez votre réponse à l'aide du texte.	Begründet eure Antwort anhand des Textes.
Lisez (la carte d'identité).	Lest (den Steckbrief).
Marquez les mots.	Markiert die Wörter.
Mettez (les mots) dans l'ordre.	Bringt (die Wörter) in die richtige Reihenfolge.
Mettez-vous à la place de ___ .	Versetzt euch in die Rolle von ___ .
Notez (la solution) dans votre cahier.	Notiert (die Lösung) in euer Heft.
Pensez-vous que ___ ?	Denkt ihr, dass ___ ?
Prenez le rôle de ___ .	Übernehmt die Rolle von ___ .

Présentez-vous. / Présentez la situation.	Stellt euch vor. / Stellt die Situation dar.
Présentez vos résultats en classe / à vos camarades.	Tragt eure Ergebnisse der Klasse / euren Mitschülern/-innen vor.
Qu'est-ce que vous apprenez sur ___ ?	Was erfahrt ihr über ___ ?
Qu'est-ce que les mots surlignés veulent dire?	Was bedeuten die markierten Wörter?
Qu'est-ce que les diagrammes montrent?	Was zeigen die Diagramme?
Qu'est-ce qui va ensemble?	Was passt zusammen?
Quel dessin correspond à quelle phrase?	Welche Zeichnung entspricht welchem Satz?
Quelle différence grammaticale remarquez-vous?	Welchen grammatischen Unterschied stellt ihr fest?
Quelle phrase va avec quel dessin?	Welcher Satz passt zu welchem Bild?
Quels sont les thèmes évoqués?	Welche Themen werden angesprochen?
Rajoutez (d'autres phrases).	Fügt (andere Sätze) hinzu.
Recherchez ___ .	Recherchiert ___ .
Réécoutez le texte.	Hört den Text noch einmal.
Reformulez (les phrases / les questions).	Formuliert (die Sätze / die Fragen) neu.
Relevez dans le texte ___ .	Sucht aus dem Text ___ heraus.
Relisez (le texte).	Lest (den Text) noch einmal.
Résumez (le texte).	Fasst (den Text) zusammen.
Retrouvez (les phrases / l'ordre des images / l'infinitif des verbes).	Findet (die Sätze / die richtige Reihenfolge der Bilder / die Infinitivformen der Verben) heraus.
Réunissez les informations.	Sammelt die Informationen.
Révisez (l'imparfait).	Wiederholt (das imparfait).
Structurez vos réponses.	Strukturiert eure Antworten.
Trouvez (les intrus / des informations sur ___ / des passages qui illustrent ___ / des phrases qui expriment ___ / la règle).	Findet (die Wörter, die nicht passen / Informationen über ___ / Auszüge, die ___ darstellen / Sätze, die ___ ausdrücken / die Regel).
Vérifiez ___ .	Überprüft ___ .
Voici ___ .	Hier ist/sind ___ .
Votre voisin / Vos camarades ___ .	Euer/Eure Nachbar(in) / Eure Mitschüler/innen ___ .
Vous (ne) connaissez (pas) ___ .	Ihr kennt (nicht) ___ .

Les nombres en français **Die französischen Zahlen**

Les nombres cardinaux **Die Grundzahlen**

0	zéro	[zeʀo]	
1	un/une	[ɛ̃] *(maskulin)* / [yn] *(feminin)*	
2	deux	[dø]	[døz] *in der Bindung:* deux‿enfants [døzɑ̃fɑ̃]
3	trois	[tʀwa]	[tʀwaz] *in der Bindung:* trois‿enfants [tʀwazɑ̃fɑ̃]
4	quatre	[katʀ]	
5	cinq	[sɛ̃k]	[sɛ̃] *vor Konsonanten:* cinq romans [sɛ̃ʀomɑ̃]
6	six	[sis]	[si] *vor Konsonanten:* six livres [silivʀ]
			[siz] *in der Bindung:* six‿heures [sizœʀ]
7	sept	[sɛt]	
8	huit	[ɥit]	[ɥi] *vor Konsonanten:* huit jours [ɥiʒuʀ]
9	neuf	[nœf]	*aber:* neuf ans [nœvɑ̃] *und* neuf heures [nœvœʀ]
10	dix	[dis]	[di] *vor Konsonanten:* dix livres [dilivʀ]
			[diz] *in der Bindung:* dix‿heures [dizœʀ]
11	onze	[ɔ̃z]	
12	douze	[duz]	
13	treize	[tʀɛz]	
14	quatorze	[katɔʀz]	
15	quinze	[kɛ̃z]	
16	seize	[sɛz]	
17	dix-sept	[disɛt]	

18	dix-huit	[dizɥit]	wie bei huit
19	dix-neuf	[diznœf]	*wie bei* neuf
20	vingt	[vɛ̃]	[vɛ̃t] *in der Bindung:* vingt‿heures [vɛ̃tœʀ]
21	vingt **et** un[1]	[vɛ̃teɛ̃] *(maskulin)*	
	vingt **et** une	[vɛ̃teyn] *(feminin)*	
22	vingt-deux	[vɛ̃tdø]	*wie bei* deux
30	trente	[tʀɑ̃t]	
40	quarante	[kaʀɑ̃t]	
50	cinquante	[sɛ̃kɑ̃t]	
60	soixante	[swasɑ̃t]	
70	soixante-dix[2]	[swasɑ̃tdis]	*wie bei* dix
71	soixante et onze	[swasɑ̃teɔ̃z]	
72	soixante-douze	[swasɑ̃tduz]	
73	soixante-treize	[swasɑ̃ttʀɛz]	
74	soixante-quatorze	[swasɑ̃tkatɔʀz]	
75	soixante-quinze	[swasɑ̃tkɛ̃z]	
76	soixante-seize	[swasɑ̃tsɛz]	
77	soixante-dix-sept	[swasɑ̃tdisɛt]	
78	soixante-dix-huit	[swasɑ̃tdizɥit]	*Bindung wie bei* huit
79	soixante-dix-neuf	[swasɑ̃tdiznœf]	*Bindung wie bei* neuf
80	quatre-vingt**s**[3]	[katʀəvɛ̃]	*Bindung wie bei* vingt
81	quatre-vingt-un[4]	[katʀəvɛ̃ɛ̃]	*(maskulin)*
	quatre-vingt-une	[katʀəvɛ̃yn]	*(feminin)*
82	quatre-vingt-deux	[katʀəvɛ̃dø]	*Bindung wie bei* deux
90	quatre-vingt-dix[5]	[katʀəvɛ̃dis]	*Bindung wie bei* dix
91	quatre-vingt-onze	[katʀəvɛ̃ɔ̃z]	
100	cent	[sɑ̃]	[sɑ̃t] *in der Bindung:* cent‿ans [sɑ̃tɑ̃]
101	cent un[6]	[sɑ̃ɛ̃]	
102	cent deux	[sɑ̃dø]	[-døz] *in der Bindung wie bei* deux
110	cent dix	[sɑ̃dis]	[-di] *vor Konsonanten wie bei* dix
			[-diz] *in der Bindung wie bei* dix
200	deux cent**s**[7]	[døsɑ̃]	[-sɑ̃z] *in der Bindung:* deux cents‿enfants [døsɑ̃zɑ̃fɑ̃]
201	deux cent un[8]	[døsɑ̃ɛ̃]	
1.000	mille	[mil]	
1.001	mille un	[milɛ̃]	
2.000	deux mille[9]	[dømil]	
100.000	cent mille	[sɑ̃mil]	
200.000	deux cent mille	[døsɑ̃mil]	
1.000.000	un million	[ɛ̃miljɔ̃]	
2.000.000	deux million**s**	[dømiljɔ̃]	

1 *Bei 21, 31, 41, 51, 61 wird der Einer mit* et *an den Zehner gebunden. Die nachfolgenden Einer (z. B. 22, 23, 24, ...) werden jedoch mit Bindestrich angeschlossen.*
2 *Ein eigenes Zahlwort für 70 hat das Standardfranzösische nicht. Diese Zahl wird durch Zusammensetzen von 60 (+) 10 gebildet.*
3 *Das Zahlwort* vingt *hat eine Pluralform:* quatre-vingts. *Die Zahl 80 ist eine Zusammensetzung aus 4 (x) 20.*
4 *Wenn auf* vingt *eine weitere Zahl folgt, entfällt das Plural-s.*
5 *Auch bei 90 wird eine zusammengesetzte Form gebildet: 4 (x) 20 (+) 10.*
6 *Ab 100 werden die Einer und Zehner nicht mehr mit Bindestrich angeschlossen.*
7 *Das Zahlwort* cent *hat eine Pluralform:* deux cents, trois cents.
8 *Wenn noch eine Zahl folgt, hat* cent *kein* -s.
9 *Das Zahlwort* mille *ist unveränderlich:* deux mille, trois mille.

Die Schreibung mit Bindestrich ist nach den neuen Empfehlungen zur französischen Rechtschreibung möglich. Du kannst also schreiben: vingt-et-un, deux-cents, trois-mille-cinq-cents. *(www.orthographe-recommandee.info)*

Les nombres ordinaux **Die Ordnungszahlen**

le 1er / la 1ère	le premier / la première	[ləpʀəmje]/[lapʀəmjɛʀ]
le/la 2^{e}	le/la deuxième *oder* le/la second/e	[lə/ladøzjɛm] *oder* [ləsəgɔ̃]/[lasəgɔ̃d]
le/la 3^{e}	le/la troisième	[lə/latʀwazjɛm]
le/la 4^{e}	le/la quatrième	[lə/lakatʀijɛm]
le/la 5^{e}	le/la cinquième	[lə/lasɛ̃kjɛm]
le/la 6^{e}	le/la sixième	[lə/lasizjɛm]
le/la 7^{e}	le/la septième	[lə/lasɛtjɛm]
le/la 8^{e}	le/la huitième	[lə/laɥitjɛm]
le/la 9^{e}	le/la neuvième	[lə/lanœvjɛm]
le/la 10^{e}	le/la dixième	[lə/ladizjɛm]
le/la 20^{e}	le/la vingtième	[lə/lavɛ̃tjɛm]
le/la 21^{e}	le/la vingt et unième	[lə/lavɛ̃teynjɛm]

Man sagt:	le 1er mai	le premier mai	[ləpʀəmjemɛ]
aber:	le 2 mai	le deux mai	[lədømɛ]

Bei Datumsangaben gebraucht man die Ordnungszahl nur beim ersten Tag eines Monats.

Les États membres et les nationalités de l'Union européenne (UE)
Die Mitgliedstaaten und Nationalitäten der Europäischen Union (EU)

Pays	Nationalité
l'Allemagne *f.*	allemand/e
l'Autriche *f.*	autrichien/ne
la Belgique	belge *m./f.*
la Bulgarie	bulgare *m./f.*
Chypre	chypriote *m./f.*
le Danemark	danois/e
l'Espagne *f.*	espagnol/e
l'Estonie *f.*	estonien/ne
la Finlande	finlandais/e
la France	français/e
la Grèce	grec/grecque
la Hongrie	hongrois/e
l'Irlande *f.*	irlandais/e
l'Italie *f.*	italien/ne
la Lettonie	letton/ne
la Lituanie	lituanien/ne
le Luxembourg	luxembourgeois/e
Malte	maltais/e
les Pays-Bas	néerlandais/e
la Pologne	polonais/e
le Portugal	portugais/e
la République tchèque	tchèque *m./f.*
la Roumanie	roumain/e
le Royaume-Uni	britannique *m./f.*
la Slovaquie	slovaque *m./f.*
la Slovénie	slovène *m./f.*
la Suède	suédois/e

Les points cardinaux **Die Himmelsrichtungen**

le nord [lənɔʀ]

le nord-ouest [lənɔʀwɛst] **le nord-est** [lənɔʀɛst]

l'ouest *m.* [lwɛst] 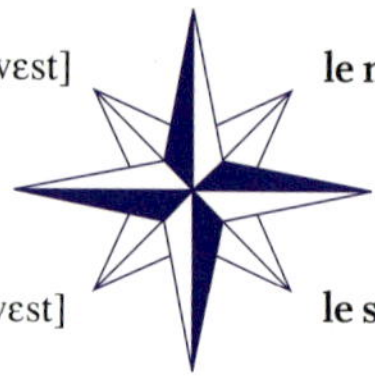 **l'est** *m.* [lɛst]

le sud-ouest [ləsydwɛst] **le sud-est** [ləsydɛst]

le sud [ləsyd]

Solutions: Bonjour tout le monde! Ex. 1a, p. 8, Le jeu de la tour Eiffel

Questions pour A

1. aller en bus, en train, à pied, en voiture, à vélo
2. *Mögliche Lösungen:* Montmartre, la Défense
3. vêtements
4. Elle est allée au café et a pris un coca. Ensuite, elle est montée sur la tour Eiffel.
5. Il fait beau. / Il pleut.
6. la France, le Luxembourg, le Maroc
7. Nous avons beaucoup de rêves mais pas assez d'argent pour les réaliser.
8. grand/petit – bon/mauvais – long/court – heureux/malheureux
9. On met un poisson d'avril dans le dos de quelqu'un.
10. Elle nage. / Elle fait de la natation. Il fait du vélo. Elle fait de l'escalade.
11. *Mögliche Lösung:* «Bonjour, s'il vous plaît, pour aller à la tour Eiffel?»
12. j'ai, tu as, il/elle/on a, nous avons, vous avez, ils/elles ont – je fais, tu fais, il/elle fait, nous faisons, vous faites, ils/elles font – je vais, tu vas, il/elle/on va, nous allons, vous allez, ils/elles vont
13. *Mögliche Lösungen:* Le poisson est un animal qui nage et qu'on peut manger. Le CDI est la bibliothèque d'un collège. La serveuse est une femme qui travaille dans un salon de thé.
14. Il/Elle a mal à la tête. Elle a mal à la jambe. Il a mal au pied.
15. *Mögliche Lösungen:* la cathédrale Notre-Dame, le parc André Citroën, la tour Eiffel, les rues de Montmartre, le champ de Mars, le bois de Boulogne, etc.

Questions pour B

1. cet anorak, ces lunettes, cette chemise, cette adresse, ce pantalon
2. *Mögliche Lösungen:* Paris, Marseille, Nîmes, Lyon, Brest, etc.
3. matières
4. mis – attendu – lu – été
5. Il est dix heures moins le quart. Il est trois heures et demie.
6. *Mögliche Lösungen:* C'est une association fondée par Coluche qui aide les gens qui sont pauvres.
7. quatre-vingt-dix-neuf, deux mille huit, trois cents vingt-neuf
8. avant/après – derrière/devant – sous/sur – à droite / à gauche
9. *Mögliche Lösungen:* la Camargue, la Provence, la Bretagne, l'Auvergne, etc.
10. du beurre, du lait, de la farine
11. «Bon anniversaire!»
12. je suis, tu es, il/elle/on est, nous sommes, vous êtes, ils/elles sont – je dis, tu dis, il/elle/on dit, nous disons, vous dites, ils/elles disent – je prends, tu prends, il/elle/on prend, nous prenons, vous prenez, ils/elles prennent
13. Le TGV est un train qui va très vite. La vache est un animal qui mange de l'herbe. Le délégué de classe est un élève qui parle pour la classe.
14. vert, bleu, rouge, jaune, noir, gris
15. Yannick Noah est un champion de tennis qui fait aujourd'hui de la musique et qui s'engage pour les «Restaurants du cœur». Solenne Figuès est une championne de natation qui a fondé une association qui aide les enfants malades.

Les verbes **Die Verben**

*Hier findest du die Konjugationen der Verben aus **À plus! 1** und **2** Méthode intensive.*

⚠ ^(ê)^ *So gekennzeichnete Verben bilden das* passé composé *mit* être.

Les verbes auxiliaires «avoir» et «être» **Die Hilfsverben „avoir" und „être"**

infinitif	**avoir**		**être**	
présent	j'	ai	je	suis
	tu	as	tu	es
	il/elle/on	a	il/elle/on	est
	nous	avons	nous	sommes
	vous	avez	vous	êtes
	ils/elles	ont	ils/elles	sont
imparfait	j'	avais	j'	étais
futur simple	j'	aurai	je	serai
conditionnel	j'	aurais	je	serais
impératif	**Aie. Ayons. Ayez.**		**Sois. Soyons. Soyez.**	
participe passé	eu		été	

Les verbes réguliers en -er/-ir/-(d)re **Die regelmäßigen Verben auf -er/-ir/-(d)re**

infinitif	**regarder**	
présent	je	regard**e**
	tu	regard**es**
	il/elle/on	regard**e**
	nous	regard**ons**
	vous	regard**ez**
	ils/elles	regard**ent**
imparfait	je	regardais
futur simple	je	regarderai
conditionnel	je	regarderais
impératif	Regarde. Regardons. Regardez.	
participe passé	regardé	

⚠ *Diese Verben auf* -er *bilden das* passé composé *mit* être: (ê)aller, (ê)arriver, (ê)entrer, (ê)monter, (ê)passer, (ê)rentrer, (ê)rester, (ê)retourner, (ê)tomber

ANNEXE

⚠ *Diese Verben haben jeweils eine Besonderheit in der Schreibung:*

-cer:	nous avançons, nous (re-)commençons, nous lançons, nous renonçons
-ger:	nous changeons, nous corrigeons, nous déménageons, nous dérangeons, nous échangeons, nous encourageons, nous nous engageons, nous mangeons, nous nageons, il neigeait, nous partageons, nous rangeons, nous rongeons, nous voyageons
-yer:	j'essaie, tu essaies, il/elle/on essaie, nous essayons, vous essayez, ils/elles essaient; *ebenso:* nettoyer, payer
préférer:	je préfère, tu préfères, il/elle/on préfère, nous préférons, vous préférez, ils/elles préfèrent; *ebenso:* espérer, exagérer, régler, repérer, répéter
acheter:	j'achète, tu achètes, il/elle/on achète, nous achetons, vous achetez, ils/elles achètent; *ebenso:* amener, emmener, geler, (se) lever
(s')appeler:	je/j' (m')appelle, tu (t')appelles, il/elle/on (s')appelle, nous (nous) appelons, vous (vous) appelez, ils/elles (s')appellent

infinitif	**entendre**		**réagir**	
présent	j'	entend**s**	je	réagi**s**
	tu	entend**s**	tu	réagi**s**
	il/elle/on	entend	il/elle/on	réagi**t**
	nous	entend**ons**	nous	réagi**ssons**
	vous	entend**ez**	vous	réagi**ssez**
	ils/elles	entend**ent**	ils/elles	réagi**ssent**
imparfait	j'	entendais	je	réagi**ssais**
futur simple	j'	entendrai	je	réagirai
conditionnel	j'	entendrais	je	réagirais
impératif	Entends. Entendons. Entendez.		Réagis. Réagissons. Réagissez.	
participe passé	entendu		réagi	
	ebenso: attendre, (ê)descendre, fondre, perdre, rendre, répondre, tendre, vendre		*ebenso:* applaudir, choisir, finir, réfléchir, réussir, rougir	

Les verbes irréguliers ***Die unregelmäßigen Verben***

⚠ *Die unregelmäßigen Verben sind in alphabetischer Reihenfolge aufgelistet.*

infinitif	(ê)**aller**		**boire**		**connaître**	
présent	je	vais	je	bois	je	connais
	tu	vas	tu	bois	tu	connais
	il/elle/on	va	il/elle/on	boit	il/elle/on	connaît
	nous	allons	nous	buvons	nous	connaissons
	vous	allez	vous	buvez	vous	connaissez
	ils/elles	vont	ils/elles	boivent	ils/elles	connaissent
imparfait	j'	allais	je	buvais	je	connaissais
futur simple	j'	irai	je	boirai	je	connaîtrai
conditionnel	j'	irais	je	boirais	je	connaîtrais
impératif	Va. Allons. Allez.		Bois. Buvons. Buvez.		Connais. Connaissons. Connaissez.	
participe passé	allé/e		bu		connu	
					ebenso: paraître	

infinitif	**construire**		**courir**		**croire**	
présent	je	construis	je	cours	je	crois
	tu	construis	tu	cours	tu	crois
	il/elle/on	construit	il/elle/on	court	il/elle/on	croit
	nous	construisons	nous	courons	nous	croyons
	vous	construisez	vous	courez	vous	croyez
	ils/elles	construisent	ils/elles	courent	ils/elles	croient
imparfait	je	construisais	je	courais	je	croyais
futur simple	je	construirai	je	courrai	je	croirai
conditionnel	je	construirais	je	courrais	je	croirais
impératif	Construis. Construisons. Construisez.		Cours. Courons. Courez.		Crois. Croyons. Croyez.	
participe passé	construit		couru		cru	

infinitif	**devoir**		**dire**		**écrire**	
présent	je	dois	je	dis	j'	écris
	tu	dois	tu	dis	tu	écris
	il/elle/on	doit	il/elle/on	dit	il/elle/on	écrit
	nous	devons	nous	disons	nous	écrivons
	vous	devez	vous	**dites**	vous	écrivez
	ils/elles	doivent	ils/elles	disent	ils/elles	écrivent
imparfait	je	devais	je	disais	j'	écrivais
futur simple	je	devrai	je	dirai	j'	écrirai
conditionnel	je	devrais	je	dirais	j'	écrirais
impératif	*(selten verwendet)*		Dis. Disons. **Dites**.		Écris. Écrivez. Écrivons.	
participe passé	d**û**		dit		écrit	

ANNEXE

infinitif	**envoyer**		**faire**		**falloir**	
présent	j'	envoie	je	fais		
	tu	envoies	tu	fais		
	il/elle/on	envoie	il/elle/on	fait	il	faut
	nous	envoyons	nous	faisons [fəzɔ̃]		
	vous	envoyez	vous	**faites**		
	ils/elles	envoient	ils/elles	font		
imparfait	j'	envoyais	je	faisais [fəzɛ]	il	fallait
futur simple	j'	enverrai	je	ferai	il	faudra
conditionnel	j'	enverrais	je	ferais	il	faudrait
impératif	Envoie. Envoyons. Envoyez.		Fais. Faisons. **Faites**.		*(kein Imperativ)*	
participe passé	envoyé		fait		fallu	

infinitif	**lire**		**mettre**		**offrir**	
présent	je	lis	je	mets	j'	offre
	tu	lis	tu	mets	tu	offres
	il/elle/on	lit	il/elle/on	met	il/elle/on	offre
	nous	lisons	nous	mettons	nous	offrons
	vous	lisez	vous	mettez	vous	offrez
	ils/elles	lisent	ils/elles	mettent	ils/elles	offrent
imparfait	je	lisais	je	mettais	j'	offrais
futur simple	je	lirai	je	mettrai	j'	offrirai
conditionnel	je	lirais	je	mettrais	j'	offrirais
impératif	Lis. Lisons. Lisez.		Mets. Mettons. Mettez.		Offre. Offrons. Offrez.	
participe passé	lu		mis		offert	
			ebenso: permettre, promettre		*ebenso:* découvrir, ouvrir	

infinitif	(ê)**partir**		**plaire**		**pleuvoir**	
présent	je	pars	je	plais		
	tu	pars	tu	plais		
	il/elle/on	part	il/elle/on	plaît	il	pleut
	nous	partons	nous	plaisons		
	vous	partez	vous	plaisez		
	ils/elles	partent	ils/elles	plaisent		
imparfait	je	partais	je	plaisais	il	pleuvait
futur simple	je	partirai	je	plairai	il	pleuvra
conditionnel	je	partirais	je	plairais	il	pleuvrait
impératif	Pars. Partons. Partez.		Plais. Plaisons. Plaisez.		*(kein Imperativ)*	
participe passé	parti/e		plu		plu	
	ebenso: dormir, sentir, (ê) se sentir, (ê)sortir, servir		*ebenso:* (ê)se taire			

infinitif	**pouvoir**		**prendre**		**rire**	
présent	je	peux	je	prends	je	ris
	tu	peux	tu	prends	tu	ris
	il/elle/on	peut	il/elle/on	prend	il/elle/on	rit
	nous	pouvons	nous	prenons	nous	rions
	vous	pouvez	vous	prenez	vous	riez
	ils/elles	peuvent	ils/elles	prennent	ils/elles	rient
imparfait	je	pouvais	je	prenais	je	riais
futur simple	je	pourrai	je	prendrai	je	rirai
conditionnel	je	pourrais	je	prendrais	je	rirais
impératif	*(kein Imperativ)*		Prends. Prenons. Prenez.		Ris. Rions. Riez.	
participe passé	pu		pris		ri	
			ebenso: apprendre, comprendre			

infinitif	**savoir**		(ê)**venir**		**vivre**	
présent	je	sais	je	viens	je	vis
	tu	sais	tu	viens	tu	vis
	il/elle/on	sait	il/elle/on	vient	il/elle/on	vit
	nous	savons	nous	venons	nous	vivons
	vous	savez	vous	venez	vous	vivez
	ils/elles	savent	ils/elles	viennent	ils/elles	vivent
imparfait	je	savais	je	venais	je	vivais
futur simple	je	saurai	je	viendrai	je	vivrai
conditionnel	je	saurais	je	viendrais	je	vivrais
impératif	Sache. Sachons. Sachez.		Viens. Venons. Venez.		Vis. Vivons. Vivez.	
participe passé	su		venu/e		vécu	
			ebenso: (ê)devenir, (ê)revenir, se souvenir, tenir			

infinitif	**voir**		**vouloir**	
présent	je	vois	je	veux
	tu	vois	tu	veux
	il/elle/on	voit	il/elle/on	veut
	nous	voyons	nous	voulons
	vous	voyez	vous	voulez
	ils/elles	voient	ils/elles	veulent
imparfait	je	voyais	je voulais	
futur simple	je	verrai	je	voudrai
conditionnel	je	verrais	je	voudrais
impératif	Vois. Voyez. Voyons.		*(selten verwendet)*	
participe passé	vu		voulu	

Die Angabe in Klammern zeigt dir an, in welcher Unité/Séquence der Begriff zum ersten Mal vorkommt: (→ U6/A) heißt zum Beispiel Unité 6 / Approches.

Personen

Braque, Georges [bʀakʒɔʀʒ] (1882–1963)
Französischer Maler. Zusammen mit Pablo Picasso einer der bedeutendsten Vertreter des Kubismus. (→ U1/A)

Carion, Christian [kaʀjɔ̃kʀistjɑ̃] (geb. 1963)
Französischer Filmregisseur. Sein Film „Une hirondelle a fait le printemps" („Eine Schwalbe macht den Sommer") (2001) sorgte in Frankreich für viel Aufmerksamkeit; mit → „Joyeux Noël" („Merry Christmas") wurde Carion 2005 international bekannt. (→ U3/1)

Cartier, Jacques [kaʀtjeʒak] (1491–1557)
Französischer Seefahrer. Er verließ die französische Hafenstadt Saint-Malo im Jahre 1534, um im Auftrag des Königs François Ier (Franz I.) in der Gegend von Neufundland und Labrador Gold zu suchen. Er entdeckte Kanada und nahm es für den König von Frankreich in Besitz. (→ U4/A)

Colomb, Christophe [kɔlɔ̃kʀistɔf] **Kolumbus, Christoph** (1451–1506)
Genuesischer Seefahrer. Im Rahmen seiner Suche nach einem kürzeren Seeweg nach Indien entdeckte Christophe Colomb 1492 den amerikanischen Kontinent. (→ U4/A)

Diam's [djams] (geb. 1980)
Französische Hip-Hop-Sängerin, bürgerlicher Name Mélanie Georgiades; erhielt im Jahr 2003 für ihr Album „Brut de Femme" ihre erste Auszeichnung. Seitdem steigender Erfolg. (→ U1/Prat)

Guédiguian, Robert [gedigjɑ̃ʀɔbɛʀ] (geb. 1953)
Französischer Regisseur, Schauspieler, Produzent und Drehbuchschreiber. Die meisten seiner Filme spielen in → l'Estaque, einem berühmten Viertel von Marseille. „Marius et Jeanette" (1997) wurde zu einem internationalen Erfolg. (→ U1/A)

Matisse, Henri [matisɑ̃ʀi] (1869–1954)
Französischer Maler, Zeichner und Bildhauer. Bedeutender Vertreter des Fauvismus. Picasso betrachtete ihn als einen großen Rivalen und Freund zugleich. (→ U1/A)

Massilia Sound System [masiljasaundsistɛm]
Bei französischen Jugendlichen sehr beliebte Reggae-Gruppe aus Marseille; bekannt für ihre Liedtexte in okzitanischer Sprache. (→ U1/Entr)

Pennac, Daniel [pɛnakdanjɛl] (geb. 1944)
Französischer Autor. Vor allem bekannt für seine Krimis, die in → Belleville spielen. Pennac schreibt aber auch Kinderbücher, Essays und Comics. (→ U6/1)

Thomis, Élodie [tɔmielɔdi] (geb. 1986)
Französische Fußballspielerin. Spielt als Stürmerin beim Verein Olympique lyonnais sowie seit 2005 in der französischen Nationalmannschaft. (→ U2/Prat)

Geographische Namen

Aix-en-Provence [ɛksɑ̃pʀɔvɑ̃s] 140 000 Einwohner
Die von den Römern gegründete Stadt gehört zur administrativen Region → Provence-Alpes-Côte d'Azur. Knapp ein Fünftel der Einwohner sind Studenten. „Aix" ist die Heimat des berühmten französischen Malers Paul Cézanne (1839–1906). In Aix finden jährlich ein Comic-Festival sowie ein Festival der klassischen Musik statt. (→ U2/Prat, → U5/A, → U5/1)

l'Algérie *f.* [alʒeʀi] **Algerien** 33 Mio. Einwohner
Staat im Nordwesten Afrikas mit Alger als Hauptstadt; gehört mit Marokko und Tunesien zu den Staaten des Maghreb. Ehemalige französische Kolonie. Sprachen: Arabisch, Sprachen der Berber und Französisch. (→ U3/A)

Arles [aʀl] 53 000 Einwohner
Stadt in der → Provence, am Kopf des Rhônedeltas gelegen; Tor zur → Camargue. Arles ist bekannt für seine antiken Ruinen wie das römische Theater und das Amphitheater. (→ U5/A)

Aubagne [obaɲ] 43 000 Einwohner
Französische Stadt in der Nähe von → Marseille und → Aix-en-Provence. Derzeit befindet sich in Aubagne das Hauptquartier der französischen Légion étrangère (Fremdenlegion). Die Stadt ist auch die Heimat des Schriftstellers Marcel Pagnol (1895–1974). (→ U2)

Belleville [bɛlvil]
Lebendiger multikultureller Stadtteil im Osten von Paris. Belleville liegt auf einem Hügel, es gehört teils zum 19., teils zum 20. Arrondissement. (→ U6/1)

Bordeaux [bɔʀdo] 231 000 Einwohner
Hauptstadt des Departements Gironde, an der Garonne gelegen. Handels- und Bildungszentrum Südwestfrankreichs. In der Umgebung der Stadt liegen die Anbaugebiete der berühmten Bordeauxweine. Bordeaux ist die Partnerstadt von München. (→ U6/A)

Briançon [bʀijɑ̃sɔ̃] 11 000 Einwohner
Stadt in den französischen Alpen, nahe der Grenze zu Italien. Mit 1 320 Metern eine der höchst gelegenen Städte Europas. (→ U3/2)

les Calanques [lekalɑ̃k]
In der Umgebung von → Marseille: enge, steilwandige Täler im Kalkgestein am Rande des Meeres, die teilweise vom Meer überflutet sind; geringe Vegetation. Die Calanques sind als Wandergebiet sehr populär. (→ U1/A)

la Camargue [lakamaʀg]
Landstrich und Naturschutzgebiet im Rhônedelta, in Südfrankreich. Bekannt ist die Camargue für ihre artenreiche Wasservogelwelt (z. B. Flamingos), die Stiere und die frei lebenden Herden weißer Camargue-Pferde. (→ U5/A)

le Canada [ləkanada] **Kanada** 31,6 Mio. Einwohner
Staat in Nordamerika mit der Hauptstadt Ottawa. Kanada hat eine der geringsten Bevölkerungsdichten der Welt. Amtssprachen sind Englisch (Muttersprache von 59,3 % der Bevölkerung) und Französisch (22,9 %, hauptsächlich in → Québec gesprochen); weitere Sprachen sind Chinesisch, Vietnamesisch, Spanisch, Italienisch, Pandschabi und die Sprachen der Ureinwohner (u. a. Inuktikut). (→ U4/1)

la Canebière [lakanəbjɛʀ]
Berühmte, ein Kilometer lange Flaniermeile in → Marseille, die von der → Gare Saint-Charles zum → Vieux-Port führt. Ihren Namen verdankt sie den im 17. Jh. hier gelegenen Hanfplantagen. Mit Hanf stellte man damals solide Schiffstaue her. Später wurde die Canebière bei den Seeleuten wegen ihrer zahlreichen Lokale sehr beliebt. (→ U1/A)

Cannes [kan] 71 000 Einwohner
Stadt im Südosten Frankreichs, an der → Côte d'Azur. Weltberühmt für ihre internationalen Filmfestspiele. Beliebter Urlaubsort. (→ U5/3)

Charlevoix [ʃaʀləvwa]
Aufgrund ihrer besonderen Naturlandschaften von der UNESCO geschützte Region in → Québec, ca. 300 km entfernt von → Montréal. (→ U4/3)

Chicoutimi [ʃikutimi] 60 000 Einwohner
Früher eine selbstständige Stadt, bildet Chicoutimi seit 2002 eines der drei Arrondissements der Stadt Saguenay (nördlich von → Québec-ville). Heute ist dieses Stadtviertel Sitz der Université du Québec à Chicoutimi. (→ U3/1)

la Côte d'Azur [lakotdazyʀ]
Abschnitt der französischen Mittelmeerküste zwischen → Cassis und der italienischen Grenze. Beliebtes Urlaubsziel. (→ U5/3)

L'Estaque [lɛstak]
Ehemaliges Fischerdorf, an der Küste von → Marseille. Am Anfang des 20. Jahrhunderts ließen sich dort zahlreiche Künstler nieder, u. a. → Georges Braque, Paul Cézanne, Raoul Dufy. Seit 1946 gehört das Dorf zur Stadt Marseille. Die Filme des französischen Regisseurs → Robert Guédiguian zeigen das heutige Leben in l'Estaque. (→ U1/A)

l'Estérel [lɛsteʀɛl]
Mittelgebirge zwischen → Cannes und Saint-Raphaël an der → Côte d'Azur. Beliebtes Wandergebiet. (→ U5/3)

Fontaine-de-Vaucluse [fɔ̃tɛndəvoklyz]
600 Einwohner
Dorf in Südfrankreich, in der Nähe von → l'Isle-sur-la-Sorgue. (→ U5/2)

ANNEXE

la Gare de Lyon [lagaʀdəljɔ̃]
Einer der fünf Fernverkehrsbahnhöfe von Paris, im 12. Arrondissement gelegen. Die Gare de Lyon ist Abfahrts- bzw. Zielbahnhof für die Züge in bzw. aus südöstlicher Richtung. (→ U6/1)

la Gare Saint-Charles [lagaʀsɛ̃ʃaʀl]
Bahnhof im Zentrum von → Marseille. Das Gebäude wurde 1848 errichtet. Bis zum Zeitalter des Flugzeugs mussten alle Passagiere nach Afrika und dem Nahen Osten im Transit durch Marseille fahren. (→ U2/1) (→ Abbildung, S. 44–45)

la Gaspésie [lagaspezi]
Halbinsel im Osten von → Québec. Länge: 250 km, Fläche: 21 000 km^2, ca. 150 000 Einwohner. Kann seit der Einschiffung von → Jacques Cartier (1534) in der Bucht von Gaspé als „Wiege Kanadas" bezeichnet werden. Beliebtes Urlaubsgebiet. Der Name Gaspé ist von dem indianischen Wort „Gespeg" abgeleitet, das so viel wie „am Ende der Welt" bedeutet. (→ U4/3)

Grasse [gʀas]
ca. 45 000 Einwohner
Stadt in der → Provence. Seit dem 19. Jh. Welthauptstadt der Parfumindustrie. (→ U5/A)

Grenoble [gʀənɔbl] 158 000 Einwohner
Nach → Lyon die zweitgrößte Stadt der Region Rhône-Alpes. Die von Bergen umgebene Stadt war 1968 Austragungsort der Olympischen Winterspiele. Grenoble ist heute als Universitätsstadt sowie als Zentrum für Informationstechnologie und Nuklearforschung bekannt. (→ U3/1)

l'Île-de-France [lildəfʀɑ̃s] 11 491 000 Einwohner
Wirtschaftsstärkste Region Frankreichs. Die Île-de-France umfasst die Hauptstadt Paris sowie die sieben Departements, die Paris umgeben. (→ U6/A)

l'Île de la Cité [lildəlasite]
Die größere der beiden von der Seine eingeschlossenen Inseln im Zentrum von Paris; ältester Stadtteil von Paris. Auf der Île de la Cité befindet sich die Kathedrale Notre-Dame de Paris. (→ U6/3)

l'Île d'If [lildif]
Winzige Felseninsel im Mittelmeer, ca. 2 km vor → Marseille. Auf der Insel befindet sich der Château d'If, eine 500 Jahre alte Festung, die als Gefängnis diente. Berühmt wurde sie vor allem durch den Roman → Le Comte de Monte-Cristo von Alexandre Dumas. (→ U1/A, → U3/2)

l'Isère [lizɛʀ]
1. Fluss, der zum Einzugsgebiet der Rhône gehört und auch durch → Grenoble fließt.
2. Departement im Südosten Frankreichs, dessen Hauptstadt → Grenoble ist. Die Gegend ist bekannt für ihre zahlreichen Wintersportmöglichkeiten. (→ U3/2)

l'Isle-sur-la-Sorgue [lilsyʀlasɔʀg] 21 000 Einwohner
Kleinstadt in Südfrankreich, an der → Sorgue gelegen. Weltberühmter Trödel- und Antikmarkt. (→ U5/2)

le Jardin des Vestiges [ləʒaʀdɛ̃devɛstiʒ]
Öffentlicher Garten in → Marseille, in dem man die Ruinen des von den Griechen vor mehr als zwei Jahrtausenden erbauten Hafens sehen kann. (→ U1/A)

Kuujjuaq [kudʒuak] ca. 2 000 Einwohner
Hauptort der Region → Nunavik, am Fluss Koksoak gelegen. Fast ausschließlich von → Inuit bewohnt. Der Name „Kuujjuaq" bedeutet „großer Fluss". (→ U4/3)

le Limousin [ləlimuzɛ̃] 725 000 Einwohner
Region im Zentrum von Frankreich, im Massif Central gelegen. Der Limousin ist eine der strukturschwachen Regionen Frankreichs. (→ U6/A)

Lille [lil] 227 000 Einwohner
Hauptstadt der Region Nord-Pas-de-Calais, in Nordfrankreich. Ehemaliges Zentrum für Metall- und Textilindustrie. (→ U6/A)

Lyon [ljɔ̃] 465 000 Einwohner, im Ballungsgebiet 1,4 Mio.
Drittgrößte Stadt Frankreichs (nach Paris und → Marseille), 460 km südöstlich von Paris gelegen. Ehemals Zentrum der französischen Textil-, besonders der Seidenindustrie. Die historischen Stadtviertel von Lyon wurden 1998 in das Weltkulturerbe der UNESCO aufgenommen. Lyon ist die Partnerstadt von Frankfurt/Main. (→ U6/A)

le Mali [ləmali] **Mali** 11,7 Mio. Einwohner
Westafrikanischer Staat mit der Hauptstadt Bamako; ehemalige französische Kolonie. Zwei Drittel der Fläche des Landes bestehen aus Wüste. Mali ist eines der ärmsten Länder der Welt. Sprachen: Französisch (Amtssprache), Bambara, Fulani, Shongai. (→ U3/1)

Marrakech [marakɛʃ] **Marrakesch**
848 000 Einwohner
Stadt im Südwesten des nordafrikanischen Staates Marokko (le Maroc). Marokko ist eine ehemalige französische Kolonie. (→ U3/1, → Bilan 1)

Marseille [marsɛj] 821 000 Einwohner, im Ballungsraum 1,6 Mio.
Stadt an der Rhônemündung am Mittelmeer. Älteste und nach Paris zweitgrößte Stadt Frankreichs. Frankreichs bedeutendster Hafen. Die Stadt wurde 600 v. Chr. von den Griechen gegründet, die den Alten Hafen, → le Vieux-Port, anlegten. (→ U1/A)

le Mercantour [ləmɛrkɑ̃tur]
Gebirgsmassiv in den Südalpen an der französisch-italienischen Grenze. Im Mercantour findet man ein 72 000 ha großes Naturschutzgebiet mit umfangreichen Wildbeständen. (→ U5/3)

Monaco [monako] 32 000 Einwohner
Mit 2 km² nach dem Vatikan der zweitkleinste unabhängige Staat der Welt. An der → Côte d'Azur, zur italienischen Grenze hin gelegen und von Frankreich umschlossen. Zahlreiche luxuriöse Tourismuseinrichtungen. Bekannt als Steuerparadies. (→ U5/3)

Montpellier [mɔ̃pəlje] 244 000 Einwohner
Eine der größten Städte an der französischen Mittelmeerküste, gelegen in der Region Languedoc-Roussillon. Wichtige französische Universitätsstadt. Montpellier ist die Partnerstadt von Heidelberg. (→ U2/1)

Montréal [mɔ̃real] **Montreal** 1,8 Mio. Einwohner, im Ballungsraum 3,4 Mio.
Zweitgrößte Stadt Kanadas, am → Saint-Laurent gelegen; größte Stadt der Provinz → Québec sowie, nach Paris, zweitgrößte französischsprachige Stadt der Welt. Montréal ist bekannt für sein altes Stadtviertel → le Vieux-Montréal, seine Wolkenkratzer sowie die → ville souterraine. (→ U4/A)

Montreuil [mɔ̃trœj] 101 400 Einwohner
Stadt im Ballungsraum von Paris, in der Region → Île-de-France gelegen. (→ U6/2)

le Mont-Royal [ləmɔ̃rwajal]
234 m hoher Berg im Zentrum der Stadt → Montréal. Dem von → Jacques Cartier so getauften Berg verdankt die Stadt ihren Namen. (→ U4/2)

Nantes [nɑ̃t] 289 000 Einwohner
Größte Stadt der Region Bretagne. Am Zusammenfluss von → Loire und Erdre gelegen. Stadt der Kunst, wichtiges Industriezentrum, Universitäts- und Hafenstadt. (→ U6/A)

Nice [nis] **Nizza** 360 000 Einwohner, im Ballungsraum 1 Mio.
Stadt an der → Côte d'Azur. Lage und Klima machen Nizza im Sommer wie im Winter zu einem viel besuchten Urlaubsort. (→ U5/3)

Nîmes [nim] 143 000 Einwohner
Stadt in der → Provence, zwischen → Montpellier und Avignon gelegen. Nîmes wurde vor 2 600 Jahren von den Römern gegründet, deren Amphitheater (les arènes) heute noch das Kennzeichen der Stadt ist. Die Bezeichnung Denim für den Jeans-Stoff leitet sich vom Namen der Stadt ab (de Nîmes = aus Nîmes). (→ Bonjour, tout le monde!, → U5/A)

Notre-Dame de la Garde [notrədamdəlagard]
Kirche in → Marseille, auf einem Hügel über dem → Vieux-Port gelegen. Die Basilika wurde Mitte des 19. Jahrhunderts erbaut. (→ U1/A)

le Nunavik [lənunavik]
Nördlichster Teil der kanadischen Provinz → Québec. Hauptort: → Kuujjuaq. Fläche: 510 000 km². Bevölkerung: rund 11 000 Einwohner, darunter etwa 90 % → Inuit. „Nunavik" bedeutet so viel wie „Land, in dem es sich leben lässt". Neben den Einheimischen kommen auch zunehmend Touristen nach Nunavik, u. a. zur Karibujagd und zum Lachsangeln. (→ U4/3)

le Palais de l'Élysée [ləpalɛdəlelise]
Sitz des Président de la République, des französischen Staatspräsidenten. Das Wort „Élysée" bezeichnet symbolisch auch dessen Amt. (→ U6/A)

le Panier [ləpanje]
Historisches Zentrum und populäres Viertel von → Marseille, mit engen, steilen Gassen und farbigen Häusern. Wegen seines typischen Flairs lockt es viele Touristen an. (→ U1/A)

ANNEXE

le Parc Aquarium du Québec [ləparkakwarjɔm]

Öffentliches Aquarium in → Québec (ville), beherbergt 10 000 Exemplare von insgesamt 300 verschiedenen Spezies Fische, Krusten-, Weich- und Säugetiere, die vorwiegend in arktischen Regionen beheimatet sind. (→ U4/2)

la Provence [laprɔvɑ̃s]
Gebiet in Südfrankreich, entlang des Mittelmeers von der italienischen Grenze bis etwa → Montpellier. Anbau von Wein, Oliven, Obst und Blumen. Die lila blühenden Lavendelfelder gelten als typisch für die Provence. Wichtigste französische Feriengegend wegen des warmen Klimas, der schönen Landschaft und der vielen Sehenswürdigkeiten. (→ U5/A)

Provence-Alpes-Côte d'Azur [prɔvɑ̃salpkotdazyr]
4,8 Mio. Einwohner
Region im Südosten Frankreichs, mit der Hauptstadt → Marseille. Haupteinnahmequellen sind der Obst- und Gemüseanbau, die chemische Industrie, die Nahrungsmittelindustrie, Werften und der Fremdenverkehr. (→ U5/A)

Québec (ville) [kebɛkvil]
496 000 Einwohner, im Ballungsraum 1 Mio. Hauptstadt der kanadischen Provinz → Québec mit gut erhaltener Altstadt und Festungsanlage aus dem 17. Jh. Berühmt ist der Winterkarneval (→ le carnaval d'hiver). Die Stadt liegt auf einem großen Felsen, an einer schmalen Stelle des → Saint-Laurent. (→ U4/A)

le Québec [ləkebɛk] 7,5 Mio. Einwohner
Größte Provinz Kanadas, im Osten des Landes. Hauptstadt: → Québec (ville). Größte Stadt: → Montréal. Amtssprache: Französisch (gesprochen von 83 % der Bevölkerung). Die Gegend der heutigen Provinz wurde 1534 vom Seefahrer → Jacques Cartier entdeckt. Sie ist dreimal so groß wie Frankreich und reich an Seen, Flüssen und großen Wäldern. Das Wappen von Québec zeigt weiße Lilien auf blauem Grund. Der Wahlspruch der Provinz lautet „Je me souviens". (→ U2/Entr, → U4/A)

Saint-Denis [sɛ̃dəni] 96 000 Einwohner
Stadt im Pariser Ballungsraum, gehört zur Region → Île-de-France. (→ U6/2)

le Lac Saint-Jean [ləlaksɛ̃ʒɑ̃]
Drittgrößter See von → Québec. Beliebter Sommerurlaubsort wegen der hohen Wasserqualität. (→ U4/3)

le Saint-Laurent [ləsɛ̃lɔrɑ̃] **Sankt-Lorenz-Strom**
1 200 km langer Fluss in Nordamerika. Bis oberhalb von → Montréal Grenzfluss zwischen den USA und Kanada. Bildet bei → Québec (ville) eine 150 km breite Trichtermündung in den Sankt-Lorenz-Golf; eine der verkehrsreichsten Binnenwasserstraßen der Erde. (→ U4/A)

les Saintes-Maries-de-la-Mer [lesɛ̃tmaridəlamɛr]
2 500 Einwohner
Ort in der → Camargue, am Mittelmeer. Alljährlich im Mai und Oktober finden hierhin Pilgerfahrten der Sinti und Roma statt. (→ U5/1)

Saint-Tropez [sɛ̃trɔpe] 5 700 Einwohner
Hafenort an der → Côte d'Azur. Seit den 1950er Jahren Treffpunkt von Künstlern und der High Society. (→ U5/3)

le Saskatchewan [ləsaskatʃewan]
547 km langer Fluss in Kanada, mündet in den Winnipegsee, einen der größten Seen der Welt. Der Name „Saskatchewan" bezeichnet auch eine kanadische Provinz, die der Fluss durchquert. (→ U4/A)

la Seine-Saint-Denis [lasɛnsɛ̃dəni]
Departement in der Region → Île-de-France. (→ U6/2)

la Sorgue [lasɔrg]
35 km langer Fluss in der → Provence. Das Wasser tritt bei der Fontaine (= Quelle) de Vaucluse (→ gleichnamige Ortschaft) zu Tage. Die Sorgue ist bei Anglern und Wassersportamateuren sehr populär. (→ U5/A)

Strasbourg [strazbur] **Straßburg** 273 000 Einwohner, im Ballungsraum 650 000
Hauptstadt der Region Elsass (Alsace), an der deutsch-französischen Grenze gelegen. Strasbourg ist Sitz zahlreicher europäischer Einrichtungen (Europarat, Europaparlament, Europäischer Gerichtshof für Menschenrechte usw.). (→ U3/1)

Vaison-la-Romaine [vɛzɔ̃laʀɔmɛn] 6 000 Einwohner

Französische Kleinstadt in der Region → Provence-Alpes-Côte d'Azur. Als Ausflugsort aufgrund der zahlreichen Kunstgewerbemärkte, der traditionellen Architektur und der römischen Ruinen sehr beliebt. (→ U5/A)

Val d'Isère [valdizɛʀ]
Wintersportort in den französischen Alpen, in der Nähe von Albertville gelegen. Der Skisport ist die wichtigste Einnahmequelle in Val d'Isère. (→ U3/2)

le (Stade) Vélodrome [lə(stad)velodʀom]
Stadion in → Marseille; mit 60 000 Plätzen das zweitgrößte Stadion Frankreichs. Der Vélodrome war ursprünglich mit einer Radrennbahn ausgestattet, daher der Name. Es wird hauptsächlich vom Fußballclub → Olympique de Marseille genutzt. (→ U1/A)

le Vieux-Montréal [ləvjømɔ̃ʀeal]
Historisches Viertel der Stadt → Montréal, direkt am → Saint-Laurent gelegen. Zahlreiche Sehenswürdigkeiten, darunter die Place d'Youville, auf welcher die Stadt 1642 offiziell gegründet wurde. (→ U4/2)

le Vieux-Port [ləvjøpɔʀ]
Im Jahre 600 v. Chr. entdeckten die Griechen die kleine Bucht, die heute den Vieux-Port (Alter Hafen) von → Marseille bildet. Dieser diente lange als Handelshafen. Während des 2. Weltkrieges wurden zahlreiche alte Gebäude des Hafenviertels von der deutschen Armee gesprengt. Heute wird der Vieux-Port ausschließlich als Yachthafen genutzt. (→ U1/A)

Villard-de-Lans [vilaʀdəlɑ̃s] 4 000 Einwohner
Bekannter Touristenort, in der Nähe von → Grenoble gelegen. (→ U3/2)

la ville souterraine [lavilsutɛʀɛn]
Mit 12 km² der größte unterirdische Baukomplex der Welt, im Zentrum von → Montréal gelegen. Ausgestattet mit Banken, Hotels, Einkaufszentren, Universitätsgebäuden, Luxusresidenzen, U- und S-Bahnhöfen usw. Täglich von mehr als einer halben Million Menschen besucht. (→ U4/2)

Sonstiges

l'abrivado [labʀivado]
Stierkampftradition im Südosten Frankreichs. Bei einem abrivado werden die Stiere durch die Straßen zur Arena getrieben. (→ U5/A)

le carnaval d'hiver [ləkaʀnavaldivɛʀ]
In → Québec (ville) stattfindender, drittgrößter Karneval der Welt und größter Winterkarneval. Wichtiger Teil des reichhaltigen Programms sind die Schnee- und Eisskulpturen. Jährlich knapp eine Million Besucher. (→ U4/2)

Cinéfête [sinefɛt]
Initiative der Instituts français, um Schüler und Schülerinnen in Deutschland mit französischen Filmen bekannt zu machen: Jedes Jahr werden sieben ausgewählte Spielfilme in Originalfassung mit deutschen Untertiteln in mehr als 100 Kinos bundesweit gezeigt. (→ U3/1)

Le Comte de Monte Cristo
[ləkɔ̃tdəmɔntekʀisto]

Roman des französischen Schriftstellers Alexandre Dumas; Klassiker der französischen Literatur. Die Hauptfigur, Edmond Dantès, verbringt 14 Jahre im Gefängnis der → Île d'If. Der Roman (deutscher Titel: „Der Graf von Monte Christo") wurde mehrmals verfilmt.
(→ U1/A, → U3/2)

l'ENA [lena]
Abkürzung für „École nationale d'administration". Die berühmteste der französischen Hochschulen wurde kurz nach dem 2. Weltkrieg vom Staatspräsidenten Charles de Gaulle in Paris ins Leben gerufen. Ihr heutiger Sitz ist → Strasbourg. Die ENA bildet den Nachwuchs für Spitzenämter in Verwaltung und Politik aus. (→ U6/2)

le français québécois [ləfʀɑ̃sɛkebekwa]
Das in → Québec gesprochene Französisch unterscheidet sich in Wortschatz, Redewendungen und Aussprache vom Standardfranzösischen, z. B. cooker = faire la cuisine, le char = la voiture, il mange ses shorts = il a de gros problèmes. (→ U4/A, →U4/2)

les HLM [leaʃɛlɛm]
Abkürzung für „habitations à loyer modéré". Staatlich geförderte Wohnungen. (→ U6/2)

les Inuits [lezinɥit] **die Inuit**
Volksgruppen, die in den arktischen Regionen von Zentral- und Nordostkanada, Alaska, Sibirien sowie Grönland leben. Der Name „Inuit" bedeutet in Inuktikut, der Sprache der Inuit, „Menschen". Früher hat man die Inuit auch „Eskimos" (= Fleischesser) genannt. 2005 haben sich in Kanada (→ Canada) ca. 45 000 Personen als Inuit erklärt, 21 % davon leben in → Québec. (→ U4/1)

Joyeux Noël [ʒwajønɔɛl]
Film des französischen Regisseurs → Christian Carion; erzählt die Geschichte von französischen, deutschen und britischen Soldaten im Ersten Weltkrieg, die eine Waffenruhe beschließen und an der Kriegsfront zusammen Weihnachten feiern. Der Film, der in Französisch, Deutsch und Englisch gedreht wurde, erschien 2005 und läuft in Deutschland unter dem Titel „Merry Christmas". (→ U3/1, → U5/2)

le mistral [ləmistʀal]
Kalter, trockener und oft starker Wind im westlichen Mittelmeerbecken, der aus Nordwest weht. Er hat einen großen Einfluss auf das Klima der → Provence. (→ U5/A)

l'Olympique de Marseille / l'OM [lɔlɛ̃pikdəmaʀsɛj/loɛm]
Fußballmannschaft von → Marseille, die in der 1. französischen Liga spielt. Gewann zahlreiche Meisterschaften und Pokale; bekannte französische Nationalspieler wie Franck Ribéry und Fabien Barthez spielten in der Mannschaft. (→ U3/2)

le réacteur de fusion nucléaire [ləʀeaktœʀdəfyzjɔ̃-nykleɛʀ]
Kernfusionsreaktor „Iter", der seit 2008 in Cadarache, nordöstlich von → Marseille, entsteht. Das internationale Projekt, an dem u. a. die Europäische Union, die USA, Japan und Russland beteiligt sind, bedeutet eine absolute technologische Neuerung: Durch die Verschmelzung von Wasserstoffatomen unter extrem hohen Temperaturen soll Energie erzeugt werden. (→ U5/A)

la SNCF [laɛsɛnseɛf]
Abkürzung für „Société nationale des chemins de fer français". Staatliche französische Eisenbahngesellschaft, die fast den kompletten Schienenverkehr Frankreichs inklusive des → TGV betreibt. (→ U3/2, → U6/1)

le TGV [ləteʒeve]
Abkürzung für „Train à grande vitesse". Hochgeschwindigkeitszug, der 1990 mit 513 km/h einen neuen Geschwindigkeitsrekord aufstellte. Der TGV fährt mittlerweile nicht nur innerhalb Frankreichs, sondern auch in den Nachbarländern (Deutschland, Belgien, Italien usw.). Seit 2007 gibt es z. B. Verbindungen von Frankfurt/Main und Saarbrücken nach Paris. (→ U3/2, → U6/A)

Numéros et noms des départements

01 l'Ain
02 l'Aisne
03 l'Allier
04 les Alpes-de-Haute-Provence
05 les Hautes-Alpes
06 les Alpes-Maritimes
07 l'Ardèche
08 les Ardennes
09 l'Ariège
10 l'Aube
11 l'Aude
12 l'Aveyron
90 le Territoire de Belfort
13 les Bouches-du-Rhône
14 le Calvados
15 le Cantal
16 la Charente
17 la Charente-Maritime
18 le Cher
19 la Corrèze
2A la Corse-du-Sud
2B la Haute-Corse
21 la Côte-d'Or
22 les Côtes-d'Armor
23 la Creuse
24 la Dordogne
25 le Doubs
26 la Drôme
91 l'Essonne
27 l'Eure
28 l'Eure-et-Loire
29 le Finistère
30 le Gard
31 la Haute-Garonne
32 le Gers
33 la Gironde
92 les Hauts-de-Seine
34 l'Hérault
35 l'Ille-et-Vilaine
36 l'Indre
37 l'Indre-et-Loire
38 l'Isère
39 le Jura
40 les Landes
41 le Loir-et-Cher
42 la Loire
43 la Haute-Loire
44 la Loire-Atlantique
45 le Loiret
46 le Lot
47 le Lot-et-Garonne
48 la Lozère
49 le Maine-et-Loire
50 la Manche
51 la Marne
52 la Haute-Marne
53 la Mayenne
54 la Meurthe-et-Moselle
55 la Meuse
56 le Morbihan
57 la Moselle
58 la Nièvre
59 le Nord
60 l'Oise
61 l'Orne
62 le Pas-de-Calais
63 le Puy-de-Dôme
64 les Pyrénées-Atlantiques
65 les Hautes-Pyrénées
66 les Pyrénées-Orientales
67 le Bas-Rhin
68 le Haut-Rhin
69 le Rhône
70 la Haute-Saône
71 la Saône-et-Loire
72 la Sarthe
73 la Savoie
74 la Haute-Savoie
75 la Ville de Paris
76 la Seine-Maritime
77 la Seine-et-Marne
93 la Seine-Saint-Denis
79 les Deux-Sèvres
80 la Somme
81 le Tarn
82 le Tarn-et-Garonne
94 le Val-de-Marne
95 le Val-d'Oise
83 le Var
84 le Vaucluse
85 la Vendée
86 la Vienne
87 la Haute-Vienne
88 les Vosges
89 l'Yonne
78 les Yvelines

ANNEXE

Liste chronologique des mots **Chronologische Wortliste**

Grundschrift: obligatorischer Wortschatz
kursiv: fakultativer Wortschatz

Symbole und Abkürzungen

- ~ bezeichnet die Lücke, in die das neue Wort einzusetzen ist.
- ~[1] Die Fußnote zeigt dir an, dass du auf die Angleichung des Wortes achten musst. Die richtige Lösung findest du auf einem grauen Streifen am Ende jeder Séquence.
- ⚠ Hier musst du besonders gut aufpassen.
- ≠ Gegenteil von
- le ~ die ~ Vergleiche mit dem deutschen Artikel.
- ▶ Vergleiche mit bereits bekannten Wörtern.
- → Les verbes, p. 153 zeigt dir an, dass du in Les verbes, S. 153f., die Konjugation des Verbs findest.

etw.	etwas	*f.*	féminin (feminin)	*pron.*	pronom (Pronomen)
jdm/jdn	jemandem/jemanden	*m.*	masculin (maskulin)	*adj.*	adjectif (Adjektiv)
f.	feminin (weiblich)	*pl.*	pluriel (Plural)	*adv.*	adverbe (Adverb)
m.	maskulin (männlich)	*qc*	quelque chose (etwas)	*conj.*	conjonction (Bindewort)
umg.	umgangssprachlich	*qn*	quelqu'un (jemand)	*prép.*	préposition (Präposition)
Pers.	Person	*angl.*	anglais (englisch)	*fam.*	familier (umgangssprachlich)
Sg.	Singular	*lat.*	latin (lateinisch)		
Pl.	Plural				

Lerntipp

Viele Wörter kannst du verstehen, wenn du dir überlegst, ob du ein ähnlich lautendes Wort aus einer anderen Sprache kennst. Lege dir deshalb ein mehrsprachiges Vokabelheft an, in dem du solche ähnlich lautenden Wörter sammelst. Manchmal schreiben sich diese Wörter aber anders oder man spricht sie anders aus. Markiere in deinem Vokabelheft also auch immer die Unterschiede, die du beachten musst.

UNITÉ 1 À Marseille

Approches: Ils présentent leur ville

Informationen über Orte in Frankreich findest du im Landeskundlichen Lexikon, S. 158.

voici [vwasi] ▶ voilà	hier ist/sind	~ la maison de Nicolas.
l'endroit [lɑ̃dʀwa] *m.*	der Ort	Quel est ton ~ préféré?
le/la corres [lə/lakɔʀɛs] *fam.* / **le/la correspondant/e** [ləkɔʀɛspɔ̃dɑ̃/lakɔʀɛspɔ̃dɑ̃t]	der/die Austauschpartner/in, der/die Brieffreund/in	Il s'appelle comment, ton ~?
chez moi [ʃemwa]	bei mir (zu Hause)	On est ~ ce soir. Viens quand tu veux.

chez **moi**, chez **toi**, chez **lui**/elle, chez nous, chez vous, chez **eux**/elles

la basilique [labazilik] *lat.* basilica	die Basilika	Paul a photographié sa grand-mère devant la ~.
de là-haut [dəlao]	von dort oben	

la pêche [lapɛʃ] *lat.* piscatus	der Fischfang, das Angeln	Ils partent à la ~.
l'invité/e [lɛ̃vite] *m./f.* ▶ inviter qn	der Gast	Nos ~[1] sont partis hier.
la calanque [lakalɑ̃k]	die Felsbucht	En été, beaucoup de touristes visitent les ~[2].
le vestige [ləvɛstiʒ] *m. pl.* *lat.* vestigium	der Überrest *hier:* die Ruine	Ce sont de vrais ~[3] romains.
antique [ɑ̃tik] *adj.* *lat.* antiquus	antik	Ton ordinateur a l'air ~!
pittoresque [pitɔʀɛsk] *adj.*	malerisch, pittoresk	Sans cette vue ~, la maison est nulle!
le vélodrome [ləvelɔdʀom]	die Radrennbahn *hier: Name des Fußballstadions von* Olympique de Marseille	Avec papa, nous allons souvent au ~.
l'avenue [lavny] *f.*	*breite Straße in einer Stadt,* die Allee	Il habite ~ de la Montagne Noire.
animé/e [anime] *adj.* ≠ mort	belebt	Le quartier est très ~.
populaire [pɔpylɛʀ] *angl.* popular, *lat.* popularis	populär, beliebt	Tout le monde aime cette chanson. Elle est très ~.
le tableau [lətablo] / ⚠ **les tableaux**	das Gemälde	J'ai acheté un joli ~ au marché aux puces.

1 invités 2 calanques 3 vestiges

SÉQUENCE 1

Ils jouent de tous les instruments

jouer de/à qc [ʒue]	etw. spielen	Yann ~[1] de la guitare. Paul ~[1] au foot.

Unterscheide: jouer **de** *(+ Instrument) und* jouer **à** *(+ Sport/Spiel)*

tout, toute, tous, toutes [tu/tut/tu/tut]	der/die/das ganze *in Verbindung mit einem Nomen,* alle	Luc a mangé ~ le clafoutis.
l'instrument [lɛ̃stʀymɑ̃] *m.* *angl.* instrument *lat.* instrumentum	das Instrument	Est-ce que tu as des ~[2]?
par terre [paʀtɛʀ]	auf dem Boden	Marion lit toujours ~.
la terre [latɛʀ] *lat.* terra	die Erde	
connaître qc, (ê)se connaître [səkɔnɛtʀ] *lat.* cognoscere	etw. kennen, sich kennen → Les verbes, p. 155	Ils se ~[3] mal.

Vergleiche: se connaître = sich kennen *und* faire la connaissance de qn = jdn kennenlernen

depuis [dəpɥi]	seit	~ mon anniversaire, j'ai un vélo.

l'école primaire [lekɔlpʀimɛʀ] *f.*	die Grundschule	Tous les enfants doivent aller à l'~.
le lycée [ləlise]	das Gymnasium	Après le collège, Mathieu veut aller au ~.

⚠ *«faux ami»:*

le lycée (das Gymnasium)

le gymnase (die Turnhalle)

longtemps [lɔ̃tɑ̃] *adv.*	lange	Hier, nous avons dû attendre Paul ~.

⚠ *Nicht verwechseln:* eine lange (longue) Nacht *und* Er hat lange (longtemps) geschrien.

former qc [fɔʀme] *lat.* formare	etw. bilden *hier:* etw. gründen	
la basse [labɑs] *angl.* bass	*hier:* der elektrische Bass	Max veut acheter une ~.
l'accordéon [lakɔʀdeɔ̃] *m.* *angl.* accordion	das Akkordeon	Charlotte joue de l'~.
le saxophone [ləsaksɔfɔn]	das Saxophon	Le ~, c'est l'instrument préféré de Juliette.
la batterie [labatʀi]	das Schlagzeug	Ta ~ est beaucoup trop lourde!
être chaud/e pour qc / pour + *inf.* [ɛtʀəʃo/ɛtʀəʃod] *fam.*	*hier:* überzeugt sein von etw., sich mit (einer Idee) anfreunden	Vous ~[4] pour faire un match de foot?
le projet [ləpʀɔʒɛ] *angl.* project	das Projekt	Qu'est-ce qu'ils ont comme ~ pour ce soir?
distribuer qc [distʀibye] *angl.* to distribute *lat.* distribuere	etw. verteilen	Julie, est-ce que tu peux ~ les tests?
le prospectus [ləpʀɔspɛktys] / ⚠ **les prospectus**	der Prospekt	Son oncle déteste les ~ de pub.
répéter (qc) [ʀepete] *angl.* to repeat	*hier:* (etw.) üben *auch:* (etw.) wiederholen	Pour être bon, il faut beaucoup ~. Je n'ai pas entendu, tu peux ~?
sans parler de [sɑ̃paʀledə]	ganz zu schweigen von	
tout le temps [tulətɑ̃]	die ganze Zeit	Il parle ~.
tous les jours [tuleʒuʀ]	jeden Tag	Elle fait du sport ~.
Parle pour toi! [paʀlpuʀtwa]	*hier:* Für dich mag das wohl so sein!	
le volley [ləvɔlɛ] *angl.* volleyball	Volleyball	Tu fais du ~?
le/la batteur/-euse [ləbatœʀ/labatøz]	der/die Schlagzeuger/in	Marie-Jo craque pour le ~.
l'annonce [lanɔ̃s] *f.*	die Anzeige, das Inserat	Mettons une ~ pour trouver des skis.
la mouette [lamwɛt]	die Möwe	Elles sont chouettes, ces ~[5]!
ça fait (école primaire) [safɛ]	*hier:* das klingt nach, das wirkt wie (Grundschule)	

la cave [lakav]	der Keller	Je ne descends pas dans la ~, il fait trop froid.
couper l'appétit [kupe-lapeti]	den Appetit verderben	Ton film d'horreur lui a ~[6].
couper qc [kupe]	etw. schneiden	Qui est-ce qui ~[7] le jambon?
l'appétit [lapeti] *m.* *angl.* appetite *lat.* appetitus	der Appetit	Après la natation, on a toujours de l'~.
la clé [lakle] *angl.* key *lat.* clavis	der Schlüssel	N'oublie pas tes ~[8]!
se ronger les ongles [səʀɔ̃ʒelezɔ̃gl]	an den Nägeln kauen	
ronger qc [ʀɔ̃ʒe] ⚠ **nous rongeons**	an etw. nagen *wird wie* changer *konjugiert*	Leur chien ~[9] tout ce qu'il trouve.
l'ongle [lɔ̃gl] *m.*	der (Finger-)Nagel	Elles préfèrent les ~[10] longs.
l'espoir [lɛspwaʀ] *m.*	die Hoffnung	Il ne faut jamais perdre l'~!
être vert/e de jalousie [ɛtʀvɛʀdəʒaluzi]	grün sein vor Neid	
la jalousie [laʒaluzi] *angl.* jealousy	der Neid	Il y a beaucoup de ~ entre eux.

1 joue 2 instruments 3 se connaissent 4 êtes chauds 5 mouettes 6 coupé l'appétit 7 coupe 8 clés 9 ronge 10 ongles

SÉQUENCE 2

Les parents ne veulent pas devenir sourds

vivre [vivʀ] *lat.* vivere	leben → Les verbes, p. 157	Est-ce que tu sais combien de gens ~[1] à Paris?
l'employé/e [lɑ̃plwaje] *angl.* employee	der/die Angestellte	
le yoga [ləjɔga]	das Yoga	Tous les matins, Hervé fait du ~.
gentil [ʒɑ̃ti] / ⚠ **gentille** [ʒɑ̃tij] *adj.* ≠ méchant	nett	M. Duval, notre prof de maths, est très ~.
la soif [laswaf]	der Durst	Vous avez ~?

avoir soif = Durst haben avoir faim = Hunger haben

impossible (de + *inf.*) [ɛ̃pɔsibl] *angl.* impossible *lat.* impossibilis	unmöglich (etw. zu + *Inf.*)	C'est ~ de faire cet exercice d'anglais.
le/la voisin/e [ləvwazɛ̃/lavwazin] *lat.* vicinus	der/die Nachbar/in	M. Gaston, c'est le ~ de ma grand-mère.

le/la dentiste [lə/ladɑ̃tist] *angl.* dentist	der Zahnarzt / die Zahnärztin	Chez le ~, Gaëlle a souvent peur.
le/la commercial/e [lə/lakɔmɛʀsjal] / ⚠ **les commerciaux** [lekɔmɛʀsjo]	der/die kaufmännische Angestellte	Mon frère veut devenir ~.
être en voyage [ɛtʀɑ̃vwajaʒ]	auf Reisen sein	Thomas adore ~, mais pas pour le travail.
énervé/e [enɛʀve] *adj.*	gereizt, genervt	Pourquoi est-ce que vous êtes ~?
le/la client/e [ləklijɑ̃/laklijɑ̃t] *angl.* client	der/die Kunde/Kundin	Ce ~ a fait une bonne affaire.
difficile [difisil] *adj.* ≠ facile *angl.* difficult *lat.* dificilis	schwierig, schwer	Je trouve cet exercice ~.
ne … rien [nə…ʀjɛ̃]	nichts	Arrête la télé! On ~ comprend ~.

Du kennst die folgenden Verneinungen: ne … pas, ne … plus, ne … rien.

les cartes [lekaʀt] *f. pl.* *angl.* cards	die (Spiel-)Karten	Ce soir, Sébastien et Stéphane jouent aux ~.
changer qc [ʃɑ̃ʒe] ⚠ **nous changeons** *angl.* to change	*hier:* etw. (aus-)wechseln → Les verbes, p. 154	~[2] le couvert, il est sale.
la réaction [laʀeaksjɔ̃] *angl.* reaction	die Reaktion	Je ne comprends pas ta ~, Yann!
fatigué/e [fatige] *adj.*	müde	Est-ce que tu es ~, Théo?
le bruit [ləbʀɥi]	der Lärm	Il y a beaucoup de ~ dans ta rue.
le week-end [ləwikɛnd] *angl.* weekend	das Wochenende, am Wochenende	Maman travaille beaucoup la semaine, alors le ~, elle se repose.
le sculpteur [ləskyltœʀ] *lat.* sculptor	der Bildhauer	Mon oncle est un ~ célèbre.
l'atelier [latəlje] *m.*	die Werkstatt, das Atelier	Il a un grand ~.
avoir besoin de qc [avwaʀbəzwɛ̃]	etw. brauchen	J'~[3] ta voiture!
généraliser [ʒeneʀalize]	verallgemeinern	Bien sûr, il ne faut pas ~.
possible (de + *inf.*) [pɔsibl] ≠ impossible *angl.* possible *lat.* possibilis	möglich (etw. zu + *Inf.*)	Je voudrais aller en France cet été. C'est ~?
le garage [ləgaʀaʒ]	die Garage	Leur voiture ne quitte pas le ~.
la mort [lamɔʀ] *lat.* mors	der Tod	Après la ~ de son chien, Sophie a beaucoup pleuré.

1 vivent 2 Changeons 3 ai besoin de

Un problème et sa solution

(ê)**aller voir qn** [alevwaʀ]	jdn besuchen	Est-ce qu'il ~[1] sa grand-mère?

Unterscheide:

jdn besuchen = aller voir qn

etwas besuchen/besichtigen = visiter qc

intelligent/e [ɛ̃teliʒɑ̃/ɛ̃teliʒɑ̃t] *adj.* *angl.* intelligent *lat.* intelligentis	intelligent	Paul est très ~.
faire des études [fɛʀdezetyd]	studieren	Est-ce que tu veux ~ après le lycée?
les études [lezetyd] *f. pl.*	das Studium	Et toi, quelles ~ est-ce que tu préfères?
le neveu [lənəvø] / **la nièce** [lanjɛs] / ⚠ **les neveux** *angl.* nephew/niece	der Neffe / die Nichte	Elle a un ~ et une ~, c'est tout.
le conseil [ləkɔ̃sɛj] *lat.* consilium	der Rat	Ils n'écoutent jamais nos ~[2].
cerner qc [sɛʀne]	etw. erfassen	Il faut d'abord ~ le problème!
le genre [ləʒɑ̃ʀ] *lat.* genus	die Art, das Genre, das Geschlecht, das Genus	Il n'aime pas ce ~ de musique.
se fixer [səfikse]	*hier:* sich festlegen	Paul ne veut pas ~.
original/e [ɔʀiʒinal] *adj.* / ⚠ **originaux** [ɔʀiʒino] *angl.* original	*hier:* originell *auch:* original	Ce cadeau est ~!

Unterscheide:

original = originell

original = original

bien [bjɛ̃] *adv.*	*hier:* wohl	C'est ~ possible.
ben [bɛ̃]	naja, äh *Füllwort am Satzanfang*	– Tu l'aimes? – ~, je ne sais pas.
cacher qc [kaʃe]	etw. verbergen, verstecken	Pourquoi est-ce qu'il ~[3] son âge?
parfois [paʀfwa]	manchmal	Avec les amis, on se retrouve ~ le week-end au centre-ville.

avoir envie [avwaʀɑ̃vi] **de qc / de** + *inf.*	Lust haben auf etw. / etw. zu tun	Est-ce que tu ~[4] de danser?
l'envie [lɑ̃vi] *f.*	die Lust	J'ai une forte ~ de chocolat.
pas du tout [padytu]	überhaupt nicht, keineswegs	– Tu trouves ça ennuyeux? – ~!
compliquer qc [kɔ̃plike] *angl.* complicated	etw. komplizierter machen	Ne ~[5] pas les choses, s'il vous plaît.
être sûr/e de qc [ɛtʀsyʀ]	sich einer Sache sicher sein	
sûr/e [syʀ] *adj.* *angl.* sure	sicher	– Demain, on a un test de physique. – C'est ~?
l'année scolaire [laneskɔlɛʀ] *f.*	das Schuljahr	L'~ commence en septembre.
scolaire [skɔlɛʀ] *lat.* scholicus	schulisch, Schul- *in Verbindung mit einem Nomen*	
changer [ʃɑ̃ʒe] ⚠ **nous changeons** *angl.* to change	*hier:* sich ändern → Les verbes, p. 154	Avec les années, les gens ~[6].

Unterscheide:

changer (de train) = umsteigen

changer qc = etw. (aus-)wechseln

qc change = etw. ändert sich

le brevet [ləbʀəvɛ]	der mittlere Schulabschluss	Les élèves français passent le ~ en troisième: ils ont 15 ans.
à la fin (de qc) [alafɛ̃]	am Ende (einer Sache)	Sylvie est toujours fatiguée ~ de la journée.
la fin [lafɛ̃] *lat.* finis	das Ende	La ~ du film est super!
important/e [ɛ̃pɔʀtɑ̃/ ɛ̃pɔʀtɑ̃t] *adj.* *angl.* important	wichtig	Ma famille est très ~[7] pour moi.
l'équipe [lekip] *f.*	die Mannschaft, das Team	L'~ de Jean-Louis va gagner, c'est sûr.
renoncer à qc [ʀənɔ̃se] ⚠ **nous renonçons**	auf etw. verzichten *wird wie* commencer *konjugiert*	M. Noguez ne peut pas ~ sa voiture.
l'argent de poche [laʀʒɑ̃dəpɔʃ] *m.*	das Taschengeld	Je n'ai pas assez d'~.
le truc [lətʀyk] *fam.*	*hier:* irgendwas *auch:* das Ding	Je voudrais te montrer un ~.
de temps en temps [dətɑ̃zɑ̃tɑ̃]	von Zeit zu Zeit, ab und zu	~, je me balade avec le chien de ma voisine.
supprimer qc [sypʀime] *lat.* supprimere	streichen, weglassen	Continuez comme ça et je ~[8] l'argent de poche!
arrêter (qc / de + *inf.* **qc)** [aʀɛte]	(mit etw.) aufhören / aufhören (etw. zu + *Inf.*)	Céline veut ~ de jouer au volley.

1 va / est allé voir 2 conseils 3 cache 4 as envie 5 compliquez 6 changent 7 importante 8 supprime

UNITÉ 2 *Où est passé Antonin?*

[(ê)]**passer** [pɑse]	*hier:* stecken, hinkommen	Où est ~[1] ma boucle d'oreille?

Les vacances **passent** vite. (= vergehen)

Il **passe** devant la tour. (= an jdm/etw. vorbeigehen)

Jérémie **passe** une semaine chez ses grands-parents. (= verbringen)

«Franken-stein» passe au Rex. (= laufen)

Tu me **passes** le sel? (= jdm etw. reichen)

Marion se demande où est **passé** son stylo. (= stecken, hinkommen)

Chapitre I: Aubagne, mercredi, 20 h

être à table [ɛtʀatabl]	bei Tisch sitzen	Toute la famille ~[2] pour manger.
seul/e [sœl] *adj.* *lat.* solum	*hier:* nur *auch:* allein	~ Max a vu Julie. Julien est ~ à la maison: ses parents ne sont pas là.
jumeau/-elle [ʒymo/ʒymɛl] *adj.* / ⚠ **jumeaux** *lat.* geminus	Zwillings- *in Verbindung mit einem Nomen*	Son frère ~ est un peu différent.
l'internat [lɛ̃tɛʀna] *m.*	das Internat	Pendant la semaine, ma sœur habite dans un ~.
fêter qc [fɛte] ▶ la fête	etw. feiern	Demain, je ~[3] mon anniversaire.
le permis de conduire [ləpɛʀmidəkɔ̃dɥiʀ]	der Führerschein	Il a déjà le ~?
le permis [ləpɛʀmi] / ⚠ **les permis** *lat.* permissio	die Erlaubnis	Pour la pêche, on a besoin d'un ~.
l'examen [lɛgzamɛ̃] *m.*	die Prüfung	Il prépare son ~ de guitare.
vivant/e [vivɑ̃/vivɑ̃t] *adj.* ▶ la vie, vivre *lat.* vividus	*hier:* lebhaft *auch:* lebend, lebendig	– Est-ce que Sacha est ennuyeux? – Pas du tout! Il est très ~. Ce quartier n'est pas ~ du tout.
sportif/-ive [spɔʀtif/spɔʀtiv] *adj.* ▶ le sport	sportlich	Pierre est très ~.
réagir à qc [ʀeaʒiʀ] ▶ la réaction *angl.* to react	auf etw. reagieren → Les verbes, p. 154	Clément a vite ~[4] à ma lettre.
réfléchir [ʀefleʃiʀ]	überlegen *wird wie* réagir *konjugiert*	Attendez, il faut ~.
la manière [lamanjɛʀ]	*hier:* die Art, die Weise	Tu peux faire les choses de cette ~, par exemple.
faux/fausse [fo/fos] *adj.* *lat.* falsus	*hier:* unecht *auch:* falsch	Pour un ~ Picasso, c'est très cher! C'est ~, je n'ai pas dit ça!

triste [tʀist] *adj.* ≠ content/e	traurig	– Paul, pourquoi est-ce que tu es ~? – J'ai eu une mauvaise note en E.P.S.
la **star** [lastaʀ] *angl.* star	der Star	Depardieu, c'est une vraie ~.

⚠ la star: *im Französischen immer weiblich*

accompagner qn/qc [akɔ̃paɲe] *angl.* to accompany	jdn/etw. begleiten	Ils ~[5] leur mère au marché.
applaudir (qn/qc) [aplodiʀ] *angl.* to applaud *lat.* plaudere	(jdm) Beifall klatschen, applaudieren *wird wie* réagir *konjugiert*	Est-ce que les gens ont beaucoup ~[6] pendant le match?
le fou [ləfu] / **la folle** [lafɔl]	der/die Verrückte	C'est un ~: il veut faire du surf dans sa salle de bains!
marquer un but [maʀkeɛ̃byt]	ein Tor schießen	Jonathan a ~[7].
marquer [maʀke]	*hier:* schießen, erzielen	Sébastien est nul, il ne ~[8] pas.
le but [ləbyt]	*hier:* das Tor *auch:* das Ziel	– Vous avez vu ce ~? – Oui, formidable! Est-ce que tu as un ~ dans la vie?
partager (qc avec qn) [paʀtaʒe]	(etw. mit jdm) teilen *wird wie* changer *konjugiert*	Je ~[9] ma chambre ~ ma sœur.
être fort/e à/en/dans qc [ɛtʀfɔʀ]	in etw. gut, begabt sein	Mathieu ~[10] en maths.
réussir à/en/dans qc [ʀeysiʀ]	in etwas gut, erfolgreich sein *wird wie* réagir *konjugiert*	Anna veut ~ à l'école.
l'internat sport-études [lɛ̃tɛʀnaspɔʀetyd]	das Sportinternat	Charlotte voulait devenir nageuse, alors elle est allée dans un ~.
entrer en (classe de troisième) [ɑ̃tʀeɑ̃]	in (die classe de troisième) kommen	
la moitié [lamwatje]	die Hälfte	Pour la ~ du prix, j'achète!
féliciter qn de qc [felisite]	jdm zu etw. gratulieren	Nous te ~[11] de tes notes.
le **SMS** [ləɛsɛmɛs] / ⚠ **les SMS**	die SMS	Lucas n'appelle pas, il envoie des ~.
la nouvelle [lanuvɛl] ▶ nouveau	die Nachricht	C'est une très bonne ~!
Mieux vaut tard que jamais. [mjøvotaʀkəʒamɛ]	Besser spät als nie.	
rougir [ʀuʒiʀ] ▶ rouge	rot werden *wird wie* réagir *konjugiert*	Elle ~[12] toujours quand on lui dit qu'elle est belle.
s'excuser / excuser qn/qc [ɛkskyze]	sich entschuldigen / jdn/etw. entschuldigen	Ne ~[13] pas, ce n'est pas ta faute.

1 passée 2 est à table 3 fête 4 réagi 5 accompagnent 6 applaudi 7 marqué un but 8 marque 9 partage (...) avec 10 est fort 11 félicitons 12 rougit 13 t'excuse

Chapitre II: Marseille, mercredi, 20 h

marcher [marʃe]	*hier:* funktionieren *auch:* laufen	Cet appareil photo ne ~[1] pas. – Et ton travail? – Ça ~[1] bien.
la police [lapɔlis] *angl.* police	die Polizei	La ~ est arrivée quand il était déjà mort.
essayer de [eseje] + *inf.*	*hier:* versuchen, etwas zu + *Inf.* → Les verbes, p. 154	Je vais ~ de t'aider.
les papiers [lepapje] *m. pl.* *angl.* papers	*hier:* die Papiere	Vos ~, s'il vous plaît!
il lui faut [ilɥifo]	er braucht	Max ne marche pas vite, ~ une heure pour aller à l'école.
l'hôtel [lotɛl] *m.* *angl.* hotel	das Hotel	Ils dorment à l'~.
la femme [lafam]	die Frau, die Ehefrau	– Dominique, c'est une ~ ou un homme? – C'est une ~: c'est la ~ de Pierre.
le stade [ləstad] *angl.* stadium *lat.* stadium	*hier:* das Stadion	Le ~ de France est à Saint-Denis, près de Paris.
dribbler qn [dʀible] *angl.* to dribble	an jdm vorbeidribbeln	Pierre ~[2] bien, il garde la balle.
le/la joueur/-euse [ləʒwœʀ/laʒwøz] ▶ jouer à, le jeu	der/die Spieler/in	Après le match, les ~[3] étaient très fatigués.
adverse [advɛʀs] *adj.* *lat.* adversus	*hier:* gegnerisch	L'équipe ~ joue bien.
l'entraîneur/-euse [lɑ̃tʀɛnœʀ/lɑ̃tʀɛnøz]	der/die Trainer/in	Son ~ ne crie pas tout le temps.
repérer qn/qc [ʀəpeʀe]	auf jdn/etw. aufmerksam werden *wird wie* préférer *konjugiert*	Raymond ~[4] les champions de demain.
tout à coup [tutaku] *adv.*	plötzlich, auf einmal	Il faisait beau et ~ il a plu.
le stage [ləstaʒ]	*hier:* der Kurs *auch:* das Praktikum	Pendant son ~, Claire a beaucoup appris.

⚠ *«faux ami»:*

le stage  ≠  the stage (die Bühne)

être fier/fière de qc/qn [fjɛʀ] *adj.*	stolz auf etw./jdn sein	Mon père est très ~ de sa médaille.
doué/e [dwe] *adj.*	begabt	Rachid est très ~.
jamais [ʒamɛ] *adv.*	nie, niemals	Il ne faut ~ dire «~».
choisir qc [ʃwaziʀ] *angl.* to choose	etw. aussuchen, auswählen *wird wie* réagir *konjugiert*	– Vous avez ~[5], Monsieur? – Oui, je prends une soupe.
le/la professionnel/le [lə/lapʀɔfɛsjɔnɛl] / **le/la pro** [lə/lapʀo] *fam.* *angl.* professional	der Fachmann / die Fachfrau, der Profi	Michaël est très fort, mais ce n'est pas un ~.

2

ANNEXE

pour cent [puʀsɑ̃] *angl.* per cent	Prozent	En France, 20 ~ des jeunes adorent le rap.
la réussite [laʀeysit] ▶ réussir	der Erfolg	Ce spectacle est une ~.
d'entre vous [dɑ̃tʀəvu]	von Ihnen, von euch	Dix ~ doivent recommencer cet exercice.

d'entre nous, d'entre vous, d'entre eux/elles

gagner sa vie [gaɲesavi]	seinen Lebensunterhalt verdienen	Jacques ~[6] bien ~, alors il s'achète beaucoup de choses.
choqué/e [ʃɔke] *angl.* shocked	schockiert	Daniel avait l'air ~.
l'échec [leʃɛk] *m.*	das Scheitern	Marie a peur de l'~.
énorme [enɔʀm] *adj.* *angl.* enormous	riesig	Ce chien est ~.
le portable [ləpɔʀtabl] ▶ porter qc	das Handy	C'est cher, un ~?

Vergleiche:

porter qc = etw. tragen, etw. bringen

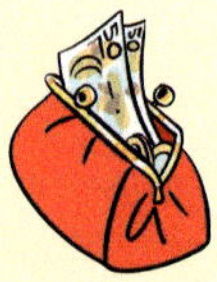

le porte-monnaie = das Portmonee

le porte-bonheur = der Glücksbringer

le portable = das Handy

avoir honte de qc/qn [avwaʀɔ̃t]	sich schämen für etw./jdn	Valentine ~[7] de ses amis, mais moi, je les trouve sympa.

1 marche 2 dribble 3 joueurs 4 repère 5 choisi 6 gagne (...) sa vie 7 a honte

Chapitre III: Aubagne, jeudi, 1 h du matin

une heure du matin [ynœʀdymatɛ̃]	ein Uhr morgens	Benoît est rentré de sa fête à ~.
épuisé/e [epɥize] *adj.*	*hier:* erschöpft	Jacques était ~. Il est allé au lit.
faire tout son possible [fɛʀtusɔ̃pɔsibl]	sein Möglichstes tun	Je vais ~[1].

Je fais tout mon possible. Tu fais tout ton possible. Il fait tout son possible.
Nous faisons tout notre possible. Vous faites tout votre possible. Ils font tout leur possible.

laisser qc [lɛse]	*hier:* etw. (hinter-)lassen	Quand je vais à la piscine, je ~[2] ma montre à la maison.
le message [ləmɛsaʒ] *angl.* message	die Nachricht	Le ~ de Tilo est pour Tarik.
se faire du souci [sefɛʀdysusi]	sich Sorgen machen	Sa mère n'arrête pas de ~.
le souci [ləsusi]	die Sorge	Tu es tout triste. Tu as des ~[3]?

la cata [lakata] *fam.* / **la catastrophe** [lakatastʀɔf] *angl.* catastrophe	die Katastrophe	Une mauvaise note, ce n'est pas la ~!
tourner comme un ours en cage [tuʀnekɔmɛ̃nuʀsɑ̃kaʒ]	(wie ein gefangenes Tier) auf und ab laufen	
l'ours [luʀs] *m.* / ⚠ **les ours** *lat.* ursus	der Bär	Les ~ sont des animaux dangereux.
la cage [lakaʒ] *angl.* cage	der Käfig	Je n'aime pas voir des animaux en ~.
pas grand-chose [pɑgʀɑ̃ʃoz] ≠ beaucoup	nicht viel	Son chien ne mange ~, il est malade.
(ê)**arriver en retard** [aʀive-ɑ̃ʀətaʀ]	zu spät kommen	La prof a grondé Jonas, parce qu'il est ~[4].
le retard [ləʀətaʀ]	die Verspätung	Une demi-heure de ~, c'est beaucoup pour un train!
l'entraînement [lɑ̃tʀɛnmɑ̃] *m.* ▶ l'entraîneur	das Training	On n'a pas le temps de parler pendant l'~.
plusieurs fois [plyzjœʀfwa]	mehrmals	Répéter, c'est dire ~ la même chose.
plusieurs [plyzjœʀ] *adj.*	mehrere	– Vous avez un seul pull? – Oui, mais j'ai ~ chemises.
la dispute [ladispyt] ▶ se disputer	der Streit	Pendant la ~, elle est devenue toute rouge.
faire une déclaration [fɛʀyndeklaʀasjɔ̃]	*hier:* eine Vermisstenanzeige aufgeben	Maude est allée chez la police pour ~.
avoir le droit de + *inf.* [avwaʀlədʀwa]	das Recht haben, etw. zu + *Inf.*	Marie n'~[5] pas ~ d'avoir un piercing.
le droit [lədʀwa]	das Recht	Ils ne connaissent pas leurs ~[6].
se ficher de qn/qc [səfiʃe] *fam.*	jdn/etw. ist einem egal	Je ~[7] temps qu'il fait.
Espèce de crétin! [ɛspɛs-dəkʀetɛ̃] *fam.*	*hier:* Du Dummkopf!	
l'espèce [lɛspɛs] *f.*	die Art, die Sorte	– C'est quoi, le rap? – Une ~ de musique.
le crétin [ləkʀetɛ̃] *fam.*	der Dummkopf, die dumme Kuh	Mon copain est un ~: il a encore perdu son sac.

1 faire tout mon possible 2 laisse 3 soucis 4 arrivé en retard 5 a (...) le droit 6 droits 7 me fiche du

Chapitre IV: Marseille, jeudi, 8 h 30

le lendemain [ləlɑ̃dəmɛ̃]	*hier:* am nächsten Tag *auch:* der nächste Tag	Le ~, j'avais tout oublié.
pendant que [pɑ̃dɑ̃kə]	während	~ Julie lisait, son chat courait partout.

Unterscheide: Nach pendant *kommt immer ein Nomen, nach* pendant que *immer ein Verb.*

Max et son frère parlent **pendant** la balade.
Max et son frère parlent **pendant qu'**ils se baladent.

le boulot [ləbulo] *fam.*	der Job	Le père de Martin cherche un ~.
se retourner [səʀətuʀne]	sich umdrehen	Il y a beaucoup de jolies filles ici, les garçons ~[1] tout le temps.
avoir l'impression [avwaʀlɛ̃pʀɛsjɔ̃]	den Eindruck haben	Max est pâle: j'~[2] qu'il est malade.
l'impression [lɛ̃pʀɛsjɔ̃] *f.* *angl.* impression	der Eindruck	Ma nouvelle jupe fait une bonne ~.
le plan [ləplɑ̃] *angl.* plan	der Plan	– Tu as un ~ pour faire connaissance avec elle? – Non, mais j'y réfléchis.
(ê)**tomber à l'eau** [tɔ̃bealo]	ins Wasser fallen	– On va encore à Paris ce week-end? – Non, ça ~[3].
personne ne [pɛʀsɔnə]	niemand	~ veut venir avec nous.
le bistrot [ləbistʀo] *fam.*	die Kneipe	Ce ~ est très populaire.
se retrouver (dans un endroit) [səʀətʀuve]	*hier:* (in einem Ort) landen	Jacques n'aime pas ~ dans des endroits qu'il ne connaît pas.
la cabine téléphonique [lakabintelefɔnik] ▶ le téléphone, téléphoner	die Telefonzelle	Dans la ~, il y a un monsieur avec son chien.

Du kannst dir Wörter leichter merken, wenn du sie mit Wörtern der gleichen Familie, die du schon kennst, in Verbindung bringst. Vergleiche: le téléphone = das Telefon; téléphoner à qn = jdn anrufen; la cabine téléphonique = die Telefonzelle

la voix [lavwa] / ⚠ **les voix** *lat.* vox	die Stimme	La chanteuse a une très belle ~.
trembler [tʀɑ̃ble]	zittern	Tu ~[4]. Est-ce que tu as froid?
réussir à + *inf.* [ʀeysiʀ] ▶ la réussite	jdm gelingen, etw. zu + *Inf.*	Grégoire ~[5] à rentrer à la maison sans se perdre, c'est déjà bien!

Du kennst folgende Verben und Ausdrücke, die einen Infinitiv mit Präposition anschließen. Merke, dass manche zusammen mit de, *andere mit* à *verwendet werden.*

Verben und Ausdrücke mit de + *inf.*			*Verben und Ausdrücke mit* à + *inf.*
avoir envie de	avoir l'autorisation de	s'arrêter de	apprendre à
avoir besoin de	avoir raison de	proposer de	réussir à
avoir peur de	avoir l'air de	accepter de	commencer à
avoir honte de	rêver de	être désolé/e de	renoncer à
avoir le courage de	essayer de	être possible de	penser à
avoir le droit de	continuer de	être impossible de	hésiter à
avoir l'impression de	oublier de		encourager quelqu'un à

justement [ʒystəmɑ̃] *adv.* ▶ juste	*hier:* eben, gerade	Mmh, un steak! J'avais ~ envie de viande.
aller/venir chercher qn/qc [aleʃɛʀʃe/vəniʀʃɛʀʃe]	jdn/etw. abholen	Ma tante ~ me ~[6] tout les jours après les cours.

1 se retournent 2 ai l'impression 3 tombe à l'eau 4 trembles 5 réussit / a réussi 6 vient (...) chercher

UNITÉ 3 Les fêtes de fin d'année

Approches: C'est bientôt Noël!

Noël [nɔɛl] *m.*	Weihnachten	Comment est-ce que vous fêtez ~?
souhaiter (qc) / (qc à qn) [swɛte]	(sich etw.) / (jdm etw.) wünschen	Je te ~[1] bonne chance.
le sapin [ləsapɛ̃]	der Tannenbaum *hier:* Weihnachtsbaum	Henri a acheté un ~ pour Noël.
le père Noël [ləpɛʀnɔɛl]	der Weihnachtsmann	Le ~ a des cadeaux pour tout le monde.
apporter qc à qn [apɔʀte] *lat.* apportare	jdm etw. (mit-)bringen	Ils nous ~[2] un gâteau.

⚠ *Nicht verwechseln:*

amener qn = jdn mitbringen

apporter qc = etw. mitbringen

le vélo de course [ləvelo-dəkuʀs] ▶ le vélo	das Rennrad	Papa, tu m'achètes un ~?
le lecteur mp3 [ləlɛktœʀ-ɛmpetʀwa]	der MP3-Player	Moi, j'ai un ~.
la paix [lapɛ] *angl.* peace, *lat.* pax	der Frieden	Nous voulons la ~ sur cette planète.
décorer qc [dekɔʀe] *angl.* decorate	etw. schmücken, dekorieren	Jonas a commencé à ~ sa chambre.
l'église [legliz] *f.* *lat.* ecclesia	die Kirche	L'~ se trouve derrière le cinéma.
la lumière [lalymjɛʀ] *lat.* lux	das Licht	Dans les montagnes, la ~ est très belle.
musulman/e *adj.* [myzylmɑ̃/myzylman] *angl.* muslim	muslimisch	Il est ~, alors il ne fête pas Noël.
la France [lafʀɑ̃s] ▶ le français	Frankreich	En ~, on parle français.
l'Algérie [lalʒeʀi] *f.*	Algerien	L'~, c'est le pays de mon père.
le/la cousin/e [ləkuzɛ̃/lakuzin] *angl.* cousin	der/die Cousin/e	Mon ~ me téléphone souvent.
le repas [ləʀəpa] / ⚠ **les repas**	das Essen, die Mahlzeit	Pendant le ~, il faut rester calme.
la messe de minuit [lamɛsdəminɥi]	die Christmette	Vous allez à la ~?
la messe [lamɛs] *angl.* mass	die Messe	Ma grand-mère déteste la ~ parce qu'il faut chanter.

le commerce [ləkɔmɛʀs] *angl.* commerce ▶ le/la commercial/e	der Handel, das Geschäft *hier:* der Kommerz	M. Ledoux travaille dans le ~.
participer à qc [paʀtisipe] *angl.* to participate	an etw. teilnehmen	Elles veulent ~ au concours.

1 souhaite 2 apportent

SÉQUENCE 1

Préparer la lecture

le Mali [ləmali]	Mali	Honoré habite au ~.
la Pologne [lapɔlɔɲ] ▶ polonais/e	Polen	Est-ce qu'elles aiment la ~?
les États-Unis [lezetazyni] *m. pl.*	die Vereinigten Staaten	Les ~ sont un très grand pays.
le Canada [ləkanada]	Kanada	Luc part en vacances au ~.
espérer qc [ɛspeʀe] ▶ l'espoir *lat.* sperare	etw. hoffen *wird wie* préférer *konjugiert*	J'~[1] que tu vas venir chez moi demain soir.
seulement [sœlmɑ̃] *adv.* ▶ seul/e *lat.* solum	*hier:* nur *auch:* erst	~ quelques personnes ont rigolé. Il est arrivé à 10 heures ~.

Les Têtes Vertes réfléchissent

définitif/-ive [definitif/definitiv] *adj.* *angl.* definitive	endgültig, definitiv	Cette fois, c'est ~, je quitte cette école!
provisoire [pʀɔvizwaʀ] *adj.* ≠ définitif	vorläufig, vorübergehend, provisorisch	Il a trouvé une solution ~.
provisoirement [pʀɔvizwaʀmɑ̃] *adv.* ▶ provisoire	vorläufig, vorübergehend, provisorisch	Charles habite ~ chez un ami.
exceptionnel/le [ɛksɛpsjɔnɛl] *adj.* *angl.* exceptional	außergewöhnlich, Ausnahme-, Sonder- *in Verbindung mit einem Nomen*	Nous avons passé un moment ~.
exceptionnellement [ɛksɛpsjɔnɛlmɑ̃] *adv.* ▶ exceptionnel/le *angl.* exceptionnally	*hier:* ausnahmsweise	~, vous avez le droit de manger du chocolat.
l'exception [lɛksɛpsjɔ̃] *f.* ▶ exceptionnel/le *angl.* exception *lat.* exceptio	die Ausnahme	La police ne fait pas d'~!
la règle [laʀɛgl] ≠ l'exception *angl.* rule	die Regel	Tu connais la ~? Toujours dire merci quand on te donne quelque chose.

joyeux/-euse [ʒwajø/ʒwajøz] *adj.* ≠ triste	fröhlich	Il avait l'air très ~.
le/la soldat/e [ləsɔlda/lasɔldat] *angl.* soldier	der/die Soldat/in	Ce ~ ne fait pas de cadeau.
la trêve [latʀɛv]	die Waffenruhe	Les soldats font une ~ pour Noël.
la guerre [lagɛʀ] ≠ la paix	der Krieg	Je suis contre la ~!
la Grande-Bretagne [lagʀɑ̃dbʀətaɲ]	Großbritannien	Bristol est en ~.
incroyable [ɛ̃kʀwajabl] *adj.* ▶ croire *lat.* incredibilis	unglaublich	Leur histoire est ~.
(ê)**se taire** [sətɛʀ] ≠ parler	schweigen *wird wie* plaire *konjugiert, aber:* il se tait	Est-ce que vous pouvez ~²! On essaie d'écouter la radio.
la larme [lalaʀm] *lat.* lacrima	die Träne	Elle veut pleurer mais les ~³ ne viennent pas.
moyennement [mwajɛnmɑ̃] *adv.* ▶ moyen/ne	(mittel-)mäßig	Je trouve ton blog ~ drôle.
affreusement [afʀøzmɑ̃] *adv.* ▶ affreux/-euse	*hier:* furchtbar	Il fait ~ chaud, aujourd'hui!
incroyablement [ɛ̃kʀwajabləmɑ̃] *adv.* ▶ croire, incroyable	unglaublich	Vos crêpes sont ~ bonnes, Madame.
quand même [kɑ̃mɛm]	trotzdem	Il n'aime pas l'école, mais il a ~ de bonnes notes.
positif/-ive [pozitif/pozitiv] *adj.* *angl.* positive	positiv	Valentin a fait un rêve très ~.
plaire à qn [plɛʀ] *lat.* placere	jdm gefallen → Les verbes, p. 156	Ton nouveau portable me ~⁴ beaucoup.
vraiment [vʀɛmɑ̃] *adv.* ▶ vrai/e	wirklich	Vous croyez ~ qu'il va venir?
plein de [plɛ̃də]	*hier:* viele	Nicolas a ~ jeans dans son armoire.
vrai [vʀɛ] *adj.*	*hier:* eigentlich	
le sens [ləsɑ̃s] / ⚠ **les sens** *lat.* sensus	der Sinn, die Bedeutung	Sa réponse n'a pas de ~.

Vergleiche:
le vrai sens = der eigentliche Sinn, une vraie amie = eine echte Freundin *und* l'histoire vraie = die wahre Geschichte

ridicule [ʀidikyl] *adj.* *angl.* ridiculous *lat.* ridiculus	lächerlich	Pipirlipipi est un prénom ~.

prendre son courage à deux mains [pʀɑ̃dʀsɔ̃-kuʀaʒadømɛ̃]	all seinen Mut zusammen-nehmen, sich ein Herz fassen	
en tout cas [ɑ̃tuka]	auf jeden Fall	~, nous sommes d'accord avec vous.
le cas [ləka] / ⚠ **les cas** *angl.* case, *lat.* casus	der Fall	
sûrement [syʀmɑ̃] *adv.* ▶ sûr/e	sicherlich	Elle va ~ trouver ton adresse.
la dinde aux marrons [ladɛ̃domaʀɔ̃]	*eine mit Kastanien gefüllte Pute (typisches Weihnachtsessen in Frankreich)*	Mes cousins adorent la ~.
la dinde [ladɛ̃d]	die Pute	Papa, on achète une ~ pour Noël?
le marron [ləmaʀɔ̃] ▶ marron *die Farbe*	*hier:* die Esskastanie, die Marone	Les enfants jouent avec un ~.
C'est la galère! [sɛlagalɛʀ] *fam.*	Es ist die Hölle! Une galère *ist ein Sklavenschiff.*	
gai/e [gɛ] *adj.* ≠ triste	fröhlich, heiter, launig	J'aime ce film parce qu'il est ~.

Du kennst jetzt folgende Adjektive, um Gefühle auszudrücken:

☺ joyeux/-euse, gai/e, amoureux/-euse, calme, content/e, heureux/-euse
☹ triste, désolé/e, vexé/e, énervé/e, malheureux/-euse

finalement [finalmɑ̃] *adv.* ▶ la fin *angl.* finally	schließlich, letztendlich	~, nous n'avons pas pu voir ce film.
la religion [laʀəliʒjɔ̃] *angl.* religion, *lat.* religio	die Religion	En France, il n'y a pas de cours de ~ à l'école.
autrement [otʀəmɑ̃] *adv.* ▶ l'autre, autre	anders	Est-ce qu'ils peuvent faire ~?
l'amour [lamuʀ] *m.* ▶ amoureux/-euse, aimer *lat.* amor	die Liebe	Roméo a beaucoup d'~ pour Juliette.
sentimental/e [sɑ̃timɑ̃tal] *adj.* *angl.* sentimental	sentimental	Léo est un garçon ~.
le sujet [ləsyʒɛ] *angl.* subject	das Thema	Est-ce qu'on peut choisir un autre ~?
prochain/e [pʀɔʃɛ̃/pʀɔʃɛn] *adj.* *lat.* proxima	nächste/nächster/nächstes	Le ~ train arrive dans deux heures.

Vergleiche:

mercredi prochain = am nächsten Mittwoch	la semaine prochaine = nächste Woche	le prochain train = der nächste Zug

1 espère 2 vous taire 3 larmes 4 plaît

Le journal d'Alice

le journal [ləʒuʀnal] / ⚠ **les journaux** *angl.* journal	*hier:* das Tagebuch	Matthieu écrit tout dans son ~.
le bulletin [ləbyltɛ̃]	das Zeugnis	Lucie cherche son ~ dans son sac.
le trimestre [lətʀimɛstʀ]	das Trimester	Un ~ a trois mois.

In Frankreich ist ein Schuljahr in drei Trimester unterteilt.

l'orthographe [lɔʀtɔgʀaf] *f.*	die Rechtschreibung	Faites attention à l'~!
faillir + *inf.* [fajiʀ]	*hier:* fast, beinahe + *Inf. wird nur im* passé composé *gebraucht*	Elle ~[1] oublier de donner à manger au chat.
(ê)**tomber dans les pommes** [tɔ̃bedɑ̃lepɔm] *fam.*	bewusstlos werden	Hélène est ~[2] pendant le concert des «Jolis Garçons».
à cause de [akozdə] *lat.* causa	wegen	Je suis arrivé en retard ~ la manifestation.
le forum de discussion [ləfɔʀɔmdədiskysjɔ̃] *angl.* Internet forum *lat.* forum	das Diskussionsforum (im Internet)	Aujourd'hui, il y a des ~[3] pour tous les sujets.
la discussion [ladiskysjɔ̃] ▶ discuter *angl.* discussion	die Diskussion, das Gespräch	J'ai trouvé la ~ très intéressante.
sur Internet [syʀɛ̃tɛʀnɛt]	im Internet	
l'Internet [lɛ̃tɛʀnɛt] *m.* *angl.* Internet	das Internet	Est-ce que tu as ~ chez toi?
faire un/des effort/s [fɛʀɛ̃/dezɛfɔʀ] *angl.* to make an effort	sich anstrengen	Parfois, il faut ~[4] pour le comprendre.
l'effort [lefɔʀ] *m.* *angl.* effort	die Anstrengung	
le demi-frère [lədəmifʀɛʀ] / **la demi-sœur** [ladəmisœʀ]	der Halbbruder / die Halbschwester	Mon ~[5] s'appelle Régis.
le réveillon [ləʀevɛjɔ̃]	*Festessen zu Weihnachten oder Neujahr*	Le ~ de Noël, c'est le 24 décembre.
faire la cuisine [fɛʀlakɥizin]	kochen	Son père adore ~.
la bûche de Noël [labyʃdənɔɛl]	*Weihnachtskuchen in Form eines Holzscheits*	En France, à Noël, on mange de la ~ comme dessert.
gâter qn [gɑte]	jdn verwöhnen	À mon avis, leurs parents les ~[6] trop.
sévère [sevɛʀ] *adj.* *angl.* severe, *lat.* severus	streng	Ma prof de maths est très ~.
le jouet [ləʒuɛ] ▶ jouer, le jeu, le/la joueur/-euse	das Spielzeug	Est-ce que tu as vu le nouveau ~ de ma fille?

3

ANNEXE

à la fois [alafwa]	*hier:* gleichzeitig *auch:* zugleich	Mon frère fait trop de choses ~. Je trouve ce film ~ beau et triste.
casser qc [kase]	etw. zerbrechen, kaputtmachen	Arrête! Tu vas ~ ton vélo.
le monstre [ləmɔ̃stʀ] *angl.* monster *lat.* monstrum	das Ungeheuer, das Monster	Elle a peur du ~ qui est sous son lit.
le canon à neige [ləkanɔ̃anɛʒ]	die Schneekanone	Ce ~ ne fait presque pas de bruit!
fonctionner [fɔ̃ksjɔne] *angl.* function	*hier:* in Betrieb sein *auch:* funktionieren	Notre ordinateur ne veut plus ~.
l'hiver [livɛʀ] *m.* *lat.* hiems	der Winter	L'~ dernier a été très froid.
autant [otɑ̃] *adv.* *lat.* tanto	*hier:* so viel	Ils n'ont jamais ~ mangé.
contester qc [kɔ̃tɛste]	etw. in Frage stellen, bestreiten	Quentin adore ~ les histoires de son père.
prouver qc à qn [pʀuve] *angl.* to prove *lat.* probare	jdm etw. beweisen	Ciril veut nous ~ qu'il a raison.
fumer (qc) [fyme] *lat.* fumare	(etw.) rauchen	Ce monsieur ~[7] trop!
le compliment [ləkɔ̃plimɑ̃] *angl.* compliment	das Kompliment	Tout le monde adore les ~[8].
le patin à glace [ləpatɛ̃aglas] ▶ la glace	*hier:* das Schlittschuhlaufen *auch:* der Schlittschuh	Mon sport préféré, c'est le ~. Je ne retrouve pas mon ~.
reprendre le travail [ʀəpʀɑ̃dʀlətʀavaj]	wieder anfangen zu arbeiten (nach dem Urlaub)	
neiger [neʒe] ▶ la neige *lat.* ningit	schneien *wird nur in der 3. Person Singular benutzt*	Est-ce qu'il va ~ demain?
geler [ʒɔle] ▶ la glace *lat.* gelare	frieren *wird wie* acheter *konjugiert*	L'eau a déjà commencé à ~.
aller se coucher [alesəkuʃe]	schlafen gehen	~[9], Louis!
se coucher [səkuʃe] ≠ se lever	sich ins Bett legen	Mathilde ~[10] tard hier soir.

1 a failli 2 tombée dans les pommes 3 forums de discussion 4 faire des efforts 5 demi-frère 6 gâtent 7 fume 8 compliments 9 Va te coucher 10 s'est couchée

Le plus beau soir de ma vie

finir l'année par un concert [finiʀlanepaʀɛ̃kɔ̃sɛʀ]	das Jahr mit einem Konzert abschließen	
finir qc [finiʀ] ▶ la fin, finalement *angl.* to finish, *lat.* finire	etw. beenden *wird wie* réagir *konjugiert*	Est-ce que tu as ~[1] tes devoirs?
dans l'ensemble [dɑ̃lɑ̃sɑ̃bl]	im Ganzen, insgesamt	~, les familles de nos corres étaient gentilles.
l'ensemble [lɑ̃sɑ̃bl] *m.*	das Ganze	L'~ des profs était d'accord.
le public [ləpyblik] *angl.* public	das Publikum	Le ~ a beaucoup applaudi.
c'est-à-dire (que) [sɛtadiʀ(kə)]	das heißt (also) (dass)	Luc reste chez lui, ~ à la maison.
l'immeuble [limœbl] *m.*	der Wohnblock	Adrien entre dans l'~.
âgé/e [aʒe] *adj.*	alt	Mon voisin est très ~, il ne peut plus marcher.
accompagner qn [akɔ̃paɲe]	jdn begleiten	Je voudrais vous ~ en ville.
le refrain [ləʀəfʀɛ̃]	der Refrain	Tu connais le ~ de cette chanson?
le couscous [ləkuskus]	der Kuskus	Vous préférez le ~ ou le taboulé?

Couscous *Frankreich hat viele Einwohner, die ursprünglich aus den nordafrikanischen Ländern Algerien, Marokko und Tunesien kommen. Ihre Speisen sind im französischen Alltag heute ganz selbstverständlich geworden. Das bekannteste nordafrikanische Gericht ist* le couscous. *Es besteht aus Weizengrieß, der in Dampf gegart wird und zu dem meist eine Brühe mit Fleisch und Gemüse serviert wird.*

le plat [ləpla]	das Gericht	Le clafoutis de tomates est le ~ préféré de Paul.
délicieux/-euse [delisjø/delisjøz] *adj.* *angl.* delicious *lat.* delicatus	köstlich, lecker	Je trouve votre pain ~.
danser [dɑ̃se] *angl.* to dance	tanzen	Tu aimes ~?
[ê]**s'amuser** [samyze]	sich amüsieren, Spaß haben	En cours de maths, on n'a pas le droit de ~.
le rock [ləʀɔk] *angl.* rock	der Rock	On joue un ~, cette fois.
le/la gamin/e [ləgamɛ̃/lagamin] *fam.*	der kleine Junge / das kleine Mädchen	Ce ~ rêve de devenir une star.

3

ANNEXE

[(ê)] **se débrouiller** [sədebʀuje]	zurechtkommen, sich zu helfen wissen	Il préfère ~ seul.

Diesen französischen reflexiven Verben entspricht im Deutschen ein nicht reflexives Verb:

se taire = schweigen s'appeler = heißen
se promener = spazieren gehen se débrouiller = zurechtkommen

la répétition [laʀepetisjɔ̃] ▶ répéter *lat.* repetitio	die Probe	Après la ~, ils nettoient toujours leurs instruments.
la sirène [lasiʀɛn] *lat.* sirena	die Sirene	Les ~[2] font beaucoup de bruit.
la santé [lasɑ̃te] *lat.* sanitas	die Gesundheit	Le sport, c'est bon pour la ~.
la résolution [laʀezɔlysjɔ̃] *angl.* resolution	*hier:* der Vorsatz	Quelles sont tes ~[3] pour la nouvelle année?
le progrès [ləpʀɔgʀɛ] / ⚠ **les progrès** *angl.* progress *lat.* progressio	der Fortschritt	Je trouve qu'Étienne a fait beaucoup de ~ en anglais.
sage [saʒ] *adj.*	*hier:* artig, brav	Sois ~!
arriver à + *inf.* **qc** [aʀive]	schaffen, etw. zu + *Inf.*	Est-ce que Vincent va ~ à lui dire qu'il ne parle pas allemand?
tenir qc [təniʀ] *lat.* tenere	*hier:* sich an etw. halten, etw. einhalten *wird wie* venir *konjugiert*	Patricia ~[4] toujours ses résolutions.
inquiet/-iète [ɛ̃kjɛ/ɛ̃kjɛt] *adj.* *lat.* inquietus	ängstlich, besorgt, unruhig	Mon père était un peu ~ parce que Nathalie ne rentrait pas.

1 fini 2 sirènes 3 résolutions 4 tient

UNITÉ 4 *Voyage au Québec*

Approches: Qu'est-ce que vous savez sur le Québec?

le Québec [ləkebɛk]	Quebec *Provinz in Kanada*	Au ~, on parle français et anglais.
découvrir qc [dekuvʀiʀ] *angl.* to discover	etw. entdecken *wird wie* offrir *konjugiert*	Mathieu veut ~ la Chine. Il part cette semaine.
la phrase [lafʀaz]	der Satz	Cette ~ est trop longue!
aussi grand que [osigʀɑ̃kə]	(genau-)so groß wie	Son sac est ~ lourd que lui.
trois fois plus grand que [tʀwafwaplygʀɑ̃kə]	dreimal größer als	Mon chien est ~ ton chat.
le fleuve [ləflœv] *lat.* fluvius	der Fluss	La Seine est un ~.
le drapeau [lədʀapo]	die Fahne, die Flagge	Sur le ~ de la France, il y a trois couleurs.

la feuille [lafœj] *lat.* folium	das Blatt	En octobre, on trouve beaucoup de ~[1] dans la rue.
l'érable [leʀabl] *m.*	der Ahorn	Quand je vois un ~, je pense au Canada.
le lys [ləlis] *angl.* lis	die Lilie	Vous pouvez lui offrir des ~, je suis sûr qu'elle aime ça.
la devise [ladəviz]	das Motto, die Devise	«Je sais tout»: c'est la ~ de mon frère!
se souvenir de qn/qc [səsuvniʀ]	sich an jdn/etw. erinnern *wird wie* venir *konjugiert*	Je ne ~[2] pas de mon premier jour d'école.
le pourcentage [ləpuʀsɑ̃taʒ] ▶ pour cent *angl.* percentage	der Prozentsatz	Quel est le ~ de Français qui parlent allemand?
le/la francophone [lə/lafʀɑ̃kɔfɔn]	der/die Französischsprachige	Denise vient du Canada, mais c'est une ~.
québécois/e [kebekwa/kebekwaz] *adj.* ▶ Québec	aus Quebec	Louis a un copain ~.
le short [ləʃɔʀt] *angl.* shorts	die Shorts	En été, nous portons souvent un ~.
gros/se [gʀo/gʀos] *adj.* ≠ petit/e	*hier:* groß *auch:* dick	Julien a de ~ problèmes. Il se trouve trop ~.
la forêt [lafɔʀɛ] *angl.* forest	der Wald	Près de notre maison, il y a une grande ~.
l'automne [lotɔn] *m.* *angl.* autumn *lat.* autumnus	der Herbst	Anne adore les couleurs de l'~.

en hiver — ⚠ au printemps — en été — en automne

la sculpture [laskyltyʀ] ▶ le sculpteur *angl.* sculpture *lat.* sculptura	*hier:* die Skulptur *auch:* die Bildhauerei	Cette ~ est vraiment moche! La ~ est un art plastique.
le carnaval [ləkaʀnaval] / ⚠ **les carnavals** *angl.* carnival	der Karneval	Qu'est-ce que vous faites pendant le ~?
l'explorateur/-trice [lɛksplɔʀatœʀ/lɛksplɔʀatʀis] ▶ explorer *angl.* explorer	der/die Entdecker/in	Jacques Cartier était un grand ~.

1 feuilles 2 me souviens

4

ANNEXE

Les projets d'avenir de la famille Marin

l'avenir [lavniʀ] *m.*	die Zukunft	On ne sait rien sur l'~.
le séjour [ləseʒuʀ]	der Aufenthalt	Qu'est-ce que vous avez visité pendant votre ~ à Berlin?
annoncer qc (à qn) [anɔ̃se] ▶ l'annonce *f.* *angl.* to announce	(jdm) etw. mitteilen, ankündigen *wird wie* avancer *konjugiert*	Luc veut ~ à ses parents qu'il veut un piercing.
attendre qc [atɑ̃dʀ]	etw. erwarten, mit etw. rechnen	
signer (qc) [siɲe] ▶ le signe *angl.* to sign	(etw.) unterschreiben, unterzeichnen	Les parents doivent ~ le bulletin.
le contrat [ləkɔ̃tʀa] *angl.* contract *lat.* contractus	der Vertrag	Il faut toujours bien lire un ~.
le/la directeur/-trice commercial/e [lədiʀɛktœʀkɔmɛʀsjal/ladiʀɛktʀiskɔmɛʀsjal]	der/die Geschäftsführer/in	Connaissez-vous le ~?
le bureau [ləbyʀo] / ⚠ **les bureaux** [lebyʀo]	*hier:* das Büro	Tous les matins, mon père va au ~ à vélo.
voyager [vwajaʒe] ▶ le voyage	reisen *wird wie* changer *konjugiert*	Tout le monde aime ~.
croire (qn/qc) [kʀwaʀ] *lat.* credere	(jdm/etw.) glauben → Les verbes, p. 155	Il ne veut pas nous ~.
perdre la tête [pɛʀdʀlatɛt]	den Verstand verlieren	Yvette parle à ses tableaux, elle a vraiment ~[1].
s'installer [sɛ̃stale]	sich niederlassen, sich ansiedeln	Les parents de Rachid se sont ~[2] en France il y a 20 ans.
bien sûr que (non) [bjɛ̃syʀkə]	natürlich (nicht)	~ nous voulons vous aider!

Wenn bien sûr *nicht alleine steht, muss ein* que *folgen.*
– Est-ce que ta sœur est allée à l'école aujourd'hui? – Bien sûr. / Bien sûr que oui. / Bien sûr qu'elle y est allée.

déménager [demenaʒe]	aus-/um-/wegziehen *wird wie* changer *konjugiert*	Je déteste ~ parce qu'il faut ranger ses affaires.
la chaleur [laʃalœʀ] ▶ chaud/e *lat.* calor	die Hitze	Raoul ne peut pas sortir à cause de la ~.
supporter qn/qc [sypɔʀte]	etw./jdn ertragen	Nos voisins ~[3] tout, mais pas toujours avec le sourire.
le climat [ləklima] *angl.* climate, *lat.* clima	das Klima	Le ~ de l'Algérie me plaît beaucoup.
s'habituer à qc/qn [sabitɥe]	sich gewöhnen an etw./jdn	On ~[4] à tout!
avoir froid [avwaʀfʀwa]	jdm kalt sein, frieren	J'~[5], tu me passes ton pull?

se moquer de qn/qc [səmɔke]	sich lustig machen über jdn/etw.	Marc est méchant: il ~[6] souvent de sa sœur.
l'accent [laksɑ̃] *m.* *angl.* accent	der Akzent	Luc parle allemand avec un petit ~ français.
le cabinet dentaire [ləkabinɛdɑ̃tɛʀ]	die Zahnarztpraxis	Ma mère travaille dans un ~.
le/la remplaçant/e [ləʀɑ̃plasɑ̃/laʀɑ̃plasɑ̃t]	der/die Stellvertreter/in, die Vertretung	La directrice a un ~, qui travaille à sa place pendant les vacances.
l'occasion [lɔkazjɔ̃] *f.* *angl.* occasion, *lat.* occasio	die Gelegenheit	Nous devons aller à Bonn pour le travail. C'est l'~ de rencontrer des Allemands.
chaleureux/-euse [ʃalœʀø/ʃalœʀøz] *adj.* ▶ la chaleur, chaud/e	warmherzig	On dit que les Marseillais sont très ~.
le hockey sur glace [ləɔkɛsyʀglas] *angl.* ice hockey	das Eishockey	Elle fait du foot et du ~.
l'Indien/ne [lɛ̃djɛ̃/lɛ̃djɛn] *angl.* indian	der/die Indianer/in	Est-ce qu'il y a encore des ~[7] au Canada?
au nord [onɔʀ]	im Norden	~, il peut faire très froid, même en été.
l'Inuit/e [linɥit]	der/die Inuit	J'ai rencontré un jeune ~ pendant notre séjour au Canada.
la mer Méditerranée [lamɛʀmediteʀane]	das Mittelmeer	Ma famille passe ses vacances près de la ~.
sentir (qc) / se sentir [sɑ̃tiʀ] ▶ sentimental/e *lat.* sentire	(etw.) fühlen, spüren / sich fühlen *wird wie* partir *konjugiert*	Les garçons ne ~[8] plus leurs jambes: ils ont trop couru. Nadine ~[9] parfois très seule, loin de sa famille.

1 perdu la tête 2 installés 3 supportent 4 s'habitue 5 ai froid 6 se moque 7 Indiens 8 sentent 9 se sent

4

SÉQUENCE 2

À Montréal

l'habitant/e [labitɑ̃/ labitɑ̃t]	der/die Einwohner/in	Marcel est l' ~ le plus célèbre de ce village.
se trouver [sətʀuve]	sich befinden	Où ~[1] le centre-ville, s'il vous plaît?
au bord de [obɔʀdə]	*hier:* am Ufer der/des, an der/dem + *Flussname*	Paris-Plages se trouve ~ la Seine.
le bord [ləbɔʀ]	*hier:* das Ufer	De là-haut, on voit le ~ du lac.
la rivière [laʀivjɛʀ] *angl.* river	der Fluss	Est-ce qu'on peut boire l'eau de cette ~?

Auf Französisch unterscheidet man le fleuve *und* la rivière. *Ein Fluss, der direkt ins Meer fließt, heißt* le fleuve, *Zuflüsse zu anderen Flüssen heißen dagegen* la rivière. *Die Unterscheidung hat mit der Größe nichts zu tun.*

ANNEXE

la vue d'ensemble [lavydɑ̃sɑ̃bl] ▶ dans l'ensemble	*hier:* die Aussicht	Ici, on a une jolie ~.
en plein/e [ɑ̃plɛ̃/ɑ̃plɛn]	mitten im / in der	Le batteur est parti ~ concert.
le gratte-ciel [ləgʀatsjɛl] / ⚠ **les gratte-ciel** ▶ le ciel	der Wolkenkratzer	À Montréal, on trouve beaucoup de ~.
le guide [ləgid] *angl.* guide(-book)	der Reiseführer *hier ist das Buch gemeint*	Vous avez acheté un ~ pour votre voyage?
le tam-tam [lətamtam]	das Tamtam *Musikinstrument*	Tu joues du ~ ou de la batterie?
il paraît que ... [ilpaʀɛkə]	man sagt; es scheint, dass ...; offensichtlich	~ le groupe «Sexy Sans Sel» n'existe plus. C'est vrai?
en ce moment [ɑ̃səmɔmɑ̃]	zurzeit, gerade	~, j'apprends à faire la cuisine.
(être) couvert/e de (neige) [kuvɛʀdə] *angl.* to be covered with	(schnee-)bedeckt (sein)	Le bâtiment de l'école est ~ de neige.
la personne [lapɛʀsɔn] ▶ personne ne ..., ne ... personne *angl.* person, *lat.* persona	die Person, der Mensch	J'ai vu une ~ derrière la maison.
les raquettes [leʀakɛt] *f. pl.*	die Schneeschuhe	Mets tes ~, on va se balader!
faire de la luge [fɛʀdəlalyʒ]	Schlitten fahren, rodeln	Maman, on peut ~ devant la maison?
la luge [lalyʒ]	der (Rodel-)Schlitten	Sylvain a une ~ qu'on peut emprunter.
si [si] *conj.* *lat.* si	wenn, falls	~ tu es sage, tu pourras aller au ciné ce soir.
le restaurant [ləʀɛstɔʀɑ̃] *angl.* restaurant	das Restaurant	Aujourd'hui, toute la famille mange au ~.
car [kaʀ] *conj.*	denn, weil	Julie est contente ~ elle a gagné un CD.
(ê)**retourner** [ʀətuʀne] *angl.* to return	*hier:* zurückgehen	Yann est ~[2] au collège parce qu'il a oublié son livre.
(être) situé/e [sitɥe] *lat.* situs	liegen, sich befinden	Le marché ~[3] devant l'hôtel de ville.

Être, se trouver *und* être situé/e *sind zwar Synonyme, allerdings benutzt man* être situé/e *nur in Zusammenhang mit unbeweglichen Dingen (Städten, Gebäuden usw.).*

La ville est située au bord du Saint-Laurent. Le pain est déjà sur la table.

traverser (qc) [tʀavɛʀse]	(etw.) überqueren, durchqueren	La voiture ~[4] la place.
continuer [kɔ̃tinɥe] *angl.* to continue	*hier:* weitergehen	– Nous cherchons les toilettes. – ~[5] jusqu'à la cuisine, puis c'est à droite.
tout droit [tudʀwa] *adv.*	geradeaus	– S'il vous plaît, pour aller au parc Bellevue? – Toujours ~!

tourner à (gauche/droite) [turne] *angl.* to turn	(links/rechts) abbiegen	Après le salon de thé, il faut ~ à gauche.

Vergleiche: tourner à gauche / à droite *und* links/rechts abbiegen

souterrain/e [suterɛ̃/suterɛn] *adj.* ▶ la terre *lat.* subterraneus	unterirdisch	Le métro, c'est un train ~.
avoir chaud [avwarʃo]	jdm warm/heiß sein	– On ~[6]! – Vous voulez manger une glace?

Vergleiche:

J'ai froid. = Mir ist kalt.
Il a froid. = Ihm ist kalt.

J'ai chaud. = Mir ist warm/heiß.
Il a chaud. = Ihm ist warm/heiß.

bien [bjɛ̃] *adv.*	*hier:* ganz schön	Il fait ~ chaud ici.
corriger (qc) [kɔriʒe] *lat.* corrigere	(etw.) korrigieren *wird wie* changer *konjugiert*	Les élèves écrivent, ensuite le prof va ~.
malgré [malgre] *prép.*	trotz	~ mon travail, je suis nul en maths.
flexible [flɛksibl] *adj.* *angl.* flexibel	flexibel	Je suis ~: on va où tu veux.
l'aquarium [lakwarjɔm] *m.* *angl.* aquarium *lat.* aquarium	das Aquarium	Le Père Noël lui a offert un ~.
le caribou [ləkaribu]	das Karibu *nordamerikanisches Rentier*	Le ~ est un animal qui vit dans les forêts du Canada.
faire rigoler qn [fɛrrigɔle]	jdn zum Lachen bringen	Ses histoires me ~[7] toujours beaucoup ~.
fun [fœn] *adj.* ⚠ *unveränderlich* *angl.* fun	lustig, amüsant	Les voyages sans les parents, c'est ~!

Wie viele andere Wörter des quebecschen Dialekts stammt fun *ursprünglich aus dem amerikanischen Englisch.*

1 se trouve 2 retourné 3 est situé 4 traverse 5 Continuez 6 a chaud 7 font (...) rigoler

SÉQUENCE 3

Préparer la lecture

Die Bezeichnungen für die Himmelsrichtungen findest du auf S. 152.

au (nord-est) de qc [onɔrɛstdə]	(nordöstlich) von etw.	Québec-ville se trouve ~ de Montréal.

dans (l'est) de qc [dɑ̃lɛstdə]	im (Osten) von etw.	Lyon se trouve ~ de la France.

Unterscheide:

La Corse se trouve au sud-est de la France. (= südöstlich von ...)

Nice se trouve dans le sud-est de la France. (= im Südosten von ...)

Le blog de Liak

le peuple [ləpœpl] ▶ populaire *angl.* people, *lat.* populus	das Volk	Les Inuits sont un ~ du nord.
l'homme [lɔm] *m.*	*hier:* der Mensch *auch:* der Mann	L'~ est un animal très intelligent. Superman, est-ce un ~ ou une femme?
le village [ləvilaʒ] ▶ la ville *angl.* village	das Dorf	Paul habite dans un petit ~.
la rive ouest [laʀivwɛst]	das Westufer	La ~ du lac n'est pas belle.
la rive [laʀiv]	das Ufer	Blandine se promène souvent sur les ~[1] de la Seine.
la région [laʀeʒjɔ̃] *angl.* region	*hier:* die Region, das Gebiet *auch: Verwaltungseinheit in Frankreich* (p. 165)	Est-ce que tu connais cette ~?
arctique [aʀktik] *adj.* *angl.* arctic	arktisch	Le climat ~ ne me plaît pas du tout.
la toundra [latundʀa]	die Tundra	Nous avons vu des caribous dans la ~.
la banquise [labɑ̃kiz]	das Packeis	La ~ peut être très dangereuse en été.
la route [laʀut] *angl.* road	die Fernverkehrsstraße, die Landstraße	Vous devez prendre la ~ pour Nantes: c'est toujours tout droit.

Vergleiche: la route = die Fernverkehrsstraße, die Landstraße; la rue = die Straße *(in der Stadt)*

la motoneige [lamotonɛʒ] / ⚠ **les motoneiges** ▶ le canon à neige, la classe de neige	der Motorschlitten, das Schneemobil	Au nord du Canada, on voyage beaucoup en ~.
le traîneau [lətʀeno] / ⚠ **les traîneaux**	der Schlitten	Ils ont déjà des chiens pour leur ~?

Unterscheide:

la luge = der (Rodel-)Schlitten

le traîneau = der Schlitten

l'avion [lavjɔ̃] *m.*	das Flugzeug	Pour aller à Marseille, on prend le train ou l'~?
utiliser qc [ytilize] *angl.* to use *lat.* uti	etw. benutzen	Est-ce que je peux ~ ton stylo?
le kayak [ləkajak]	der Kajak	Fabrice fait partie d'un club de ~.
l'igloo [liglu] *m.*	der/das Iglu	Un ~, c'est une maison en glace.
vendre qc [vɑ̃dʀ] ≠ acheter *lat.* vendere	etw. verkaufen *wird wie* entendre *konjugiert*	Elle veut ~ sa voiture, mais personne ne veut l'acheter.
le manteau [ləmɑ̃to] / ⚠ **les manteaux**	der Mantel	Mets ton ~ avant de sortir! Il fait froid dehors.
la fourrure [lafuʀyʀ] *angl.* fur	der Pelz	C'est de la vraie ~?
le phoque [ləfɔk]	der Seehund	Nous avons vu un ~ sur la banquise.
le souvenir [ləsuvniʀ] ▶ se souvenir *angl.* souvenir	das Andenken, das Souvenir	Sophie a oublié d'acheter un ~ pour son petit frère.
le panier [ləpanje]	der Korb	Après le marché, notre ~ est toujours très lourd.
la chasse [laʃas]	die Jagd	Je déteste la ~. C'est trop méchant!
le tourisme [ləturism]	der Fremdenverkehr, der Tourismus	Le ~ est très important à Paris.
le/la guide [lə/lagid] *angl.* guide	der/die (Reise-)Führer/in *hier ist die Person gemeint*	Ma tante est ~ pour les touristes allemands à Brest.
déranger qn/qc [deʀɑ̃ʒe]	jdn/etw. stören *wird wie* changer *konjugiert*	Il ne faut pas les ~, ils lisent.
la tradition [latʀadisjɔ̃] *angl.* tradition *lat.* traditio	die Tradition	Pour eux, Noël est une ~ très importante.
la pluie [laplɥi]	der Regen	Mathieu aime le bruit de la ~.
le bonbon [ləbɔ̃bɔ̃]	der/das Bonbon	Donne-moi un ~, s'il te plaît.
lâcher qn/qc [laʃe]	jdn/etw. loslassen	Il ne voulait pas ~ mon pantalon.
attraper qn/qc [atʀape]	jdn/etw. fangen	– Tu me donnes la balle? – Tiens, ~[2]!
l'ancêtre [lɑ̃sɛtʀ] *angl.* ancestor	der/die Vorfahr/in, Ahn/in	Leurs ~[3] sont venus de Pologne.
la recherche [laʀəʃɛʀʃ] ▶ chercher *angl.* research	die Forschung	J'aimerais faire de la ~ en chimie.
le domaine [lədɔmɛn]	der Bereich	Tes parents travaillent dans quel ~?
la biologie [labiɔlɔʒi] *angl.* biology	die Biologie	Manon fait des études de ~.

4

ANNEXE

le changement [ləʃɑ̃ʒəmɑ̃] ▶ changer, échanger *angl.* change	der Wechsel, die Veränderung	Ma grand-mère a peur du ~.
fondre [fɔ̃dʀ]	schmelzen	Mange vite ta glace, elle va ~.

1 rives 2 attrape 3 ancêtres

UNITÉ 5 *En Provence*

Approches: Images de la Provence

l'image [limaʒ] *f.* *angl.* image, *lat.* imaginis	das Bild	L'~ qu'il y a sur sa table est très jolie.
le passé [ləpɑse] ▶ passer *angl.* past	die Vergangenheit	Hier, c'est le ~.
romain/e [ʀɔmɛ̃/ʀɔmɛn] *adj.* ▶ le/la Romain/e *angl.* roman	römisch	Connaissez-vous le nom d'un empereur ~?
le taureau [lətoʀo] / ⚠ **les taureaux** *lat.* taurus	der Stier	Attention! Derrière la vache, il y a un ~.
le cheval [ləʃ(ə)val] / ⚠ **les chevaux** [leʃ(ə)vo]	das Pferd	Votre ~ a l'air très sage.

Nomen auf -al *bilden den Plural meist auf* -aux. *Du kennst schon:* le bocal – les bocaux; l'animal – les animaux; le commercial – les commerciaux; le journal – les journaux. ⚠ *Ausnahmen:* le carnaval – les carnavals; le festival – les festivals

le flamant [ləflamɑ̃] *angl.* flamingo	der Flamingo	Je n'ai encore jamais vu de ~.
rose [ʀoz] *adj.* *lat.* rosans	rosa, rosarot	Tu mets une chemise ~ ou bleue?

Les couleurs

noir	vert	gris	blanc	marron	jaune
bleu	rouge	rose [ʀoz]	*orange* [ɔʀɑ̃ʒ]	*turquoise* [tyʀkwɑz]	*beige* [bɛʒ]

l'abrivado [labʀivado] *m.*	der Stierkampf	Pour voir un ~, il faut aller en Provence.
le spectateur [ləspɛktatœʀ] / **la spectatrice** [laspɛktatʀis] ▶ le spectacle *angl.* spectator *lat.* spectator	der/die Zuschauer/in	Les ~[1] ont quitté le cinéma.

disperser (des hommes / des animaux / ...) [dispɛʀse]	*hier:* (Menschen/Tiere/...) auseinandertreiben	Les profs doivent souvent ~ les jeunes qui se disputent.
le théâtre [ləteatʀ] *angl.* theatre *lat.* theatrum	das Theater	Samedi, on va au ~.
classique [klasik] *adj.* *angl.* classical	klassisch	Mes parents adorent la musique ~.
le fruit [ləfʀɥi] / **les fruits** [lefʀɥi] ▶ les fruits de la passion *angl.* fruit *lat.* fructus	die Frucht / das Obst	Manon mange un ~ tous les jours.
le melon [ləməlɔ̃]	die Melone	Le ~ est mon fruit préféré.
l'olive [lɔliv] *f.* *angl.* olive *lat.* oliva	die Olive	Est-ce que tu peux acheter des ~[2]?

Du kennst schon folgende Gemüse- und Fruchtsorten:
le cornichon, la pomme de terre, la salade, la cerise, la fraise, le fruit de la passion, l'orange *f.*, le marron, le melon, l'olive *f.*, la pomme

le feu de forêt [ləfødəfɔʀɛ]	der Waldbrand	Le ~ a aussi brûlé des maisons.
le feu [ləfø] / ⚠ **les feux** *angl.* fire	das Feuer	Il ne faut pas jouer avec le ~.
sec/sèche [sɛk/sɛʃ] *adj.* *lat.* sicca	trocken	Il fait un temps très ~, cet été.
le mistral [ləmistʀal]	der Mistral *Wind im westlichen Mittelmeerbecken*	Le ~ est un vent de la Provence.
quelques (minutes) [kɛlkə]	wenige (Minuten)	Il a tout mangé en ~ minutes.
le champ [ləʃɑ̃] *lat.* campus	das Feld	Notre voisin a un ~ de pommes de terre.
la lavande [lalavɑ̃d]	der Lavendel	Sa grand-mère met de la ~ dans ses armoires.
le parfum [ləpaʀfɛ̃]	das Parfüm	J'adore ton ~, il est cher?
la raffinerie de pétrole [laʀafinʀidəpetʀɔl]	die Erdölraffinerie	En Provence, il y a des ~[3].
marquer qc/qn [maʀke] *angl.* to mark	etw./jdn prägen	Ce film nous a beaucoup ~[4].
le paysage [ləpeizaʒ]	die Landschaft	Ce ~ est magnifique.
international/e [ɛ̃tɛʀnasjɔnal] *adj.* / ⚠ **internationaux** [ɛ̃tɛʀnasjɔno] *angl.* international	international	Il aimerait travailler dans le commerce ~.
la construction [lakɔ̃stʀyksjɔ̃] *angl.* construction	der Bau	La ~ d'un pont peut être très compliquée.

5

ANNEXE

le réacteur de fusion nucléaire [ləʀeaktœʀdə-fyzjɔ̃nykleɛʀ]	der Kernfusionsreaktor	À Cadarache, on trouvera bientôt un ~.
l'essai [lesɛ] *m.* ▶ essayer	der Versuch	Tu ne veux pas faire un ~?

1 spectateurs 2 olives 3 raffineries de pétrole 4 marqués

SÉQUENCE 1

Préparer la lecture

au-dessus de qc/qn [odəsydə]	über etw./jdn/jdm	La balle est passée ~ la gardienne.
servir [sɛʀviʀ] ▶ le service *angl.* to serve	*hier:* aufschlagen *wird wie* partir *konjugiert*	Antoine ne ~[1] pas assez vite.
le service [ləsɛʀvis] *angl.* service	*hier:* der Aufschlag	Les Français ont le ~.
l'arbitre [laʀbitʀ] *m./f.* *lat.* arbiter	der Schiedsrichter	Parfois, les joueurs ne sont pas d'accord avec l'~.
la ligne [laliɲ] *angl.* line, *lat.* linea	die Linie	Dessinez une ~.
le terrain [lətɛʀɛ̃]	*hier:* das (Sport-)Feld	Le joueur 11 a dû quitter le ~.
le filet [ləfilɛ]	das Netz	Sans ~, on ne peut pas jouer au volley.
lancer qc (à qn) [lɑ̃se]	(jdm) etw. (zu)werfen	~[2]-moi la balle!
toucher qn/qc [tuʃe] *angl.* to touch	jdn/etw. berühren	Fabien n'ose pas ~ la voiture de ses parents.

Elle s'est levée du pied gauche

[(ê)] **se lever du pied gauche** [sələvedypjegoʃ]	mit dem linken Fuß zuerst aufstehen	Pourquoi es-tu énervé? Tu ~[3]?
la ville jumelée [lavilʒyməle] ▶ jumeau/-elle *adj.*	die Partnerstadt	Marseille et Hambourg sont des ~[4].

Es gibt viele Städtepartnerschaften zwischen deutschen und französischen Städten. Um nur einige zu nennen: Berlin – Paris; Düsseldorf – Toulouse; Erfurt – Lille; Essen – Grenoble; Frankfurt a. M. – Lyon; Hamburg – Marseille; Hannover – Rouen; Köln – Caen; München – Bordeaux; Stuttgart – Strasbourg; Saarbrücken – Nantes

l'échange [leʃɑ̃ʒ] *m.* *angl.* exchange	der Austausch	Nous voulons faire un ~ avec un collège de Berlin.
le club (de volley) [ləklœb] *angl.* club	der (Volleyball-)Verein	Ils jouent dans quel ~?
le tournoi [ləturnwa] ▶ tourner	das Turnier	Qui est-ce qui participe au ~?

franco-allemand/e [fʀɑ̃koalmɑ̃/fʀɑ̃koalmɑ̃d] *adj.*	deutsch-französisch	Il fait des études dans un collège ~.
faire la fête [fɛʀlafɛt] ▶ fêter qc	feiern, Party machen	Nico et Valérie adorent ~.
remarquer qc/qn [ʀəmaʀke]	etw./jdn (be)merken, jdm auffallen	Est-ce que vous avez ~[5] qu'il était malade?
Mademoiselle, Mlle [madmwazɛl] *f.*	Fräulein *Anrede für eine junge Frau, auch für eine ältere unverheiratete Frau*	Bonjour ~, je peux vous aider?

Im Französischen begrüßt und verabschiedet man sich, indem man dem Gruß noch die Anrede Madame, Monsieur *oder* Mademoiselle *hinzufügt, ohne aber den Namen zu nennen:* Bonjour, Madame!

à temps [atɑ̃]	rechtzeitig	Xavier est arrivé ~ pour prendre son train.
la cuisine [lakɥizin]	die Kochkunst	Paul déteste la ~ de son oncle.
génial/e [ʒenjal] *adj.* / ⚠ **géniaux** [ʒenjo]	*hier:* toll	Maman, c'est ~! Dominique peut venir avec nous.

Die meisten Adjektive, die auf -al *enden, bilden die maskuline Pluralform* -aux: génial; international; original; sentimental; normal.

aussi + *adj.* [osi] *adv.*	so + *Adj.*	Je ne savais pas qu'elle était ~ belle.
adorable [adɔʀabl] *adj.* ▶ adorer *angl.* adorable	süß, entzückend	Votre fils est ~.
mixte [mikst] *adj.* *angl.* mixed	gemischt	Valentin va dans une école ~.
jusque-là [ʒyskəla] *adv.*	bisher	~, je n'ai pas eu de problèmes.
(ê)**se passer bien/mal** [səpɑse]	gut/schlecht (ver)laufen	Comment ~[6] les répétitions?
rater son service [ʀatesɔ̃sɛʀvis]	seinen Aufschlag verhauen	
rater qc [ʀate]	*hier:* etw. verpassen	Nadine court pour ne pas ~ le bus.
la sortie [lasɔʀti] ▶ sortir	*hier:* das Aus	Tu es sûr qu'il y a ~?

Die französische Entsprechung des Sportbegriffs im Aus *lautet* il y a sortie.

faire son maximum [fɛʀsɔ̃maksimɔm]	sein Bestes geben	L'équipe a ~[7].
le point [ləpwɛ̃] *angl.* point, *lat.* punctum	der Punkt	Nous avons encore besoin d'un ~ pour gagner.
de plus (que) [dəplys] *adv.*	mehr (als)	Jonas a cinq livres ~ que Sonia.
monter au filet [mɔ̃teofilɛ]	zum Netz gehen	
la douleur [ladulœʀ] *lat.* dolor	der Schmerz	Il a peur de la ~.

5

ANNEXE

passer [pase] *angl.* to pass	*hier:* (heraus)strecken	Dans le train, il est interdit de ~ la tête par la fenêtre.

Weitere Bedeutungen des Verbes passer *findest du auf S. 173.*

marcher sur qn/qc [maʀʃe]	auf jdn/etw. treten	Désolé! Je ne voulais pas vous ~ sur le pied.
faire (qc) exprès [fɛʀɛkspʀɛ]	(etw.) mit Absicht tun	Max l'a ~[8], c'est clair!
il n'y a qu'à + *inf.* [ilnijaka]	man muss nur + *Inf.*	
faire du (44) [fɛʀdy]	die (Schuh-)Größe (44) haben	Ces chaussures sont trop petites pour moi: je ~[9] 44.

Vergleiche Il **fait du** 44. *und* Er **hat Größe** 44.

le sol [ləsɔl] *lat.* solum	der Boden	Lève-toi, le ~ est sale.
adj. + **comme tout** [kɔmtu]	super- *gefolgt von einem Adjektiv*	Vous lui avez apporté des bonbons? C'est gentil ~!
jouer comme un pied [ʒuekɔmɛ̃pje]	grottenschlecht spielen	L'équipe est triste: tout le monde a ~[10].
être en colère [ɛtʀɑ̃kɔlɛʀ] ▶ la colère	wütend sein	Quand sa mère ~[11], on l'entend dans tout le village.
la brute [labʀyt]	der Grobian, der brutale Mensch	Le copain de sa sœur est méchant, une vraie ~.
tricher [tʀiʃe]	falsch spielen, schummeln	Antonin ~[12] tout le temps, nous ne voulons plus jouer avec lui.
[(ê)]**se calmer** [səkalme] ▶ calme *angl.* to calm down	sich beruhigen	Elle doit ~ et arrêter de pleurer.
énerver qn [enɛʀve] ▶ énervé/e *adj.*	jdn nerven, ärgern	Pourquoi dois-tu tout le temps ~ ton frère?
l'opticien/ne [lɔptisjɛ̃/lɔptisjɛn] *angl.* optician	der/die Optiker/in	Connaissez-vous un bon ~?

1 sert 2 Lance 3 t'es levé/e du pied gauche 4 villes jumelées 5 remarqué 6 se passent 7 fait son maximum 8 fait exprès 9 fais du 10 joué comme un pied 11 est en colère 12 triche

SÉQUENCE 2

La descente de la Sorgue

la descente [ladesɑ̃t] *angl.* descent	*hier:* die Fahrt flussabwärts *auch:* die Abfahrt	La ~ du Rhin était magnifique.
le pique-nique [ləpiknik] *angl.* picnic	das Picknick	Les corres ont organisé un ~.
mûr/e [myʀ] *adj.*	reif	Faites attention, ce melon n'a pas l'air ~.

le pan bagnat [ləpɑ̃baɲa]	das Pan Bagnat	En Allemagne, personne ne mange de ~.

Ein Pan Bagnat *ist ein typisches Sandwich der Region um Nizza. Es wird mit Thunfisch, Ei und Salat belegt und mit viel Olivenöl und ein wenig Essig gewürzt.*

ne ... que [nəkə] *adv.*	nur, lediglich	Ils ~ ont pris ~[1] un pull.
les chips [letʃips] *f. pl.* *angl.* chips	die (Kartoffel-)Chips	Tu me passes les ~, s'il te plaît?
la saucisse [lasosis] *angl.* sausage	die Wurst	Tu as déjà mangé de la ~ de cheval?
heureusement que [øʀøzmɑ̃kə] *adv.* ▶ heureux	zum Glück, glücklicherweise	~ son copain a eu le brevet.
avoir des idées noires [avwaʀdezidenwaʀ]	düstere Gedanken haben	Je n'~ pas souvent ~[2], mais ça peut arriver.
parler de tout et de rien [paʀledətuedəʀjɛ̃]	über Gott und die Welt reden	Nos grand-mères se retrouvent au salon de thé pour ~.
(ê)**s'approcher de qn/qc** [sapʀɔʃe] *angl.* to approach *lat.* appropinquare	sich jdm/etw. nähern	Il voulait s'~ des ours, mais c'était trop dangereux.
regarder qn avec des yeux grands comme des soucoupes [ʀəgaʀdekɛlkɛ̃avɛkdezjøgʀɑ̃kɔmdesukup]	jdn mit großen Augen anschauen	
la soucoupe [lasukup]	die Untertasse	Veux-tu une ~ avec ton café?
faire une descente [fɛʀyndɛsɑ̃t]	ab(wärts)fahren	Cet été, on veut ~ en kayak sur la Sorgue.
(ê)**descendre qc** [desɑ̃dʀ] ▶ la descente *angl.* to descend	*hier:* flussabwärts fahren, hinunterfahren *wird wie* attendre *konjugiert*	Les bateaux ~[3] le Rhône jusqu'à Marseille.
la veille [lavɛj] ≠ le lendemain	am Vorabend, der Vorabend	Jérémie a appelé sa mère la ~.
le courant [ləkuʀɑ̃] *angl.* current	die Strömung	Le kayak descend très vite à cause du ~.
protester (contre qc) [pʀɔtɛste] *angl.* to protest	protestieren (gegen etw.)	Les jeunes de la région ~[4] contre la construction d'une raffinerie.
pousser qn/qc [puse] *angl.* to push	*hier:* jdn/etw. schieben	Dis-leur de ~ la table pour mettre une chaise de plus.
maîtriser qc [mɛtʀise] *angl.* to master	etw. beherrschen	Julie ne ~[5] plus sa colère.

5

ANNEXE

la situation [lasitɥasjɔ̃] ▶ (être) situé/e *angl.* situation	die Situation, die Lage	L'oncle de Nathan est dans une mauvaise ~.
la branche [labʀɑ̃ʃ] *angl.* branch	*hier:* der Ast	Tu pourrais m'aider à couper cette ~?
Ce qui devait arriver arrive. [səkidəvɛaʀiveaʀiv]	Es kommt wie es kommen musste.	
arriver [aʀive]	passieren, vorkommen	Ça peut ~.
(ê)**se renverser** [səʀɑ̃vɛʀse]	umkippen	Le bateau s'est ~[6] et tout le monde est tombé à l'eau.
profond/e [pʀɔfɔ̃/pʀɔfɔ̃d] *adj.* *lat.* profundus	tief	Heureusement, le lac n'est pas ~.
si + *adj.* **que** [sikə]	so + *Adj.* dass	Elle est ~ ennuyante ~[7] on déteste quand elle parle.

Du kennst jetzt folgende Bedeutungen des Wortes si:	si = wenn, falls si = ob	si = doch si = so

entraîner qn/qc [ɑ̃tʀɛne]	*hier:* jdn/etw. fortschwemmen, mit sich reißen	Le courant ~[8] les nageurs.
(ê)**se tenir à qn/qc** [sətəniʀ]	sich an jdn/etw. festhalten	Il faut ~ pour ne pas tomber.
l'arbre [laʀbʀ] *m.* *lat.* arbor	der Baum	Laurence a un grand ~ dans son jardin.
(ê)**se monter la tête** [səmɔ̃telatɛt]	sich etw. einbilden, sich irren	Parfois, Olivia ~[9] et se dispute avec ses copines.
tenir le coup [təniʀləku]	durchhalten	Il faut ~ encore une heure.
le quart d'heure [lekaʀdœʀ]	die Viertelstunde	On y va dans un ~.

Du kennst jetzt folgende Wörter und Redewendungen mit dem Wort heure:	la demi-heure le quart d'heure	une heure du matin pendant des heures	Il est quelle heure? À quelle heure?	C'est l'heure.

blond/e [blɔ̃/blɔ̃d] *adj.*	blond	Jens est ~.
mouillé/e [muje] *adj.* ≠ sec/sèche	nass	Ton manteau est ~.

1 n' (...) qu' 2 ai (...) des idées noires 3 descendent 4 protestent 5 maîtrise 6 renversé 7 si (...) qu' 8 entraîne 9 se monte la tête

SÉQUENCE 3

La dernière soirée

le programme [ləpʀɔgʀam] *angl.* program	das Programm	Avez-vous le ~ de la soirée?
varié/e [vaʀje] *adj.*	*hier:* vielfältig	Je suis content car le programme est très ~.
la pétanque [lapetɑ̃k]	das Boulespiel	En Provence, on joue beaucoup à la ~.

la soupe au pistou [lasupopistu]	die Gemüsesuppe mit Basilikum	La ~, c'est le plat préféré de mon père.
le sketch [ləskɛtʃ]	der Sketch	Ce ~ nous a beaucoup fait rigoler.
l'enthousiasme [lɑ̃tuzjasm] *m.* *angl.* enthusiasm	die Begeisterung	Yann était plein d'~.
(ê)**se terminer** [sətɛʀmine] ≠ commencer	*hier:* zu Ende gehen	Notre séjour à Paris ~[1] demain.
doucement [dusmɑ̃] *adv.*	*hier:* langsam, leise	Prenez les vélos, mais allez ~.
certains [sɛʀtɛ̃]	manche (Leute)	~ dansent pendant que les autres parlent.
permettre à qn de + *inf.* [pɛʀmɛtʀ] ► le permis de conduire	jdm ermöglichen, etw. zu + *Inf.*	
faire des progrès [fɛʀdepʀɔgʀɛ]	Fortschritte machen	Patrick a ~[2] en allemand depuis qu'il habite à Heidelberg.
la côte [lakot] *angl.* coast	die Küste	Les ~[3] de Bretagne sont très belles.
rire [ʀiʀ]	lachen	Arrêtez de ~! Ce n'est pas drôle.
troublé/e [tʀuble] *adj.*	verwirrt	Max est ~ quand il voit Julie.
faire une balade [fɛʀynbalad] ► se balader	einen Spaziergang machen	Demain, nos parents vont ~ ensemble.
Tu peux toujours rêver! [typøtuʒuʀʀeve]	Träum ruhig weiter!	
de toute façon [dətutfasɔ̃]	*hier:* jedenfalls, sowieso	~, on se voit cet après-midi.
dehors [dəɔʀ] *adv.*	draußen	Annabelle est souvent ~ avec Théo.
faire du camping [fɛʀdykɑ̃piŋ]	zelten	Cet été, je veux ~.
propre [pʀɔpʀ] *adj.* *lat.* proprium	*hier:* eigener/eigene/eigenes	Dans deux mois j'aurai ma ~ chambre.
début août [debyut]	Anfang August	Nous déménageons au Québec ~.
le début [ldeby] ≠ la fin	der Anfang	Le surf, au ~, ce n'est pas facile!
(ê)**se marier** [səmaʀje] *angl.* to marry	heiraten	Ils vont ~ l'année prochaine.

⚠ *Vergleiche:* se marier avec qn = jdn heiraten

attendre de voir (si) [atɑ̃dʀdəvwaʀsi]	abwarten und schauen, (ob)	~[5] si elle répond.
l'humour [lymuʀ] *m.* *angl.* humour	der Humor	André ne comprend pas toujours l'~ de Sophie.

freiner qn/qc [fʀɛne]	jdn/etw. zurückhalten, bremsen	Sarah aimerait bien pouvoir ~ ses idées folles.
fou/fol/folle [fu/fɔl/fɔl] *adj.*	verrückt	Il est ~, cet homme!

1 se termine 2 fait des progrès 3 côtes 4 Attends de voir

UNITÉ 6 *Tous les chemins mènent à Paris*

le chemin [ləʃəmɛ̃]	der Weg	Tu connais le ~?
mener à qc [məne]	führen zu/nach etw. *wird wie* acheter *konjugiert*	Cette route ~[1] à Lyon.

Approches: Paris et la France

le château [ləʃɑto] / ⚠ **les châteaux** *angl.* castle, *lat.* claustrum	das Schloss	On peut visiter ce ~, mais il faut payer.
la vigne [laviɲ] ▶ le vin *angl.* vineyard, *lat.* vinea	der Weinberg	Vous voulez faire une balade dans les ~[2].
le viaduc [ləvjadyk]	das Viadukt	Le ~ de Millau est énorme.
le menhir [ləmɛniʀ]	der Menhir	Luc photographie sa sœur devant un ~.
le siège [sjɛʒ] *lat.* sessio	der Sitz	Le ~ de la police se trouve dans ce quartier.
le Président de la République [ləpʀezidɑ̃dəlaʀepyblik] *angl.* president	der französische Staatspräsident	Hier, nous avons vu le ~ à la télévision.
peuplé/e [pœple] *adj.* ▶ le peuple	*hier:* bevölkerungsreich	Le centre de Paris est très ~.
la population [lapɔpylasjɔ̃] ▶ le peuple, peuplé/e *angl.* population	die Bevölkerung	Au Canada, 20 % de la ~ parle français.
le reste [ləʀɛst] ▶ rester *angl.* rest	der Rest	Est-ce que je peux manger le ~ du gâteau?
la superficie [lasypɛʀfisi]	die Fläche	Calculez la ~ de ce parc.

1 mène 2 vignes

SÉQUENCE 1

Dans le TGV

la grande école [lagʀɑ̃dekɔl]	die Hochschule	Plus tard, j'aimerais entrer dans une ~.
la statistique [lastatistik] *angl.* statistics	die Statistik	Alex pense que cette ~ est fausse!

comme [kɔm] *conj.*	*hier:* da	~ tu étais en retard, je suis parti sans toi.
passer (un examen) [pɑse]	*hier:* (eine Prüfung) ablegen	Mélanie doit ~ un examen demain.
le concours [ləkɔ̃kuʀ] / ⚠ **les concours** [lekɔ̃kuʀ]	*hier:* die Aufnahmeprüfung	Ce ~ est très difficile.

Die französischen grandes écoles *sind spezialisierte Hochschulen, die in der Regel ein bestimmtes Fach bzw. eine Gruppe verwandter Fächer unterrichten. Sie fungieren als Ausbildungsstätten der Führungselite in Staat und Wirtschaft und bilden entsprechend die angesehenste Gruppe des französischen Hochschulsystems. Um in einer* grande école *angenommen zu werden, müssen die Studenten meistens einen* concours *bestehen.*

profiter de qc [pʀɔfite]	*hier:* etw. ausnutzen, aus etw. Nutzen ziehen	Il faut ~ du beau temps pendant qu'il est là.
promettre qc à qn [pʀɔmɛtʀ] *angl.* to promise *lat.* appromitto	jdm etw. versprechen	Désolée, mais je ne peux rien te ~.
emmener qn [ɑ̃məne]	jdn mitnehmen	Il aimerait bien ~ sa famille au Québec.

Unterscheide: emmener qn = jdn mitnehmen, amener qn = jdn mitbringen
Heutzutage werden emmener *und* amener *in Frankreich allerdings oft als Synonyme verwendet.*

Tu as bien fait! [tyabjɛ̃fɛ]	*hier:* Das war eine gute Idee! *auch:* Das hast du gut gemacht!	
le sac de couchage [ləsakdəkuʃaʒ]	der Schlafsack	Brigitte déteste dormir dans un ~.
le billet [ləbijɛ]	der Fahrschein, die Fahrkarte	Un ~ pour Lille coûte 45 euros.
Tiens (, prends)! [tjɛ̃] ▶ tenir	hier: Da (, nimm)!	~, prends ton billet.
composter qc [kɔ̃pɔste]	etw. entwerten	N'oubliez pas de ~ votre billet.

In Frankreich sollte man vor einer Zugreise nicht vergessen, seinen Fahrschein zu entwerten. Sonst gilt man als Schwarzfahrer.

la voiture [lavwatyʀ]	*hier: der Wagen eines Zuges*	Vous êtes dans quelle ~?
la place [laplas]	*hier:* der Sitzplatz	Il y a encore une ~ derrière eux.

être assis/e [ɛtʀasi/ɛtʀasiz]	sitzen	Mon grand-père préfère ~ quand il voyage.
mauvais/e [mɔvɛ/mɔvɛz] *adj.* ≠ bon/ne	*hier:* falsch	Elle a appelé un ~ numéro.
le sens [ləsɑ̃s] / ⚠ **les sens** [lesɑ̃s]	*hier:* die Richtung	Vous allez dans quel ~?
volontiers [vɔlɔ̃tje] *adv.*	gern	Coralie discute ~ de ses idées avec ses parents.
[(ê)]**se passer** [səpɑse]	*hier:* spielen *auch:* sich ereignen, geschehen, passieren	Ça ne ~[1] que dans les films!
l'avantage [lavɑ̃taʒ] *m.* *angl.* advantage	der Vorteil	Ce joueur a l'~ de courir très vite.
la centralisation [lasɑ̃tʀalizasjɔ̃] *angl.* centralisation	die Zentralisierung	La ~ n'existe pas en Allemagne.
prêter qc à qn [pʀɛte] ≠ emprunter	jdm etw. leihen	Paul ne veut pas ~ sa casquette à Magalie.
construire qc [kɔ̃stʀɥiʀ] *lat.* construere	etw. aufbauen → Les verbes, p. 155	Quand est-ce que vous commencez à ~ votre maison?
la banlieue [labɑ̃ljø]	die Vorstadt	Toute sa famille habite dans la ~.
le ghetto [ləgɛto] *angl.* ghetto	das Ghetto	Personne ne veut habiter dans un ~.
la cité [lasite] *angl.* city	*hier:* die Siedlung	Noémie s'engage vraiment pour sa ~.
mener tout droit à qc [mənetudʀwa]	direkt zu etw. führen	Ce genre d'idées, ça ~[2] à la catastrophe.
la révolte [laʀevɔlt] *angl.* revolt	die Revolte	Florian n'était pas d'accord avec la ~ de 2005.
l'interview [lɛ̃tɛʀvju] *f.* *angl.* interview	das Interview	Delphine veut faire une ~ pour le journal de son collège.

1 se passe 2 mène tout droit

SÉQUENCE 2

La banlieue, c'est quoi?

lequel/laquelle/lesquels/ lesquelles [ləkɛl/lakɛl/lekɛl/ lekɛl]	welcher/welches/welche *als Fragewort*	~ de ces CD est-ce que tu prends?
le département [ladepaʀtəmɑ̃]	das Departement	

Eine Frankreichkarte mit den verschiedenen Regionen und Departements findest du auf S. 165.

le HLM [ləaʃɛlɛm], **l'habitation à loyer modéré** *f.* [labitasjɔ̃alwajemɔdeʀe] / ⚠ **les HLM** [leaʃɛlɛm] ▶ habiter, l'habitant/e	*staatlich subventionierte Wohnung*	Mon oncle et sa femme déménagent dans un joli ~ en banlieue.

Man sagt le HLM, *obwohl* l'habitation à loyer modéré *weiblich ist.*

n'en avoir rien à foutre [nɑ̃navwaʀʀjɛ̃nafutʀ] *fam.*	einem piepegal sein	Sa sœur essaie de l'énerver mais il ~[1].
la culture [lakyltyʀ] *angl.* culture, *lat.* cultura	die Kultur	Tristan s'intéresse beaucoup à la ~ française.
d'ailleurs [dajœʀ]	außerdem, übrigens	Je ne l'ai pas appelée. ~, je n'ai pas son numéro.
se foutre de qn/qc [səfutʀ] *fam.*	auf jdn/etw. pfeifen	Il ~[2] du match.
duquel / de laquelle / desquels / desquelles [dykɛl/dəlakɛl/dekɛl/dekɛl]	welcher/welches/welche *als Fragewort, in Verbindung mit der Präposition* de	~[3] de ces vêtements est-ce que tu as besoin?
les médias [lemedja] *m. pl.* *angl.* medias, *lat.* media	die Medien	Florence ne croit rien de ce que racontent les ~.
soit ... soit ... [swa...swa...]	entweder ... oder ...	~ tu viens avec nous ~ tu vas avec eux, mais tu ne peux pas rester ici.
la racaille [laʀakaj]	das Gesindel	Sa maman pense que ses amis font partie de la ~.
la victime [laviktim] *angl.* victim, *lat.* victima	das Opfer	Élise connaissait la ~.
On n'est ni l'un ni l'autre. [ɔ̃nɛnilɛ̃nilotʀ]	Wir sind weder das Eine noch das Andere.	
la réputation [laʀepytasjɔ̃] *angl.* reputation	der Ruf	Mon club de volley a une très bonne ~.
négatif/-ive [negatif/negativ] *adj.* ≠ positif	negativ	Les banlieues ont trop souvent une image ~[4].
tout à fait [tutafɛ]	völlig	Elles ont ~ raison.
être d'origine (française) [ɛtʀdoʀiʒin]	(französischer) Herkunft sein	Mes parents ~[5] québécoise.
camérounais/e [kameʀunɛ/kameʀunɛz] *adj.* *angl.* cameroonian	kamerunisch	Son père est ~.
Et alors? [ealɔʀ]	Na, und?	
le bac [ləbak] *fam.* ou **le baccalauréat** [ləbakalɔʀea]	das Abi, das Abitur	Vanessa a eu le ~ l'année dernière.
vers (18 heures) [vɛʀ] *prép.*	gegen (18 Uhr)	On part demain ~ midi.
[(ê)] **s'entendre (bien/mal) avec qn** [sɑ̃tɑ̃dʀavɛk]	sich mit jdm (gut/schlecht) verstehen	Ma tante et moi, on ~[6] très bien avec Élisabeth.

ressembler à qn/qc [ʀəsɑ̃ble]	jdm/etw. ähnlich sehen/sein	Valentin ~[7] beaucoup à son père.
brûler qc [bʀyle]	*hier:* etw. anzünden	
l'ange [lɑ̃ʒ] *m.* *angl.* angel, *lat.* angelus	der Engel	Merci de m'aider, tu es un ~!
le casseur [ləkasœʀ] ▶ casser	der Randalierer	La police a enfin attrapé le ~.
professionnel/le [pʀɔfɛsjɔnɛl] *adj.* ▶ le/la professionnel/le	beruflich, professionell	C'est un chanteur ~?
je ne sais où [ʒənəsɛzu]	ich weiß nicht wo(-hin/-her)	
même si [mɛmsi]	selbst wenn	Elle ne pourra pas finir, ~ elle commence maintenant.
(bien/mal) aller [ale]	(gut/schlecht) laufen	Tout ~[8] très bien.
être au chômage [ɛtʀoʃomaʒ]	arbeitslos sein	Sa sœur ~[9].
le chômage [ləʃomaʒ]	die Arbeitslosigkeit	Les statistiques sur le ~ sont assez bonnes cette année.
le/la patron/ne [ləpatʀɔ̃/lapatʀɔn]	der/die Chef/in	Son ~ lui a donné beaucoup de travail.
flipper [flipe] *fam.*	ausflippen	Si tu continues, je ~[10]!
le/la politicien/ne [ləpɔlitisjɛ̃/lapɔlitisjɛn] ▶ la politique *angl.* politician	der/die Politiker/in	Son meilleur ami est un ~.
auquel / à laquelle / auxquels / auxquelles [okɛl/alakɛl/okɛl/okɛl]	welcher/welches/welche *als Fragewort, in Verbindung mit der Präposition* à	~[11] de ces activités est-ce que tu t'intéresses?
l'élection [lelɛksjɔ̃] *f.* *angl.* elections, *lat.* electio	die Wahl	Dans deux semaines, il y aura des ~[12] au Luxembourg.
se voir comme … [səvwaʀkom]	sich als … sehen	Il ~[13] le meilleur des batteurs.
la prison [lapʀizɔ̃] *angl.* prison	das Gefängnis	Georges connaît cette ~, il y est resté trois mois.
tôt [to] *adv.* ≠ tard	früh	Demain, je vais devoir me lever ~.
arriver à qc [aʀive]	etw. schaffen	Vous allez ~ à traverser la rivière?

Vergleiche: Du wirst es schaffen, ich bin mir dessen sicher. Tu vas y arriver, j'en suis sûr/e.

la mention [lamɑ̃sjɔ̃]	die Auszeichnung	Élodie a eu le bac avec la ~ «bien».

1 n'en a rien à foutre 2 se fout 3 Duquel/Desquels 4 négative 5 sont d'origine 6 s'entend 7 ressemble 8 va 9 est au chômage 10 flippe 11 À laquelle 12 élections 13 se voit comme

À Belleville

le légume [ləlegym]	das Gemüse	S'il te plaît, mange tes ~[1].
l'épreuve [lepʀœv] *f.*	*hier:* die Aufgabe	Je n'ai pas réussi à faire la dernière ~.
le/la candidat/e [ləkɑ̃dida/lakɑ̃didat] *angl.* candidate	*hier:* der/die Bewerber/in	Le ~ a oublié d'écrire son nom sur la feuille.
se tromper (de qc) [sətʀɔ̃pe]	sich (in etw.) irren	
l'arrêt [laʀɛ] *m.* ▶ s'arrêter	die Haltestelle	On descend à quel ~?
bien après [bjɛ̃napʀɛ]	lange nach	Pierre s'en souvenait encore ~ le match.
furieux/-euse [fyʀjø/fyʀjøz] *adj.* *angl.* furious, *lat.* furiosus	wütend	Il est ~ car elle l'a énervé.
être à l'heure [ɛtʀalœʀ] ≠ arriver en retard	pünktlich sein	Essaie d'~ la prochaine fois.
se mettre à table [səmɛtʀa-tabl]	sich zu Tisch setzen	Toute la famille se ~[2].
sinon [sinɔ̃] *adv.*	sonst	Écoutez-la bien, ~ vous allez tout oublier.
se tourner vers qn [sətuʀ-nevɛʀ]	sich jdm zuwenden	Yann s'est ~[3] vers sa mère, mais elle était déjà partie.
à peine [apɛn]	kaum	Il s'est ~ levé et il est déjà fatigué!
traîner [tʀɛne]	herumhängen	Nadia déteste ~ dans la rue.
jusqu'à des heures impossibles [ʒyskadezœʀ-ɛ̃pɔsibl]	bis spät in die Nacht hinein	Elles ont regardé la télé ~.
être occupé/e [ɛtʀɔkype] *angl.* occupied *lat.* occupatus	beschäftigt sein	Papa est encore ~?
braquer qc [bʀake] *fam.*	etw. überfallen, ausrauben	Des casseurs professionnels ont ~[4] une pharmacie.
la banque [labɑ̃k] *angl.* bank	die Bank	Je vais à la ~, tu viens?
piquer qc à qn [pike] *fam.*	jdm etw. klauen	Didier n'arrête pas de me ~ mes stylos.
le/la vieux/vieille [ləvjø/lavjɛj] *fam.*	der/die Alte	Tu as vu le ~, là-bas? On va l'aider?
tchatcher [tʃatʃe] *fam.*	quatschen	Mon frère m'énerve, il ~[5] trop.
vieux/vieil/vieille [vjø/vjɛj/vjɛj] *adj.* ▶ le/la vieux/vieille	alt	Quand on est ~, on doit se reposer souvent.

les vieilles personnes = die alten Leute

6

ANNEXE

Wenn das Adjektiv vieux *vor einem männlichen Substantiv steht, das mit einem Vokal anfängt, wird es zu* vieil. *Man sagt* le **vieux** monsieur, *aber* le **vieil** ami. *Dieselbe Regel, die dazu dient, die Aussprache zu erleichtern, gilt für andere Adjektive:* beau/bel, fou/fol, nouveau/nouvel *usw.*

le pote [ləpɔt] *fam.*	der Kumpel	Mon ~ Alex est déjà parti en vacances.
avoir confiance en qn / dans qc [avwaʀkɔ̃fjɑ̃s] *lat.* confidere	jdm/etw. vertrauen, Vertrauen in jdn/etw. haben	Valérie n'~ pas ~[6] son copain.
la confiance [lakɔ̃fjɑ̃s]	das Vertrauen	
le mari [ləmaʀi] ▶ se marier *lat.* maritus	der (Ehe-)Mann	Le ~ de ma tante, c'est mon oncle.
absolument [absɔlymɑ̃] *adv.*	unbedingt	Il faut ~ qu'on fasse du roller demain.
je ne sais qui [ʒənəsɛki]	ich weiß nicht wer	
[(ê)]**se mettre à** + *inf.* [səmɛtʀ]	anfangen zu + *Inf.*	Mon chien ~[7] à courir quand il voit une voiture.
faire des bêtises [fɛʀdebetiz]	Dummheiten machen	Alexandra ~ parfois des ~[8], mais personne ne le remarque.
la bêtise [labetiz]	die Dummheit	
redoubler (une classe) [ʀəduble]	(eine Klasse) wiederholen	Adrien va peut-être devoir ~.
faire une scène [fɛʀynsɛn] *angl.* to make a scene	eine Szene machen	Pourquoi ~? Ce n'est pas une catastrophe!
la scène [lasɛn]	die Szene	J'adore la ~ où le héros embrasse la fille.
(il) faut bien (que) [fobjɛ̃]	man muss wohl	~ qu'on s'amuse un peu!
le keuf [ləkəf] *fam.*	der Bulle *pejorativ für* Polizist	Quelqu'un a appelé les ~[9].
la dent [ladɑ̃] *lat.* dens	der Zahn	Mon petit frère a encore perdu une ~.
la meuf [laməf] *fam.*	die Tante *pejorativ für* Frau	Et la ~ de la pharmacie, tu la connais?

Verlan *ist eine in der französischen Jugendsprache verbreitete Spielsprache, in der die Silben vertauscht werden. Selbst die Bezeichnung* Verlan *ist schon im* Verlan *verfasst, sie kommt nämlich vom französischen* envers („umgekehrt"). *Viele Wörter sind in das umgangssprachliche Französisch übernommen worden, wie beispielsweise* Beurs *(von* Arabes*). Die besondere Schwierigkeit für das Verständnis des Verlan besteht darin, zu erkennen, welche Silben vertauscht wurden. Hierzu ist es hilfreich zu wissen, dass selbst einsilbige Wörter verdreht werden können, indem man sie überdeutlich spricht, ein -eu anhängt und nach dem Vertauschen der Silben wieder auf ein einsilbiges Wort verkürzt (z. B.* mec [Typ] = me-keu → keume → keum*). Hier eine Auflistung einiger häufig gebrauchter* Verlan*-Begriffe:*

fou *adj.* = ouf	le frère = le reuf	le métro = le tromé
la femme = la meuf	la sœur = la reuss	la musique = zicmu *ou* sicmu *ou* zik
la mère = la reum	la fête = la teuf	Vas-y! = Ziva!
le père = le reup	le flic *fam.* = le keuf	Laisse tomber! = Laisse béton!

des fois [defwa] *fam.*	manchmal	~, ils participent à des tournois.
la tentation [latɑ̃tasjɔ̃] *angl.* temptation	die Versuchung	Le saxophone me permet d'oublier la ~ de jouer à un jeu vidéo.

la diplomatie [ladiplomasi] *angl.* diplomacy	die Diplomatie	Béatrice aimerait bien entrer dans la ~.
la boulangerie [labulɑ̃ʒʀi]	die Bäckerei	Savez-vous à quelle heure ouvre la ~?
l'épicerie [lepisʀi] *f.*	der Lebensmittelladen	L'~ n'est pas loin.
la boucherie [labuʃʀi]	die Metzgerei, die Fleischerei	Nous allons à la ~ tous les mardis.
la charcuterie [laʃaʀkytʀi]	die Metzgerei, die Fleischerei	Johann veut ouvrir une ~.

In Frankreich unterscheidet man zwischen der charcuterie, *wo man Wurstwaren und Schinken kaufen kann, und der* boucherie, *wo eher Fleisch angeboten wird. Dieser Unterschied entspricht aber nicht ganz der Wirklichkeit, denn man findet in den meisten Läden sowohl Fleisch als auch Wurstwaren. Realitätsnäher ist die gängige Bezeichnung* boucherie-charcuterie.

1 légumes 2 met à table 3 tourné 4 braqué 5 tchatche 6 a (…) confiance en 7 se met 8 fait (…) bêtises 9 keufs

Grundschrift: obligatorischer Wortschatz
kursiv: fakultativer Wortschatz
Die Zahl hinter dem Pfeil zeigt dir an, in welcher Unité/Séquence das Wort zum ersten Mal vorkommt: 3/A heißt z. B. Unité 3, Approches.
In rot ist angegeben, auf welchen Seiten du die Konjugation des jeweiligen Verbs findest.

A

à [a] *prép.* in
à cause de [akozdə] wegen → 3/2
à côté de [akotedə] *prép.* neben
à la fin (de qc) [alafɛ̃] am Ende (einer Sache) → 1/3
à la fois [alafwa] gleichzeitig, zugleich → 3/2
à la mode [alamɔd] modisch
à leur place [alœʀplas] an ihrer Stelle
à peine [apɛn] kaum → 6/3
À plus! [aplys] Bis später!
l' **abrivado** [labʀivado] *m.* der Stierkampf → 5/A
absolument [absɔlymɑ̃] *adv.* unbedingt → 6/3
l' **accent** [laksɑ̃] *m.* der Akzent → 4/1
accepter qn/qc / de + *inf.* [aksɛpte] jdn/etw. akzeptieren / akzeptieren zu + *Inf.*, jdn/etw. gelten lassen
accompagner qn/qc [akɔ̃paɲe] jdn/etw. begleiten → 2/1
l' **accordéon** [lakɔʀdeɔ̃] *m.* das Akkordeon → 1/1
acheter qc [aʃte] etw. kaufen → p. 154
l' **acrobatie** [lakʀɔbasi] *f.* die Akrobatik
l' **acteur** [laktœʀ] / **actrice** [laktʀis] der/die Schauspieler/in
l' **action** [laksjɔ̃] *f.* die Aktion
l' **activité** [laktivite] *f.* die Aktivität
admirer qc [admiʀe] etw. bewundern
adorable [adɔʀabl] *adj.* süß, entzückend → 5/1
adorer qc [adɔʀe] etw. lieben, etw. sehr lieben; **adorer** + *inf.* etw. sehr gerne + *Inf.*
l' **adresse** [ladʀɛs] *f.* die Adresse
adverse [advɛʀs] *adj.* gegnerisch → 2/2
l' **affaire** [lafɛʀ] *f.* das Schnäppchen; **les affaires** [lezafɛʀ] *f. pl.* die Sachen
affreusement [afʀøzəmɑ̃] *adv.* furchtbar → 3/1
affreux/-euse [afʀø/afʀøz] *adj.* furchtbar
l' **Afrique** [lafʀik] *f.* Afrika
l' **âge** [lɑʒ] *m.* das Alter; **Tu as quel âge?** [tyakɛlɑʒ] Wie alt bist du?
aider qn [ɛde] jdm helfen
ailleurs [ajœʀ] *adv.* woanders
aimer qc [ɛme] etw. lieben, etw. mögen; **aimer bien qc** [ɛmebjɛ̃] etw. gerne mögen; **aimer** + *inf.* etw. gerne + *Inf.*
ajouter qc [aʒute] etw. hinzufügen
l' **Algérie** [lalʒeʀi] *f.* Algerien → 3/A
l' **Allemagne** [lalmaɲ] *f.* Deutschland
l' **allemand** [lalmɑ̃] *m.* Deutsch *Sprache* → p. 8/9
(ê)**aller à** [ale] gehen, fahren → p. 155; (ê)**aller (bien/mal)** (gut/schlecht) laufen → 6/2; (ê)**aller avec qc** [aleavɛk] zusammenpassen; (ê)**aller se coucher** [alesəkuʃe] schlafen gehen → 3/2; (ê)**aller voir qn** [alevwaʀ] jdn besuchen → 1/3
Allô! [alo] Ja, bitte? *am Telefon*
allumer qc [alyme] etw. einschalten; (ê)**s'allumer** angehen → p. 153
alors [alɔʀ] *adv.* also
l' **ambiance** [lɑ̃bjɑ̃s] *f.* die Stimmung; **Bonjour l'ambiance!** [bɔ̃ʒuʀlɑ̃bjɑ̃s] Na toll!
amener qn/qc [amne] jdn/etw. mitbringen
l' **ami/e** [lami] *m./f.* der/die Freund/in
l' **amour** [lamuʀ] *m.* die Liebe → 3/1
amoureux/-euse [amuʀø/amuʀøz] *adj.* verliebt; **être amoureux de qn** in jdn verliebt sein
(ê)**s'amuser** [samyze] sich amüsieren, Spaß haben → 3/3
l' **an** [lɑ̃] *m.* das Jahr
l' **ancêtre** [lɑ̃sɛtʀ] *m./f.* der/die Vorfahr/in, der/die Ahn/in → 4/3
l' **ange** [lɑ̃ʒ] *m.* der Engel → 6/2
l' **anglais** [lɑ̃glɛ] *m.* Englisch *Sprache* → p. 8/9
l' **animal** [lanimal] / ⚠ **les animaux** *m.* das Tier
animé/e [anime] *adj.* belebt → 1/A
l' **année** [lane] *f.* das Jahr; **l'année dernière** [lanedɛʀnjɛʀ] *f.* letztes Jahr; **l'année scolaire** [laneskɔlɛʀ] *f.* das Schuljahr → 1/3
l' **anniversaire** [lanivɛʀsɛʀ] *m.* der Geburtstag
l' **annonce** [lanɔ̃s] *f.* die Anzeige, das Inserat → 1/1
annoncer qc (à qn) [anɔ̃se] (jdm) etw. mitteilen, etw. ankündigen *wird wie* ***avancer*** *konjugiert* → 4/1
l' **anorak** [lanɔʀak] *m.* der Anorak
antique [ɑ̃tik] *adj.* antik → 1/A
l' **appareil photo** [lapaʀɛjfɔto] *m.* der Fotoapparat
l' **appartement** [lapaʀtəmɑ̃] *m.* die Wohnung
appeler qn [aple] jdn rufen → p. 154; (ê)**s'appeler** [saple] heißen; **Tu t'appelles comment?** [tytapɛlkɔmɑ̃] Wie heißt du?
l' **appétit** [lapeti] *m.* der Appetit → 1/1
applaudir (qn/qc) [aplodiʀ] (jdm) Beifall klatschen, applaudieren *wird wie* ***réagir*** *konjugiert* → 2/1
apporter qc à qn [apɔʀte] jdm etw. (mit-)bringen → 3/A
apprendre qc [apʀɑ̃dʀ] etw. lernen *wird wie* *prendre* *konjugiert;* **apprendre à** + *inf.* lernen etw. zu + *Inf.*
après [apʀɛ] *prép.* danach, nach
l' **après-midi** [lapʀɛmidi] *m./f.* der Nachmittag
(ê)**s'approcher de qn/qc** [sapʀɔʃe] sich jdm/etw. nähern → 5/2
l' **aquarium** [lakwaʀjɔm] *m.* das Aquarium → 4/2
l' **arabe** [laʀab] *m.* Arabisch *Sprache* → p. 8/9
l' **arbitre** [laʀbitʀ] *m./f.* der Schiedsrichter → 5/1
l' **arbre** [laʀbʀ] *m.* der Baum → 5/2
arctique [aʀktik] *adj.* arktisch → 4/3
l' **arène** [laʀɛn] *f.* die Arena
l' **argent** [laʀʒɑ̃] *m.* das Geld; **l'argent de poche** [laʀʒɑ̃dəpɔʃ] *m.* das Taschengeld → 1/3
l' **argument** [laʀgymɑ̃] *m.* das Argument
l' **armoire** [laʀmwaʀ] *f.* der Schrank
l' **arrêt** [laʀɛ] *m.* die Haltestelle → 6/3
arrêter (qc / de + *inf.* **qc)** [aʀete] (mit etw.) aufhören / aufhören (etw. zu + *Inf.*) → 1/3
(ê)**s'arrêter (de** + *inf.*) [saʀɛte] stehen bleiben, aufhören (zu + *Inf.*)
(ê)**arriver** [aʀive] ankommen, passieren, vorkommen → 5/2; (ê)**arriver à** + *inf.* qc schaffen, etw. zu + *Inf.* → 3/3; **arriver à qc** etw. schaffen → 6/2; (ê)**arriver en retard** [aʀiveɑ̃ʀətaʀ] zu spät kommen → 2/3; **Ça peut arriver.** [sapøaʀive] Das kann vorkommen. **Ce qui devait arriver arrive.** [səkidəveaʀiveaʀiv] Es kommt, wie es kommen musste. → 5/2
les **arts plastiques** [lezaʀplastik] *m. pl.* der Kunstunterricht
assez (de) [ase(də)] genug; ziemlich
l' **association** [lasɔsjasjɔ̃] *f.* die Vereinigung, der Verband
l' **atelier** [latəlje] *m.* die Werkstatt, das Atelier → 1/2

attendre qn/qc [atɑ̃dʀ] auf jdn/etw. warten *wird wie entendre konjugiert;* **attendre de voir (si)** [atɑ̃dʀdəvwaʀsi] abwarten und schauen, (ob) → 5/3; **attendre qc** etw. erwarten, mit etw. rechnen → 4/1

attention [atɑ̃sjɔ̃] Achtung!

attraper qn/qc [atʀape] jdn/etw. fangen → 4/3

au coin de [okwɛ̃də] in der Ecke von

au moins [omwɛ̃] mindestens

au moment où [omɔmɑ̃u] in dem Moment als, gerade als

au (nord-est) de qc [onɔʀɛstdə] (nordöstlich) von etw. → 4/3

Au revoir! [ɔʀəvwaʀ] Auf Wiedersehen!

au-dessus de qc/qn [odəsydə] über etw./jdn/jdm → 5/1

aujourd'hui [oʒuʀdɥi] heute

auquel/à laquelle/auxquels/auxquelles [okɛl/alakɛl/okɛl/okɛl] welcher/welches/welche *in Verbindung mit der Präposition* à → 6/2

aussi [osi] *adv.* auch; **aussi** + *adj.* so + *Adj.* → 5/1; **aussi grand que** [osigʀɑ̃kə] so groß wie → 4/A

autant [otɑ̃] *adv.* so viel → 3/2

l' **automne** [lotɔn] *m.* der Herbst → 4/A

l' **autorisation** [lɔtɔʀizasjɔ̃] *f.* die Erlaubnis

l' **autre** [lotʀ] *m./f.* der/die andere; **autre** [otʀ] *adj.* anderer/andere/anderes

autrement [otʀəmɑ̃] *adv.* anders → 3/1

avaler qc [avale] etw. schlucken; **avaler de travers** [avaledətʀavɛʀ] sich verschlucken

avancer [avɑ̃se] voranko mmen → p. 154

avant [avɑ̃] *prép.* vor *zeitlich, nicht räumlich*

l' **avantage** [lavɑ̃taʒ] *m.* der Vorteil → 6/1

avec [avɛk] *prép.* mit

l' **avenir** [lavniʀ] *m.* die Zukunft → 4/1

l' **avenue** [lavny] *f.* die Allee → 1/A

l' **avion** [lavjɔ̃] *m.* das Flugzeug → 4/3

l' **avis** [lavi] *m.* die Meinung; **à mon avis ...** [amɔ̃navi] meiner Meinung nach ...

avoir [avwaʀ] haben → p. 153; **avoir besoin de qc** [avwaʀbəzwɛ̃] etw. brauchen → 1/2; **avoir besoin de** + *inf.* etw. + *Inf.* müssen; **avoir chaud** [avwaʀʃo] jdm warm/heiß sein → 4/2; **avoir confiance en qn / dans qc** [avwaʀkɔ̃fjɑ̃s] jdm/etw. vertrauen, Vertrauen in jdn/etw. haben → 6/3; **avoir cours** [avwaʀkuʀ] Unterricht haben; **avoir des idées noires** [avwaʀdezidenwaʀ] düstere Gedanken haben → 5/2; **avoir envie de qc / de** + *inf.* [avwaʀɑ̃vi] Lust haben auf etw. / zu + *Inf.* → 1/3; **avoir froid** [avwaʀfʀwa] jdm kalt sein, frieren → 4/1; **avoir honte de qc/qn / de** + *inf.* [avwaʀɔ̃t] sich schämen für etw./jdn / zu + *Inf.* → 2/2; **avoir l'air (de)** [avwaʀlɛʀ] aussehen (wie); **avoir le droit de** + *inf.* [avwaʀlədʀwa] das Recht haben, zu + *Inf.* → 2/3; **avoir l'impression de** + *inf.* [avwaʀlɛ̃pʀɛsjɔ̃] den Eindruck haben, zu + *Inf.* → 2/4; **avoir lieu** [avwaʀljø] stattfinden; **avoir mal (à)** [avwaʀmal] Schmerzen haben, wehtun; **avoir mal au cœur** [avwaʀmalokœʀ] Übelkeit empfinden; **avoir peur de qc / de** + *inf.* [avwaʀpœʀ] Angst haben vor etw. / Angst haben, zu + *Inf.*; **avoir raison de** + *inf.* [avwaʀɛzɔ̃] Recht haben zu + *Inf.*

avril [avʀil] April

B

le **bac** [ləbak] *fam.*, **le baccalauréat** [ləbakalɔʀea] das Abi, das Abitur → 6/2

la **balade** [labalad] der Spaziergang, die Fahrt, die Tour

(ê)**se balader** [səbalade] spazieren gehen

le **balcon** [ləbalkɔ̃] der Balkon

la **balle** [labal] der Ball

la **bande dessinée** [labɑ̃desine], la **bédé** [labede] *fam.* der Comic

la **banlieue** [labɑ̃ljø] die Vorstadt → 6/1

la **banque** [labɑ̃k] die Bank → 6/3

la **banquise** [labɑ̃kiz] das Packeis → 4/3

la **basilique** [labazilik] die Basilika → 1/A

le **basket** [ləbaskɛt] das Basketballspiel; **les baskets** [lebaskɛt] *f. pl.* die Turnschuhe, die Sportschuhe

la **basse** [labɑs] der elektrische Bass → 1/1

le **bateau** [ləbato] / ⚠ **les bateaux** das Boot, das Schiff

le **bâtiment** [ləbɑtimɑ̃] das Gebäude

la **batterie** [labatʀi] das Schlagzeug → 1/1

le/la **batteur/-euse** [ləbatœʀ/labatøʒ] der/die Schlagzeuger/in → 1/1

beau(x)/bel/belle(s) [bo/bɛl] *adj.* schön; **Il fait beau.** [ilfɛbo] Es ist schönes Wetter.

beaucoup (de) [bokudə] viel/e

la **bédé** [labede] *fam.* / **la bande dessinée** [labɑ̃dədesine] der Comic

ben [bɛ̃] äh, naja → 1/3

berk *fam.* [bɛʀk] igitt

la **bêtise** [labetiz] die Dummheit → 6/3

le **beurre** [ləbœʀ] die Butter

la **bibliothèque** [labiblijɔtɛk] die Bibliothek

bien [bjɛ̃] *adv.* gut; wohl → 1/3; ganz → 4/2

bien après [bjɛ̃napʀɛ] lange nach → 6/3

bien sûr [bjɛ̃syʀ] natürlich; **bien sûr que (non)** [bjɛ̃syʀkə] natürlich (nicht) → 4/1

bientôt [bjɛ̃to] *adv.* bald

Bienvenue! [bjɛ̃vny] Willkommen!

le **billet** [ləbijɛ] der Fahrschein, die Fahrkarte → 6/1

la **biologie** [labiɔlɔʒi] die Biologie → 4/3

le **biscuit** [ləbiskɥi] der Keks

le **bistrot** [ləbistʀo] *fam.* die Kneipe → 2/4

blanc/ ⚠ **blanche** [blɑ̃/blɑ̃ʃ] *adj.* weiß

bleu/e [blø] *adj.* blau

le **blog** [ləblɔg] der Blog

blond/e [blɔ̃/blɔ̃d] *adj.* blond → 5/2

le **blouson** [ləbluzɔ̃] die Jacke

le **bocal** [ləbɔkal] / **les bocaux** [lebɔko] das Glas

boire qc [bwaʀ] etw. trinken → p. 155

Bon anniversaire! [bɔnanivɛʀsɛʀ] Alles Gute zum Geburtstag!

bon ben [bɔ̃bɛ̃] na dann

bon/ne [bɔ̃/bɔn] *adj.* gut

le **bonbon** [ləbɔ̃bɔ̃] der/das Bonbon → 4/3

Bonjour! [bɔ̃ʒuʀ] Guten Tag! Guten Morgen! → p. 8/9

le **bord** [ləbɔʀ] das Ufer → 4/2; **au bord de** [obɔʀdə] am Ufer der/des + *Flussname*, an der/dem + *Flussname* → 4/2

la **botte** [labɔt] der Stiefel

la **boucherie** [labuʃʀi] die Metzgerei, die Fleischerei → 6/3

la **boucle** [labukl] der Ring

la **boucle d'oreille** [labukldɔʀɛj] der Ohrring

la **boulangerie** [labulɑ̃ʒʀi] die Bäckerei → 6/3

le **boulot** [ləbulo] *fam.* der Job → 2/4

bousculer qn [buskyle] jdn (an)stoßen, jdn schubsen

la **bouteille** [labutɛj] die Flasche

le **bouton** [ləbutɔ̃] der Pickel

la **branche** [labʀɑ̃ʃ] der Ast → 5/2

braquer qc [bʀake] *fam.* etw. überfallen, etw. ausrauben → 6/3

bravo [bʀavo] bravo

le **brevet** [ləbʀəvɛ] *Diplom nach dem* Collège, *mittlerer Schulabschluss*

le **bruit** [ləbʀɥi] der Lärm → 1/2

ANNEXE

brûler qn [bʀyle] jdn (ver)brennen; etw. anzünden → 6/2
brun/e [bʀɛ̃/bʀyn] *adj.* dunkelhaarig
la **brute** [labʀyt] der Grobian, der brutale Mensch → 5/1
la **bûche de Noël** [labyʃdənɔɛl] *Weihnachtskuchen in Form eines Holzscheits* → 3/2
le **buffet** [ləbyfe] das Büffet
le **bulletin** [ləbyltɛ̃] das Zeugnis → 3/2
le **bureau** [ləbyʀo] / ⚠ **les bureaux** das Büro → 4/1
le **bus** [ləbys] der Bus *in der Stadt*
le **but** [ləbyt] das Tor, das Ziel → 2/1

C

ça [sa] das, das da; **ça fait** [safɛ] das macht, das kostet; **Ça peut arriver** [sapøaʀive] Das kann vorkommen.; **Ça va?** [sava] Wie geht's?
la **cabine téléphonique** [lakabintelefɔnik] die Telefonzelle → 2/4
le **cabinet dentaire** [ləkabinɛdɑ̃tɛʀ] die Zahnarztpraxis → 4/1
cacher qc [kaʃe] etw. verbergen, etw. verstecken → 1/3
le **cadeau** [ləkado] / ⚠ **les cadeaux** das Geschenk; **elle ne fait pas de cadeaux** [ɛlnəfɛpɑdəkado] sie schenkt einem nichts
le **café** [ləkafe] der Kaffee
la **cage** [lakaʒ] der Käfig → 2/3
le **cahier** [ləkaje] das Heft
la **caisse** [lakɛs] die Kasse
la **calanque** [lakalɑ̃k] die Felsbucht → 1/A
calculer [kalkyle] rechnen
calme [kalm] *adj.* ruhig
(ê)**se calmer** [səkalme] sich beruhigen → 5/1
le/la **camarade** [lə/lakamaʀad] der/die Mitschüler/in
camérounais/e [kameʀunɛ/kameʀunɛz] *adj.* aus Kamerun → 6/2
le **camping** [ləkɑ̃piŋ] das Zelten, der Zeltplatz, der Campingplatz
le **Canada** [ləkanada] Kanada → 3/1
le **canapé** [ləkanape] das Sofa
le **canari** [ləkanaʀi] der Kanarienvogel
le/la **candidat/e** [ləkɑ̃dida/lakɑ̃didat] der/die Bewerber/in → 6/3
le **canon à neige** [ləkanɔ̃anɛʒ] die Schneekanone → 3/2
la **cantine** [lakɑ̃tin] die Kantine
la **capitale** [lakapital] die Hauptstadt
car [kaʀ] *conj.* denn, weil → 4/2
le **car** [ləkaʀ] der Reisebus
le **caribou** [ləkaʀibu] das Karibu → 4/2
le **carnaval** [ləkaʀnaval] / **les carnavals** der Karneval → 4/A
le **carreau** [ləkaʀo] das Karo; **à carreaux** [akaʀo] *adj.* kariert
les **cartes** [lekaʀt] *f. pl.* die (Spiel-)Karten → 1/2; **la carte postale** [lakaʀtpɔstal] die Postkarte
le **cas** [ləkɑ] / **les cas** der Fall → 3/1
la **casquette** [lakaskɛt] die Schirmmütze, das Basecap
casser qc [kase] etw. zerbrechen, etw. kaputt machen → 3/2
le **casseur** [ləkasœʀ] der Randalierer → 6/2
la **cata** [lakata] *fam.*, **la catastrophe** [lakatastʀɔf] die Katastrophe → 2/3
la **cathédrale** [lakatedʀal] die Kathedrale
la **cave** [lakav] der Keller → 1/1
le **CD** [ləsede] / ⚠ **les CD** die CD
le **CDI** [ləsedei] das Informations- und Dokumentationszentrum
ce [sə] / **cet** [sɛt] / **cette** [sɛt] / **ces** [se] dieser, diese, dieses, diese
ce que [səkə] was
ce qui [səki] was
célèbre [selɛbʀ] *adj.* berühmt → 6/1
le **centime** [ləsɑ̃tim] der Cent
la **centralisation** [lasɑ̃tʀalizasjɔ̃] die Zentralisierung → 6/1
le **centre** [ləsɑ̃tʀ] das Zentrum; **le centre-ville** [ləsɑ̃tʀvil] das Stadtzentrum
la **cerise** [lasəʀiz] die Kirsche
cerner qc [sɛʀne] etw. erfassen → 1/3
certain/e [sɛʀtɛ̃/sɛʀtɛn] *adj.* gewisser, gewisse, gewisses; **certains** [sɛʀtɛ̃] manche (Leute) → 5/3
c'est [sɛ] das ist; **ce sont** [səsɔ̃] das sind; **C'est clair.** [sɛklɛʀ] Das ist klar.; **C'est la galère!** [sɛlagalɛʀ] *fam.* Es ist die Hölle! → 3/1; **c'est raté** [sɛʀate] es ist vorbei
c'est-à-dire (que) [sɛtadiʀ] das heißt (also) (dass) → 3/3
la **chaise** [laʃɛz] der Stuhl
la **chaleur** [laʃalœʀ] die Hitze → 4/1
chaleureux/-euse [ʃalœʀø/ʃalœʀøz] *adj.* warmherzig → 4/1
la **chambre** [laʃɑ̃bʀ] das Schlafzimmer
le **chamois** [ləʃamwa] die Gemse
le **champ** [ləʃɑ̃] das Feld → 5/A
le/la **champion/ne** [ləʃɑ̃pjɔ̃/laʃɑ̃pjɔn] der/die Meister/in, der Champion
la **chance** [laʃɑ̃s] das Glück, die Chance
le **changement** [ləʃɑ̃ʒəmɑ̃] der Wechsel, die Veränderung → 4/3
changer [ʃɑ̃ʒe] sich ändern → p. 154 → 1/3; **changer qc** [ʃɑ̃ʒe] etw. wechseln → 1/2; **changer (de qc)** [ʃɑ̃ʒe] umsteigen
la **chanson** [laʃɑ̃sɔ̃] das Lied
le **chant** [ləʃɑ̃] das Lied *klassische Musik*
chanter (qc) [ʃɑ̃te] (etw.) singen
le/la **chanteur/-euse** [ləʃɑ̃tœʀ/laʃɑ̃tøz] der/die Sänger/in; **le/la chanteur/-euse d'opéra** [ləʃɑ̃tœʀ/laʃɑ̃tøzdɔpeʀa] der/die Opernsänger/in
la **charcuterie** [laʃaʀkytʀi] die Metzgerei, die Fleischerei → 6/3
la **chasse** [laʃas] die Jagd → 4/3
le **chat** [ləʃa] die Katze
le **château** [ləʃɑto] / ⚠ **les chateaux** das Schloss → 6/A
chaud/e [ʃo/ʃod] *adj.* warm, heiß; **il fait chaud** [ilfɛʃo] es ist warm, heiß
la **chaussure** [laʃosyʀ] der Schuh
le **chemin** [ləʃəmɛ̃] der Weg → 6/A
la **chemise** [laʃəmiz] das Hemd
cher/-ère [ʃɛʀ] *adj.* teuer; lieber/liebe *Briefanfang*
chercher qc [ʃɛʀʃe] etw. suchen; **aller/venir chercher qn/qc** [aleʃɛʀʃe/vəniʀʃɛʀʃe] jdn/etw. abholen → 2/4; **chercher qn du regard** [ʃɛʀʃedyʀəgaʀ] nach jdm Ausschau halten
le **cheval** [ləʃəval] / ⚠ **les chevaux** das Pferd → 5/A
chez [ʃe] *prép.* bei; **chez moi** [ʃemwa] bei mir (zu Hause) → 1/A
le/la **chien/-ne** [ləʃjɛ̃/laʃjɛn] der Hund / die Hündin
la **chimie** [laʃimi] die Chemie
la **Chine** [laʃin] China
les **chips** [letʃips] *f. pl.* die (Kartoffel) Chips → 5/2
le **chocolat** [ləʃɔkɔla] die Schokolade
choisir qc [ʃwaziʀ] etw. aussuchen, etw. auswählen *wird wie réagir konjugiert* → 2/2
le **chômage** [ləʃomaʒ] die Arbeitslosigkeit → 6/2
choqué/e [ʃɔke] *adj.* schockiert → 2/2
la **chose** [laʃoz] die Sache, das Ding
chouette [ʃwɛt] *adj.* toll
chut [ʃyt] Pst! Still!
le **ciel** [ləsjɛl] der Himmel
le **cinéma** [ləsinema] / le **ciné** [ləsine] *fam.* das Kino
la **cité** [lasite] die Siedlung → 6/1
le **clafoutis** [ləklafuti] der Clafoutis *Auflauf*
clair/e [klɛʀ] *adj.* klar, hell
la **classe** [laklas] die Klasse, das Klassenzimmer; **la classe de neige** [laklasdənɛʒ] die Klassenfahrt zum Wintersport
classique [klasik] *adj.* klassisch → 5/A
la **clé** [lakle] der Schlüssel → 1/1
le/la **client/e** [ləklijɑ̃/laklijɑ̃t] der Kunde / die Kundin → 1/2
le **climat** [ləklima] das Klima → 4/1
le **club (de volley)** [ləklœb] der (Volleyball-)Verein → 5/1

le **club-vidéo** [laklœbvideo] der Videoclub

le **coca** [lakɔka] die Cola

le **cœur** [lakœʀ] das Herz; **avoir mal au cœur** [avwaʀmalokœʀ] Übelkeit empfinden

le **coin** [lakwɛ̃] der Winkel, die Ecke

la **colère** [lakolɛʀ] der Ärger, die Wut

le **collège** [lakɔlɛʒ] das Collège

la **colline** [lakɔlin] der Hügel

combien (de) [kɔ̃bjɛ̃] wie viel

comme [kɔm] wie, als; **comme ça** [kɔmsa] so; *conj.* da → 6/1; *adj.* + **comme tout** [kɔmtu] super- + *Adj.* → 5/1

commencer (par qc) [kɔmɑ̃se] (mit etw.) anfangen, (mit etw.) beginnen *wird wie* avancer *konjugiert;* **commencer à** + *inf.* beginnen etw. zu + *Inf.*

comment [kɔmɑ̃] wie

le **commerce** [lakɔmɛʀs] der Handel, das Geschäft → 3/A

le/la **commercial/e** [la/lakɔmɛʀsjal] / ⚠ **les commerciaux** der/die kaufmännische Angestellte → 1/2

le **commissariat** [lakɔmisaʀja] die Polizeidienststelle

le **compliment** [lakɔ̃plimɑ̃] das Kompliment → 3/2

compliqué/e [kɔ̃plike] *adj.* kompliziert

compliquer qc [kɔ̃plike] etw. komplizierter machen → 1/3

composter qc [kɔ̃pɔste] etw. entwerten → 6/1

comprendre qc/qn [kɔ̃pʀɑ̃dʀ] etw./jdn verstehen *wird wie* prendre *konjugiert*

compter [kɔ̃te] zählen

le **concert** [lakɔ̃sɛʀ] das Konzert

le **concours** [lakɔ̃kuʀ] der Wettbewerb; die Aufnahmeprüfung → 6/1

la **confiance** [lakɔ̃fjɑ̃s] das Vertrauen → 6/3; **avoir confiance en qn / dans qc** [avwaʀkɔ̃fjɑ̃s] jdm/etw. vertrauen, Vertrauen in jdn/etw. haben → 6/3

connaître qc/qn [kɔnɛtʀ] etw./jdn kennen → p. 155 → 1/1

le **conseil** [lakɔ̃sɛj] der Rat → 1/3

la **construction** [lakɔ̃stʀyksjɔ̃] der Bau → 5/A

construire qc [kɔ̃stʀɥiʀ] etw. aufbauen → p. 155 → 6/1

content/e [kɔ̃tɑ̃/kɔ̃tɑ̃t] *adj.* zufrieden

contester qc [kɔ̃tɛste] etw. in Frage stellen, etw. bestreiten → 3/2

continuer (de + *inf.*) [kɔ̃tinɥe] weiter(machen); weitergehen → 4/2

le **contrat** [lakɔ̃tʀa] der Vertrag → 4/1

contre [kɔ̃tʀ] *prép.* gegen

cool [kul] *adj. fam. unveränderlich* cool

le/la **copain/-ine** [lakɔpɛ̃/lakɔpin] der/die Freund/in

le **cornichon** [lakɔʀniʃɔ̃] die Essiggurke

le/la **corres** [la/lakoʀɛs] *fam.* / **le/la correspondant/e** [lakoʀɛspɔ̃dɑ̃/lakoʀɛspɔ̃dɑ̃t] der/die Austauschpartner/in, der/die Brieffreund/in → 1/A

corriger (qc) [kɔʀiʒe] (etw.) korrigieren *wird wie* changer *konjugiert* → 4/2

la **côte** [lakot] die Küste → 5/3

(ê)**se coucher** [sakuʃe] sich ins Bett legen → 3/2

la **couleur** [lakulœʀ] die Farbe

couper qc [kupe] etw. schneiden → 1/1; **couper l'appétit (à qn)** [kupelapeti] (jdm) den Appetit verderben → 1/1

la **cour** [lakuʀ] der Hof

le **courage** [lakuʀaʒ] der Mut; **avoir le courage de** + *inf.* [avwaʀlakuʀaʒ] den Mut haben etw. zu + *Inf.*

le **courant** [lakuʀɑ̃] die Strömung → 5/2

courir [kuʀiʀ] laufen → p. 155

le **cours** [lakuʀ] die Unterrichtsstunde, der Unterricht

la **course** [lakuʀs] der Lauf, das Rennen

les **courses** [lekuʀs] *f. pl.* die Einkäufe

court/e [kuʀ/kuʀt] *adj.* kurz

le **couscous** [lakuskus] der Kuskus → 3/3

le/la **cousin/e** [lakuzɛ̃/lakuzin] der/die Cousin/e → 3/A

coûter [kute] kosten; **Ils coûtent combien?** [ilkutkɔ̃bjɛ̃] Wie teuer sind sie?

couvert/e de (neige) [kuvɛʀda] *adj.* (schnee-)bedeckt → 4/2

le **couvert** [lakuvɛʀ] das Besteck; **mettre le couvert** [mɛtʀalakuvɛʀ] den Tisch decken

la **craie** [lakʀɛ] die Kreide

craquer pour qn [kʀakepuʀ] *fam.* für jdn schwärmen

la **crème** [lakʀɛm] die Sahne, die Salbe → 7 /1

la **crêpe** [lakʀɛp] die Crêpe

le **crétin** [lakʀetɛ̃] *fam.* der Dummkopf, die dumme Kuh → 2/3

crevé/e [kʀave] *adj.* todmüde, kaputt

crier [kʀije] schreien

croire (qn/qc) [kʀwaʀ] (jdm/etw.) glauben → p. 155 → 4/1

la **cuisine** [lakɥizin] die Küche; die Kochkunst → 5/1

la **culture** [lakyltyʀ] die Kultur → 6/2

curieux/-euse (de) [kyʀjø/kyʀjøz] *adj.* neugierig

D

d'abord [dabɔʀ] *adv.* zuerst

d'accord [dakɔʀ] einverstanden

d'ailleurs [dajœʀ] außerdem, übrigens → 6/2

dangereux/-euse (de) [dɑ̃ʒəʀø/dɑ̃zəʀøz] *adj.* gefährlich

dans [dɑ̃] in; **dans l'ensemble** [dɑ̃lɑ̃sɑ̃bl] im Ganzen → 3/3; **dans (l'est) de qc** [dɑ̃lɛstda] im (Osten) von etw. → 4/3

danser [dɑ̃se] tanzen → 3/3

le **dauphin** [ladofɛ̃] der Delphin

de [da] *prép.* aus; von; **de ... à** [da...a] von ... bis; **de là-haut** [dalao] von dort oben → 1/A

de temps en temps [datɑ̃zɑ̃tɑ̃] von Zeit zu Zeit, ab und zu → 1/3

de toute façon [datutfasɔ̃] jedenfalls, sowieso → 5/3

(ê)**se débrouiller** [sadebʀuje] zurechtkommen, sich zu helfen wissen → 3/3

le **début** [ladeby] der Anfang → 5/3; **début août** [debyut] Anfang August → 5/3

déchirer qc [deʃiʀe] etw. zerreißen

(ê)**se décider** [sadeside] sich entscheiden

la **déclaration** [ladeklaʀasjɔ̃] die Erklärung → 2/3; **faire une déclaration** [fɛʀyndeklaʀasjɔ̃] eine Vermisstenanzeige aufgeben → 2/3

décorer qc [dekɔʀe] etw. schmücken, etw. dekorieren → 3/A

découvrir qc [dekuvʀiʀ] etw. entdecken *wird wie* offrir *konjugiert* → 4/A

défavorisé/e [defavɔʀize] *adj.* benachteiligt

définitif/-ive [definitif/definitiv] *adj.* endgültig, definitiv → 3/1

dehors [daɔʀ] *adv.* draußen → 5/3

déjà [deʒa] *adv.* schon

le/la **délégué/e de classe** [la/ladelegedaklas] der/die Klassensprecher/in

délicieux/-euse [delisjø/delisjøz] *adj.* köstlich, lecker → 3/3

demain [damɛ̃] *adv.* morgen

demander qc (à qn) [damɑ̃de] (jdn) etw. fragen

déménager [demenaʒe] aus-/um-/wegziehen *wird wie* changer *konjugiert* → 4/1

demi [dami] halb; la **demi-heure** [ladamiœʀ] die halbe Stunde; **le demi-frère** [ladamifʀɛʀ] / **la demi-sœur** [ladamisœʀ] der Halbbruder / die Halbschwester → 3/2

la **dent** [ladɑ̃] der Zahn → 6/3

le/la **dentiste** [la/ladɑ̃tist] der Zahnarzt / die Zahnärztin → 1/2

d'entre vous [dɑ̃tʀavu] von Ihnen/euch → 2/2

ANNEXE

le **département** [lədepaʀtəmɑ̃] das Departement → 6/2
le **dépliant** [lədeplijɑ̃] der Prospekt
depuis [dəpɥi] seit → 1/1
déranger qn/qc [deʀɑ̃ʒe] jdn/etw. stören *wird wie* changer *konjugiert* → 4/3
dernier/-ière [dɛʀnje/dɛʀnjɛʀ] *adj.* letzter, letzte, letztes; voriger, vorige, voriges
derrière [dɛʀjɛʀ] *prép.* hinter
des fois [defwa] *fam.* manchmal → 6/3
(ê)**descendre** [desɑ̃dʀ] aussteigen, hinuntergehen *wird wie* entendre *konjugiert;* (ê)**descendre (un fleuve)** [desɑ̃dʀ] flussabwärts fahren, hinunterfahren → 5/2
la **descente** [ladesɑ̃t] die Fahrt (flussabwärts), die Abfahrt → 5/2
désolé/e → **Je suis désolé/e.** [ʒəsɥidezɔle] Es tut mir leid.; **être désolé/e de** + *inf.* bedauern etw. zu + *Inf.*
le **dessert** [lədesɛʀ] das Dessert, der Nachtisch
dessiner qc [desine] etw. zeichnen
détester qc [detɛste] etw. hassen, etw. nicht mögen; **détester** + *inf.* etw. nicht gerne + *Inf.*
devant [dəvɑ̃] *prép.* vor *räumlich*
(ê)**devenir** [dəvniʀ] werden *wird wie* venir *konjugiert*
la **devise** [ladəviz] das Motto, die Devise → 4/A
devoir + *inf.* [dəvwaʀ] müssen, sollen + *Inf.* → p. 155
les **devoirs** [ledəvwaʀ] *m. pl.* die Hausaufgaben
différent/e [difeʀɑ̃/difeʀɑ̃t] *adj.* anderer, andere, anderes; verschieden
difficile (de) [difisil] *adj.* schwierig, schwer → 1/2
le **dimanche** [lədimɑ̃ʃ] der Sonntag, sonntags
la **dinde** [ladɛ̃d] die Pute → 3/1; **la dinde aux marrons** [ladɛ̃domaʀɔ̃] eine mit Kastanien gefüllte Pute → 3/1
le **dîner** [lədine] das Abendessen
la **diplomatie** [ladiplomasi] die Diplomatie → 6/3
dire qc (à qn) [diʀ] (jdm) etw. sagen; **Ça vous dit quelque chose?** [savudikɛlkəʃoz] Könnt ihr damit etwas anfangen?; **Dis toujours!** [dituʒuʀ] Na sag doch!; **Qu'est-ce que ça veut dire?** [kɛskəsavødiʀ] Was bedeutet das?
le/la **directeur/-trice** [lədiʀɛktœʀ/ladiʀɛktʀis] der/die Direktor/in; **le/la directeur/-trice commercial/e** [lediʀɛktœʀkɔmɛʀsjal/ladiʀɛktʀiskɔmɛʀsjal] der/die Geschäftsführer/in → 4/1
la **direction** [ladiʀɛksjɔ̃] die Richtung
la **discussion** [ladiskysjɔ̃] die Diskussion, das Gespräch → 3/2
discuter (de qc) [diskyte] (über etw.) diskutieren, sich (über etw.) unterhalten
(ê)**se disputer (avec qn)** [sədispyte] sich (mit jdm) streiten
disperser (des hommes / des animaux / ...) [dispɛʀse] (Menschen/Tiere/...) auseinandertreiben → 5/A
la **dispute** [ladispyt] der Streit → 2/3
distribuer qc [distʀibye] etw. verteilen → 1/1
le/la **documentaliste** [lədokymɑ̃talist] der/die Bibliothekar/in
le **domaine** [lədɔmɛn] der Bereich → 4/3
donner qc à qn [dɔne] jdm etw. geben
dormir [dɔʀmiʀ] schlafen *wird wie* partir *konjugiert*
le **dos** [lədo] der Rücken
doucement [dusmɑ̃] *adv.* langsam, leise → 5/3
(ê)**se doucher** [səduʃe] duschen
doué/e (pour) [dwe] *adj.* begabt → 2/2
la **douleur** [ladulœʀ] der Schmerz → 5/1
le **drapeau** [lədʀapo] die Fahne, die Flagge → 4/A
dribbler qn [dʀible] an jdm vorbeidribbeln → 2/2
le **droit** [lədʀwa] das Recht → 2/3; **avoir le droit de** + *inf.* das Recht haben zu + *Inf.* → 2/3
à droite [adʀwat] rechts
drôle [dʀol] *adj.* lustig, komisch
duquel/de laquelle/desquels/desquelles [dykɛl/dəlakɛl/dekɛl/dekɛl] welcher/welches/welche *in Verbindung mit der Präposition* de → 6/2
dur/e [dyʀ] *adj.* hart, schwierig
le **DVD** [lədevede] die DVD

E

l' **E.P.S** [ləpeɛs] / **l'éducation physique et sportive** [ledykasjɔ̃fizikespɔʀtiv] der Sportunterricht
l' **eau** [lo] *f.* das Wasser
l' **échange** [leʃɑ̃ʒ] *m.* der Austausch → 5/1
échanger qc (contre qc) [eʃɑ̃ʒe] etw. (gegen etw.) tauschen, etw. austauschen, etw. umtauschen *wird wie* changer *konjugiert*
l' **échec** [leʃɛk] *m.* das Scheitern → 2/2
l' **école** [lekɔl] *f.* die Schule; **l'école primaire** [lekɔlpʀimɛʀ] *f.* die Grundschule → 1/1; **la grande école** [lagʀɑ̃dekɔl] die Hochschule → 6/1
écouter qc/qn [ekute] etw. anhören, jdm zuhören
écrire (qc à qn) [ekʀiʀ] (jdm etw.) schreiben → p. 155; **écrire comme un chat** [ekʀiʀkɔmɛ̃ʃa] unsauber schreiben
l' **écriteau** [lekʀito] *m.* das Schild
l' **éducation civique** [ledykasjɔ̃sivik] *f.* die Sozialkunde, die Gemeinschaftskunde
l' **effort** [lɛfɔʀ] *m.* die Anstrengung → 3/2
l' **église** [legliz] *f.* die Kirche → 3/A
l' **élection** [lelɛksjɔ̃] *f.* die Wahl → 6/2
l' **élégance** [lelegɑ̃s] *f.* die Eleganz
l' **élève** [lelɛv] *m./f.* der/die Schüler/in
embrasser qn [ɑ̃bʀase] jdn küssen
emmener qn [ɑ̃məne] jdn mitnehmen *wird wie* acheter *konjugiert* → 6/1
l' **empereur** [lɑ̃pəʀœʀ] *m.* der Kaiser
l' **emploi** [lɑ̃plwa] *m.* die (Arbeits-) Stelle → 6/1; **l'emploi du temps** [lɑ̃plwadytɑ̃] *m.* der Stundenplan
l' **employé/e** [lɑ̃plwaje] der/die Angestellte → 1/2
emprunter qc (à qn) [ɑ̃pʀɛ̃te] (jdm) etw. ausleihen
en [ɑ̃] *prép.* in; **en vacances** [ɑ̃vakɑ̃s] im Urlaub, in den Ferien; **en ce moment** [ɑ̃səmɔmɑ̃] zurzeit, gerade → 4/2; **en face (de)** [ɑ̃fas] *prép.* gegenüber (von); **en fait** [ɑ̃fɛt] eigentlich; **en général** [ɑ̃ʒeneʀal] normalerweise, im Allgemeinen; **en noir** [ɑ̃nwaʀ] in schwarz; **en plein/e** [ɑ̃plɛ̃/ɑ̃plɛn] mitten im / in der → 4/2; **en tout cas** [ɑ̃tuka] auf jeden Fall → 3/1
en [ɑ̃] *pron.* davon, von dort
encore [ɑ̃kɔʀ] *adv.* noch
encourager qn (à + *inf.*) [ɑ̃kuʀaʒe] jdn anfeuern, jdn ermutigen (etw. zu + *Inf.*) *wird wie* changer *konjugiert*
l' **endroit** [lɑ̃dʀwa] *m.* der Ort → 1/A
énervé/e [enɛʀve] *adj.* gereizt, genervt → 1/2
énerver qn [enɛʀve] jdn nerven, jdn ärgern → 5/1
l' **enfant** [lɑ̃fɑ̃] *m./f.* das Kind
enfin [ɑ̃fɛ̃] *adv.* endlich
(ê)**s'engager (pour/contre qc)** [sɑ̃gaʒe] sich für/gegen etw. engagieren *wird wie* changer *konjugiert*
ennuyeux/-euse [ɑ̃nɥijø/ɑ̃nɥijøz] *adj.* langweilig
énorme [enɔʀm] *adj.* riesig → 2/2
ensemble [ɑ̃sɑ̃bl] *adv.* zusammen
l' **ensemble** [lɑ̃sɑ̃bl] *m.* das Ganze → 3/3

ensuite [ɑ̃sɥit] *adv.* anschließend
entendre qc/qn [ɑ̃tɑ̃dʀ] etw./jdn hören → p. 154; [(ê)]**s'entendre (bien/mal) avec qn** [sɑ̃tɑ̃dʀavɛk] sich mit jdm (gut/schlecht) verstehen → 6/2
l' **enthousiasme** [lɑ̃tuzjasm] *m.* die Begeisterung → 5/3
l' **entraînement** [lɑ̃tʀɛnmɑ̃] *m.* das Training → 2/3
entraîner qn/qc [ɑ̃tʀene] jdn/etw. fortschwemmen, mit sich reißen → 5/2
l' **entraîneur/-euse** [lɑ̃tʀɛnœʀ/lɑ̃tʀɛnøz] der/die Trainer/in → 2/2
entre [ɑ̃tʀ] *prep.* zwischen
l' **entreprise** [lɑ̃tʀəpʀiz] *f.* das Unternehmen → 6/1
[(ê)]**entrer** [ɑ̃tʀe] hineingehen; **entrer en (classe de troisième)** [ɑ̃tʀeɑ̃] in (die dritte Klasse) kommen → 2/1
l' **envie** [lɑ̃vi] *f.* die Lust → 1/3; **avoir envie de** + *inf.* Lust haben etw. zu + *Inf.* → 1/3
envoyer qc (à qn) [ɑ̃vwaje] (jdm) etw. schicken, etw. verschicken → p. 156
Épèle. [epɛl] Buchstabiere.
l' **épicerie** [lepisʀi] *f.* der Lebensmittelladen → 6/3
l' **épreuve** [lepʀœv] *f.* die Aufgabe → 6/3
épuisé/e [epɥize] *adj.* erschöpft → 2/3
l' **équipe** [lekip] *f.* die Mannschaft, das Team → 1/3
l' **érable** [leʀabl] *m.* der Ahorn → 4/A
l' **escalade** [lɛskalad] *f.* das Klettern *Sportart*
l' **espagnol** [lɛspaɲɔl] *m.* Spanisch *Sprache, Schulfach*
l' **espèce** [lɛspɛs] *f.* die Art, die Sorte → 2/3; **Espèce de crétin!** [ɛspɛsdəkʀetɛ̃] Du Dummkopf! → 2/3
espérer qc [ɛspeʀe] etw. hoffen *wird wie* préférer *konjugiert* → 3/1
l' **espoir** [lɛspwaʀ] *m.* die Hoffnung → 1/1
l' **essai** [lesɛ] *m.* der Versuch → 5/A
essayer qc [eseje] etw. anprobieren, etw. versuchen → p. 154; **essayer de** + *inf.* [eseje] versuchen zu + *Inf.* → 2/2
l' **est** [lɛst] *m.* der Osten → 4/3
est-ce que ... [ɛskə] *wird nicht übersetzt; zeigt dir an, dass es sich um eine Frage handelt*
et [e] *conj.* und; **Et alors?** [ealɔʀ] Na und? → 6/2
les **États-Unis** [lezetazyni] die Vereinigten Staaten → 3/1
l' **été** [lete] *m.* der Sommer
être [ɛtʀ] sein → p. 153; **être à l'heure** [ɛtʀalœʀ] pünktlich sein → 6/3; **être à table** [ɛtʀatabl] bei Tisch sitzen → 2/1; **être assis/e** [ɛtʀasi/ɛtʀasiz] sitzen → 6/1; **être au chômage** [ɛtʀoʃomaʒ] arbeitslos sein → 6/2; **être chaud/e pour qc / pour** + *inf.* [ɛtʀəʃo/ɛtʀəʃod] *fam.* überzeugt sein, sich mit der Idee anfreunden, etw. zu + *Inf.* → 1/1; **être couvert/e de (neige)** [kuvɛʀdə] (schnee-)bedeckt sein → 4/2; **être dans les nuages** [ɛtʀdɑ̃lenɥaʒ] verträumt sein; **être désolé/e de** + *inf.* bedauern etw. zu + *Inf.*; **être d'origine (française)** [ɛtʀdɔʀiʒin] (französischer) Herkunft sein → 6/2; **être en colère** [ɛtʀɑ̃kɔlɛʀ] wütend sein → 5/1; **être en voyage** [ɛtʀɑ̃vwajaʒ] auf Reisen sein → 1/2; **être fier/fière (de)** [ɛtʀəfjɛʀ] *adj.* stolz sein (auf) → 2/2; **être fort/e à/en/dans qc** [ɛtʀfɔʀ] in etw. gut sein, in etw. begabt sein → 2/1; **être nul/le (en)** [ɛtʀnyl] eine Null sein (in); **être occupé/e** [ɛtʀɔkype] beschäftigt sein → 6/3; **être situé/e** [sitɥe] liegen, sich befinden → 4/2; **être vert/e de jalousie** [ɛtʀvɛʀdəʒaluzi/ ɛtʀvɛʀtdəʒaluzi] grün vor Neid sein → 1/1
étroit/e [etʀwa/etʀwat] *adj.* eng
les **études** [lezetyd] *f. pl.* das Studium → 1/3; **faire des études (de qc)** (etw.) studieren → 1/3
l' **euro** [løʀo] *m.* der Euro
exagérer qc [ɛgzaʒeʀe] etw. übertreiben *wird wie* préférer *konjugiert*
l' **examen** [lɛgzamɛ̃] *m.* die Prüfung → 2/1
l' **exception** [lɛksɛpsjɔ̃] *f.* die Ausnahme → 3/1
exceptionnel/le [ɛksɛpsjɔnɛl] *adj.* außergewöhnlich, Ausnahme- *oder* Sonder- *in Verbindung mit einem Nomen* → 3/1
exceptionnellement [ɛksɛpsjɔnɛlmɑ̃] *adv.* ausnahmsweise → 3/1
[(ê)]**s'excuser / excuser qn/qc** [sɛkskyze] sich / jdn/etw. entschuldigen → 2/1
l' **exemple** [lɛgzɑ̃pl] *m.* das Beispiel; **par exemple** [paʀɛgzɑ̃pl] zum Beispiel
l' **exercice** [lɛgzɛʀsis] *m.* die Übung, die Hausaufgabe
exister [ɛgziste] existieren
expliquer qc (à qn) [ɛksplike] (jdm etw.) erklären
l' **explorateur/-trice** [lɛksplɔʀatœʀ/lɛksplɔʀatʀis] der/die Entdecker/in → 4/A
explorer qc [ɛksplɔʀe] etw. erforschen
l' **exposé** [lɛkspoze] *m.* das Referat
l' **exposition** [lɛkspozisjɔ̃] *f.* die Ausstellung

F

facile [fasil] *adj.* leicht, einfach
faillir + *inf.* [fajiʀ] fast + *Inf.*, beinahe + *Inf. wird nur im* passé composé *gebraucht* → 3/2
la **faim** [lafɛ̃] der Hunger; **avoir faim** [avwaʀfɛ̃] hungrig sein
faire qc [fɛʀ] etw. tun, etw. machen; **faire attention à qc** [fɛʀatɑ̃sjɔ̃] auf etw. aufpassen, auf etw. achten; **faire de la luge** [fɛʀdəlalyʒ] Schlitten fahren, rodeln → 4/2; **faire des bêtises** [fɛʀdebetiz] Dummheiten machen → 6/3; **faire des études** [fɛʀdezetyd] studieren → 1/3; **faire des progrès (en)** [fɛʀdepʀɔgʀɛ] Fortschritte (in) machen → 5/3; **faire du (44)** [fɛʀdy] die (Schuh-)Größe (44) haben → 5/1; **faire du camping** [fɛʀdykɑ̃piŋ] zelten → 5/3; [(ê)]**se faire du souci** [səfɛʀdysusi] sich Sorgen machen → 2/3; **faire la connaissance de qn** [fɛʀlakɔnɛsɑ̃s] jdn kennen lernen; **faire la cuisine** [fɛʀlakɥizin] kochen → 3/2; **faire la fête** [fɛʀlafɛt] feiern, Party machen → 5/1; **faire les courses** [fɛʀlekuʀs] einkaufen *Lebensmittel;* **faire les magasins** [fɛʀlemagazɛ̃] shoppen, einkaufen; **faire partie de qc** [fɛʀpaʀtidə] zu etw. gehören, etw. angehören; **faire plaisir à qn** [fɛʀplezir] jdm eine Freude bereiten; **faire qc exprès** [fɛʀɛkspʀɛ] etw. mit Absicht tun → 5/1; **faire rigoler qn** [fɛʀʀigɔle] jdn zum Lachen bringen → 4/2; **faire sa pub** [fɛʀsapyb] für sich selbst Werbung machen; **faire son maximum** [fɛʀsɔ̃maksimɔm] sein Bestes geben → 5/1; **faire tout son possible** [fɛʀtusɔ̃pɔsibl] sein Möglichstes tun → 2/3; **faire un/des effort/s** [fɛʀɛ̃nɛfɔʀ/fɛʀdezɛfɔʀ] sich anstrengen → 3/2; **faire une balade** [fɛʀynbalad] einen Spaziergang machen → 5/3; **faire une déclaration** [fɛʀyndeklaʀasjɔ̃] eine Vermisstenanzeige aufgeben → 2/3; **faire une descente** [fɛʀyndɛsɑ̃t] ab(wärts)fahren → 5/2; **faire une scène** [fɛʀynsɛn] eine Szene machen → 6/3; **ça fait** [safɛ] das macht, das kostet; das klingt nach, das wirkt wie → 1/1; **il fait beau** [ilfɛbo] es ist schönes Wetter; **il fait chaud** [ilfɛʃo] es ist heiß/warm
falloir → **il faut qc** man braucht etw.; **il faut** + *inf.* man muss + *Inf.;* **il faut bien (que)** [ilfobjɛ̃] man muss wohl → 6/3; **il lui faut** [ilɥifo] er braucht → 2/2
la **famille** [lafamij] die Familie
la **farine** [lafaʀin] das Mehl
fatigué/e [fatige] *adj.* müde → 1/2
la **faute** [lafot] die Schuld

ANNEXE

faux/fausse [fo/fos] *adj.* unecht, falsch → 2/1
féliciter qn de qc [felisite] jdm zu etw. gratulieren → 2/1
la **femme** [lafam] die Frau, die Ehefrau → 2/2
la **fenêtre** [lafənɛtʀ] das Fenster
fermer qc [fɛʀme] etw. schließen
le **festival** [ləfɛstival] / **les festivals** das Festival
fêter qc [fɛte] etw. feiern → 2/1
la **fête** [lafɛt] die Party, das Fest; **faire la fête** [fɛʀlafɛt] feiern, Party machen → 5/1
le **feu** [ləfø] / ⚠ **les feux** das Feuer → 5/A; **le feu d'artifice** [ləfødaʀtifis] das Feuerwerk; **le feu de forêt** [ləfødəfɔʀɛ] der Waldbrand → 5/A
la **feuille** [lafœj] das Blatt → 4/A
(ê)**se ficher de qn/qc** [səfiʃe] *fam.* jdn/etw. ist einem egal → 2/3
filer [file] *fam.* abhauen
le **filet** [ləfilɛ] das Netz → 5/1
la **fille** [lafij] das Mädchen, die Tochter
le **film** [ləfilm] der Film
filmer qc [filme] etw. filmen
le **fils** [ləfis] der Sohn
la **fin** [lafɛ̃] das Ende → 1/3
finalement [finalmɑ̃] *adv.* schließlich, letztendlich → 3/1
finir qc [finiʀ] etw. beenden *wird wie réagir konjugiert* → 3/3; **finir l'année par un concert** [finiʀlaneparɛ̃kɔ̃sɛʀ] das Jahr mit einem Konzert abschließen → 3/3
(ê)**se fixer** [səfikse] sich festlegen → 1/3
le **flamant** [ləflamɑ̃] der Flamingo → 5/A
le **fleuve** [ləflœv] der Fluss → 4/A
flexible [flɛksibl] *adj.* flexibel → 4/2
flipper [flipe] *fam.* ausflippen → 6/2
la **fois** [lafwa] das Mal
fonctionner [fɔ̃ksjɔne] in Betrieb sein, funktionieren → 3/2
fonder qc [fɔ̃de] etw. gründen
fondre [fɔ̃dʀ] schmelzen *wird wie entendre konjugiert* → 4/3
le **foot** [ləfut] Fußballspiel *Sportart*
la **force** [lafɔʀs] die Kraft
la **forêt** [lafɔʀɛ] der Wald → 4/A
former qc [fɔʀme] etw. gründen → 1/1
formidable [fɔʀmidabl] *adj.* hervorragend, toll
le **formulaire** [ləfɔʀmylɛʀ] das Formular
fort/e (en) [fɔʀ/fɔʀt] *adj.* stark (in)
la **forteresse** [lafɔʀtəʀɛs] die Festung
le **forum** [ləfɔʀɔm] das Forum; **le forum de discussion** [ləfɔʀɔmdədiskysjɔ̃] das Diskussionsforum → 3/2
le **fou** [ləfu] / **la folle** [lafɔl] der/die Verrückte → 2/1
fou(x)/fol/folle(s) (de) [fu/fɔl/fɔl] *adj.* verrückt (nach) → 5/3
la **foule** [laful] die Menschenmenge
la **fourrure** [lafuʀyʀ] der Pelz → 4/3
(ê)**se foutre de qn/qc** [səfutʀ] *fam.* auf jdn/etw. pfeifen → 6/2
la **fraise** [lafʀɛz] die Erdbeere
le **français** [ləfʀɑ̃sɛ] Französisch *Sprache*
la **France** [lafʀɑ̃s] Frankreich → 3/A
franco-allemand/e [fʀɑ̃koalmɑ̃/fʀɑ̃koalmɑ̃d] *adj.* deutsch-französisch → 5/1
le/la **francophone** [lə/lafʀɑ̃kɔfɔn] der/die Französischsprachige → 4/A
frapper [fʀape] anklopfen
freiner qn/qc [fʀɛne] jdn/etw. zurückhalten, bremsen → 5/3
le **frère** [ləfʀɛʀ] der Bruder; **les frères et sœurs** [lefʀɛʀesœʀ] die Geschwister
froid/e [fʀwa/fʀwad] *adj.* kalt; **il fait froid** [ilfɛfʀwa] es ist kalt; **avoir froid** [avwaʀfʀwa] jdm ist kalt
le **fruit** [ləfʀɥi] die Frucht → 5/A; **les fruits** [lefʀɥi] das Obst → 5/A; **le fruit de la passion** [ləfʀɥidəlapasjɔ̃] die Passionsfrucht
fumer (qc) [fyme] (etw.) rauchen → 3/2
fun [fœn] *adj.* ⚠ *unveränderlich* lustig, amüsant → 4/2
furieux/-euse [fyʀjø/fyʀjøz] *adj.* wütend → 6/3

G

gagner qc [gaɲe] verdienen *Geld*; etw. gewinnen; **gagner sa vie** [gaɲesavi] seinen Lebensunterhalt verdienen → 2/2
gai/e [gɛ] *adj.* fröhlich, launig, heiter → 3/1
le/la **gamin/e** [ləgamɛ̃/lagamin] *fam.* der kleine Junge / das kleine Mädchen → 3/3
le **garage** [ləgaʀaʒ] die Garage → 1/2
le **garçon** [ləgaʀsɔ̃] der Junge
garder qc [gaʀde] etw. behalten, etw. aufbewahren
le/la **gardien/ne** [ləgaʀdjɛ̃/lagaʀdjɛn] der/die Hausmeister/in
la **gare** [lagaʀ] der Bahnhof
le **gâteau** [ləgɑto] / ⚠ **les gâteaux** der Kuchen
gâter qn [gɑte] jdn verwöhnen → 3/2
à gauche [agoʃ] links
geler [ʒəle] frieren *wird wie acheter konjugiert* → 3/2
le **gendarme** [ləʒɑ̃daʀm] der Polizist
généraliser [ʒeneʀalize] verallgemeinern → 1/2
génial/e [ʒenjal] *adj.* / ⚠ **géniaux** [ʒenjo] toll → 5/1
le **genre** [ləʒɑ̃ʀ] die Art, das Genre, das Genus, das Geschlecht → 1/3
les **gens** [leʒɑ̃] *m. pl.* die Leute
gentil/le [ʒɑ̃ti/ʒɑ̃tij] *adj.* nett → 1/2
la **géo** [laʒeo] *fam.* / **la géographie** [laʒeogʀafi] die Geographie, die Erdkunde
le **ghetto** [ləgɛto] das Ghetto → 6/1
la **glace** [laglas] das Eis; **le hockey sur glace** [ləɔkɛsyʀglas] Eishockey → 4/1
le **goût** [ləgu] der Geschmack
grand/e [gʀɑ̃/gʀɑ̃d] *adj.* groß; **la grande école** [lagʀɑ̃dekɔl] die Hochschule → 6/1; **pas grand-chose** [pagʀɑ̃ʃoz] nicht viel → 2/3
la **Grande-Bretagne** [lagʀɑ̃dbʀətaɲ] Großbritanien → 3/1
la **grand-mère** [lagʀɑ̃mɛʀ] die Großmutter
le **grand-père** [ləgʀɑ̃pɛʀ] der Großvater
les **grands-parents** [legʀɑ̃paʀɑ̃] *m. pl.* die Großeltern
le **gratte-ciel** [ləgʀatsjɛl] / ⚠ **les gratte-ciel** der Wolkenkratzer → 4/2
gris/e [gʀi/gʀiz] *adj.* grau
gronder qn [gʀɔ̃de] mit jdm schimpfen
gros/se [gʀo/gʀos] *adj.* groß, dick → 4/A
grosses bises [gʀosbiz] viele Grüße und Küsse *Briefende*
le **groupe** [ləgʀup] die Gruppe
la **guerre** [lagɛʀ] der Krieg → 3/1
le **guide** [ləgid] der Reiseführer *Buch* → 4/2; **le/la guide** [lə/lagid] der/die (Reise-)Führer/in *Person* → 4/3
la **guitare** [lagitaʀ] die Gitarre

H

habiter [abite] wohnen
l' **habitation à loyer modéré** *f.* [labitasjɔ̃alwajemɔdeʀe] *siehe auch* le HLM *staatlich subventionierte Wohnung* → 6/2
(ê)**s'habituer à qc/qn** [sabitɥe] *f.* sich gewöhnen an etw./jdn → 4/1
le **haïku** [ləaiku] der Haiku
le **handball** [ləɑ̃dbal] Handball *Sportart*
Hé! [e] Hey! *Ausruf*
l' **herbe** [lɛʀb] *f.* das Gras
le **héros** [ləeʀo] / **l'héroïne** [leʀoin] der/die Held/in
hésiter (à + *inf.*) [ezite] zögern (etw. zu + *Inf.*)

l' **heure** [lœʀ] *f.* die Stunde; **la demi-heure** [la dəmiœʀ] die halbe Stunde; **le quart d'heure** [ləkaʀdœʀ] die Viertelstunde → 5/3; **Il est quelle heure?** [ilɛkɛlœʀ] Wie viel Uhr ist es?; **À quelle heure?** [akɛlœʀ] Um wie viel Uhr?; **C'est l'heure!** [sɛlœʀ] Es ist Zeit!; **pendant des heures** [pɑ̃dɑ̃dezœʀ] stundenlang; **une heure du matin** [ynœʀdymatɛ̃] ein Uhr morgens → 2/3

heureusement que [øʀøzəmɑ̃kə] *adv.* zum Glück, glücklicherweise → 5/2

heureux/-euse [øʀø/øʀøz] *adj.* glücklich

hier [jɛʀ] *adv.* gestern

l' **histoire** [listwaʀ] *f.* die Geschichte

l' **hiver** [livɛʀ] *m.* der Winter → 3/2

le **HLM** [ləaʃɛlɛm] / ⚠ **les HLM**, *siehe* l'habitation à loyer modéré

le **hockey sur glace** [ləɔkɛsyʀglas] Eishockey → 4/1

l' **homme** [lɔm] *m.* der Mensch, der Mann → 4/3

la **honte** [laɔ̃t] die Scham → 2/2; **avoir honte de** + *inf.* [avwaʀɔ̃t] sich schämen etw. zu + *Inf.*

l' **horloge** [lɔʀlɔʒ] *f.* die Uhr *nicht Armbanduhr*

l' **horreur** [lɔʀœʀ] *f.* der Horror

l' **hôtel** [lotɛl] *m.* das Hotel → 2/2; **l'hôtel de ville** [lotɛldəvil] *m.* das Rathaus

humain/e [ymɛ̃/ymɛn] *adj.* human, menschlich

l' **humour** [lymuʀ] *m.* der Humor → 5/3

I

ici [isi] *adv.* hier

les **I.D.D.** [lezidede] / **les itinéraires de découverte** [lezitineʀɛʀdədekuvɛʀt] *m. pl. fächerübergreifender Unterricht*

l' **idée** [lide] *f.* die Idee; **avoir l'idée de** + *inf.* [avwaʀlide] die Idee haben etw. zu + *Inf.*

l' **igloo** [liglu] *m.* der/das Iglu → 4/3

il faut → **falloir**

il paraît que ... [ilpaʀɛkə] man sagt, dass ..., es scheint, dass ..., offensichtlich ... → 4/2

il y a [ilja] es gibt; **il y a** [ilja] vor *zeitlich*; **il y a du monde** [iljadymɔ̃d] es sind viele Leute da; **il n'y a qu'à** + *inf.* [ilnijaka] man muss nur + *Inf.* → 5/1

l' **île** [lil] *f.* die Insel

l' **image** [limaʒ] *f.* das Bild → 5/A

(⁽ᵉ⁾s')imaginer qc / de + *inf.* [(s)imaʒine] (sich) etw. vorstellen, sich vorstellen etw. zu + *Inf.*

l' **immeuble** [limœbl] *m.* der Wohnblock → 3/3

important/e (de + *inf.*) [ɛ̃pɔʀtɑ̃/ɛ̃pɔʀtɑ̃t] *adj.* wichtig (zu + *Inf.*) → 1/3

impossible (de + *inf.*) [ɛ̃pɔsibl] unmöglich (zu + *Inf.*) → 1/2

l' **impression** [lɛ̃pʀesjɔ̃] *f.* der Eindruck → 2/4; **avoir l'impression de** + *inf.* [avwaʀlɛ̃pʀesjɔ̃] den Eindruck haben etw. zu + *Inf.*

imprimer qc [ɛ̃pʀime] etw. (aus-)drucken

incroyable [ɛ̃kʀwajabl] *adj.* unglaublich → 3/1

incroyablement [ɛ̃kʀwajabləmɑ̃] *adv.* unglaublich → 3/1

l' **Indien/ne** [lɛ̃djɛ̃/lɛ̃djɛn] der/die Indianer/in → 4/1

l' **infection** [lɛ̃fɛksjɔ̃] *f.* die Infektion, die Entzündung

inquiet/-iète [ɛ̃kjɛ/ɛ̃kjɛt] *adj.* ängstlich, besorgt, unruhig → 3/3

insister (sur) [ɛ̃siste] (auf etw.) bestehen

⁽ᵉ⁾s'installer [sɛ̃stale] sich niederlassen, sich ansiedeln → 4/1

l' **instrument** [lɛ̃stʀymɑ̃] *m.* das Instrument → 1/1

intelligent/e [ɛ̃teliʒɑ̃/ɛ̃teliʒɑ̃t] intelligent → 1/3

interdit/e (de) [ɛ̃tɛʀdi/ɛ̃tɛʀdit] *adj.* verboten

intéressant/e (de) [ɛ̃teʀɛsɑ̃/ɛ̃teʀɛsɑ̃t] *adj.* interessant

⁽ᵉ⁾s'intéresser à qn/qc [sɛ̃teʀɛse] sich für jdn/etw. interessieren

l' **internat** [lɛ̃tɛʀna] *m.* das Internat → 2/1; **l'internat sport-études** [lɛ̃tɛʀnaspɔʀetyd] das Sportinternat → 2/1

international/e [ɛ̃tɛʀnasjɔnal] *adj.* / ⚠ **internationaux** international → 5/A

Internet [ɛ̃tɛʀnɛt] *m.* das Internet → 3/2

l' **interview** [lɛ̃tɛʀvju] *f.* das Interview → 6/1

l' **Inuit/e** [linɥit] der/die Inuit → 4/1

inventer qc [ɛ̃vɑ̃te] etw. erfinden

l' **invité/e** [lɛ̃vite] *m./f.* der Gast → 1/A

inviter qn [ɛ̃vite] jdn einladen

l' **italien** [litaljɛ̃] *m.* Italienisch *Sprache*

J

la **jalousie** [laʒaluzi] der Neid → 1/1

jamais [ʒamɛ] *adv.* nie, niemals → 2/2

la **jambe** [laʒɑ̃b] das Bein

le **jambon** [ləʒɑ̃bɔ̃] der Schinken

le **jardin** [ləʒaʀdɛ̃] der Garten

jaune [ʒon] *adj.* gelb

le **jean** [lədʒin] *m.* die Jeans

je ne sais où [ʒənəsɛzu] ich weiß nicht wo(-hin/-her) → 6/2

je ne sais qui [ʒənəsɛki] ich weiß nicht wer → 6/3

le **jeu** [ləʒø] / ⚠ **les jeux** das Spiel; **les Jeux olympiques** [leʒøzolɛ̃pik] die Olympischen Spiele

le **jeudi** [ləʒødi] der Donnerstag, donnerstags

le/la **jeune** [lə/laʒœn] der/die Jugendliche; **jeune** [ʒœn] *adj.* jung; **le jeune homme** [ləʒœnɔm] der junge Mann

la **jeunesse** [laʒœnɛs] die Jugend

joli/e [ʒɔli] *adj.* hübsch, niedlich

jouer comme un pied [ʒwekɔmɛ̃pje] grottenschlecht spielen → 5/1; **jouer de/à qc** [ʒue] etw. spielen → 1/1

le **jouet** [ləʒwɛ] das Spielzeug → 3/2

le/la **joueur/-euse** [ləʒwœʀ/laʒwøz] der/die Spieler/in → 2/2

le **jour** [ləʒuʀ] der Tag; **ce jour-là** [səʒuʀla] an jenem Tag; **les jours de la semaine** [leʒuʀdəlasəmɛn] die Wochentage

le **journal** [ləʒuʀnal] / ⚠ **les journaux** [leʒuʀno] das Tagebuch → 3/2

la **journée** [laʒuʀne] der Tag

joyeux/-euse [ʒwajø/ʒwajøz] *adj.* fröhlich → 3/1

le **judo** [ləʒydo] das Judo

jumeau/-elle [ʒymo/ʒymɛl] / ⚠ **jumeaux** [ʒymo] *adj.* Zwillings- *in Verbindung mit einem Nomen* → 2/1

la **jupe** [laʒyp] der Rock

le **jus** [ləʒy] der Saft; le **jus d'orange** [ləʒydɔʀɑ̃ʒ] der Orangensaft

jusqu'à [ʒyska] bis; **jusqu'à des heures impossibles** [ʒyskadezœʀɛ̃pɔsibl] bis spät in die Nacht hinein → 6/3; **jusque-là** [ʒyskəla] *adv.* bisher → 5/1

juste [ʒyst] *adj.* gerecht, richtig

justement [ʒystəmɑ̃] *adv.* eben, gerade → 2/4

K

le **kayak** [ləkajak] der Kajak → 4/3

le **keuf** [ləkəf] *fam.* der Bulle → 6/3

le **kilo** [ləkilo] das Kilo

le **kilomètre** [ləkilɔmɛtʀ] der Kilometer

L

là [la] dort; **là-bas** [labɑ] dahinten; **là-haut** [lao] da oben

le **lac** [ləlak] der See

lâcher qn/qc [laʃe] jdn/etw. loslassen → 4/3

laisser qc [lɛse] etw. (hinter-)lassen → 2/3

le **lait** [ləlɛ] die Milch

lancer qc (à qn) [lɑ̃se] (jdm) etw. (zu-)werfen *wird wie* avancer *konjugiert* → 5/1

la **langue** [lalɑ̃g] die Sprache

la **larme** [lalaʀm] die Träne → 3/1
la **lavande** [lalavɑ̃d] der Lavendel → 5/A
le **lecteur mp3** [ləlɛktœʀɛmpetʀwa] der MP3-Player → 3/A
le **légume** [ləlegym] das Gemüse → 6/3
le **lendemain** [ləlɑ̃dəmɛ̃] der nächste Tag, am nächsten Tag → 2/4
lequel/laquelle/lesquels/lesquelles [ləkɛl/lakɛl/lekɛl/lekɛl] welcher/welches/welche *Fragewort* → 6/2
la **lettre** [lalɛtʀ] der Brief
lever qc [ləve] etw. heben *wird wie acheter konjugiert;* (ê)**se lever** [sələve] aufstehen; (ê)**se lever du pied gauche** [sələvedypjegoʃ] mit dem linken Fuß zuerst aufstehen → 5/1
la **lèvre** [lalɛvʀ] die Lippe
la **librairie** [lalibʀɛʀi] die Buchhandlung
la **ligne** [laliɲ] die Linie; die (Bus-)Linie → 5/1
lire qc [liʀ] etw. lesen → p. 156
le **lit** [ləli] das Bett; **Au lit!** [oli] Ins Bett!
le **litre** [ləlitʀ] der Liter
le **livre** [ləlivʀ] das Buch; **le livre d'anglais** [ləlivʀdɑ̃glɛ] das Englischbuch
loin (de) [lwɛ̃] weit (von)
long/-ue [lɔ̃/lɔ̃g] *adj.* lang
longtemps [lɔ̃tɑ̃] *adv.* lange → 1/1
le **look** [ləluk] der Stil
le **loup** [ləlu] der Wolf
lourd/e [luʀ/luʀd] *adj.* schwer
la **luge** [lalyʒ] der (Rodel-)Schlitten → 4/2
la **lumière** [lalymjɛʀ] das Licht → 3/A
lundi [lɛ̃di] *m.* der Montag, montags
les **lunettes** [lelynɛt] *f. pl.* die Brille
le **Luxembourg** [ləyksɑ̃buʀ] Luxemburg; **luxembourgeois** [lyksɑ̃buʀʒwa] Luxemburgisch *Sprache*
le **lycée** [ləlise] das Gymnasium → 1/1
le **lys** [ləlis] die Lilie → 4/A

M

Madame, Mme [madam] Frau *Anrede*
Mademoiselle, Mlle [madmwazɛl] *f.* Fräulein *Anrede* → 5/1
le **magasin** [ləmagazɛ̃] das Geschäft; le **grand magasin** [ləgʀɑ̃magazɛ̃] das Kaufhaus
la **magie** [lamaʒi] die Magie, der Zauber
magnifique [maɲifik] *adj.* wundervoll
le **mail** [ləmɛl] die E-Mail
la **main** [lamɛ̃] die Hand
maintenant [mɛ̃tnɑ̃] *adv.* jetzt
mais [mɛ] *conj.* aber
la **maison** [lamɛzɔ̃] das Haus
maîtriser qc [metʀize] etw. beherrschen → 5/2
mal [mal] *adv.* schlecht
malade [malad] *adj.* krank
malgré [malgʀe] *prép.* trotz → 4/2
malheureux/-euse [maløʀø/maløʀøz] *adj.* unglücklich
le **Mali** [ləmali] Mali → 3/1
la **maman** [lamamɑ̃] Mama
la **mamie** [lamami] die Oma, Omi
manger qc [mɑ̃ʒe] etw. essen *wird wie changer konjugiert*
la **manière** [lamanjɛʀ] die Art, die Weise → 2/1
la **manif** [lamanif] *fam.* / **la manifestation** [lamanifɛstasjɔ̃] die Demonstration
manquer (à qn) [mɑ̃ke] (jdm) fehlen
le **manteau** [ləmɑ̃to] / ⚠ **les manteaux** der Mantel → 4/3
le/la **marchand/e** [ləmaʀʃɑ̃/lamaʀʃɑ̃d] der/die (Markt-)Händler/in
le **marché** [ləmaʀʃe] der Markt; **le marché aux puces** [ləmaʀʃeopys] der Flohmarkt
marcher [maʀʃe] gehen, laufen; funktionieren, laufen → 2/2; **marcher sur qn/qc** [maʀʃe] auf jdn/etw. treten → 5/1
le **mardi** [ləmaʀdi] der Dienstag, dienstags
le **mari** [ləmaʀi] der Ehemann → 6/3
(ê)**se marier** [səmaʀje] heiraten → 5/3
le **Maroc** [ləmaʀɔk] Marokko
marquer qc/qn [maʀke] etw./jdn prägen → 5/A; **marquer un but** [maʀkeɛ̃byt] ein Tor schießen → 2/1
la **marraine** [lamaʀɛn] die Patin
marron [maʀɔ̃] *adj.* ⚠ *unveränderlich* braun
le **marron** [ləmaʀɔ̃] die Esskastanie, die Marone → 3/1
mars [maʀs] März
le **match** [ləmatʃ] das Spiel
les **maths** [lemat] *fam.* / **les mathématiques** [lematematik] *f. pl.* Mathe, Mathematik
la **matière** [lamatjɛʀ] das Unterrichtsfach
le **matin** [ləmatɛ̃] der Morgen, morgens; **ce matin** [səmatɛ̃] heute morgen
mauvais/e [movɛ/movɛz] *adj.* schlecht; falsch → 6/1
le **maximum** [ləmaksimɔm] das Maximum
méchant/e [meʃɑ̃/meʃɑ̃t] *adj.* böse
la **médaille** [lamedaj] die Medaille
les **médias** [lemedja] *m. pl.* die Medien → 6/2
la **méduse** [lamedyz] die Qualle
le **melon** [ləməlɔ̃] die Melone → 5/A
le/la **même** [lə/lamɛm] der/die/das gleiche, der/die/dasselbe; sogar; **même quand** [mɛmkɑ̃] selbst wenn; **même si** [mɛmsi] selbst wenn → 6/2
mener à qc [məne] führen zu/nach etw. *wird wie acheter konjugiert* → 6/A; **mener tout droit à qc** [mənetudʀwa] direkt zu etw. führen → 6/1
le menhir [ləmɛniʀ] der Menhir → 6/A
la **mention** [lamɑ̃sjɔ̃] die Auszeichnung → 6/2
la **mer** [lamɛʀ] das Meer; **la mer Méditerranée** [lamɛʀmediteʀane] das Mittelmeer → 4/1
merci [mɛʀsi] danke
le **mercredi** [ləmɛʀkʀədi] *m.* der Mittwoch, mittwochs
la **mère** [lamɛʀ] die Mutter
le **message** [ləmɛsaʒ] die Nachricht → 2/3
la **messe** [lamɛs] die Messe → 3/A; **la messe de minuit** [lamɛsdəminɥi] die Christmette → 3/A
le **mètre** [ləmɛtʀ] der Meter
le **métro** [ləmetʀo] die U-Bahn
mettre qc [mɛtʀ] etw. anziehen, etw. (hin)stellen, etw. (hin)legen → p. 156; **mettre le couvert** [mɛtʀələkuvɛʀ] den Tisch decken; (ê)**se mettre à** + *inf.* [səmɛtʀ] anfangen zu + *Inf.* → 6/3; (ê)**se mettre à table** [səmɛtʀatabl] sich zu Tisch setzen → 6/3
la **meuf** [laməf] *fam.* die Tante → 6/3
midi [midi] 12 Uhr mittags, Mittag; **à midi** [amidi] um 12 Uhr mittags
mieux [mjø] *adv.* besser; **Mieux vaut tard que jamais.** [mjøvotaʀkəʒamɛ] Besser spät als nie. → 2/1
le **million** [ləmiljɔ̃] die Million
mini [mini] mini; **(en) miniature** [ɑ̃minjatyʀ] (im) Kleinen
minuit [minɥi] Mitternacht
la **minute** [laminyt] die Minute
le **mistral** [ləmistʀal] der Mistral → 5/A
mixte [mikst] *adj.* gemischt → 5/1
moche [mɔʃ] *adj. fam.* hässlich
la **mode** [lamɔd] die Mode; **à la mode** [alamɔd] modisch
moi [mwa] ich *betonte Form des Personalpronomens*
moins [mwɛ̃] *adv.* vor; **Il est huit heures moins le quart.** [ilɛɥitœʀmwɛ̃lkaʀ] Es ist Viertel vor acht.
le **mois** [ləmwa] der Monat; **les mois de l'année** [ləmwadəlane] die Monate des Jahres

la **moitié** [lamwatje] die Hälfte → 2/1
le **moment** [ləmɔmɑ̃] der Moment, der Augenblick
le **monde** [ləmɔ̃d] die Welt
le/la **moniteur/-trice** [ləmɔnitœʀ/ lamɔnitʀis] der/die Betreuer/in
Monsieur, M. [məsjø] Herr *Anrede*
le **monstre** [ləmɔ̃stʀ] das Ungeheuer, das Monster → 3/2
la **montagne** [lamɔ̃taɲ] der Berg, das Gebirge
(ê)**monter** [mɔ̃te] hochgehen, hinaufsteigen, einsteigen; **monter au filet** [mɔ̃teofilɛ] zum Netz gehen → 5/1; (ê)**se monter la tête** [səmɔ̃telatɛt] sich etw. einbilden, sich irren → 5/2
la **montre** [lamɔ̃tʀ] die Armbanduhr
montrer qc (à qn) [mɔ̃tʀe] (jdm) etw. zeigen
(ê)**se moquer de qn/qc** [səmɔke] sich lustig machen über jdn/etw. → 4/1
mort/e (de) [mɔʀ/mɔʀt] gestorben, tot (vor)
la **mort** [lamɔʀ] der Tod → 1/2
le **mot** [ləmo] das Wort
(ê)**se motiver** [səmotive] sich motivieren
la **motoneige** [lamotonɛʒ] / ⚠ **les motoneiges** der Motorschlitten, das Schneemobil → 4/3
la **mouette** [lamwɛt] die Möwe → 1/1
mouillé/e [muje] *adj.* nass → 5/2
la **mousse** [lamus] die Mousse; **la mousse au chocolat** [lamusoʃɔkɔla] französische Schokoladencreme
moyen/-ne [mwajɛ̃/mwajɛn] *adj.* mittelmäßig
moyennement [mwajɛnmɑ̃] *adv.* (mittel-)mäßig → 3/1
MSN [ɛmɛsɛn] ICQ
mûr/e [myʀ] *adj.* reif → 5/2
la **musique** [lamyzik] die Musik
musulman [myzylmɑ̃] *adj.* muslimisch → 3/A
la **mutilation** [lamytilasjɔ̃] die Verstümmelung

N

n'importe quoi [nɛ̃pɔʀtəkwa] irgendwas
nager [naʒe] schwimmen *wird wie changer konjugiert*
le/la **nageur/-euse** [lanaʒœʀ/lanaʒøz] der/die Schwimmer/in
la **natation** [lanatasjɔ̃] das Schwimmen *Sportart*
la **nature** [lanatyʀ] die Natur
ne ... jamais [nə...ʒamɛ] nie, niemals → 2/2; **ne ... pas** [nə...pɑ] nicht; **ne ... pas de** [nə...padə] kein, keine, keinen; **ne ... personne** [nə... pɛʀsɔn] niemand → 2/4; **ne ... plus** [nə...ply] nicht mehr; **ne ... plus de** ... [nə...plydə] kein, keine, keinen ... mehr; **ne ... que** [nə...kə] *adv.* nur, lediglich → 5/2; **ne ... rien** [nə...ʀjɛ̃] nichts → 1/2
né/e [ne] geboren
négatif/-ive [negatif/negativ] *adj.* negativ → 6/2
la **neige** [lanɛʒ] der Schnee
neiger [nɛʒe] schneien *wird wie changer konjugiert* → 3/2
n'en avoir rien à foutre [nɑ̃navwaʀʀjɛ̃nafutʀ] *fam.* einem piepegal sein → 6/2
nettoyer qc [nɛtwaje] etw. reinigen, etw. säubern *wird wie essayer konjugiert*
le **neveu** [lənəvø] / ⚠ **les neveux** der Neffe → 1/3
le **nez** [ləne] die Nase
la **nièce** [lanjɛs] die Nichte → 1/3
n'importe quoi [nɛ̃pɔʀtəkwa] dummes Zeug
Noël [nɔɛl] *m.* Weihnachten → 3/A
noir/e [nwaʀ] *adj.* schwarz; **noir/e de monde** [nwaʀdəmɔ̃d] voller Leute
le **nom** [lənɔ̃] der Name
le **nombril** [lənɔ̃bʀil] der Bauchnabel
non [nɔ̃] nein; nicht wahr?; **non plus** [nɔ̃ply] auch nicht
le **nord** [lənɔʀ] der Norden → 4/3; **au nord de** [onɔʀ] nördlich von → 4/1; **dans le nord de** [dɑ̃lənɔʀ] im Norden von → 4/1
normal/e [nɔʀmal] / ⚠ **normaux** *adj.* normal
la **note** [lanɔt] die Note, die Zensur
nouveau(x)/nouvel/nouvelle(s) [nuvo/nuvɛl/nuvɛl] *adj.* neu
la **nouvelle** [lanuvɛl] die Nachricht → 2/1
le **nuage** [lənɥaʒ] die Wolke
la **nuit** [lanɥi] die Nacht
nul/nulle [nyl] *adj.* schlecht, *auch:* blöd
le **numéro** [lənymeʀo] die Nummer

O

l' **occasion** [lɔkazjɔ̃] *f.* die Gelegenheit → 4/1
l' **œil** [lœj] / ⚠ **les yeux** [lezjø] *m.* das Auge
l' **œuf** [lœf] das Ei
offrir qc à qn [ɔfʀiʀ] jdm etw. schenken → p. 156
oh là là [olala] oh je
l' **olive** [lɔliv] *f.* die Olive → 5/A
l' **oncle** [lɔ̃kl] *m.* der Onkel
On n'est ni l'un ni l'autre. [ɔ̃nɛnilɛ̃nilotʀ] Wir sind weder das Eine noch das Andere. → 6/2
l' **ongle** [lɔ̃gl] *m.* der Nagel → 1/1
l' **opéra** [lɔpeʀa] *m.* die Oper
l' **opticien/ne** [lɔptisjɛ̃/lɔptisjɛn] der/die Optiker/in → 5/1
l' **orange** [lɔʀɑ̃ʒ] *f.* die Orange
l' **ordinateur** [lɔʀdinatœʀ] *m.* der Computer
l' **oreille** [lɔʀɛj] *f.* das Ohr
organiser qc [ɔʀganize] etw. organisieren
original/e [ɔʀiʒinal] / ⚠ **originaux** *adj.* originell, original → 1/3
l' **orthographe** [lɔʀtɔgʀaf] *f.* die Rechtschreibung → 3/2
oser + *inf.* [oze] sich trauen zu + *Inf.*
ou [u] *conj.* oder
où [u] wo, wohin; **Tu es d'où?** [tyɛdu] Wo kommst du her?
ouais [wɛ] *fam. umgangssprachliche Form von* oui
oublier qc / de + *inf.* [ublije] etw. vergessen / vergessen zu + *Inf.*
l' **ouest** [lwɛst] *m.* der Westen → 4/3
oui [wi] ja
l' **ours** [luʀs] *m.* / ⚠ **les ours** der Bär → 2/3
ouvrir qc [uvʀiʀ] etw. öffnen *wird wie offrir konjugiert*

P

le **pain** [ləpɛ̃] das Brot
la **paire** [lapɛʀ] das Paar
la **paix** [lapɛ] der Frieden → 3/A
le **palais** [ləpalɛ] das Palais
pâle [pɑl] *adj.* blass
le **pan bagnat** [ləpɑ̃baɲa] *ein mit Thunfisch belegtes Sandwich* → 5/2
le **panier** [ləpanje] der Korb → 4/3
le **pantalon** [ləpɑ̃talɔ̃] die Hose
le **papi** [ləpapi] der Opa, Opi *Kosename für den Großvater*
le **papier** [ləpapje] das Papier, der Zettel; **les papiers** [lepapje] *m. pl.* die Papiere → 2/2
le **paquet** [ləpakɛ] die Packung, das Paket
par [paʀ] aus; **par terre** [paʀtɛʀ] auf dem Boden → 1/1
il paraît que ... [ilpaʀɛkə] man sagt, dass ... , es scheint, dass ..., es soll ... → 4/2
le **parc** [ləpaʀk] der Park
parce que [paʀskə] weil
pardon [paʀdɔ̃] Verzeihung, Pardon
pareil/le [paʀɛj] *adj.* ähnlich, gleich
les **parents** [lepaʀɑ̃] *m. pl.* die Eltern
parfois [paʀfwa] manchmal → 1/3
le **parfum** [ləpaʀfɛ̃] das Parfüm
parler [paʀle] sprechen; **parler avec/à qn** mit jdm sprechen, reden; **parler de qc/qn** [paʀledə] von etw./jdm reden; **parler de tout et de rien** [paʀledətuedəʀjɛ̃] über Gott und die Welt reden → 5/2; **Parle pour toi!** [paʀlpuʀtwa] Für dich mag das wohl sein! → 1/1; **Tu parles!** [typaʀl] Von wegen!

ANNEXE

le **parrain** [ləparɛ̃] der Pate, der Sponsor
partager (qc avec qn) [paʀtaʒe] (etw. mit jdm) teilen *wird wie* changer *konjugiert* → 2/1
participer à qc [paʀtisipe] an etw. teilnehmen → 3/A
(ê)**partir** [paʀtiʀ] weggehen, losgehen → p. 156
partout [paʀtu] überall
pas du tout [padytu] gar nicht; überhaupt nicht, keineswegs → 1/3; **pas grand-chose** [pagʀɑ̃ʃoz] nicht viel → 2/3; **pas mal** [pamal] nicht schlecht; **pas trop** [patʀo] nicht wirklich
le **passé** [ləpase] die Vergangenheit → 5/A
passer [pase] verbringen; vergehen; laufen *im Kino;* **passer (un examen)** (eine Prüfung) ablegen → 6/1; (ê)**passer devant qn** [pasedəvɑ̃] an jdm vorbeigehen; **passer qc** (heraus)strecken → 5/1; **passer qc à qn** jmd etw. reichen; (ê)**passer** stecken, hinkommen → 2/1; (ê)**se passer** spielen, sich ereignen, passieren → 6/1; (ê)**se passer (bien/mal)** (gut/schlecht) verlaufen → 5/1
le **patin à glace** [ləpatɛ̃aglas] der Schlittschuh → 3/2
le/la **patron/ne** [ləpatʀɔ̃/lapatʀɔn] der/die Chef/in → 6/2
pauvre [povʀ] *adj.* arm
payer qc/qn [peje] etw./jdn bezahlen *wird wie* essayer *konjugiert*
le **pays** [ləpei] *m.* das Land
le **paysage** [ləpeizaʒ] die Landschaft → 5/A
la **pêche** [lapɛʃ] der Fischfang, das Angeln → 1/A
pendant [pɑ̃dɑ̃] *prép.* während; **pendant que** [pɑ̃dɑ̃kə] während → 2/4
penser (à qc/qn) [pɑ̃se] (an etw./jdn) denken; **penser à** + *inf.* daran denken zu + *Inf.*
perdre qc [pɛʀdʀ] etw. verlieren *wird wie* entendre *konjugiert;* **perdre la tête** [pɛʀdʀlatɛt] den Verstand verlieren *wird wie* entendre *konjugiert* → 4/1
le **père** [ləpɛʀ] der Vater
permettre à qn de + *inf.* [pɛʀmɛtʀ] jdm ermöglichen, etw. zu + *Inf.* → 5/3
le **permis** [ləpɛʀmi] / **les permis** die Erlaubnis → 2/1; **le permis de conduire** [ləpɛʀmidəkɔ̃dɥiʀ] der Führerschein → 2/1
la **personne** [lapɛʀsɔn] die Person, der Mensch → 4/2
personne ne [pɛʀsɔnnə] niemand → 2/4
la **pétanque** [lapetɑ̃k] das Boulespiel → 5/3
le/la **petit/e** [ləpti/laptit] der/die Kleine; **petit/e** [pəti/pətit] *adj.* klein
le **petit-déjeuner** [ləptideʒœne] das Frühstück
le **peuple** [ləpœpl] das Volk → 4/3
peuplé/e (de) [pœple] *adj.* bevölkerungsreich, bevölkert → 6/A
la **peur** [lapœʀ] die Angst; **avoir peur de** + *inf.* [avwaʀpœʀ] Angst haben zu + *Inf.*
peut-être [pøtɛtʀ] *adv.* vielleicht
la **pharmacie** [lafaʀmasi] die Apotheke
le **phoque** [ləfɔk] der Seehund → 4/3
la **photo** [lafɔto] das Foto
photographier qc [fɔtogʀafje] etw. fotografieren
la **phrase** [lafʀaz] der Satz → 4/A
la **physique** [lafizik] die Physik
la **pièce** [lapjɛs] das Zimmer
le **pied** [ləpje] der Fuß; **à pied** [apje] zu Fuß
le **piercing** [ləpɛʀsiŋ] das Piercing
la **pierre** [lapjɛʀ] der Stein
le **pique-nique** [ləpiknik] das Picknick → 5/2
piquer qc à qn [pike] *fam.* jdm etw. klauen → 6/3
la **piscine** [lapisin] das Schwimmbad
la **piste** [lapist] die Piste
pittoresque [pitɔʀɛsk] *adj.* malerisch, pittoresk → 1/A
la **place** [laplas] der Platz *Ort;* der Sitzplatz → 6/1; **à leur place** [alœʀplas] an ihrer Stelle
la **plage** [laplaʒ] der Strand
plaire à qn [plɛʀ] jdm gefallen → p. 156 → 3/1
le **plan** [ləplɑ̃] der Plan → 2/4
la **planète** [laplanɛt] der Planet
plat/e [pla/plat] *adj.* still *Mineralwasser*
le **plat** [ləpla] das Gericht → 3/3
plein de [plɛ̃də] viele → 3/1
pleurer [plœʀe] weinen
pleuvoir [pløvwaʀ] regnen ⚠ *nur 3. Pers. Sg.:* **il pleut** → p. 156
la **pluie** [laplɥi] der Regen → 4/3
plus mehr; **de plus (que)** [dəplyskə] *adv.* mehr (als) → 5/1; **trois fois plus grand que** [tʀwafwaplygʀɑ̃kə] dreimal größer als → 4/A
plusieurs [plyzjœʀ] *adj.* mehrere → 2/3; **plusieurs fois** [plyzjœʀfwa] mehrmals → 2/3
la **poche** [lapɔʃ] die Hosentasche, die Tasche *an der Kleidung*
le **poème** [ləpɔɛm] das Gedicht
la **poésie** [lapɔezi] die Poesie, die Dichtung
le **point** [ləpwɛ̃] der Punkt → 5/1
le **poisson** [ləpwasɔ̃] der Fisch
la **police** [lapɔlis] die Polizei → 2/2
le/la **politicien/ne** [ləpɔlitisjɛ̃/lapɔlitisjɛn] der/die Politiker/in → 6/2
la **politique** [lapɔlitik] die Politik
la **Pologne** [lapɔlɔɲ] Polen → 3/1
la **pomme** [lapɔm] der Apfel
la **pomme de terre** [lapɔmdətɛʀ] / **les pommes de terre** die Kartoffel
le **pont** [ləpɔ̃] die Brücke
populaire [pɔpylɛʀ] *adj.* populär, beliebt → 1/A
la **population** [lapɔpylasjɔ̃] die Bevölkerung → 6/A
le **port** [ləpɔʀ] der Hafen
le **portable** [ləpɔʀtabl] das Handy → 2/2
la **porte** [lapɔʀt] die Tür
porter qc [pɔʀte] etw. tragen
poser qc [poze] etw. stellen, etw. hinstellen; **poser une question** [poseynkɛstjɔ̃] eine Frage stellen
positif/-ive [pozitif/pozitiv] *adj.* positiv → 3/1
possible (de + *inf.*) [pɔsibl] möglich (zu + *Inf.*) → 1/2
le **pot** [ləpo] der Becher
le **pote** [ləpɔt] *fam.* der Kumpel → 6/3
pour [puʀ] für; **pour** + *inf.* um ... zu; **pour cent** [puʀsɑ̃] Prozent → 2/2
le **pourcentage** [ləpuʀsɑ̃taʒ] der Prozentsatz → 4/A
pourquoi [puʀkwa] warum
pousser qn/qc [puse] jdn/etw. schieben → 5/2
pouvoir [puvwaʀ] können → p. 157; **on pourrait** [ɔ̃puʀɛ] man könnte
préférer qc / + *inf.* [pʀefeʀe] etw. bevorzugen, etw. lieber mögen, etw. lieber + *Inf.* → p. 154; **préféré/e** [pʀefeʀe] *adj.* Lieblings- *in Verbindung mit einem Nomen*
prendre qc [pʀɑ̃dʀ] etw. nehmen → p. 157; **prendre son courage à deux mains** [pʀɑ̃dʀsɔ̃kuʀaʒadømɛ̃] all seinen Mut zusammennehmen, sich ein Herz fassen → 3/1
le **prénom** [ləpʀenɔ̃] der Vorname
préparer qc [pʀepaʀe] etw. vorbereiten
près de [pʀɛdə] *prép.* nahe bei, in der Nähe von
le **Président de la République** [ləpʀezidɑ̃dəlaʀepyblik] der französische Staatspräsident → 6/A
presque [pʀɛsk] fast
prêter qc à qn [pʀete] jdm etw. leihen → 6/1
le **printemps** [ləpʀɛ̃tɑ̃] der Frühling
la **prison** [lapʀizɔ̃] das Gefängnis → 6/2
le **prix** [ləpʀi] / **les prix** der Preis
le **problème** [ləpʀɔblɛm] das Problem
prochain/e [pʀɔʃɛ̃/pʀɔʃɛn] *adj.* nächste/nächster/nächstes → 3/1
le/la **professeur** [lə/lapʀɔfɛsœʀ] / le/la **prof** [lə/lapʀɔf] *fam.* der/die Leh-

rer/in; le **prof principal** [ləpʀɔfpʀɛ̃sipal] der Klassenlehrer
professionnel/le [pʀɔfɛsjɔnɛl] *adj.* beruflich, professionell → 6/2
le/la **pro** [le/lapʀo], **le/la professionnel/le** [le/lapʀɔfɛsjɔnɛl], *fam.* der Fachmann / die Fachfrau, der/die Profi → 2/2
profiter de qc [pʀɔfite] etw. ausnutzen, aus etw. Nutzen ziehen → 6/1
profond/e (de) [pʀɔfɔ̃/pʀɔfɔ̃d] *adj.* tief → 5/2
le **programme** [ləpʀɔgʀam] das Programm → 5/3
le **progrès** [ləpʀɔgʀɛ] / **les progrès** der Fortschritt → 3/3
le **projet** [ləpʀɔʒɛ] das Projekt → 1/1
promettre qc à qn [pʀɔmɛtʀ] jdm etw. versprechen → 6/1
proposer qc à qn [pʀɔpoze] jdm etw. vorschlagen; **proposer à qn de** + *inf.* [pʀɔpoze] jdm vorschlagen, zu + *Inf.*
propre [pʀɔpʀ] *adj.* eigener/eigene/eigenes → 5/3
le **prospectus** [ləpʀɔspɛktys] der Prospekt → 1/1
protester (contre qc) [pʀɔtɛste] protestieren (gegen etw.) → 5/2
prouver qc à qn [pʀuve] jdm etw. beweisen → 3/2
provisoire [pʀɔvizwaʀ] *adj.* vorläufig, vorübergehend, provisorisch → 3/1
provisoirement [pʀɔvizwaʀmɑ̃] *adv.* vorläufig, vorübergehend, provisorisch → 3/1
provoquer qc/qn [pʀɔvɔke] etw. verursachen; jdn provozieren
le **public** [ləpyblik] das Publikum → 3/3
la **publicité** [lapyblisite] / **la pub** [lapyb] *fam.* die Werbung
la **puce** [lapys] der Floh
puis [pɥi] dann
le **pull** [ləpyl] *fam.* / **le pullover** der Pulli
la **pyramide** [lapiʀamid] die Pyramide

Q

quand [kɑ̃] wann; **quand** *conj.* wenn; **quand même** [kɑ̃mɛm] trotzdem → 3/1
le **quart** [ləkaʀ] das Viertel; **le quart d'heure** [ləkaʀdœʀ] die Viertelstunde → 5/2
le **quartier** [ləkaʀtje] das Viertel *Stadt*
que [kə] dass; den, die, das
le **Québec** [ləkebɛk] Quebec → 4/A
québécois/e [kebekwa/kebekwaz] *adj.* aus Quebec → 4/A
quel/quelle [kɛl] welcher, welche, welches
quelque [kɛlkə] *adj.* einige; **quelques (minutes)** [kɛlkə] wenige (Minuten) → 5/A; **quelque chose** [kɛlkəʃoz] etwas; **quelque chose de plus (que)** [dəplyskə] *adv.* (etw.) mehr (als) → 5/1
quelqu'un [kɛlkɛ̃] jemand
qu'est-ce que ...? [kɛskə] was ...?; **Qu'est-ce qui se passe?** [kɛskisəpɑs] Was ist los?
la **question** [lakɛstjɔ̃] die Frage; **pas question** [pɑkɛstjɔ̃] das kommt nicht in Frage
qui? [ki] *Fragepronomen* wer?; *Relativpronomen* der, die, das; **C'est qui?** [sɛki] Wer ist das?
quitter qc/qn [kite] etw./jdn verlassen
le **quiz** [ləkwiz] das Quiz
Quoi? [kwa] Was? *alleinstehend*

R

la **racaille** [laʀakaj] das Gesindel → 6/2
le **racisme** [ləʀasism] der Rassismus
raconter qc à qn [ʀakɔ̃te] jdm etw. erzählen
la **radio** [laʀadjo] das Radio
la **raffinerie de pétrole** [laʀafinʀidəpetʀɔl] die Erdölraffinerie → 5/A
ranger qc [ʀɑ̃ʒe] etw. aufräumen *wird wie* changer *konjugiert*
le **rap** [ləʀap] der Rap
rapporter qc à qn [ʀapɔʀtə] jdm etw. mitbringen
les **raquettes** [leʀakɛt] *f. pl.* die Schneeschuhe → 4/2
rater qc [ʀate] etw. verpassen → 5/1; **rater son service** [ʀatesɔ̃sɛʀvis] seinen Aufschlag verhauen → 5/1
le **réacteur de fusion nucléaire** [ləʀeaktœʀdəfyzjɔ̃nykleɛʀ] der Kernfusionsreaktor → 5/A
la **réaction** [laʀeaksjɔ̃] die Reaktion → 1/2
réagir à qc [ʀeaʒiʀ] auf etw. reagieren → p. 154 → 2/1
réaliser qc [ʀealize] etw. verwirklichen
la **recherche** [laʀəʃɛʀʃ] die Forschung → 4/3
recommencer qc [ʀəkɔmɑ̃se] etw. von vorn, noch einmal anfangen *wird wie* avancer *konjugiert*
la **récréation** [laʀekʀeasjɔ̃] / **la récré** [laʀekʀe] *fam.* die Pause
redoubler (une classe) [ʀəduble] (eine Klasse) wiederholen → 6/3
réfléchir [ʀefleʃiʀ] überlegen *wird wie* réagir *konjugiert* → 2/1
le **refrain** [ləʀəfʀɛ̃] der Refrain → 3/3
le **regard** [ləʀəgaʀ] der Blick
regarder qc [ʀəgaʀde] etw. anschauen, etw. betrachten; **regarder qn avec des yeux grands comme des soucoupes** [ʀəgaʀdekɛlkɛ̃avɛkdezjøgʀɑ̃kɔmdesukup] jdn mit großen Augen anschauen → 5/2
la **région** [laʀeʒjɔ̃] die Region, das Gebiet → 4/3
la **règle** [laʀɛgl] die Regel → 3/1
régler qc [ʀegle] etw. erledigen, etw. regeln *wird wie* préférer *konjugiert*
la **religion** [laʀəliʒjɔ̃] die Religion → 3/1
remarquer qc/qn [ʀəmaʀke] etw./jdn (be-)merken, jdm auffallen → 5/1
le/la **remplaçant/e** [ləʀɑ̃plasɑ̃/laʀɑ̃plasɑ̃t] der/die Stellvertreter/in, die Vertretung → 4/1
rencontrer qn [ʀɑ̃kɔ̃tʀe] jdn treffen
rendre qc à qn [ʀɑ̃dʀ] jdm etw. zurück-/wiedergeben
renoncer à qc [ʀənɔ̃se] auf etw. verzichten *wird wie* avancer *konjugiert* → 1/3; **renoncer à** + *inf.* darauf verzichten etw. zu + *Inf.*
la **rentrée** [laʀɑ̃tʀe] der Beginn des neuen Schuljahres
(ê)**rentrer** [ʀɑ̃tʀe] zurückkommen, nach Hause kommen
(ê)**se renverser** [səʀɑ̃vɛʀse] umkippen → 5/2
le **repas** [ləʀəpɑ] / **les repas** das Essen, die Mahlzeit → 3/A
repérer qn/qc [ʀəpeʀe] auf jdn/etw. aufmerksam werden *wird wie* préférer *konjugiert* → 2/2
répéter qc [ʀepete] etw. wiederholen → 1/1 *wird wie* préférer *konjugiert*
la **répétition** [laʀepetisjɔ̃] die Probe → 3/3
répondre à qn [ʀepɔ̃dʀə] jdm antworten *wird wie* prendre *konjugiert*
la **réponse** [laʀepɔ̃s] die Antwort
(ê)**se reposer** [səʀəpoze] sich ausruhen
reprendre le travail [ʀəpʀɑ̃dʀlətʀavaj] wieder anfangen zu arbeiten *wird wie* entendre *konjugiert* → 3/2
la **réputation** [laʀepytasjɔ̃] der Ruf → 6/2
la **résolution** [laʀezɔlysjɔ̃] der Entschluss, der Vorsatz → 3/3
ressembler à qn/qc [ʀəsɑ̃ble] jdm/etw. ähnlich sehen, sein → 6/2
le **restaurant** [ləʀɛstɔʀɑ̃] das Restaurant → 4/2
le **reste** [ləʀɛst] der Rest → 6/A
(ê)**rester** [ʀɛste] bleiben
le **résultat** [ləʀezylta] das Ergebnis
le **retard** [ləʀətaʀ] die Verspätung → 2/3; **arriver en retard** [aʀiveɑ̃ʀətaʀ] zu spät kommen
(ê)**retourner** [ʀətuʀne] zurückgehen → 4/2; (ê)**se retourner** [səʀətuʀne] sich umdrehen → 2/4

ANNEXE

(ê)**se retrouver** [səʀətʀuve] sich (wieder-)treffen; (ê)**se retrouver (dans un endroit)** [səʀətʀuve] (in einem Ort) landen → 2/4
réussir à/en/dans qc [ʀeysiʀ] in etw. gut sein, in etw. erfolgreich sein *wird wie* réagir *konjugiert* → 2/1; **réussir à** + *inf.* qc jdm gelingen, etw. zu + *Inf.* → 2/4
la **réussite** [laʀeysit] der Erfolg → 2/2
le **rêve** [ləʀɛv] der Traum
(ê)**revenir** [ʀəvəniʀ] zurückkommen *wird wie* venir *konjugiert*
le **réveillon** [ləʀevɛjɔ̃] *Festessen zu Weihnachten oder Neujahr* → 3/2
rêver [ʀɛve] träumen; **rêver de (qc) / de** + *inf.* [ʀɛvedə] von etw. träumen / träumen zu + *Inf.*; **Tu peux toujours rêver!** [typøtuʒuʀʀɛve] Träum ruhig weiter! → 5/3
la **révolte** [laʀevɔlt] die Revolte → 6/1
la **revue** [laʀəvy] die Zeitschrift
ridicule [ʀidikyl] *adj.* lächerlich → 3/1
rigoler [ʀigɔle] *fam.* lachen, herumalbern; **faire rigoler qn** [fɛʀʀigɔle] jdn zum Lachen bringen → 4/2
ringard/e [ʀɛ̃gaʀ/ʀɛ̃gaʀd] *adj.* altmodisch, spießig
rire [ʀiʀ] lachen → p. 157
le **rire** [ʀiʀ] das Lachen
la **rive** [laʀiv] das Ufer → 4/3; **la rive ouest** [laʀivwɛst] das Westufer → 4/3
la **rivière** [laʀivjɛʀ] der Fluss → 4/2
la **robe** [laʀɔb] das Kleid
le **rock** [ləʀɔk] der Rock *Musikstil* → 3/3
les **rollers** [leʀɔlœʀ] *m. pl.* die Inlineskates
romain/e [ʀɔmɛ̃/ʀɔmɛn] *adj.* römisch → 5/A
le/la **Romain/e** [ləʀɔmɛ̃/laʀɔmɛn] der/die Römer/in
ronger qc [ʀɔ̃ʒe] an etw. nagen *wird wie* changer *konjugiert* → 1/1; (ê)**se ronger les ongles** [səʀɔ̃ʒelezɔ̃gl] an den Nägeln kauen → 1/1
rose [ʀoz] *adj.* rosa, rosarot → 5/A
rouge [ʀuʒ] *adj.* rot
rougir [ʀuʒiʀ] rot werden → 2/1
la **route** [laʀut] die Fernverkehrsstraße, die Landstraße → 4/3
la **rue** [laʀy] die Straße

S

le **SMS** [ləɛsɛmɛs] die SMS → 2/1
les **S.V.T.** [leɛsvete] / **Sciences de la Vie et de la Terre** [lesjɑ̃sdəlaviedəlatɛʀ] *f. pl.* Mensch – Natur – Umwelt *Schulfach*
le **sac** [ləsak] die Tasche; **le sac de couchage** [ləsakdəkuʃaʒ] der Schlafsack → 6/1
sage [saʒ] *adj.* artig, brav → 3/3
la **salade** [lasalad] der Salat
sale [sal] *adj.* schmutzig
la **salle de bains** [lasaldəbɛ̃] das Badezimmer; **la salle de classe** [lasaldəklas] das Klassenzimmer; **la salle de séjour** [lasaldəseʒuʀ] das Wohnzimmer
le **salon de thé** [ləsalɔ̃dəte] das Café
Salut! [saly] Hallo!; Tschüss!
le **samedi** [ləsamdi] *m.* der Samstag, samstags
sans [sɑ̃] *prép.* ohne; **sans parler de** [sɑ̃paʀledə] ganz zu schweigen von → 1/1
la **santé** [lasɑ̃te] die Gesundheit → 3/3
le **sapin** [ləsapɛ̃] der Tannenbaum, der Weihnachtsbaum → 3/A
la **saucisse** [lasosis] die Wurst → 5/2
savoir qc [savwaʀ] etw. wissen → p. 157; **je ne sais où** [ʒənəsɛzu] ich weiß nicht wo(-hin/-her) → 6/2; **je ne sais qui** [ʒənəsɛki] ich weiß nicht wer → 6/3
le **saxophone** [ləsaksofɔn] das Saxophon → 1/1
la **scène** [lasɛn] die Bühne; die Szene → 6/3
scolaire [skɔlɛʀ] schulisch, Schul- → 1/3
le **sculpteur** [ləskyltœʀ] der Bildhauer → 1/2
la **sculpture** [laskyltyʀ] die Bildhauerei, die Skulptur → 4/A
sec/sèche [sɛk/sɛʃ] *adj.* trocken → 5/A
le **séjour** [ləseʒuʀ] der Aufenthalt → 4/1
le **sel** [ləsɛl] das Salz
la **semaine** [lasmɛn] die Woche; **une fois par semaine** [ynfwapaʀsmɛn] einmal in der Woche; **une semaine sur deux** [ynsmɛnsyʀdø] jede zweite Woche
le **sens** [ləsɑ̃s] / **les sens** der Sinn, die Bedeutung → 3/1; die Richtung → 6/1
sentimental/e [sɑ̃timɑ̃tal] *adj.* sentimental → 3/1
sentir (qc) [sɑ̃tiʀ] (etw.) fühlen, spüren *wird wie* partir *konjugiert* → 4/1
la **serveuse** [lasɛʀvøz] die Kellnerin
serviable [sɛʀvjabl] *adj.* hilfsbereit
le **service** [ləsɛʀvis] der Aufschlag *Sport* → 5/1
servir [sɛʀviʀ] aufschlagen *Sport* → 5/1
seul/e [sœl] *adj.* nur, allein → 2/1
le/la **seul/e** [ləsœl/lasœl] *adj.* der, die, das einzige
seulement [sœlmɑ̃] *adv.* nur → 3/1
sévère [sevɛʀ] *adj.* streng → 3/2
sexy [sɛksi] *adj.* sexy
le **short** [ləʃɔʀt] die Shorts → 4/A
si [si] *conj.* doch; ob; wenn, falls → 4/2; **si** + *adj.* **que** [sikə] *adv.* so + *Adj.* dass → 5/2
le **siège** [ləsjɛʒ] der Sitz → 6/A
le **signe** [ləsiɲ] das Zeichen
signer (qc) [siɲe] (etw.) unterzeichnen → 4/1
s'il te plaît [siltəplɛ] / **s'il vous plaît** [silvuplɛ] bitte
sinon [sinɔ̃] *adv.* sonst → 6/3
la **sirène** [lasiʀɛn] die Sirene → 3/3
la **situation** [lasitɥasjɔ̃] die Situation, die Lage → 5/2
(être) situé/e [sitɥe] liegen, sich befinden → 4/2
le **sketch** [ləskɛtʃ] der Sketch → 5/3
le **ski** [ləski] der Ski, das Skifahren
la **sœur** [lasœʀ] die Schwester
la **soif** [laswaf] der Durst → 1/2
le **soir** [ləswaʀ] der Abend, abends; **ce soir** [səswaʀ] heute Abend
la **soirée** [laswaʀe] der Abend
soit ... soit ... [swa...swa] entweder ... oder ... → 6/2
le **sol** [ləsɔl] der Boden → 5/1
le/la **soldat/e** [ləsɔlda/lasɔldat] der/die Soldat/in → 3/1
la **solution** [lasolysjɔ̃] die Lösung
sonner [sɔne] klingeln
la **sortie** [lasɔʀti] das Aus → 5/1
(ê)**sortir** [sɔʀtiʀ] hinausgehen, ausgehen *wird wie* partir *konjugiert*; **sortir qc de** etw. herausholen aus
le **souci** [ləsusi] die Sorge → 2/3
la **soucoupe** [lasukup] die Untertasse → 5/2; **regarder qn avec des yeux grands comme des soucoupes** [ʀəgaʀdekelkɛ̃avɛkdezjøgʀɑ̃kɔmdesukup] jdn mit großen Augen anschauen → 5/2
souffler [sufle] schnaufen
souhaiter (qc) / (qc à qn) [swete] (sich etw.) / (jdm etw.) wünschen → 3/A
la **soupe** [lasup] die Suppe; **la soupe au pistou** [lasupopistu] *Gemüsesuppe mit Basilikum* → 5/3
sourd/e [suʀ/suʀd] *adj.* taub
le **sourire** [ləsuʀiʀ] das Lächeln
sous [su] *prép.* unter
souterrain/e [sutɛʀɛ̃/sutɛʀɛn] *adj.* unterirdisch → 4/2
le **souvenir** [ləsuvniʀ] das Andenken, das Souvenir → 4/3
(ê)**se souvenir de qn/qc** [səsuvniʀ] sich an jdn/etw. erinnern *wird wie* venir *konjugiert* → 4/A
souvent [suvɑ̃] *adv.* oft
le **spectacle** [ləspɛktakl] die Aufführung, die Vorstellung
le/la **spectateur/-trice** [ləspɛktatœʀ/laspɛktatʀis] der/die Zuschauer/in → 5/A
le **sport** [ləspɔʀ] der Sport

sportif/-ive [spɔʀtif/spɔʀtiv] *adj.* sportlich → 2/1
le **stade** [ləstad] das Stadion → 2/2
le **stage** [ləstaʒ] der Kurs, das Praktikum → 2/2
la **star** [lastaʀ] der Star → 2/1
la **station** [lastasjɔ̃] die Station, die Haltestelle
la **statistique** [lastatistik] die Statistik → 6/1
le **stress** [ləstʀɛs] der Stress
le **stylo** [ləstilo] der Füller, der Kugelschreiber
le **sud** [ləsyd] der Süden → 4/3
le **sujet** [ləsyʒɛ] das Thema → 3/1
super [sypɛʀ] *adj.* super
la **superficie** [lasypɛʀfisi] die Fläche → 6/A
supporter qc/qn [sypɔʀte] etw./jdn ertragen → 4/1
supposer qc [sypoze] etw. vermuten
supprimer qc [sypʀime] streichen, weglassen → 1/3
sur [syʀ] *prép.* auf
sûr/e [syʀ] *adj.* sicher → 1/3
sûrement [syʀmɑ̃] *adv.* sicherlich → 3/1
le **surf** [ləsœʀf] das Wellenreiten, das Surfen
la **surprise** [lasyʀpʀiz] die Überraschung
surtout [syʀtu] *adv.* vor allem
le/la **surveillant/e** [ləsyʀvɛjɑ̃/lasyʀvɛjɑ̃t] die Aufsichtsperson
sympa [sɛ̃pa] *adj.* nett, sympathisch

T

la **table** [latabl] der Tisch
le **tableau** [lətablo] / ⚠ **les tableaux** das Gemälde → 1/A
le **taboulé** [lətabule] *Couscoussalat*
la **taille** [lataj] die (Kleider-)Größe
(ê)**se taire** [sətɛʀ] schweigen *wird wie* plaire *konjugiert, aber* il se tait → 3/1
le **tam-tam** [lətamtam] das Tamtam → 4/2
la **tante** [latɑ̃t] die Tante
le **tapis** [lətapi] der Teppich
tard [taʀ] *adv.* spät
le **taureau** [lətoʀo] / ⚠ **les taureaux** der Stier → 5/A
tchatcher [tʃatʃe] *fam.* quatschen → 6/3
la **technologie** [latɛknɔlɔʒi] / **la techno** [latɛknɔ] *fam.* die Arbeitslehre
le **tee-shirt** [lətiʃœʀt] das T-Shirt
la **télé** [latele] *fam.* / **la télévision** [latelevizjɔ̃] der Fernseher
le **téléphone** [ləteleføn] das Telefon
téléphoner (à qn) [telefɔne] (mit jdm) telefonieren
le **temps** [lətɑ̃] die Zeit; das Wetter; **Quel temps fait-il?** [kɛltɑ̃fɛtil] Wie ist das Wetter?; **à temps** [atɑ̃] rechtzeitig → 5/1; **tout le temps** [tulətɑ̃] die ganze Zeit
tendre qc à qn [tɑ̃dʀ] jdm etw. reichen *wird wie* entendre *konjugiert*
tenir qc [təniʀ] sich an etw. halten, etw. einhalten *wird wie* venir *konjugiert* → 3/3; **tenir le coup** [təniʀləku] durchhalten → 5/2; (ê)**se tenir à qn/qc** [sətəniʀ] sich an jdn/etw. festhalten → 5/2; **Tiens (, prends)!** [tjɛ̃] Da (, nimm)! → 6/1
le **tennis** [lətɛnis] Tennis *Sportart*; **le tennis de table** [lətɛnisdətablə] Tischtennis
la **tentation** [latɑ̃tasjɔ̃] die Versuchung → 6/3
se terminer [sətɛʀmine] zu Ende gehen → 5/3
le **terrain** [lətɛʀɛ̃] das (Sport-)Feld → 5/1
la **terre** [latɛʀ] die Erde → 1/1
le **test** [lətɛst] der Test
la **tête** [latɛt] der Kopf
le **TGV** [ləteʒeve] der Hochgeschwindigkeitszug
le **thé** [ləte] der Tee
le **théâtre** [ləteɑtʀ] das Theater → 5/A
toi [twa] du *betonte Form des Personalpronomen* → /9
les **toilettes** [letwalɛt] *m. pl.* die Toilette
(ê)**tomber** [tɔ̃be] (hin-)fallen; (ê)**tomber à l'eau** [tɔ̃bealo] ins Wasser fallen → 2/4; (ê)**tomber dans les pommes** [tɔ̃bedɑ̃lepɔm] bewusstlos werden → 3/2
tôt [to] *adv.* früh → 6/2
toucher qn/qc [tuʃe] jdn/etw. berühren → 5/1
toujours [tuʒuʀ] *adv.* immer
la **toundra** [latundʀa] die Tundra → 4/3
la **tour** [latuʀ] der Turm, das Hochhaus
le **tour** [lətuʀ] die Runde; **C'est ton tour.** [sɛtɔ̃tuʀ] Du bist dran.
le **tourisme** [lətuʀism] der Fremdenverkehr, der Tourismus → 4/3
le/la **touriste** [lə/latuʀist] der/die Tourist/in
tourner à (gauche/droite) [tuʀne] (links/rechts) abbiegen → 4/2; **tourner comme un ours en cage** [tuʀnekɔmɛ̃nuʀsɑ̃kaʒ] wie ein gefangenes Tier auf und ab laufen → 2/3; (ê)**se tourner vers qn** [sətuʀnevɛʀ] sich jdm zuwenden → 6/3
le **tournoi** [lətuʀnwa] das Turnier → 5/1
tout [tu] *adv.* alles; **tout, toute, tous, toutes** [tu/tut/tu(s)/tut] der/die/das ganze + *Nomen*, alle → 1/1; **tous les jours** [tuleʒuʀ] jeden Tag → 1/1; **tout à coup** [tutaku] *adv.* plötzlich, auf einmal → 2/2; **tout à fait** [tutafɛ] völlig → 6/2; **tout droit** [tudʀwa] *adv.* geradeaus → 4/2; **tout le monde** [tuləmɔ̃d] alle; **tout de suite** [tutsɥit] sofort; **tout le temps** [tulətɑ̃] die ganze Zeit
le **trac** [lətʀak] das Lampenfieber
la **trace** [latʀas] die Spur
la **tradition** [latʀadisjɔ̃] die Tradition → 4/3
le **train** [lətʀɛ̃] der Zug
le **traîneau** [lətʀɛno] / ⚠ **les traîneaux** der Schlitten → 4/3
traîner [tʀɛne] herumhängen → 6/3
le **trajet** [lətʀaʒɛ] die Strecke
le **travail** [lətʀavaj] / ⚠ **les travaux** die Arbeit
travailler [tʀavaje] lernen, arbeiten
traverser (qc) [tʀavɛʀse] (etw.) überqueren, (etw) durchqueren → 4/2
trembler [tʀɑ̃ble] zittern → 2/4
très [tʀɛ] *adv.* sehr; **très bien** [tʀɛbjɛ̃] sehr gut
la **trêve** [latʀɛv] die Waffenruhe → 3/1
tricher [tʀiʃe] falsch spielen, schummeln → 5/1
le **trimestre** [lətʀimɛstʀ] das Trimester → 3/2
triste [tʀist] *adj.* traurig → 2/1
trois fois plus grand que [tʀwafwaplygʀɑ̃kə] dreimal größer als → 4/A
se tromper (de qc) [sətʀɔ̃pe] sich (in etw.) irren → 6/3
trop [tʀo] zu viel, zu + *Adj.*, zu sehr
troublé/e [tʀuble] *adj.* verwirrt → 5/3
trouver (qc/qn) [tʀuve] (etw./jdn) finden; (ê)**se trouver** [sətʀuve] sich befinden → 4/2
le **truc** [lətʀyk] *fam.* das Ding, irgendwas → 1/3
Tu as bien fait! [tyabjɛ̃fɛ] Das war eine gute Idee!, Das hast du gut gemacht! → 6/1
le ***turc*** [lətyʀk] Türkisch *Sprache* → /9

U

un peu [ɛ̃pø] *adv.* ein bisschen → /9; **un peu (de)** [ɛ̃pødə] ein bisschen
utiliser qc [ytilize] etw. benutzen → 4/3

V

les **vacances** [levakɑ̃s] *f. pl.* die Ferien, der Urlaub; **en vacances** [ɑ̃vakɑ̃s] in Ferien
la **vache** [lavaʃ] die Kuh
la **valise** [lavaliz] der Koffer

ANNEXE

la **vanille** [lavanij] die Vanille
varié/e [vaRje] *adj.* vielfältig → 5/3
la **veille** [lavɛj] der Vorabend, am Vorabend → 5/2
le **vélo** [ləvelo] das Fahrrad; **à vélo** [avelo] mit dem Fahrrad; **le vélo de course** [ləvelodəkuRs] das Rennrad → 3/A
le **vélodrome** [ləvelɔdRom] die Rennradbahn *Hauptstadion von Marseille* → 1/A
le/la **vendeur/-euse** [ləvɑ̃dœR/lavɑ̃døz] der/die Verkäufer/in
vendre qc [vɑ̃dR] etw. verkaufen *wird wie* entendre *konjugiert* → 4/3
vendredi [vɑ̃dRədi] *m.* am Freitag
(ê)**venir** [vəniR] kommen, mitkommen → p. 157; **venir chercher qn/qc** [vəniRʃɛRʃe] jdn/etw. abholen → 2/4
le **verre** [ləvɛR] das Glas
vers [vɛR] *prép.* zum *Richtungsangabe;* **vers (18 heures)** [vɛR] *prép.* gegen (18 Uhr) → 6/2
vert/e [vɛR/vɛRt] *adj.* grün
la **veste** [lavɛst] die Jacke
le **vestige** [levɛstiʒ] der Überrest → 1/A
le **vêtement** [ləvɛtmɑ̃] die Kleidung
vexé/e [vɛkse] *adj.* beleidigt
le **viaduc** [ləvjadyk] das Viadukt → 6/A
la **viande** [lavjɑ̃d] das Fleisch
la **victime** [laviktim] das Opfer → 6/2
la **vie** [lavi] das Leben
vieux/vieil/vieille(s) [vjø/vjɛj/vjɛj] *adj.* alt → 6/3
le/la **vieux/vieille** [ləvjø/lavjɛj] *fam.* der/die Alte → 6/3
la **vigne** [laviɲ] der Weinberg → 6/A
le **village** [ləvilaʒ] das Dorf → 4/3
la **ville** [lavil] die Stadt; **la ville jumelé/e** [lavilʒymle] die Partnerstadt → 5/1
le **vin** [ləvɛ̃] der Wein
visiter qc [vizite] etw. besichtigen, etw. besuchen
vite [vit] *adv.* schnell
vivant/e [vivɑ̃/vivɑ̃t] *adj.* lebhaft, lebend, lebendig → 2/1
vivre [vivR] leben → p. 157 → 1/2
voici [vwasi] hier ist/sind → 1/A
voilà [vwala] da ist/sind
voir qc [vwaR] etw. sehen → p. 157; (ê)**se voir comme ...** [səvwaRkom] sich als ... sehen → 6/2
le/la **voisin/-ine** [ləvwazɛ̃/lavwazin] der/die Nachbar/in → 1/2
la **voiture** [lavwatyR] der Wagen, das Auto; *der Wagen eines Zuges* → 6/1; **en voiture** [ɑ̃vwatyR] mit dem Wagen
la **voix** [lavwa] / ⚠ **les voix** die Stimme → 2/4
le **volcan** [ləvɔlkɑ̃] der Vulkan
le **volley** [ləvɔlɛ] der Volleyball → 1/1
volontiers [vɔlɔ̃tje] *adv.* gern → 6/1
vouloir qc / + *inf.* [vulwaR] etw. wollen / wollen + *Inf.* → p. 157; **je voudrais** [ʒevudRɛ] ich möchte gern
le **voyage** [ləvwajaʒ] die Reise
voyager [vwajaʒe] reisen *wird wie* changer *konjugiert* → 4/1
vrai/e [vRɛ] *adj.* echt, wahr; **vrai** [vRɛ] *adj.* eigentlich → 3/1
vraiment [vRɛmɑ̃] *adv.* wirklich → 3/1
la **vue** [lavy] die Sicht, die Aussicht; **la vue d'ensemble** [lavydɑ̃sɑ̃bl] die Aussicht, die Übersicht → 4/2

W

le **week-end** [ləwikɛnd] das Wochenende, am Wochenende → 1/2

Y

les **yeux** [lezjø] *m. pl. siehe* œil; **regarder qn avec des yeux grands comme des soucoupes** [Rəgardekɛlkɛ̃avɛkdezjøgRɑ̃kɔmdesukup] jdn mit großen Augen anschauen → 5/2
le **yoga** [lejɔga] das Yoga → 1/2

Z

le **zéro** [ləzeRo] die Null

Hier findest du alle Wörter, die du in ***À Plus! 2*** *Méthode intensive* lernst, sowie den Wortschatz von ***À Plus! 1*** *Méthode intensive*. Denke daran, bei den französischen Nomen das richtige Genus zu verwenden.

Die Angabe hinter dem Pfeil verweist auf die Unité/Séquence, in der die Vokabel neu eingeführt wird.
Falls du nicht mehr sicher bist, wie man das Wort verwendet, kannst du dir den Beispielsatz in der Wortliste der jeweiligen Unité anschauen.

A

abbiegen (links/rechts) tourner à (gauche/droite) → 4/2
Abend le soir; la soirée; **abends** le soir; **heute Abend** ce soir
Abendessen le dîner
aber mais *conj.*
Abfahrt la descente → 5/2
abhauen filer *fam.*
abholen (jdn/etw.) aller/venir chercher (qn/qc) → 2/4
Abi, Abitur le bac *fam.*, le baccalauréat → 6/2
ablegen (eine Prüfung) passer (un examen) → 6/1
Absicht: etw. mit Absicht tun faire qc exprès → 5/1
abwarten und schauen, (ob) attendre de voir (si) → 5/3
ab(wärts)fahren faire une descente → 5/2
achten (auf etw.) faire attention (à qc)
Achtung! Attention!
Adresse l'adresse *f.*
Afrika l'Afrique *f.*
äh ben → 1/3
Ahn/in l'ancêtre → 4/3
ähnlich pareil/le *adj.*; **(jdm/etw.) ähnlich sehen/sein** ressembler à qn/qc → 6/2
Ahorn l'érable *m.* → 4/A
Akkordeon l'accordéon *m.* → 1/1
Akrobatik l'acrobatie *f.*
Aktion l'action *f.*
Aktivität l'activité *f.*
Akzent l'accent *m.* → 4/1
akzeptieren (jdn/etw.) accepter qn/qc; **akzeptieren zu** + *Inf.* accepter de + *inf.*
Algerien l'Algérie *f.* → 3/A
alle tout le monde; **alles** tout *adv.*; **alle** tous, toutes → 1/1; **Alles Gute zum Geburtstag!** Bon anniversaire!
Allee l'avenue *f.* → 1/A
allein seul/e *adj.* → 2/1
als comme
also alors *adv.*
alt vieux/vieil/vieille(s) *adj.* → 6/3
Alte(r) le/la vieux/vieille *fam.* → 6/3
Alter l'âge *m.*
altmodisch ringard/e *adj.*
amüsant fun → 4/2
amüsieren (sich) [ê]s'amuser → 3/3
an der/dem + *Flussname* au bord de → 4/2
Andenken le souvenir → 4/3
anderer/andere/anderes autre *adj.*; différent/e *adj.*; **Andere(r)** l'autre *m./f.*
ändern (sich) changer → 1/3
anders autrement *adv.* → 3/1
Anfang le début → 5/3; **Anfang August** début août → 5/3
anfangen (mit etw.) commencer (par qc); **anfangen zu** + *Inf* [ê]se mettre à + *inf.* → 6/3; **noch einmal anfangen (etw.)** recommencer qc
anfeuern (jdn) encourager qn
angehen s'allumer
Angeln la pêche → 1/A
angehören (etw.) faire partie de qc
Angestellte(r) l'employé/e → 1/2
Angst la peur; **vor etw./jdm Angst haben** avoir peur de qc/qn; **Angst haben zu** + *Inf.* avoir peur de + *inf.*
ängstlich inquiet/-iète *adj.* → 3/3
anhören (sich etw.) écouter qc.
anklopfen frapper
ankommen [ê]arriver
ankündigen (etw.) annoncer qc → 4/1
Anorak l'anorak *m.*
anprobieren (etw.) essayer qc
anschauen (etw.) regarder qc; **jdn mit großen Augen anschauen** regarder qn avec des yeux grands comme des soucoupes → 5/2
anschließend ensuite *adv.*
ansiedeln (sich) [ê]s'installer → 4/1
anstoßen (jdn) bousculer qn
anstrengen (sich) faire un/des effort/s → 3/2
Anstrengung l'effort *m.* → 3/2
antik antique *adj.* → 1/A
Antwort la réponse
antworten (jdm) répondre à qn
Anzeige l'annonce *f.* → 1/1
anziehen (etw.) mettre qc
anzünden (etw.) brûler qc → 6/2
Apfel la pomme
Apotheke la pharmacie
Appetit l'appétit *m.* → 1/1; **(jdm) den Appetit verderben** couper l'appétit (à qn) → 1/1
applaudieren (jdm) applaudir (qn) → 2/1
April avril
Aquarium l'aquarium *m.* → 4/2
Arabisch *Sprache* l'arabe *m.*
Arbeit le travail / les travaux
arbeiten travailler
Arbeitslehre la technologie, la techno *fam.*
arbeitslos sein être au chômage → 6/2
Arbeitslosigkeit le chômage → 6/2
Arbeitsstelle l'emploi *m.* → 6/A
Arena l'arène *f.*
Ärger la colère
ärgern (jdn) énerver qn → 5/1
Argument l'argument *m.*
arktisch arctique *adj.* → 4/3
arm pauvre *adj.*
Armbanduhr la montre
Art le genre → 1/3; l'espèce *f.* → 2/3; la manière → 2/1
artig sage *adj.* → 3/3
Ast la branche → 5/2
Atelier l'atelier *m.*
auch aussi *adv.*; **auch nicht** non plus
auf sur; **auf einmal** tout à coup *adv.* → 2/2
auf und ab laufen (wie ein gefangenes Tier) tourner comme un ours en cage → 2/3
Auf Wiedersehen! Au revoir!
aufbauen (etw.) construire qc → 6/1
aufbewahren (etw.) garder qc
Aufenthalt le séjour → 4/1
auffallen (jdm) remarquer qc/qn → 5/1
Aufführung le spectacle
Aufgabe l'épreuve *f.* → 6/3
aufhören [ê]s'arrêter; **aufhören (mit etw.) / aufhören (etw. zu** + *Inf.*) arrêter (qc / de + *inf.* qc) → 1/3
aufmerksam werden (auf jdn/etw.) repérer qn/qc → 2/2
Aufnahmeprüfung le concours → 6/1
aufpassen (auf etw.) faire attention à qc
aufräumen (etw.) ranger qc
Aufschlag le service → 5/1
aufschlagen *Sport* servir → 5/1
Aufsichtsperson le/la surveillant/e
aufstehen [ê]se lever; **mit dem linken Fuß zuerst aufstehen** [ê]se lever du pied gauche → 5/1
Auge l'œil / les yeux *m.*
Augenblick le moment; **in dem Augenblick als** au moment où
aus de; par
Aus *Sport* la sortie → 5/1
ausdrucken (etw.) imprimer qc
auseinandertreiben (Menschen/Tiere/...) disperser (des hommes / des animaux / ...) → 5/A
ausflippen flipper *fam.* → 6/2 **ausgehen** [ê]sortir
ausleihen (etw. von jdm) emprunter qc à qn
Ausnahme l'exception *f.* → 3/1
Ausnahme- *in Verbindung mit einem Nomen* exceptionnel/le *adj.* → 3/1
ausnahmsweise exceptionnellement *adv.* → 3/1

ANNEXE

ausnutzen (etw.) profiter de qc → 6/1
ausrauben (etw.) braquer qc *fam.* → 6/3
ausruhen (sich) se reposer
Ausschau halten (nach jdm) chercher qn du regard
aussehen (wie) avoir l'air (de)
außerdem d'ailleurs → 6/2
außergewöhnlich exceptionnel/le *adj.* → 3/1
Aussicht la vue; la vue d'ensemble → 4/2
aussteigen (ê)descendre
Ausstellung l'exposition *f.*
aussuchen (etw.) choisir qc → 2/2
Austausch l'échange *m.* → 5/1
austauschen (etw.) échanger qc
Austauschpartner/in le/la corres *fam.*, le/la correspondant/e → 1/A
auswählen (etw.) choisir qc → 2/2
Auszeichnung la mention → 6/2
ausziehen déménager → 4/1
Auto la voiture

B
Badezimmer la salle de bains
Bahnhof la gare
Bäckerei la boulangerie → 6/3
bald bientôt
Balkon le balcon
Ball la balle
Bank la banque → 6/3
Bär l'ours *m.* → 2/3
Basecap la casquette
Basilika la basilique → 1/A
Basketball *Spiel* le basket
Bau la construction → 5/A
Bauchnabel le nombril
Baum l'arbre *m.* → 5/2
Becher le pot
bedauern, etw. zu + *Inf.* être désolé de + *inf.*
bedeckt couvert/e *adj.* → 4/2
Bedeutung le sens → 3/1
beenden (etw.) finir qc → 3/3
befinden (sich) (ê)se trouver, être situé/e → 4/2
begabt doué/e *adj.* → 2/2
begabt sein (in etw.) être fort/e à/en/dans qc → 2/1
Begeisterung l'enthousiasme *m.* → 5/3
Beginn des neuen Schuljahres la rentrée
beginnen (mit etw. / zu + *Inf.*) commencer (par qc / par + *inf.*)
begleiten (jdn/etw.) accompagner qn/qc → 2/1
behalten (etw.) garder qc
beherrschen (etw.) maîtriser qc → 5/2
bei chez; **bei mir (zu Hause)** chez moi → 1/A
Beifall klatschen (jdm) applaudir (qn) → 2/1
Bein la jambe
beinahe + *Inf.* faillir + *inf.* → 3/2
belebt animé/e *adj.* → 1/A
beleidigt vexé/e *adj.*
beliebt populaire *adj.* → 1/A
Beispiel l'exemple; **zum Beispiel** par exemple
bemerken (etw./jdn) remarquer qc/qn → 5/1
benachteiligt défavorisé/e *adj.*
benutzen utiliser qc → 4/3
Bereich le domaine → 4/3
Berg la montagne
beruhigen (sich) (ê)se calmer → 5/1
berühmt célèbre *m./f.*
berühren (jdn/etw.) toucher qn/qc → 5/1
beschäftigt sein être occupé/e → 6/3
besichtigen (etw.) visiter qc
besorgt inquiet/-iète *adj.* → 3/3
besser mieux *adv.*; **Besser spät als nie.** Mieux vaut tard que jamais. → 2/1
Besteck le couvert
bestehen (auf etw.) insister (sur qc)
sein Bestes geben faire son maximum → 5/1
bestreiten (etw.) contester qc → 3/2
besuchen (etw.) visiter qc; **besuchen (jdn)** (ê) aller voir qn → 1/3
betrachten (etw.) regarder qc
Betreuer/in le/la moniteur/-trice
in Betrieb sein fonctionner → 3/2
Bett le lit; **Ins Bett!** Au lit!; **sich ins Bett legen** (ê)se coucher → 3/2
bevorzugen (etw.) préférer qc
bevölkert (von) peuplé/e (de) *adj.* → 6/A
Bevölkerung la population → 6/A
bevölkerungsreich peuplé/e *adj.* → 6/A
beweisen (jdm etw.) prouver qc à qn → 3/2
Bewerber/in le/la candidat/e → 6/3
bewundern (etw.) admirer qc
bewusstlos werden (ê) tomber dans les pommes → 3/2
bezahlen (jdm etw.) payer qc à qn
Bibliothek la bibliothèque
Bibliothekar/in *in der Schule* le/la documentaliste
Bild l'image *f.* → 5/A
Bildhauer le sculpteur → 1/2
Bildhauerei la sculpture → 4/A
Biologie la biologie → 4/3
bis jusqu'à *prép.*
Bis später! À plus!
bisher jusque-là *adv.* → 5/1
bitte s'il te plaît / s'il vous plaît
blass pâle *adj.*
Blatt la feuille → 4/A
blau bleu/e *adj.*
bleiben (ê)rester
Blick le regard
blöd nul/le *adj.*
blond blond/e *adj.* → 5/2
Boden le sol → 5/1; **auf dem Boden** par terre → 1/1
Bonbon le bonbon → 4/3
Blog le blog
Boot le bateau / les bateaux
böse méchant/e *adj.*
Boulespiel la pétanque → 5/3
brauchen (etw.) avoir besoin de qc → 1/2; **er braucht** il lui faut → 2/2
braun marron *adj. unveränderlich*
brav sage *adj.* → 3/3
bravo bravo
bremsen (jdn/etw.) freiner qn/qc → 5/3
brennen brûler
Brief la lettre
Brieffreund/in le/la corres *fam.*, le/la correspondant/e → 1/A
Brille les lunettes *f. pl.*
bringen (jdm etw.) apporter qc à qn → 3/A
Brot le pain
Brücke le pont
Bruder le frère
brutale Mensch la brute → 5/1
Buch le livre
Buchhandlung la librairie
Buchstabiere. Épèle.
Büffet le buffet
Bühne la scène
Bulle *Polizist* le keuf *fam.* → 6/3
Büro le bureau → 4/1
Bus *in der Stadt* le bus; *der Reisebus* le car
Butter le beurre

C
Café le salon de thé
Campingplatz le camping
CD le CD / les CD
Cent le centime
Champion le/la champion/ne
Chance la chance
Chef/in le/la patron/ne → 6/2
Chemie la chimie
China la Chine
Christmette la messe de minuit → 3/A
Clafoutis le clafoutis
Cola le coca
Collège le collège
Comic la bédé *fam.*, la bande dessinée
Computer l'ordinateur *m.*
cool cool *fam. adj.*
Couscoussalat le taboulé
Cousin/e le/la cousin/e → 3/A
Crêpe la crêpe

D
da comme *conj.* → 6/1
da ist, da sind voilà; **Da (, nimm)!** Tiens (, prends)! → 6/1
dahinten là-bas
da oben là-haut
danach après *prép.*
danke merci
dann puis
das, das da ça; **das ist** c'est; **das sind** ce sont; **Das ist klar.** C'est clair.
davon en *pron.*
definitiv définitif/-ive *adj.* → 3/1
dekorieren (etw.) décorer qc → 3/A
Delphin le dauphin

Demonstration la manif *fam.* / la manifestation
denken (etw.) penser qc; **(an etw./jdn) denken** penser à qc/qn; **daran denken zu** + *Inf.* penser à + *inf.*
denn car *conj.* → 4/2
Departement le département → 6/2
der/die/das qui; **den/die/das** que *Relativpronomen*
Dessert le dessert
Deutsch *Sprache* l'allemand *m.*
deutsch-französisch franco-allemand/e *adj.* → 5/1
Deutschland l'Allemagne *f.*
Devise la devise → 4/A
Dichtung la poésie
dick gros/se *adj.* → 4/A
Dienstag le mardi
diese ce/cet/cette/ces
Ding la chose; le truc *fam.* → 1/3
Diplom *nach dem* Collège, *mittlerer Schulabschluss* le brevet → 1/3
Diplomatie la diplomatie → 6/3
Direktor/in le/la directeur/-trice
Diskussion la discussion → 3/2
Diskussionsforum le forum de discussion → 3/2
diskutieren (über etw.) discuter de qc
doch si *adv.*
Donnerstag le jeudi
Dorf le village → 4/3
dort là-bas; là; **von dort** en
draußen dehors *adv.* → 5/3
dreimal größer als trois fois plus grand que → 4/A
drucken (etw.) imprimer qc
du toi *betonte Form*
Dummheit la bêtise → 6/3; **Dummheiten machen** faire des bêtises → 6/3
Dummkopf le crétin → 2/3; **Du Dummkopf!** Espèce de crétin! → 2/3
dummes Zeug n'importe quoi
dunkelhaarig brun/e *adj.*
durchhalten tenir le coup → 5/2
durchqueren (etw.) traverser (qc) → 4/2
Durst la soif → 1/2
duschen [(ê)]se doucher
DVD le DVD

E

eben justement *adv.* → 2/4
echt vrai/e *adj.*
Ecke le coin
egal sein (jdm jd/etw.) [(ê)]se ficher de qn/qc *fam.* → 2/3
Ehefrau la femme → 2/2
Ehemann le mari → 6/3
Ei l'œuf
eigene/r/s propre *adj.* → 5/3
eigentlich en fait
ein bisschen un peu (de) *adv.*;
ein einziger / eine einzige un/e seul/e
einbilden (sich etw.) [(ê)]se monter la tête → 5/2
Eindruck l'impression *f.* → 2/4; **den Eindruck haben** avoir l'impression → 2/4
einfach facile *adj.*
einhalten (etw.) tenir qc → 3/3
einige quelques *adj.*
Einkäufe les courses *f. pl.*
einkaufen faire les magasins *shoppen*; faire les courses *Lebensmittel*
einladen (jdn) inviter qn
einmal une fois; **einmal in der Woche** une fois par semaine
einschalten (etw.) allumer qc
einsteigen [(ê)]monter
einverstanden d'accord
Eis la glace
Eishockey le hockey sur glace → 4/1
Eleganz l'élégance *f.*
elektrischer Bass la basse → 1/1
Eltern les parents *m. pl.*
E-Mail le mail
Ende la fin → 1/3; **am Ende (einer Sache)** à la fin (de qc) → 1/3; **zu Ende gehen** se terminer → 5/3
endgültig définitif/-ive *adj.* → 3/1
endlich enfin
eng étroit/e *adj.*
engagieren (sich für/gegen etw.) [(ê)]s'engager (pour/contre qc)
Engel l'ange *m.* → 6/2
Englisch *Sprache* l'anglais *m.*
entdecken (etw.) découvrir qc → 4/A
Entdecker/in l'explorateur/-trice → 4/A
entscheiden (sich) [(ê)]se décider
Entschluss la résolution → 3/3
entschuldigen (sich/jdn/etw.) s'excuser / excuser qn/qc → 2/1
entweder ... oder ... soit ... soit ... → 6/2
entwerten (etw.) composter qc → 6/1
entzückend adorable *adj.* → 5/1
Entzündung l'infection *f.*
Erdbeere la fraise
Erde la terre → 1/1
Erdkunde la géo *fam.* / la géographie
Erdölraffinerie la raffinerie de pétrole → 5/A
ereignen (sich) [(ê)]se passer → 6/1
erfassen (etw.) cerner qc → 1/3
erfinden (etw.) inventer qc
Erfolg la réussite → 2/2
erfolgreich sein (in etw.) réussir à/en/dans qc → 2/1
erforschen (etw.) explorer qc
Ergebnis le résultat
erinnern (sich an jdn/etw.) [(ê)]se souvenir de qn/qc → 4/A
erklären (jdm etw.) expliquer qc à qn
Erlaubnis l'autorisation *f.*; le permis → 2/1
erledigen (etw.) régler qc
ermöglichen: jdm ermöglichen, etw. zu + *Inf.* permettre à qn de + *inf.* → 5/3
ermutigen (jdn), etw. zu + *Inf.* encourager qn à + *inf.*
erschöpft épuisé/e → 2/3
ertragen (etw.) supporter qc/qn → 4/1
erwarten (etw.) attendre qc → 5/A
erzählen (jdm etw.) raconter qc à qn
erzielen marquer → 2/1
es gibt il y a
Es ist vorbei. C'est raté.
essen (etw.) manger qc
Essen le repas → 3/A
Essiggurke le cornichon
Esskastanie le marron → 3/1
etwas quelque chose
Euro l'euro *m.*
existieren exister

F

Fachmann/Fachfrau le/la professionnel/le, le/la pro *fam.* → 2/2
Fahne le drapeau → 4/A
fahren (zu/nach) [(ê)]aller à
Fahrrad le vélo
Fahrschein le billet → 6/1
Fahrt la balade; **Fahrt flussabwärts** la descente → 5/2
Fall le cas → 3/1; **auf jeden Fall** en tout cas → 3/1
fallen [(ê)]tomber
falls si *conj.* → 4/2
falsch faux/fausse *adj.* → 6/1; mauvais/e *adj.* → 2/1
falsch spielen tricher → 5/1
Familie la famille
fangen (jdn/etw.) attraper qn/qc → 4/3
Farbe la couleur
fast presque *adv.*; **fast** + *Inf.* faillir + *inf.* → 3/2
fehlen (jdm) manquer à qn
feiern faire la fête → 5/1; **feiern (etw.)** fêter qc → 2/1
Feld le champ → 5/A; le terrain → 5/1
Felsbucht la calanque → 1/A
Fenster la fenêtre
Ferien les vacances *f. pl.*; **in den Ferien** en vacances
Fernseher la télé *fam.* la télévision
Fernverkehrsstraße la route → 4/3
Fest la fête → 3/2
Festessen *zu Weihnachten oder Neujahr* le réveillon → 3/2
festhalten (sich an jdn/etw.) [(ê)]se tenir à qn/qc → 5/2
Festival le festival / les festivals
festlegen (sich) [(ê)]se fixer → 1/3
Festung la forteresse
Feuer le feu → 5/A
Feuerwerk le feu d'artifice
Film le film
filmen (etw.) filmer qc
finden (etw.) trouver qc
Fisch le poisson
Fischfang la pêche → 1/A
Fläche la superficie → 6/A
Flagge le drapeau → 4/A
Flamingo le flamant → 5/A
Flasche la bouteille
Fleisch la viande

ANNEXE

Fleischerei la boucherie, la charcuterie → 6/3
flexibel flexible *adj.* → 4/2
Floh la puce
Flohmarkt le marché aux puces
Flugzeug l'avion *m.* → 4/3
Fluss le fleuve → 4/A; la rivière → 4/2
flussabwärts fahren (ê)descendre qc → 5/2
Formular le formulaire
Forschung la recherche → 4/3
Fortschritt le progrès → 3/3; **Fortschritte machen (in)** faire des progrès (en) → 5/3
fortschwemmen (jdn/etw.) entraîner qn/qc → 5/2
Forum le forum
Foto la photo
Fotoapparat l'appareil photo *m.*
fotografieren (etw.) photographier qc
Frage la question; **Es kommt nicht in Frage!** Pas question!; **etw. in Frage stellen** contester qc → 3/2
fragen (jdn etw.) demander qc (à qn)
Frankreich la France → 3/A
Französisch *Sprache* le français
Französischsprachige le/la francophone → 4/A
Frau Madame, Mme; la femme → 2/2
Fräulein Mademoiselle, Mlle *f.* → 5/1
Freitag le vendredi
Fremdenverkehr le tourisme → 4/3
Freude le plaisir; **(jdm) eine Freude bereiten** faire plaisir à qn
Freund/in le/la copain/-pine; l'ami/e
Frieden la paix → 3/A
frieren geler → 3/2; avoir froid → 4/1
fröhlich joyeux/-euse, gai/e *adj.* → 3/1
Frucht le fruit → 5/A
früh tôt *adv.* → 6/2
Frühling le printemps
Frühstück le petit-déjeuner
fühlen (etw.) sentir (qc) → 4/1
führen (direkt zu etw.) mener tout droit à qc → 6/1; **zu/nach etw. führen** mener à qc → 6/A
Führer/in *Person* le/la guide → 4/3
Führerschein le permis de conduire → 2/1
Füller le stylo
funktionieren marcher → 2/2; fonctionner → 3/2
für pour *prép.; **Für dich mag das wohl sein!*** Parle pour toi! → 1/1
furchtbar affreux/-euse *adj.*; affreusement *adv.* → 3/1
Fuß le pied; **zu Fuß** à pied; **mit dem linken Fuß zuerst aufstehen** (ê)se lever du pied gauche → 5/1
Fußball *Spiel* le foot

G

ganz (schön) bien *adv.* → 4/2; **ganze/r/s** + *Nomen* tout/toute/tous/toutes → 1/1; **ganz zu schweigen von** sans parler de → 1/1
Ganze l'ensemble *m.* → 3/3; **im Ganzen** dans l'ensemble → 3/3
gar nicht pas du tout
Garage le garage → 1/2
Garten le jardin
Gast l'invité/e *m./f.* → 1/A
Gebäude le bâtiment
geben (jdm etw.) donner qc à qn
Gebiet la région → 4/3
Gebirge la montagne
geboren né/e
Geburtstag l'anniversaire *m.*
Gedanke l'idée *f.* → 5/2; **düstere Gedanken haben** avoir des idées noires → 5/2
Gedicht le poème
gefährlich dangereux/-euse *adj.*
gefallen (jdm) plaire à qn → 3/1
Gefängnis la prison → 6/2
gegen contre *prép.*; **gegen (18 Uhr)** vers (18 heures) *prép.* → 6/2
gegenüber (von) en face (de)
gegnerisch adverse *adj.* → 2/2
gehen (ê)aller à; marcher; **zum Netz gehen** monter au filet → 5/1
gehören (zu etw.) faire partie de qc
gelb jaune *m./f. adj.*
Geld l'argent *m.*
Gelegenheit l'occasion *f.* → 4/1
gelingen: jdm gelingen, etw. zu + *Inf.* réussir à + *inf.* qc → 2/4
gelten lassen (jdm/etw.) accepter qc
Gemälde le tableau → 1/A
gemischt mixte *adj.* → 5/1
Gemüse le légume → 6/3
Gemüsesuppe mit Basilikum la soupe au pistou → 5/3
Gemse le chamois
genervt énervé/e *adj.* → 1/2
Genre le genre → 1/3
genug assez (de)
Genus le genre → 1/3
geöffnet ouvert/e
Geographie la géo *fam.* / la géographie
gerade justement → 2/4; en ce moment → 4/2
gerade als au moment où
geradeaus tout droit *adv.* → 4/2
gerecht juste *adj.*
gereizt énervé/e *adj.* → 1/2
Gericht le plat → 3/3
gern volontiers *adv.* → 6/1; **etw. gerne mögen** aimer bien qc; **etw. sehr gerne** + *Inf.* adorer + *inf.*; **etw. nicht gern** + *Inf.* détester + *inf.*
Geschäft le commerce → 3/A
Geschäftsführer/in le/la directeur/-trice commercial/e → 4/1
geschehen (ê)se passer → 6/1
Geschenk le cadeau
Geschichte l'histoire *f.*
Geschlecht le genre → 1/3
Geschmack le goût
Geschwister les frères et sœurs
Gesindel la racaille → 6/2
Gespräch la discussion → 3/2
gestern hier *adv.*
gestorben (vor) mort/e (de)
Gesundheit la santé → 3/3
gewinnen (etw.) gagner qc
gewisser/gewisse certain/e *adj.*
gewöhnen (sich) (an etw./jdn) (ê)s'habituer à qc/qn *f.* → 4/1
Ghetto le ghetto → 6/1
Gitarre la guitare
Glas le bocal; le pot; le verre
glauben (jdm/etw.) croire (qn/qc) → 4/1
gleiche même *adj.*; pareil/le *adj.*
gleichzeitig à la fois → 3/2
Glück la chance; **zum Glück** heureusement que *adv.* → 5/2
glücklich heureux/-euse *adj.*
glücklicherweise heureusement que *adv.* → 5/2
Gras l'herbe
gratulieren (jdm zu etw.) féliciter qn de qc → 2/1
grau gris/e *adj.*
Grobian la brute → 5/1
groß grand/e *adj.*; gros/se *adj.* → 4/A
Großbritannien la Grande-Bretagne → 3/1
Größe *Kleider* la taille
Großeltern les grands-parents *m. pl.*
Großmutter la grand-mère
Großvater le grand-père
grottenschlecht spielen jouer comme un pied → 5/1
grün vert/e *adj.*; **grün vor Neid sein** être vert de jalousie → 1/1
gründen (etw.) fonder; former qc → 1/1
Grundschule l'école primaire *f.* → 1/1
Gruppe le groupe
gut bien *adv.*; bon/ne *adj.*; **gut sein (in etw.)** être fort/e à/en/dans qc → 2/1; réussir à/en/dans qc → 2/1
Guten Morgen! Bonjour!
Gymnasium le lycée → 1/1

H

haben avoir
Hafen le port
Haiku le haïku
halb demi; **die halbe Stunde** la demi-heure
Halbbruder le demi-frère → 3/2
Halbschwester la demi-sœur → 3/2
Hälfte la moitié → 2/1
Hallo! Salut!
halten (etw.) tenir qc → 3/3
Haltestelle la station; l'arrêt *m.* → 6/3
Hand la main
Handball *Spiel* le handball
Handel le commerce → 3/A
Händler/in le/la marchand/e
Handy le portable → 2/2
hart dur/e *adj.*
hassen (etw.) détester qc
hässlich moche *fam. adj.*
Hauptstadt la capitale

Haus la maison; **nach Hause kommen** rentrer
Hausaufgabe l'exercice *m.*; les devoirs *m. pl.*
Hausmeister/in le/la gardien/ne
heben (etw.) lever qc
Heft le cahier
heiraten (ê)se marier → 5/3
heiß chaud/e *adj.*; **jdm heiß sein** avoir chaud → 4/2
heißen: das heißt (also) (dass) c'est-à-dire (que) → 3/3
heiter gai/e *adj.* → 3/1
Held/in le héros / l'héroïne
helfen (jdm) aider qn; **sich zu helfen wissen** (ê)se débrouiller → 3/3
Hemd la chemise
herausholen (etw. aus) sortir qc de
herausstrecken passer → 5/1
Herbst l'automne *m.* → 4/A
Herkunft: (französischer) Herkunft sein être d'origine (française) → 6/2
Herr Monsieur, M.
herumalbern rigoler *fam.*
herumhängen traîner → 6/3
hervorragend formidable *adj.*
Herz le cœur; **sich ein Herz fassen** prendre son courage à deux mains → 3/1
heute aujourd'hui
Hey! *Ausruf* Hé!
hier ici *adv.*; **hier ist/sind** voici → 1/A
hilfsbereit serviable *adj.*
Himmel le ciel
hinaufsteigen (ê)monter
hinausgehen (ê)sortir
hinbringen (jdn/etw.) amener qn
hineingehen (ê)entrer
hinkommen (ê) passer → 2/1
hinstellen (etw.) poser qc; mettre qc
hinter derrière *prép.*
hinterlassen (etw.) laisser qc → 2/3
hinuntergehen (ê)descendre
hinunterfahren descendre → 5/2
hinzufügen (etw.) ajouter qc
Hitze la chaleur → 4/1
hochgehen (ê)monter
Hochgeschwindigkeitszug le TGV
Hochhaus la tour
Hochschule la grande école → 6/1
Hof la cour
hoffen (etw.) espérer qc → 3/1
Hoffnung l'espoir *m.* → 1/1
Hölle: Es ist die Hölle! C'est la galère! *fam.* → 3/1
hören (etw.) entendre qc/qn
Horror l'horreur *f.*
Hose le pantalon
Hosentasche la poche
Hotel l'hôtel *m.* → 2/2
hübsch joli/e *adj.*
Hügel la colline
human humain/e *adj.*
Humor l'humour *m.* → 5/3
Hund/Hündin le/la chien/ne
Hunger la faim; **hungrig sein** avoir faim

I
ich weiß nicht wer je ne sais qui → 6/3
ich weiß nicht wo(-hin/-her) je ne sais où → 6/2
ICQ MSN
Idee l'idée *f.*; **Das war eine gute Idee!** Tu as bien fait! → 6/1; **die Idee haben, etw. zu** + *Inf.* avoir l'idée de + *inf.*
igitt berk *fam.*
Iglu l'igloo *m.* → 4/3
im Allgemeinen en général *adv.*
immer toujours *adv.*
in à *prép.*; en *prép.*; **in** dans *örtlich; zeitlich;* **in der Nähe von** près de *adv.*; **in der Ecke (von)** au coin (de); **in schwarz** en noir *adj.*
Indianer/in l'Indien/ne → 4/1
Infektion l'infection
Informations- und Dokumentationszentrum *in der Schule* le CDI
Inlineskates les rollers *m./pl.*
Insel l'île *f.*
Inserat l'annonce *f.* → 1/1
Instrument l'instrument *m.* → 1/1
intelligent intelligent/e → 1/3
interessant (zu + *Inf.*) intéressant/e (de + *inf.*) *adj.*
interessieren (sich für jdn/etw.) (ê)s'intéresser à qc
Internat l'internat *m.* → 2/1
international international/e *adj.* → 5/A
Internet Internet *m.* → 3/2
Interview l'interview *f.* → 6/1
Inuit l'Inuit/e → 4/1
irgendwas le truc *fam.* → 1/3; n'importe quoi
irren (sich) (ê)se monter la tête → 5/2; se tromper → 6/3
Italienisch *Sprache* l'italien *m.*

J
ja oui; **Ja, bitte?** *am Telefon* Allô!
Jacke la veste; le blouson
Jagd la chasse → 4/3
Jahr l'an *m.*; l'année *f.*; **das Jahr mit einem Konzert abschließen** finir l'année par un concert → 3/3
Jeans le jean
jedenfalls de toute façon → 5/3
jemand quelqu'un
jetzt maintenant
Job le boulot *fam.* → 2/4
Judo le judo
Jugend la jeunesse
Jugendlicher/-e le/la jeune
jung jeune *adj.*
Junge le garçon; le gamin *fam.* → 3/3; **der junge Mann** le jeune homme

K
Kaffee le café
Käfig la cage → 2/3
Kaiser l'empereur *m.*
Kajak le kayak → 4/3
kalt froid/e *adj.*; **es ist kalt** il fait froid; **jdm kalt sein** avoir froid → 4/1
Kamerun le Cameroun; **aus Kamerun** camérounais/e *adj.* → 6/2
Kanada le Canada → 3/1
Kanarienvogel le canari
Kantine la cantine
kaputt crevé/e; **kaputt machen (etw.)** casser qc → 3/2
Karibu le caribou → 4/2
kariert à carreaux *adj.*
Karneval le carnaval → 4/A
Karten les cartes *f. pl.* → 1/2
Kartoffel la pomme de terre / les pommes de terre
Kartoffelchips les chips *f. pl.* → 5/2
Kasse la caisse
Katastrophe la cata *fam.*, la catastrophe → 2/3
Kathedrale la cathédrale
Katze le chat
kaufen (etw.) acheter qc
Kaufhaus le grand magasin
kaufmännische Angestellte le/la commercial/e → 1/2
kaum à peine → 6/3
kein, keine, keinen ne ... pas de *adv.*; pas de ... *adv.*; ne ... plus de ...
keineswegs pas du tout → 1/3
Keks le biscuit
Keller la cave → 1/1
Kellnerin la serveuse
kennen (etw./jdn) connaître qc/qn → 1/1
kennen lernen (jdn) faire la connaissance de qn
Kernfusionsreaktor le réacteur de fusion nucléaire → 5/A
Kilo le kilo
Kilometer le kilomètre
Kind l'enfant *m./f.*
Kino le cinéma / le ciné *fam.*
Kirche l'église *f.* → 3/A
Kirsche la cerise
klar clair/e *adj.*; **Ist das klar?** C'est clair?
Klasse la classe
Klassenfahrt *hier: **zum Wintersport*** la classe de neige
Klassenlehrer le prof principal
Klassensprecher/in le/la délégué/e de classe
Klassenzimmer la classe; la salle de classe
klassisch classique *adj.* → 5/A
klauen (jdm etw.) piquer qc à qn *fam.* → 6/3
Kleid la robe
Kleidung le vêtement
klein petit/e *adj.*; **der/die Kleine** le/la petit/e; **im Kleinen** en miniature
Klettern *Sport* l'escalade *f.*
Klima le climat → 4/1
klingeln sonner
klingt nach (Grundschule) ça fait (école primaire) → 1/1
Kneipe le bistrot *fam.* → 2/4
kochen faire la cuisine → 3/2

Koffer la valise
komisch drôle *adj.*
kommen (ê)venir; **Es kommt, wie es kommen musste.** Ce qui devait arriver arrive. → 5/2; **in (die dritte Klasse) kommen** entrer en (classe de troisième) → 2/1; **zu spät kommen** (ê)arriver en retard → 2/3
Kompliment le compliment → 3/2
kompliziert compliqué/e *adj.*
komplizierter machen (etw.) compliquer qc → 1/3
können pouvoir
Konzert le concert
Kopf la tête
Korb le panier → 4/3
korrigieren (etw.) corriger (qc) → 4/2
kosten coûter
köstlich délicieux/-euse *adj.* → 3/3
Kraft la force
krank malade *adj.*
Kreide la craie
Krieg la guerre → 3/1
Küche la cuisine
Kuchen le gâteau / les gâteaux
Kugelschreiber le stylo
Kuh la vache; **die dumme Kuh** le crétin → 2/3
Kultur la culture → 6/2
Kumpel le pote *fam.* → 6/3
Kunde/Kundin le/la client/e → 1/2
Kunstunterricht les arts plastiques *m. pl.*
Kurs le stage → 2/2
kurz court/e *adj.*
Kuskus le couscous → 3/3
küssen (jdn) embrasser qn
Küste la côte → 5/3

L

Lächeln le sourire
lachen rigoler *fam.*; rire → 5/3; **jdn zum Lachen bringen** faire rigoler qn → 4/2
Lachen le rire
lächerlich ridicule *adj.* → 3/1
Lage la situation → 5/2
Lampenfieber le trac
Land le pays *m.*
landen (in einem Ort) (ê)se retrouver (dans un endroit) → 2/4
Landschaft le paysage → 5/A
Landstraße la route → 4/3
lang long/ue *adj.*
lange longtemps *adv.* → 1/1; **lange nach** bien après → 6/3
langsam doucement *adv.* → 5/3
langweilig ennuyeux/-euse *adj.*
Lärm le bruit → 1/2
lassen (etw.) laisser qc → 2/3
Lauf la course
laufen (ê)passer *im Kino*; courir; marcher → 2/2; **(gut/schlecht) laufen** (bien/mal) aller → 6/2; (bien/mal) se passer → 5/1
launig gai/e *adj.* → 3/1
Lavendel la lavande → 5/A
Leben la vie
leben vivre → 1/2
lebend vivant/e *adj.* → 2/1
lebendig vivant/e *adj.* → 2/1
Lebensmittelladen l'épicerie *f.* → 6/3
Lebensunterhalt verdienen (seinen) gagner sa vie → 2/2
lebhaft vivant/e *adj.* → 2/1
lecker délicieux/-euse *adj.* → 3/3
lediglich ne ... que *adv.* → 5/2
Lehrer/in le/la professeur / le/la prof *fam.*
leicht facile *adj.*
leidtun: Es tut mir leid. Je suis désolé/e.
leihen (jdm etw.) prêter qc à qn → 6/1
leise doucement *adv.* → 5/3
lernen (etw.) apprendre qc
lesen (etw.) lire qc
letzter/letzte/letztes dernier/-ière *adj.*; **letztes Jahr** l'année dernière *f.*
letztendlich finalement *adv.* → 3/1
Leute les gens *m. pl.*; **es sind viele Leute da** il y a du monde
Licht la lumière → 3/A
Liebe l'amour *m.* → 3/1
liebe/r *Brief* cher/chère
lieben (etw.) aimer qc; **etw. sehr lieben** adorer qc; **etw. lieber mögen** préférer qc; **etw. lieber** + *Inf.* préférer + *inf.* qc
Lieblings- préféré/e *adj.*
Lied la chanson; *klassische Musik* le chant
liegen être situé/e → 4/2
Lilie le lys → 4/A
Linie *öffentlicher Verkehr* la ligne; la ligne → 5/1
links à gauche
Lippe la lèvre
Liter le litre
loslassen (jdn/etw.) lâcher qn/qc → 4/3
Lösung la solution
Lust l'envie *f.* → 1/3; **Lust haben auf etw. / zu + *Inf.*** avoir envie de qc / de + *inf.* → 1/3; **Lust haben, etw. zu + *Inf.*** avoir envie de + *inf.* → 1/3
lustig drôle *adj.*; **lustig** fun → 4/2; **sich (über jdn/etw.) lustig machen** (ê)se moquer de qn/qc → 4/1
Luxemburgisch *Sprache* luxembourgeois

M

machen (etw.) faire qc; **Das hast du gut gemacht!** Tu as bien fait! → 6/1
Mädchen la fille; la gamine *fam.* → 3/3
Magie la magie
Mahlzeit le repas → 3/A
Mal la fois
malerisch pittoresque *adj.* → 1/A
Mali le Mali → 3/1
Mama la maman
man muss il faut + *inf.*; **man muss nur + *Inf.*** il n'y a qu'à + *inf.* → 5/1; **man muss wohl** (il) faut bien (que) → 6/3
manche (Leute) certains → 5/3
manchmal parfois *adv.* → 1/3; des fois *fam.* → 6/3
Mann l'homme *m.* → 4/3
Mannschaft l'équipe *f.* → 1/3
Mantel le manteau → 4/3
Markt le marché
Marokko le Maroc
Marone le marron → 3/1
März mars
mäßig moyennement *adv.* → 3/1
Mathe les maths *fam.* / mathématiques *f. pl.*
Maximum le maximum
Medaille la médaille
Medien les médias *m. pl.* → 6/2
Meer la mer
Mehl la farine
mehr (als) de plus (que) *adv.* → 5/1
mehrere plusieurs *adj.* → 2/3
mehrmals plusieurs fois → 2/3
Meinung l'avis *m.*; **meiner Meinung nach** à mon avis
Meister le/la champion/ne
Melone le melon → 5/A
Menhir le menhir → 6/A
Mensch la personne → 4/3
Mensch – Natur – Umwelt *Schulfach* les S.V.T., Sciences de la Vie et de la Terre *f. pl.*
Menschenmenge la foule
menschlich humain/e *adj.*
merken (etw.) remarquer qc → 5/1
Messe la messe → 3/A
Meter le mètre
Metzgerei la boucherie, la charcuterie → 6/3
Milch le lait
Million le million
mindestens au moins
mini mini *adj.*
Minute la minute
Mistral le mistral → 5/A
mit avec *prép.*
mitbringen (jdm etw.) rapporter qc à qn; apporter qc à qn → 3/A; **(etw./jdn)** amener qc/qn
mitkommen (ê)venir
mitnehmen (jdn) emmener qn → 6/1
Mitschüler/in le/la camarade
Mittag midi; **um 12 Uhr mittags** à midi
mitteilen (jdm etw.) annoncer qc à qn → 4/1
mittelmäßig moyen/ne *adj.*; moyennement *adv.* → 3/1
Mittelmeer la mer Méditerranée → 4/1
mitten im / in der en plein/e → 4/2
Mitternacht minuit
mittlerer Schulabschluss le brevet → 1/3
Mittwoch le mercredi
Mode la mode
modisch à la mode
mögen (etw.) aimer qc
möglich (etw. zu + *Inf.*) possible (de + *inf.*) → 1/2; **sein Möglichstes tun** faire tout son possible → 2/3
Moment le moment; **in dem Moment als** au moment où
Monat le mois
Monster le monstre → 3/2

Montag le lundi
Morgen le matin; **heute Morgen** ce matin; **morgen** demain *adv.*
motivieren (sich) (ê)se motiver
Motorschlitten la motoneige → 4/3
Motto la devise → 4/A
Mousse la mousse
Möwe la mouette → 1/1
MP3-Player le lecteur mp3 → 3/A
müde fatigué/e *adj.* → 1/2
Musik la musique
muslimisch musulman *adj.* → 3/A
müssen devoir; **etw.** + *Inf.* **müssen** avoir besoin de + *inf.* qc; **man muss** + *Inf.* il faut + *inf.*; **man muss wohl** (il) faut bien (que); **wir müssen** + *Inf.* il faut + *inf.*
Mut le courage; **all seinen Mut zusammennehmen** prendre son courage à deux mains → 3/1; **den Mut haben zu** + *Inf.* avoir le courage de + *inf.*
Mutter la mère

N

na dann bon ben
Na sag doch! Dis toujours!
Na toll! Bonjour l'ambiance!
Na und? Et alors? → 6/2
nach après *prép.*
Nachbar/in le/la voisin/e → 1/2
Nachricht le message → 2/1; la nouvelle → 2/3
Nacht la nuit; **bis spät in die Nacht hinein** jusqu'à des heures impossibles → 6/3
Nachmittag l'après-midi *m./f.*; **heute Nachmittag** cet(te) après-midi
nächste/nächster/nächstes prochain/e *adj.* → 3/1
Nachtisch le dessert
Nagel l'ongle *m.* → 1/1; **(an den) Nägel(n) kauen** (ê)se ronger les ongles → 1/1
nagen (an etw.) ronger qc → 1/1
nahe bei près de *prép.*
nähern (sich jdm/etw.) (ê)s'approcher de qn/qc → 5/2
naja ben → 1/3
Name le nom
Nase le nez
nass mouillé/e *adj.* → 5/2
Natur la nature
natürlich bien sûr; **natürlich (nicht)** bien sûr que (non) → 4/1
neben à côté de *prép.*
Neffe le neveu → 1/3
negativ négatif/-ive *adj.* → 6/2
nehmen (etw.) prendre qc
Neid la jalousie → 1/1
nein non *adv.*
nerven (jdn) énerver qn → 5/1
nett sympa; gentil/gentille *adj.* → 1/2
Netz le filet → 5/1; **zum Netz gehen** monter au filet → 5/1
neu nouveau(x)/nouvel/nouvelle(s) *adj.*
neugierig curieux/-euse *adj.*
nicht ne ... pas
nicht mehr ne ... plus
nicht mögen (etw.) détester qc
nicht viel pas grand-chose → 2/3
nicht wahr? non *adv.*
nicht wirklich pas trop *adv.*
Nichte la nièce → 1/3
nichts ne ... rien → 1/2
nie ne ... jamais *adv.* → 2/2
niederlassen (sich) (ê)s'installer → 4/1
niedlich joli/e *adj.*
niemals ne ... jamais *adv.* → 2/2
niemand ne ... personne → 2/4
noch encore *adv.*
Norden le nord → 4/3; **im Norden von** dans le nord de → 4/1
Nordosten le nord-est; **nordöstlich von etw.** au nord-est de qc *adv.* → 4/3
normal normal/e *adj.*
normalerweise en général *adv.*
Note la note
Null le zéro; **eine Null sein (in)** être nul/le (en)
Nummer le numéro
nur seul/e *adj.* → 2/1; seulement *adv.* → 3/1; ne ... que *adv.* → 5/2
Nutzen ziehen (aus etw.) profiter de qc → 6/1

O

ob si
Obst les fruits → 5/A
oder ou *conj.*
offensichtlich ... il paraît que ... → 4/2
öffnen (etw.) ouvrir qc
oft souvent *adv.*
oh je oh là là
Ohr l'oreille *f.*
Ohrring la boucle d'oreilles
Olive l'olive *f.* → 5/A
Olympische Spiele les Jeux olympiques
Oma, Omi la mamie
Onkel l'oncle *m.*
Opa le papi
Oper l'opéra *m.*
Opernsänger/in le/la chanteur/-euse d'opéra
Opfer la victime → 6/2
Optiker/in l'opticien/ne → 5/1
Orange l'orange *f.*; **Orangensaft** le jus d'orange
organisieren (etw.) organiser qc
original original/e → 1/3
originell original/e → 1/3
Ort l'endroit *m.* → 1/A
Osten l'est *m.* → 4/3; **im Osten von etw.** dans l'est de qc *adv.* → 4/3

P

Paar la paire
Packeis la banquise → 4/3
Packung le paquet
Paket le paquet
Palais le palais
Pan Bagnat le pan bagnat → 5/2
Papier le papier; **Papiere** les papiers *m. pl.* → 2/2
pardon pardon
Parfüm le parfum → 5/A
Park le parc
Partnerstadt la ville jumelé/e → 5/1
Party la fête; **Party machen** faire la fête → 5/1
Passionsfrucht le fruit de la passion
Pate/Patin le parrain / la marraine
Pause la récréation / la récré *fam.*
Pelz la fourrure → 4/3
Person la personne → 4/2
pfeifen (auf jdn/etw.) (ê)se foutre de qn/qc *fam.* → 6/2
Pferd le cheval → 5/A
Physik la physique
Pickel le bouton
Picknick le pique-nique → 5/2
piepegal sein (einem) n'en avoir rien à foutre *fam.* → 6/2
Piercing le piercing
Piste la piste
pittoresk pittoresque *adj.* → 1/A
Plan le plan → 2/4
Planet la planète
Platz la place
plötzlich tout à coup *adv.* → 2/2
Poesie la poésie
Polen la Pologne → 3/1
Politik la politique
Politiker/in le/la politicien/ne → 6/2
Polizei la police → 2/2
Polizeidienststelle le commissariat
Polizist le gendarme
populär populaire *adj.* → 1/A
positiv positif/-ive *adj.* → 3/1
Postkarte la carte postale
prägen (etw./jdn) marquer qc/qn → 5/A
Praktikum le stage → 2/2
Preis le prix / les prix
Probe la répétition → 3/3
Problem le problème
Profi le/la professionnel/le / le/la pro *fam.* → 2/2
Programm le programme → 5/3
Projekt le projet → 1/1
Prospekt le dépliant; le prospectus → 1/1
protestieren (gegen etw.) protester (contre qc) → 5/2
provisorisch provisoire, provisoirement *adj.* → 3/1
provozieren (jdn) provoquer qn
Prozent pour cent → 2/2
Prozentsatz le pourcentage → 4/A
Prüfung l'examen *m.* → 2/1
Pst! chut
Publikum le public → 3/3
Pullover/Pulli le pullover / le pull *fam.*
Punkt le point → 5/1
pünktlich sein être à l'heure → 6/3
Pute la dinde → 3/1; **eine mit Kastanien gefüllte Pute** la dinde aux marrons → 3/1
Pyramide la pyramide

ANNEXE

Q

Qualle la méduse
quatschen tchatcher *fam.* → 6/3
Quebec le Québec → 4/A; **aus Quebec** québécois/e *adj.* → 4/A
Quiz le quiz

R

Radio la radio
Randalierer le casseur → 6/2
Rap le rap
Rassismus le racisme
Rat le conseil → 1/3
Rathaus l'hôtel de ville *m.*
rauchen (etw.) fumer (qc) → 3/2
reagieren (auf etw.) réagir à qc → 2/1
Reaktion la réaction → 1/2
rechnen calculer; **rechnen (mit etw.)** attendre qc → 5/A
Recht le droit → 2/3; **Recht haben** avoir raison; **das Recht haben, etw. zu +** *Inf.* avoir le droit de + *inf.* → 2/3
rechts à droite
Rechtschreibung l'orthographe *f.* → 3/2
rechtzeitig à temps → 5/1
reden (von jdm) parler de qc
Referat l'exposé *m.*
Refrain le refrain → 3/3
Regel la règle → 3/1
regeln (etw.) régler qc
Regen la pluie → 4/3
Region la région → 4/3
regnen pleuvoir ⚠ *nur 3. Pers. Sg.*
reichen (jdm etw.) passer qc à qn; tendre (qc à qn)
reif mûr/e *adj.* → 5/2
Reihe le tour; **Du bist an der Reihe.** C'est ton tour.
reinigen (etw.) nettoyer qc
Reise le voyage; **auf Reisen sein** être en voyage → 1/2
Reiseführer *Buch* le guide → 4/2
Reiseführer/in *Person* le/la guide → 4/3
reisen voyager → 4/1
reißen (etw./jdn mit sich) entraîner qc/qn → 5/2
Religion la religion → 3/1
Rennen la course
Rennrad le vélo de course → 3/A
Rennradbahn *Hauptstadion von Marseille* le vélodrome → 1/A
Rest le reste → 6/A
Restaurant le restaurant → 4/2
Revolte la révolte → 6/1
richtig juste *adj.*
Richtung la direction; le sens → 6/1
riesig énorme *adj.* → 2/2
Ring la boucle
Rock la jupe; *Musikstil* le rock → 3/3
rodeln faire de la luge → 4/2
Rodelschlitten la luge → 4/2
Römer/in le/la Romain/e
römisch romain/e *adj.* → 5/A
rosa rose *adj.* → 5/A
rosarot rose *adj.* → 5/A
rot rouge *adj.*; **rot werden** rougir → 2/1
Rücken le dos
Ruf la réputation → 6/2
rufen (jdn) appeler qn
ruhig calme *adj.*
Runde le tour

S

Sache la chose; le truc; **Sachen** les affaires *f. pl.*
Saft le jus
sagen (jdm etw.) dire qc (à qn); **sagen (sich etw.)** se dire qc; **man sagt, dass ...** il paraît que ... → 4/2
Sahne la crème
Salat la salade
Salbe la crème
Salz le sel
Samstag le samedi
Sandwich (belegt mit Thunfisch) *nach südfranzösischer Art* pan bagnat → 5/2
Sänger/in le/la chanteur/-euse
Satz la phrase → 4/A
säubern (etw.) nettoyer qc
Saxophon le saxophone → 1/1
schaffen (etw.) arriver à qc → 6/2; **schaffen, etw. zu +** *Inf.* arriver à + *inf.* qc → 3/3
Scham la honte → 2/2
schämen (sich) (für etw./jdn) avoir honte de qc/qn → 2/2; **sich schämen zu +** *Inf.* avoir honte de + *inf.* → 2/2
Schauspieler/in l'acteur/-trice
scheinen: es scheint, dass ... il paraît que ... → 4/2
Scheitern l'échec *m.* → 2/2
schenken (jdm etw.) offrir (qc à qn)
schicken (jdn etw.) envoyer qc (à qn)
schieben (jdn/etw.) pousser qn/qc → 5/2
Schiedsrichter l'arbitre *m./f.* → 5/1
schießen marquer → 2/1
Schiff le bateau / les bateaux
Schild l'écriteau *m.*
schimpfen (mit jdm) gronder qn
Schinken le jambon
Schirmmütze la casquette
schlafen dormir; **schlafen gehen** aller se coucher → 3/2
Schlafsack le sac de couchage → 6/1
Schlafzimmer la chambre
Schlagzeug la batterie → 1/1
Schlagzeuger/in le/la batteur/-euse → 1/1
schlecht mal *adv.*; nul/le *adj.*; mauvais/e *adj.*
schließlich finalement *adv.* → 3/1
Schlitten *zum Rodeln* la luge → 4/2; le traîneau → 4/3; **Schlitten fahren** faire de la luge → 4/2
Schlittschuh le patin à glace → 3/2
Schloss le château → 6/A
schließen (etw.) fermer qc
schlucken (etw.) avaler qc
Schlüssel la clé → 1/1
schmelzen fondre → 4/3
Schmerz la douleur → 5/1
Schmerzen haben avoir mal (à)
schmücken (etw.) décorer qc → 3/A
schmutzig sale *adj.*
Schnäppchen l'affaire *f.*
schnaufen souffler
Schnee la neige
schneebedeckt (sein) (être) couvert/e de neige *adj.* → 4/2
Schneekanone le canon à neige → 3/2
Schneemobil la moto-neige → 4/3
Schneeschuhe les raquettes *f. pl.* → 4/2
schneiden (etw.) couper qc → 1/1
schneien neiger → 3/2
schnell vite *adv.*
schockiert choqué/e → 2/2
Schokolade le chocolat; **Schokoladencreme** la mousse au chocolat
schon déjà *adv.*
schön beau/bel/belle/beaux/belles *adj.*
Schrank l'armoire *f.*
schreiben (jdm etw.) écrire qc (à qn); **unsauber schreiben** écrire comme un chat
schreien crier
schubsen (jdn) bousculer qn
Schuh la chaussure
die Schuhgröße (44) haben faire du (44) → 5/1
Schulalltag la vie du collège
Schuld la faute
Schule l'école *f.*
Schüler/in l'élève *m./f.*
schulisch scolaire *adj.* → 1/3
Schuljahr l'année scolaire *f.* → 1/3
schummeln tricher → 5/1
schwärmen (für jdn) craquer pour qn
schwarz noir/e *adj.*
schweigen (ê)se taire → 3/1
schwer lourd/e *adj.*; difficile *adj.* → 1/2
Schwester la sœur
schwierig dur/e *adj.*; difficile *adj.* → 1/2
Schwimmbad la piscine
Schwimmen la natation
schwimmen nager
Schwimmer/in le nageur/-euse
See le lac
Seehund le phoque → 4/3
sehen (etw.) voir qc; **sich sehen als ...** (ê)se voir comme ... → 6/2
sehr gut très bien
sein être
seit depuis → 1/1
selbst wenn même quand; même si → 6/2
sentimental sentimental/e *adj.* → 3/1
sexy sexy *adj.*
shoppen faire les magasins
Shorts le short → 4/A
sich mit der Idee anfreunden, etw. zu + *Inf.* être chaud/e pour + *inf. fam.* → 1/1
sicher sûr/e *adj.* → 1/3
sicherlich sûrement *adv.* → 3/1
Sicht la vue
Siedlung la cité → 6/1
singen (etw.) chanter (qc)

Sinn le sens → 3/1
Sirene la sirène → 3/3
Situation la situation → 5/2
Sitz le siège → 6/A
sitzen être assis/e → 6/1
Sitzplatz la place → 6/1
Sketch le sketch → 5/3
Ski le ski; **Skifahren** faire du ski
Skulptur la sculpture → 4/A
SMS le SMS → 2/1
so comme ça *adv.*; **so** + *Adj.* aussi + *adj.* → 5/1; **so** + *Adj.* **dass** si + *adj.* que → 5/2
so viel autant *adv.* → 3/2
Sofa le canapé
sofort tout de suite
sogar même *adv.*
Sohn le fils
Soldat/in le/la soldat/e → 3/1
sollen devoir
Sommer l'été *m.*
Sonder- *in Verbindung mit einem Nomen* exceptionnel/le *adj.* → 3/1
Sonntag le dimanche
sonst sinon *adv.* → 6/3
Sorge le souci → 2/3
Sorgen machen (sich) (ê)se faire du souci → 2/3
Sorte l'espèce *f.* → 2/3
Souvenir le souvenir → 4/3
sowieso de toute façon → 5/3
Sozialkunde, Gemeinschaftskunde l'éducation civique *f.*
Spanisch *Sprache* l'espagnol *m.*
Spaß haben (ê)s'amuser → 3/3
spät tard *adj.*; **bis spät in die Nacht hinein** jusqu'à des heures impossibles → 6/3
spazieren gehen (ê)se balader
Spaziergang la balade; **einen Spaziergang machen** faire une balade → 5/3
Spiel le jeu / les jeux; le match *Sport*
spielen (etw.) jouer de/à qc → 1/1; (ê)se passer → 6/1; **grottenschlecht spielen** jouer comme un pied → 5/1
Spieler/in le/la joueur/-euse → 2/2
Spielzeug le jouet → 3/2
spießig ringard/e *adj.*
Sponsor le parrain
Sport le sport
Sportfeld le terrain → 5/1
Sportinternat l'internat sport-études → 2/1
sportlich sportif/-ive *adj.* → 2/1
Sportschuhe les baskets *f. pl.*
Sportunterricht l'E.P.S. / l'éducation physique et sportive
Sprache la langue
sprechen (mit jdm) parler avec qn; parler à qn; **(von jdm/etw.)** parler de
Spur la trace
spüren (etw.) sentir (qc) → 4/1
staatlich subventionierte Wohnung le HLM, l'habitation à loyer modéré *f.* → 6/2
Staatspräsident (französischer) le Président de la République → 6/A
Stadion le stade → 2/2
Stadt la ville
Stadtzentrum le centre-ville
Star la star → 2/1
stark (in) fort/e (en) *adj.*
Station la station
Statistik la statistique → 6/1
stattdessen à leur place
stattfinden avoir lieu
stecken (ê) passer → 2/1
stehen bleiben (ê)s'arrêter
Stein la pierre
Stelle la place; l'emploi *m.* → 6/1; **an ihrer Stelle** à leur place
stellen (etw.) poser qc; mettre qc; **jdm eine Frage stellen** poser une question à qn
Stellvertreter/in le/la remplaçant/e → 4/1
Stiefel la botte
Stier le taureau → 5/A
Stierkampf l'abrivado *m.* → 5/A
Stil le look
still *Wasser* plat/e *adj.*; calme *adj.*; **Still!** Chut!
Stimme la voix → 2/4
Stimmung l'ambiance *f.*
stolz sein (auf jdn/etw.) être fier/fière (de qn/qc) *adj.* → 2/2
stören (jdn/etw.) déranger qn/qc
Strand la plage
Straße la rue
Strecke le trajet
strecken passer → 5/1
streichen supprimer qc → 1/3
Streit la dispute → 2/3
streiten (sich (mit jdm)) (ê)se disputer (avec qn)
streng sévère *adj.* → 3/2
Stress le stress
Strömung le courant → 5/2
studieren faire des études → 1/3
Studium les études *f. pl.* → 1/3
Stuhl la chaise
Stunde l'heure *f.*; **stundenlang** pendant des heures; **Viertelstunde** le quart d'heure
Stundenplan l'emploi du temps *m.*
suchen (etw.) chercher qc; chercher du regard
Süden le sud → 4/3
super super *adj.*; **super-** + *Adj.* *adj.* + comme tout → 5/1
Suppe la soupe
Surfen le surf
süß adorable *adj.* → 5/1
sympathisch sympa *adj.*
Szene la scène → 6/3; **eine Szene machen** faire une scène → 6/3

T

Tag le jour; la journée; **an jenem Tag** ce jour-là; **am nächsten Tag** le lendemain → 2/4; **der nächste Tag** le lendemain → 2/4; **jeden Tag** tous les jours → 1/1
Tagebuch le journal → 3/2
Tamtam le tam-tam → 4/2
Tannenbaum le sapin → 3/A
Tante la tante; la meuf *Frau* → 6/3
tanzen danser → 3/3
Tasche le sac; *Kleidung* la poche
Taschengeld l'argent de poche *m.* → 1/3
taub sourd/e *adj.*
tauschen (etw. (gegen etw.)) échanger qc
Team l'équipe *f.* → 1/3
Tee le thé
teilen (etw. mit jdm) partager (qc avec qn) → 2/1
teilnehmen (an etw.) participer à qc → 3/A
Telefon le téléphone
telefonieren (mit jdm) téléphoner (à qn)
Telefonzelle la cabine téléphonique → 2/4
Tennis *Sportart* le tennis
Teppich le tapis
Test le test
teuer cher/chère *adj.*
Theater le théâtre → 5/A
Thema le sujet → 3/1
tief profond/e *adj.* → 5/2
Tier l'animal / les animaux *m.*
Tisch la table; **bei Tisch sitzen** être à table → 2/1; **den Tisch decken** mettre le couvert; **sich zu Tisch setzen** (ê)se mettre à table → 6/3
Tischtennis le tennis de table
Tochter la fille
Tod la mort → 1/2
tot (vor) mort/e (de) *adj.*
todmüde crevé/e *adj.*
Toilette les toilettes *m. pl.*
toll formidable *m./f. adj.*; chouette *m./f. adj.*; génial/e → 5/1
Tor le but → 2/1; **ein Tor schießen** marquer un but → 2/1
Tour la balade
Tourismus le tourisme → 4/3
Tourist le/la touriste
Tradition la tradition → 4/3
tragen (etw.) porter qc
Trainer/in l'entraîneur/-euse → 2/2
Training l'entraînement *m.* → 2/3
Träne la larme → 3/1
trauen (sich) oser + *inf.*
Traum le rêve
träumen (von etw.) rêver (de); **träumen etw. zu** + *Inf.* rêver de + *inf.*; **Träum ruhig weiter!** Tu peux toujours rêver! → 5/3
traurig triste *adj.* → 2/1
treffen (sich (wieder)) (ê)se retrouver
treffen (jdn) rencontrer qn
treten (auf jdn/etw.) marcher sur qn/qc → 5/1
Trimester le trimestre → 3/2
trinken (etw.) boire qc
trocken sec/sèche *adj.* → 5/A
trotz malgré *prép.* → 4/2

ANNEXE

trotzdem quand même → 3/1
Tschüss! Salut!
T-Shirt le tee-shirt
tun (etw.) faire qc
Tundra la toundra → 4/3
Tür la porte
Turm la tour
Turnier le tournoi → 5/1
Turnschuhe les baskets *f. pl.*

U

U-Bahn le métro
übel sein avoir mal au cœur
Übelkeit empfinden avoir mal au cœur
über etw./jdn/jdm au-dessus de qc/qn → 5/1
über Gott und die Welt reden parler de tout et de rien → 5/2
überall partout *adv.*
überfallen (etw.) braquer qc *fam.* → 6/3
überhaupt nicht pas du tout → 1/3
überlegen réfléchir → 2/1
überqueren (etw.) traverser (qc) → 4/2
Überraschung la surprise
Überrest le vestige → 1/A
Übersicht la vue d'ensemble → 4/2
übertreiben (etw.) exagérer qc
überzeugt sein von etw. être chaud/e pour qc *fam.* → 1/1
übrigens d'ailleurs → 6/2
Übung l'exercice *m.*
Ufer le bord → 4/2; la rive → 4/3; **am Ufer der/des** + *Flussname* au bord de → 4/2
Uhr l'horloge *f.*; la montre *Armbanduhr*; **ein Uhr morgens** une heure du matin → 2/3; **um wie viel Uhr** à quelle heure
um ... zu pour + *inf.*
umdrehen (sich) [(ê)]se retourner → 2/4
umkippen [(ê)]se renverser → 5/2
umsteigen changer (de qc)
umtauschen (etw.) échanger qc
umziehen déménager → 4/1
unbedingt absolument *adv.* → 6/3
unecht faux/fausse *adj.* → 2/1
und et *conj.*
Ungeheuer le monstre → 3/2
unglaublich incroyable *adj.* → 3/1; incroyablement *adv.* → 3/1
unglücklich malheureux/-euse *adj.*
unmöglich (etw. zu + *Inf.*) impossible (de + *inf.*) → 1/2
unruhig inquiet/-iète *adj.* → 3/3
unter *prép.* sous
unterhalten (sich über etw.) discuter de qc
unterirdisch souterrain/e *adj.* → 4/2
Unternehmen l'entreprise *f.* → 6/1
Unterricht le cours
Unterricht haben avoir cours
Unterrichtsfach la matière
Unterricht(sstunde) le cours
unterschreiben (etw.) signer qc → 4/1
Untertasse la soucoupe → 5/2
unterzeichnen (etw.) signer (qc) → 4/1
Urlaub les vacances *f. pl.*; **im Urlaub** en vacances

V

Vanille la vanille
Vater le père
verallgemeinern généraliser → 1/2
Veränderung le changement → 4/3
Verband l'association *f.*
verbergen (etw.) cacher qc → 1/3
verboten (zu + *Inf.*) interdit/e (de) *adj.*
verbringen passer
verdienen *Geld* gagner qc
Verein le club → 5/1
Vereinigten Staaten les États-Unis → 3/1
Vereinigung l'association *f.*
Vergangenheit le passé → 5/A
vergehen passer
vergessen (etw.) oublier qc
verhauen (seinen Aufschlag) rater (son service) → 5/1
verkaufen (etw.) vendre qc → 4/3
Verkäufer/in le/la vendeur/-euse
verlassen (jdn/etw.) quitter qc/qn
verlaufen (gut/schlecht) [(ê)]se passer (bien/mal) → 5/1
verliebt amoureux/-euse *adj.*; **in jdn verliebt sein** être amoureux/-euse de qn
verlieren (jdn/etw.) perdre qc
Vermisstenanzeige aufgeben faire une déclaration → 2/3
vermuten (etw.) supposer qc
verpassen (etw.) rater qc → 5/1
verrückt (nach) fou(x)/fol/folle(s) (de) *adj.* → 5/3
Verrückte le fou / la folle→ 2/1
verschicken (jdn etw.) envoyer qc à qn
verschieden différent/e *adj.*
verschlucken (sich) avaler de travers
Verspätung le retard → 2/3
versprechen (jdm etw.) promettre qc à qn → 6/1
Verstand verlieren (den) perdre la tête → 4/1
verstecken (etw.) cacher qc → 1/3
verstehen (etw.) comprendre qc; **(sich mit jdm gut/schlecht) verstehen** [(ê)]s'entendre avec qn (bien/mal) → 6/2
Verstümmelung la mutilation
Versuch l'essai *m.* → 5/A
versuchen (etw.) essayer qc; **versuchen, zu + *Inf.*** essayer de + *inf.* → 2/2
Versuchung la tentation → 6/3
verteilen (etw.) distribuer qc → 1/1
Vertrag le contrat → 4/1
vertrauen (jdm/etw.) avoir confiance en qn / dans qc → 6/3
Vertrauen la confiance → 6/3; **Vertrauen in jdn/etw. haben** avoir confiance en qn / dans qc → 6/3
verträumt sein être dans les nuages
Vertretung le/la remplaçant/e → 4/1
verursachen (etw.) provoquer qc
verwirklichen (etw.) réaliser qc
verwirrt troublé/e *adj.* → 5/3
verwöhnen (jdn) gâter qn → 3/2
Verzeihung pardon → 1/2
verzichten (auf etw.) renoncer à qc → 1/3
Viadukt le viaduc → 6/A
Videoclub le club-vidéo
viel/e beaucoup de *adv.*; plein de → 3/1; **viele Grüße und Küsse** *Briefende* grosses bises
vielfältig varié/e *adj.* → 5/3
vielleicht peut-être *adv.*
Viertel *Stadtviertel* le quartier; **Viertel** le quart; **Viertelstunde** le quart d'heure → 5/2
Volk le peuple → 4/3
voller Leute noir de monde
Volleyball le volley → 1/1
Volleyballverein le club de volley → 5/1
völlig tout à fait → 6/2
von de; **von dort oben** de là-haut → 1/A; **von euch** d'entre vous → 2/2; **von Ihnen** d'entre vous → 2/2; **(etw.) von neuem anfangen** recommencer qc, **Von wegen!** Tu parles!, **von ... bis** de ... à; **von Zeit zu Zeit, ab und zu** de temps en temps → 1/3
vor *räumlich* devant *prép.*; **vor allem** surtout *adv.*; **vor** *zeitlich* avant *prép.*, il y a;
Vorabend la veille → 5/2; **am Vorabend** la veille → 5/2
vorankommen avancer
vorbeidribbeln (an jdm) dribbler qn → 2/2
vorbeigehen (an jdm) [(ê)]passer devant qn
vorbereiten (etw.) préparer qc.
Vorfahr/in l'ancêtre → 4/3
vorläufig provisoire *adj.*, provisoirement *adv.* → 3/1
Vorname le prénom
Vorsatz la résolution → 3/3
vorschlagen (jdm etw.) proposer qc (à qn)
Vorstadt la banlieue → 6/1
vorstellen (sich etw.) s'imaginer qc; **sich vorstellen zu** + *Inf.* s'imaginer de + *inf.*
Vorstellung le spectacle
Vorteil l'avantage *m.* → 6/1
vorübergehend provisoire *adj.*, provisoirement *adv.* → 3/1
Vulkan le volcan

W

Waffenruhe la trêve → 3/1
Wagen la voiture
Wahl l'élection *f.* → 6/2
wahr vrai/e *adj.*
während pendant *prép.*; pendant que → 2/4
Wald la forêt → 4/A
Waldbrand le feu de forêt → 5/A
wann quand
warm chaud/e *adj.*; **es ist warm** il fait chaud; **jdm ist warm** avoir chaud → 4/2
warmherzig chaleureux/-euse *adj.* → 4/1

warten (auf jdn/etw.) attendre qn/qc
warum pourquoi
was …? qu'est-ce que …?; quoi; **was** *Relativpronomen* ce que; ce qui; **Was bedeutet das?** Qu'est-ce que ça veut dire?; **Was ist los?** Qu'est-ce qui se passe?
Wasser l'eau *f.*; **ins Wasser fallen** (ê)tomber à l'eau → 2/4
Wechsel le changement → 4/3
wechseln (etw.) changer qc → 1/2
Weg le chemin → 6/A
wegen à cause de → 3/2
weggehen (ê)partir
weglassen supprimer qc → 1/3
wegziehen déménager → 4/1
wehtun avoir mal (à)
Weihnachten Noël *m.* → 3/A
Weihnachtsbaum le sapin → 3/A
***Weihnachtskuchen** in Form eines Holzscheits* la bûche de Noël → 3/2
weil parce que; car → 4/2
Wein le vin
Weinberg la vigne → 6/A
weinen pleurer
Weise la manière → 2/1
weiß blanc/-che *adj.*
weit (von) loin (de) *adv.*
weiter + *Inf.* continuer de + *inf.* → 4/2
weitergehen continuer → 4/2
weitermachen continuer
welcher/welche/welches? quel/quelle?; *als Fragewort* lequel/laquelle/lesquels/lesquelles → 6/2; *als Fragewort in Verbindung mit der Präposition* à auquel/à laquelle/auxquels/auxquelles → 6/2; *als Fragewort in Verbindung mit der Präposition* de duquel/de laquelle/desquels/desquelles → 6/2
Wellenreiten le surf
Welt le monde
wenige (Minuten) quelques (minutes) *adj.* → 5/A
weniger moins *adv.*
wenn quand; si → 4/2
wer qui; **Wer ist das?** C'est qui?
Werbung la publicité, la pub *fam.*; **für sich Werbung machen** faire sa pub
werden (ê)devenir
werfen (etw.) lancer qc → 5/1
Werkstatt l'atelier *m.* → 1/2
Westen l'ouest *m.* → 4/3
Westufer la rive ouest → 4/3
Wettbewerb le concours
Wetter le temps; **Es ist schönes Wetter.** Il fait beau.; **Wie ist das Wetter?** Quel temps fait-il?
wichtig (zu + *Inf.*) important/e (de + *inf.*) *adj.* → 1/3
wie? comment *adv.*; **wie** comme *adv.*; **Wie alt bist du?** Tu as quel âge?; **Wie geht's?** Ça va?; **Wie heißt du?** Tu t'appelles comment?; **Wie ist das Wetter?** Quel temps fait-il?; **Wie teuer sind sie?** Ils coûtent combien?; **wie viel?** combien (de)? *adv.*; **Wie viel Uhr ist es?** Il est quelle heure?
wieder anfangen zu arbeiten reprendre le travail → 3/2
wiedergeben (jdn etw.) rendre qc à qn
wiederholen (etw.) répéter qc → 1/1; **wiederholen (eine Klasse)** redoubler (une classe) → 6/3
Willkommen! Bienvenue!
Winkel le coin
Winter l'hiver *m.* → 3/2
wir müssen il faut + *inf.*
Wir sind weder das Eine noch das Andere. On n'est ni l'un ni l'autre. → 6/2
wirken: das wirkt wie (Grundschule) ça fait (école primaire) → 1/1
wirklich vraiment *adv.* → 3/1
wissen (etw.) savoir qc; **ich weiß nicht wo(-hin/-her)** je ne sais où → 6/2; **ich weiß nicht wer** je ne sais qui → 6/2
wo où; **wo** *Relativpronomen* où; **Wo kommst du her?** Tu es d'où?; **Wo wohnst du?** Tu habites où?
woanders ailleurs *adv.*
Woche la semaine; **jede zweite Woche** une semaine sur deux
Wochenende le week-end → 1/2; **am Wochenende** le week-end → 1/2
wohin où
wohl bien *adv.* → 1/3
Wohnblock l'immeuble *m.* → 3/3
wohnen habiter (à/en)
Wohnung l'appartement *m.*
Wohnzimmer la salle de séjour
Wolf le loup
Wolke le nuage
Wolkenkratzer le gratte-ciel → 4/2
wollen (etw.) / (+ *Inf.*) vouloir (qc) / (+ *inf.*)
Wort le mot
wundervoll magnifique *adj.*
wünschen (sich etw.) / (jdm etw.) souhaiter (qc) / (qc à qn) → 3/A
Wurst la saucisse → 5/2
Wut la colère
wütend furieux/-euse *adj.* → 6/3; **wütend sein** être en colère → 5/1

Y

Yoga le yoga → 1/2

Z

zählen compter
Zahn la dent → 6/3; **Zahnarzt/Zahnärztin** le/la dentiste → 1/2; **Zahnarztpraxis** le cabinet dentaire → 4/1
Zauber la magie
Zeichen le signe
zeichnen (etw.) dessiner qc
zeigen (jdm etw.) montrer qc à qn
Zeit le temps; **Es ist Zeit!** C'est l'heure.; **die ganze Zeit** tout le temps
Zeitschrift la revue
Zelten le camping
zelten faire du camping → 5/3
Zeltplatz le camping
Zensur la note
Zentralisierung la centralisation → 6/1
Zentrum le centre
zerbrechen (etw.) casser qc → 3/2
zerreißen (etw.) déchirer qc
Zettel le papier
Zeugnis le bulletin → 3/2
Ziel le but → 2/1
ziemlich assez *adv.*
Zimmer la pièce
zittern trembler → 2/4
zögern (etw. zu + *Inf.*) hésiter (à + *inf.* qc)
zu (sehr) trop *adv.*
zu viel trop (de) *adv.*
zuerst d'abord *adv.*
zufrieden content/e *adj.*
Zug le train
zugleich à la fois → 3/2
zuhören (jdm) écouter qn
Zukunft l'avenir *m.* → 4/1
zum *Richtung* vers *prép.*
zurechtkommen (ê)se débrouiller → 3/3
zurückgeben (jdm etw.) rendre qc à qn
zurückgehen (ê)retourner → 4/2
zurückhalten (jdn/etw.) freiner qn/qc → 5/3
zurückkommen (ê)rentrer; (ê)revenir
zurzeit en ce moment → 4/2
zusammen ensemble *adv.*
zusammenpassen (ê)aller avec qc
Zuschauer/in le spectateur/-trice *adj.* → 5/A
zuwenden (sich jdm) (ê)se tourner vers qn → 6/3
zuwerfen (jdm etw.) lancer qc à qn → 5/1
Zwillings- *in Verbindung mit einem Nomen* jumeau/-elle → 2/1
zwischen entre *prép.*
zwölf Uhr mittags midi

ANNEXE

Quellen

Fotos

adpic: © Schon, S. 88 – © Alain Guillaume, www. marseille-images.net, S. 55 (2. v. oben links), S. 55 (oben links) – © Canadian Tourism Commission 4/2001, S. 163 (Mitte) – Corbis/RF: © Mastrovito, S. 69 (Mitte) – © Cornelsen, S. 73, S. 78 (oben); Cornelsen, Corel Library, S. 161 (unten), S. 162; Cornelsen, Mengler, S. 143; Cornelsen, Schulz, S. 10, S. 11, S. 12–13 (Portraits), S. 15, S. 16, S. 18, S. 21, S. 22, S. 27, S. 46, S. 47, S. 50, S. 54, S. 63 (Portraits), S. 67 (oben), S. 70, S. 87 (unten), S. 92, S. 93, S. 97, S. 101, S. 119, S. 122 – CRTB: © Bobrovitch, S. 112 (Mitte links) – © Digitalstock, S. 112 (oben links) – Fotolia: © nazira_g, S. 111 (oben rechts) – © imagesource/RF, S. 41 (Mitte rechts) – © Ministère des Affaires Étrangères, Images de France, Édition 2003, S. 12 (le Vieux-Port) – Nord-Ouest Production: © Lother, S. 48 – © Office de Tourisme – Grenoble, S. 55 (2. v. oben rechts), S. 55 (oben rechts) – © Olympique de Marseille, S. 165 (links) – Pathé Distribution: © George, S. 51 (links) – © Shotshop.com/PROPIX, S. 89 – © www.map-site.fr, S. 130 (Mitte links) – © www.saiansupacrew.com, S. 130 (oben rechts) – © www.web-provence.com, S. 13 (les Calanques), S. 44–45.

© A1PIX, S. 81 – Agentur Focus: © Frilet, S. 69 (oben links) – © akg-images, S. 69 (Mitte links), S. 69 (Mitte rechts); © akg-images/VG Bild-Kunst, Bonn 2007, S. 14 – ANA: © du Sordet, S. 13 (la Canebière), S. 74; © Ducoin, S. 90 (oben); © Rey, S. 90 (unten rechts) – Andia: © Bondel, S. 91 (unten links); © Le Gal, S. 12 (Île d'If); © Daim, S. 163 (oben); © Zintzmeyer, S. 159 (unten rechts) – © Avenue Images, S. 78 (unten) – Bios: © Cahez, S. 87 (5) – © Collection Cristophel, S. 51 (oben Mitte), S. 51 (rechts) – Corbis: © Almasy, S. 210 (rechts); © Boisvieux, S. 96; © Estall, S. 69 (unten rechts); © Georgia, S. 80; © Hardy, S. 66 (Mitte rechts); © Hellier, S. 12 – S. 13 (Notre-Dame de la Garde); © Mooney, S. 90 (unten links); © Ressmeyer, S. 66 (Mitte); © Souders, S. 66 (Mitte links); © Taylor, S. 67 (unten rechts); © Thompson, S. 79 (unten links); © Vannini, S. 66 (2. v. oben rechts); © Zimmerman, S. 66 (oben rechts); Corbis/Reuters: © Tessier, S. 130 (Mitte rechts); Corbis/TempSport: © Prevost, S. 12 – S. 13 (le Vélodrome); Corbis / VIP Images: © Fougère, S. 130 (unten links); Corbis/zefa: © Allofs, S. 75 (rechts); © Grace, S. 95 (rechts); © Meeke, S. 95 (links) – © F1 Online, S. 128 – © Friedrich Stark, S. 68 (unten), S. 69 (oben rechts) – Getty Images: © Livesey, S. 41 (unten) – © laif, S. 200; laif: © Knechtel, S. 55. (Mitte); © Raach, S. 68 (oben); laif/Explorer/Jacana: © Hoa-Qui, S. 123; © laif/Hemispheres, S. 112 (Mitte rechts), S. 52; © laif/Rapho, S. 110; laif/REA: © Fabrer, S. 13 (le jardin des Vestiges); © Hanning, S. 12–13 (l'Estaque); © Rolle, S. 204 (unten); © Tavernier, S. 204 (oben); © Villerot, S. 17; © laif/Reporters, S. 210 (Mitte) – © Laurent Faro, S. 75 (unten links) – LOOK-foto: © Widmann, S. 87 (4) – mauritius images: © Ausloos, S. 90 (Mitte rechts); mauritius images: © Gruber, S. 91 (oben rechts); © mauritius images / Photo Researchers, S. 111 (Mitte rechts); © mauritius images / Photononstop, S. 90 (Mitte links); © mauritius images / SuperStock, S. 41 (Mitte), S. 69 (unten links); © mauritius images / Westend61, S. 67 (unten links) – photothek.net: © Grabowsky, S. 111 (oben Mitte) – Picture Alliance / Bildagentur Huber: © Simeone, S. 112 (unten rechts); © Picture Alliance / dpa, S. 109 (links), S. 111 (Mitte links), S. 159 (oben rechts); Picture Alliance / KPA: © Hackenberg, S. 161 (Mitte); © Picture Alliance / maxppp, S. 121 (rechts); Picture Alliance / maxppp: © Vioujard, S. 112 (oben rechts); Picture Alliance / vintage.de: © Juettner, S. 164 (links); © Picture Alliance / Photoshot, S. 9 – © Plainpicture, S. 160, S. 87 (2), S. 87 (3) – Sipa: © Baltel, S. 121 (links); © Benaroch/Lydie, S. 66 (unten); © Hartmann, S. 164 (unten rechts); © Leveque, S. 165 (rechts); © Maisonneuve, S. 109 (2. v. links); © Namur-Lalance, S. 109 (2. v. rechts); © Simon, S. 29; © Stevens, S. 112 (unten links); © Tschaen, S. 91 (Mitte rechts), S. 91 (unten rechts); © Pierangeli, S. 91 (oben links); © Sipa/Agencia EFE, S. 109 (rechts); Sipa/OH/NRJ: © Niko/Tschaen, S. 159 (links) – Still pictures: © Kendall, S. 79 (unten rechts) – © Superbild, S. 186 – © ullstein bild / imagebroker.net, S. 100 – © Vincent Formica, S. 12 (le Panier) – © Visum, S. 75 (oben), S. 87 (1).

Buchumschläge

© Éditions Flammarion, « Samira des Quatre-Routes », Jeanne Benameur, S. 42 (Mitte) – © Éditions Gallimard, « Le comte de Monte Cristo, Tome 1 », Alexandre Dumas, Gilbert Sigaux, S. 164 (Mitte rechts) – © Édtions Mango, « La loi du plus beau », Christophe Lambert, Collection Autres Mondes 2004, S. 42 (links) – © Éditions Thierry Magnier, « Zéro, le monde », Fréderique Martin, S. 43 (links) – © Gallimard Jeunesse, « Piege en forêt », Laurence Ink, coll. Hors piste, S. 42 (rechts) – © Gallimard Jeunesse, « Rêve de foot », Paul Bakolo Ngoi, coll. Folio Junior Histore courte, S. 43 (Mitte).

Texte

S. 88: « Avec les vieux mots », Gilles Vigneault, © Les Nouvelles Éditions de l'Arc, Ottawa 1964/1978 – S. 89: « Ma première folie », Reynald Cantin, © 2005 Les éditions FouLire inc.

Nicht alle Copyrightinhaber konnten ermittelt werden; deren Urheberrechte werden hiermit vorsorglich und ausdrücklich anerkannt.